本书为著者主持的国家社科基金重大专项
"中国马克思主义学术通史研究"（23VLS004）的阶段性成果

# 中国现代学术概论

## 第二卷

吴汉全 著

人民出版社

# 目　　录

## 第　二　卷

# 第三章  文  学

　　文学是指以语言文字为工具形象化地反映客观现实的艺术,包括戏剧、诗歌、小说、散文等,既是社会的精神生活的反映,同时又是文化的重要表现形式,并且以不同的形式(称作体裁)表现内心情感和再现一定时期、一定地域的社会生活。中国现代文学直接导源于新文化运动的文学革命。在新文化运动中,胡适在《新青年》上发表了《文学改良刍议》,主张以白话文为文学的"正宗",用白话文来取代文言文。接着,陈独秀在《新青年》上发表《文学革命论》,高举"文学革命"大旗,鲜明地提出反对贵族文学、古典文学、山林文学,倡导国民文学、写实文学、社会文学。新文化运动的文学革命主张,在思想启蒙、反帝救亡、文化革新的实践中得到发展,引起了文学观念的深刻变化,形成了人的文学、平民文学、写实主义文学、为人生的文学等一系列的具体主张。随着十月革命的影响和五四运动的极大推动,自 1919年下半年起,以白话文创作和翻译的作品不断涌现,白话文的刊物也大量出现,白话文为文学"正宗"的地位正式确立。文学革命宣布了传统文学的终结,是中国文学向现代文学成功转型的大革命,奠定了中国现代文学的思想理论基础。

## 一、"五四"与中国现代文学的开启

　　19 世纪 70 年代以后的五十年间,不仅是中国文学变化最为剧烈的时期,而且直接地推动了新文化运动中文学革命的兴起。"五四"之所以能够开启中国现代文学的发展道路,固然有经济的、政治的、文化的等诸多因素,但也是因为此时有一批归国的留学生活跃在文学领域。舒新城[①]在《近代中国留学史》一书中

---

　　① 舒新城(1893—1960),湖南溆浦人,原名玉山,字心怡,号畅吾庐,著名出版家、教育家。1917 年毕业于湖南高等师范学校。主要著作有主要有《现代心理学之趋势》(1924 年)、《近代中国留学史》(1927 年)、《教育通论》(1927 年)、《人生哲学》(1928 年)、《道尔顿制研究集》(1929 年)、《中华百科辞典》(1930 年)、《近代中国教育思想史》(1932 年)、《近代中国教育史料》(1933 年)。

指出:"近五十年来中国文学上最大的变迁为时文与白话文:时文创于梁启超之《新民丛报》,文体务'平易畅达,时杂以俚语,韵语,及外国语法'。梁虽非纯粹的留学生,但他所谓外国语法却是从日本得来的,而辛丑以后的时文大盛,留日学生之传播也有很大的努力,不过不能完全视为留学生底成绩而已。以后章士钊创办《甲寅杂志》,文体注重理论,注重文法,在政论别开生面,且影响于当时以至于现在作者不少,章固留学生,其同派高一涵、李大钊、李剑农等也是留学生。至于白话文之创兴,大家都知道由于留学美国先习农科、后习文学哲学的胡适,即从旁鼓吹与身体力行十年如一日之陈独秀、周作人、周树人(鲁迅)等,也是留英留日的学生。"①可以说,近代中国社会中所涌现的大批留学生,为中国现代文学的发生与发展创造了极为重要的基础条件。

## (一)"文学革命"的兴起

五四时期的"文学革命"乃是中国现代文学产生的标志。"文学革命"既是以新文化运动为重要背景,同时又是新文化运动的重要内容,突出地表现为反对旧道德倡导新道德、反对旧文学倡导新文学、反对文言文倡导白话文。

"文学革命"之所以被称为"革命",乃是其中有着"革命"的话语,而这种"革命"的话语所表征的"革命"内涵,突出地表现在陈独秀发表的《文学革命论》中所揭示的"三大主义"之中:"曰推倒雕琢的阿谀的贵族文学,建设平易的抒情的国民文学。曰推倒陈腐的铺张的古典文学,建设新鲜的立诚的写实文学。曰推倒迂晦的艰涩的山林文学,建设明了通俗的社会文学。"②陈独秀提出的关于"文学革命"的"三大主义",至少有这样几个显著的特色:其一,中国文学的发展以"破坏"为前提,但同时亦承担破坏与建设的双重使命。其二,中国现代文学在目标上坚持"国民文学"、"写实文学"、"社会文学"的前进方向。其三,中国现代文学在整体理念上坚持现代主义、现实主义、个性主义的理念。其四,中国现代文学重点批判"贵族文学"、"古典文学"、"山林文学",坚持文学上的批判主义学术传统。

陈独秀的"三大主义"显示出无畏的勇气和刚毅的果敢,不仅吹响了"文学革命"的号角,而且也在事实上成为"文学革命"的总纲,这是应该给予充分肯定的;但是,从事物的辩证法来看,陈独秀的"三大主义"也有一种将复杂的文学现

---

① 舒新城:《近代中国留学史》,上海世纪出版集团 2011 年版,第 138—139 页。
② 陈独秀:《文学革命论》,《新青年》第 2 卷第 6 号,1917 年 2 月 1 日。

象,完全置于古今对立、个人与社会对立的状态之中,因而又表现出形式主义及绝对化的倾向。自然,所谓"文学革命"尽管有着鲜明的政治诉求和基本的学术理念,有着总体的前进方向,但其中亦有思想多元、诸多主张竞争与并存的状态,而非某种观点"一统天下"的格局。对此,诚如有研究者所指出的那样:"无论是《新青年》还是鲁迅都未能真正地'统领'众多的社团流派和作家作品,更不可能将自由选择的多元多样的文艺理论统摄于一家之说。在'五四'文学革命的运演过程中,胡适的'文学改良'主张,陈独秀的'文学革命'方略,周作人的'人的文学'观念,李大钊的'青春文学'之说,沈雁冰的'文学为人生'之说,郭沫若的'生命文学'之说,李金发的'象征派诗歌'的观念,闻一多的'新格律诗'的主张等等,五花八门,琳琅满目。就是同一位作家或理论批评家,其思想观念往往也经常发生变化;就是同一个社团流派中的作家和理论批评家,其文学观也往往存在着一些差异。"①

随着"文学革命"的积极推进和五四运动所给予的深刻影响,在文学界存在着多元化的各种文学观念、创作方法及文艺批评范式,并形成了个性解放、思想自由、多元并存、竞争互动、流派纷呈的生动活泼的局面。"例如,以茅盾为代表的文学研究会,倡导'为社会人生'的文学观,主张文学面对现实,反映人生疾苦和社会问题,以促进社会人生的改革。这个文学流派的创作追求,与鲁迅为唤起民众觉醒而呐喊,主张文学旨在改良社会人生的文学观念颇为相近。而以郭沫若、郁达夫为代表的创造社,则标举'为艺术而艺术'的文学观,在创作中追求自我情感的自由抒发和个性的充分解放。此外,新月派、现代派诗人,如徐志摩、戴望舒等提倡唯美主义和象征主义,追求比较纯粹的审美感觉和意境,而鸳鸯蝴蝶派则不掩饰他们以消遣游戏为目的的创作倾向……所有这些颇不相同的文学观念及其艺术追求,都不同程度地借鉴了国外近现代的文艺思潮(主要是现实主义、浪漫主义和现代主义三大文艺思潮),但又都是真正出自作家和理论批评家主体的自由选择。因此,尽管不同流派、主张之间的论争有时显得针锋相对、言辞激烈,但相互间却是平等的,由此才造成了文学创作虽然驳杂却充满生机的景观。"②可以说,"文学革命"的主流话语和各种流派并存与竞争,乃是五四时期文学演进的实存状态,同时也是"文学革命"话语中的百家争鸣时代。

---

① 陈传才主编:《文艺学百年》,北京出版社 1999 年版,第 97—98 页。
② 陈传才:《略论百年文艺学的转型与发展》,北京市社会科学界联合会组织编写:《学界专家论百年》,北京出版社 1999 年版,第 137 页。

### （二）"革命文学"的方向

"五四"所开启的中国现代文学有着从"文学革命"到"革命文学"的行进方向。新文化运动使中国现代文学得以孕育生成，"文学革命"成为中国现代文学的重要标识，而五四运动的政治实践又给予了中国现代文学以强有力的推动。五四运动是政治实践运动，同时也是影响深远的思想启蒙运动，对现代中国的思想、文化和学术的发展有着重大的意义。

就中国现代文学的发展而言，五四运动不仅使开创阶段的中国现代文学更加关注中国社会的变革运动，凸显了文学所应彰显爱国主义和民族精神的功能，进一步加强了文学与政治生活的联系，而且使文学中的"革命"话语与革命情感得以强化，并培植和造就了一批包括文学人才在内的推进新民主主义革命发展的各方面人才。在五四运动的过程中，马克思主义又得到深入传播，这对于中国文学的变革起着积极的思想引领作用，从而使"文学革命"快速地向着"革命文学"的道路前进。实际的情况正是，"对'以俄为师'的革命文学的提倡却早就成了共产党人的一种自觉行动。1922 年 2 月，成立不久的中国共产党便开始组织对革命文学的倡导，在其领导下的青年团的机关刊物《先驱》上增辟了'革命文艺'专栏，在有关的党内会议上也涉及到革命文艺问题。1923 年，伴随着瞿秋白、邓中夏、恽代英等人创办的《中国青年》杂志的诞生，关于革命文学的提倡进入了极具理论色彩的阶段。在一年左右的时间里发表了一系列的专论或文章来阐扬革命文学。其中主要的文章有邓中夏的《新诗人的棒喝》《贡献于新诗人之前》，恽代英的《八股?》《文学与革命》，肖楚女的《艺术与生活》，秋士的《告研究文学的青年》等等。这些文章以鲜明的革命立场批判了非功利的文艺观，并从较多方面展开了对'革命文学'的论述，初步建构了革命文学的价值观。"①中国早期的马克思主义者和共产党人，对开启阶段的中国现代文学由"文学革命"到"革命文学"的转型起着决定性的作用。

### （三）文学社团的涌现及其成就

在新文化运动影响和五四运动的推动下，"五四"以后的文学社团组织如雨后春笋般涌现，新的文学流派也不断出现，中国现代文学呈现出蓬勃发展的良好态势。从 1921 年至 1925 年，出现的文学团体和刊物就有一百多个。在这些文

---

① 陈传才主编:《文艺学百年》,北京出版社 1999 年版,第 101 页。

学社团中,以文学研究会和创造社最为著名。

文学研究会由郑振铎、沈雁冰、周作人、叶绍钧等人发起,于1921年1月成立于北京,革新后的《小说月报》是该会的专门刊物。这是中国现代文学史上第一个"纯文艺"刊物。文学研究会倡导现实主义的文学理念,认为文学"是于人生很切要的一种工作",主张文学要"为人生"服务。

创造社由郭沫若、郁达夫、田汉、成仿吾等于1921年7月成立于日本。创造社倡导浪漫主义的文学理念,崇尚自我,反对功利,主张文学要表现自我,认为"文艺是天才的创造物","美的追求是艺术的核心",强调在创作实践中要自觉地恪守为艺术而艺术的信念。

1921年是中国现代文学具有重要意义的一年。除上面提到的代表中国现代文学史上现实主义流派的文学研究会和代表浪漫主义文学流派的创造社都是成立于1921年外,这一年文学上还有许多突出成就。如这一年出版了现代文学史上第一部短篇小说集——郁达夫的《沉沦》;出版了对白话新诗具有奠基意义的诗集——郭沫若的《女神》;鲁迅的小说《阿Q正传》也开始发表,这是中国现代文学的奠基之作。

中国现代文学在起步阶段,业已出现了百花齐放的势头。这一时期的文学成就主要是:

第一,在诗歌方面,涌现出胡适、刘半农、沈尹默、刘大白等新诗的开拓者。胡适的《尝试集》是中国现代诗歌史上第一部新诗集。郭沫若的诗集《女神》充分反映了五四时期狂飙突进的时代精神,具有浓郁的革命浪漫主义色彩,开一代诗风。冰心的诗集《繁星》、《春水》多为歌颂自然、赞赏母爱和抒发哲理的小诗。冯至是优秀的抒情诗人,闻一多、徐志摩等为建立新的格律诗做了有益的探索。蒋光慈的诗集《新梦》、《哀中国》,是中国无产阶级诗歌的开拓之作。

第二,在小说创作方面,鲁迅的小说集《呐喊》、《彷徨》,代表了本时期小说创作的最高成就,为中国现代小说奠定了基础。叶绍钧、郁达夫等的小说,在当时也有很大的影响。

第三,在散文方面,鲁迅的杂文与冰心、朱自清的"美文"都取得了很大的成绩。

第四,在戏剧方面,话剧运动再次兴起,胡适的《终身大事》是现代文学史上最早出现的话剧。此外,田汉的《获虎之夜》、郭沫若的《王昭君》等亦颇有重要影响。

"五四"以后的现代文学,在承继新文化运动精神的前提下,向着两个方面发展：一派以马克思主义为指导，建构了中国马克思主义文学新形态；另一派恪守自由主义和艺术至上的理念，成为中国现代自由主义文学。

## 二、中国马克思主义文学的演进

中国马克思主义文学是以马克思主义为指导的文学新形态，这是以五四时期马克思主义在中国得以广泛传播为前提的，同时也是以中国的马克思主义者在文学研究中的创造性努力为条件的。

### （一）中国马克思主义文学产生发展的三个阶段

在现代中国文学的发展进程中，中国马克思主义文学有着产生和发展的过程，大致可以分为三个时期：

1. 中国马克思主义文学产生时期（1919—1927 年）

中国马克思主义文学产生于新文化运动所奠定的"文学革命"的话语环境之中，接受了十月革命的积极影响，并以马克思主义指导为其鲜明的特征，但同时也是以将"文学革命"推进到"革命文学"阶段为重要标识的。李大钊宣传十月革命有着极为广泛的意义，将十月革命视为革命的"十月革命"、"庶民"的十月革命、"自由"的十月革命、"文化"的十月革命、"新纪元"的十月革命①，这同时也使他对苏俄文学产生浓厚的兴趣。早在 20 世纪 20 年代初，李大钊等在对苏俄文学的观照中，以马克思主义审视"文学革命"及中国文学的发展方向，从社会生活演进及文学与社会生活结合的角度，鲜明地提出了"革命文学"主张，这是中国现代文学史上"革命文学"倡导的先声。接着，早期共产党人中一些从事宣传工作和青年运动的党员，如邓中夏、恽代英、肖楚女、瞿秋白、李求实、沈泽民、蒋光赤等，利用自己的文艺阵地和某些进步刊物发表了很多文章，强调文学的政治性与社会功用，初步宣传了马克思主义文学主张。鲁迅在五四时期尽管所接触的马克思主义还比较有限，但马克思主义对他的文艺观的发展产生了重要的影响。诚如有研究者所指出的，"在思想文化的整体变革中，伴随着十月革命送来的马克思主义，在'新青年'团体中已有了明确的代言人和传播者。这对鲁迅的影响也已见诸他的《圣武》《来了》等随感，尤其是他的'遵命文学'一

---

① 吴汉全：《李大钊宣传"十月革命"的文本解读》，《理论视野》2011 年第 4 期。

说可以表明他对'主将'的尊重。而他心目中的'主将'则是'革命的前驱者'。……有意味的是,鲁迅特别提到的《药》和《明天》这两篇小说的发表,都与《新青年》同仁中宣传马克思主义最力的李大钊有关。尤其是《药》,恰恰发表在李大钊主持编辑的《新青年》第六卷第五号即'马克思主义专号'上。也许,鲁迅与马克思主义的结缘即始于《新青年》的集团作战之时,始于像李大钊这样的早期马克思主义者的积极影响。"①总体来看,中国早期的马克思主义者提出文学为反帝反封建的政治斗争服务,提倡创作要反映民族伟大精神和实际生活的文学作品,要求作家到实际的革命斗争中去,了解革命斗争的现实,养成革命的思想和情感,这就实现了五四时期的"文学革命"主张到"革命文学"的成功转型,推进了革命文学的产生和发展,并为以后"左联"的无产阶级文学奠定了基础。这无疑是把马克思主义观点运用于中国文学理论之中的一次有力的尝试,标志着中国马克思主义文学处于开创时期。

在中国马克思主义文学的开创期中,马克思主义者与非马克思主义者虽然在思想理念、创作风格上有很大的差异,但都在思想解放大潮和"社会改造"的语境之中,故而皆有助于开创中国现代文学的新局面。因此,就研究者而言,对于现代中国开创阶段的马克思主义文学和发展的非马克思主义文学,既要看到两者在指导思想、创作理念、创作方法、创作目的等方面的根本不同,同时也要看到这两者都有着新文化运动文学革命的背景,看到两者在文学战线上存在着共同反对封建主义文学和帝国主义奴化文学的事实。

2. 中国马克思主义文学发展时期(1927—1937年)

1927年大革命失败之后,中国马克思主义文学在十分恶劣的环境中茁壮成长,并在反抗国民党反动派的文化"围剿"中发挥了重大作用。1927—1937年,中国共产党人的"革命文学"得到进一步发展,中国马克思主义文艺的主潮是无产阶级文学运动及其文学创作。1921年成立的创造社经过1925年五卅运动的洗礼开始发生了方向转换,即由"为艺术"的浪漫主义向"为革命"的"社会主义的写实主义"方向转变,这种方向转换得以完成的标志乃是1928年1月《文化批判》的创刊。

"左联"的成立是一件大事,它对于马克思主义文学的发展有着极为重要的意义。1930年2月,鲁迅、冯雪峰、沈端先(夏衍)、冯乃超、潘汉年、柔石、蒋光慈、郑伯奇、阳翰笙、钱杏邨、洪灵菲、彭康等12人集会,商讨成立"左联"事宜。

① 陈传才主编:《文艺学百年》,北京出版社1999年版,第93—94页。

经充分酝酿,决定以太阳社、创造社和鲁迅以及鲁迅影响下的作家三部分人为基础,成立中国左翼作家联盟(简称"左联")。1930年3月2日,中国左翼作家联盟在上海成立。出席成立大会的有40多人,最初盟员有50余人。成立大会通过了"左联"的理论纲领和行动纲领,选举了鲁迅、沈端先、冯乃超、田汉、郑伯奇、钱杏邨、洪灵菲7人为常务委员,周全平、蒋光慈2人为候补委员。鲁迅在成立大会上发表了《对于左翼作家联盟的意见》的演讲,要求作家深入接触社会实际,体验社会生活,正确处理文学创作与劳动人民的关系,使创作活动与社会生活紧密结合起来。"左联"的成立,是中国无产阶级文学得到发展的重要标志。

在"左联"时期及其前后,在文艺战线上开展了多次论争,对革命文学的发展有重要的影响。重大的论争有这样几次:

一是"左联"与新月派的论争(1928—1930年)。

1927年原新月社和现代评论派的主要成员胡适、徐志摩、陈西滢、梁实秋、叶公超等在上海创办新月书店,1928年3月又创办《新月》杂志,这些人被称为新月派。新月派将矛头指向正在发展的无产阶级文学运动,以"人性"为口号来抹杀文学的阶级性,掩盖其剥削阶级文学的阶级实质和政治目的,反对无产阶级以文学作为现实政治斗争的武器。在《新月》创刊号上,徐志摩执笔的发刊词《〈新月〉的态度》,把当时的文坛列为"功利派"、"攻击派"、"偏激派"、"狂热派"、"标语派"、"主义派"等13种派别,予以全盘否定,并提出所谓文艺的"健康与尊严两原则"。这里,显然是将矛头指向创造社和太阳社的革命作家,反对以马克思主义为指导的革命文学。其后,梁实秋又发表《文学与革命》、《文学是有阶级性的吗》等文章,取消了文学的阶级性,声称"文学是没有阶级性的","伟大的文学乃是奠基于固定的普遍的人性",资产者和劳动者的"人性并没有两样"。梁实秋直接说:"在革命的时期当中,文学很容易的沾染一种特别的色彩。然而我们并不能说,在革命的时期当中,一切作家必须创作'革命的文学'。"①

对此,左翼文坛予以严正的批驳。彭康发表《什么是"健康"与"尊严"——"新月的态度"底批评》,冯乃超发表《冷静的头脑——评驳梁实秋的〈文学与革命〉》,鲁迅发表了《新月社批评家的任务》、《"硬译"与"文学的阶级性"》等文章,声明了无产阶级的文学观,强调文学的阶级性与政治性,斥责了新月派"人性"论的虚伪性。

彭康发表了《什么是"健康"与"尊严"——"新月的态度"底批评》,集中批

---

① 梁实秋:《文学与革命》,《新月》第1卷第1期,1928年6月10日。

判"新月派"所谓"健康"与"尊严"的两原则。彭康以讽刺的笔法揭露"新月派"所谓"健康"与"尊严"是维护有产阶级及现行秩序的真面目:"'健康'与'尊严'! 好一双'伟大的原则'! 然而'健康'是谁的'健康'? '尊严'又是谁的'尊严'? 在这'健康'与'尊严'的绅士的礼仪之下,我们可以看到一位'诗哲','一手奠定文坛的健将',和一位'文学革命的领袖','文化运动的哲学家'板着'矜持'的面孔,做着小丑的姿态,对一般青年们说:做情诗来'解放活力'罢! '整理国故'来'创造文明'罢!"彭康指出,"新月派"认定"这时代是变态的病态,不是常态",实际上与先前革命时期中"那班道学先生们也叹过的'世道反常','人心不古'"是一样的,"然而旧社会形态的没落和消灭,新社会形态的发展和具现,在辩证法的唯物论者(不是'创造的理想主义'者!)看来,一切都是必然的合理的,无所谓变态,也无所谓病态"。"新月派"是"支配阶级及它的工具",他们面对"这些新兴势力与它的思想和文艺",于是就发出"折辱尊严"、"妨害健康"的呼声,"可是事实上,他们能够维持这样的'尊严'与'健康'吗? 历史的进展不惜把一切冠冕堂皇的、神圣不可侵犯的东西都要消灭下去,它是不容许有所谓永久的存在的。在现在这样的'混乱的年头',旧支配势力是注定了要消灭的运命,他们的'尊严'与'健康'是无论怎样都保持不住的。不但如此! '折辱'了他们'尊严',即是新兴的革命阶级获得了尊严,'妨害'了他们的'健康',即是新兴的革命阶级增进了健康。"①

冯乃超在《冷静的头脑:评驳梁实秋的〈文学与革命〉》一文中,揭露了梁实秋的险恶用心,阐述了文学的阶级性,指出新月派文学的本质是"侍奉上流阶级的文学",而梁实秋以"人性"来否认文学的阶级性,是"犯了在抽象的过程中空想'人性'的过失"。他指出:"人间依然生活着阶级的社会生活的时候,他的生活感觉,美意识,又是人性的倾向,都受阶级的制约。'吟风弄月',这是有闲阶级的文学。'剥除资本主义的假面,却又向农民大众说忍耐',这是小资产阶级的文学。赞美资本家是雄狮,贬谪民众是分食余脔的群小兽类的文学,这是反革命的问题。这不是无端地加人身上的'罪名',而是根据作品的内容的思想在阶级社会中所演的任务,引导出来的结论。"②在此文中,冯乃超还申明了"革命文学的必然性",指出:"民众正在'水深火热'的压逼里面挣扎着的当今,又得了多

①　彭康:《什么是"健康"与"尊严"——"新月的态度"底批评》,《创造月刊》第 1 卷第 12 期,1928 年 7 月 10 日。

②　冯乃超:《冷静的头脑:评驳梁实秋的〈文学与革命〉》,《创造月刊》第 2 卷第 1 期,1928 年 8 月 10 日。

次的革命行动的实际的经验。他们有反抗的感情,求解放的欲念,如荼如火的革命的思想。把这些感情,欲念,思想以具体的形象表现出来的就是艺术——文学——的任务,也是主张革命文学家的任务。"又指出:"无产阶级的阶级斗争的目的以为只是在食欲的满足的见解是不正确的。这是'宇宙史的'斗争,它的实行是替全人类一切的文化的传统及要替人保证'人性'的全面展开与确立的可能性。无产阶级若没有自身的文学,也不能算是完成阶级的革命。在这一回'革命期中的文学',它必然地是革命文学——无产阶级文学。"①冯乃超的观点是,文学是有阶级性的,文学"它若是新兴阶级所需要的文学,必然地是革命阶级的思想,感情,意欲的代言人";历史上的新兴阶级"虽然没有说出革命文学",但是对于"阶级的文学的要求"是可以看到的,由此"无产阶级要求自己阶级的文学,这心理动机是一样的",只是"市民阶级的革命不是全人类解放的革命",而无产阶级是要完成全人类解放的"历史任务",因而鲜明地提出"革命文学"的任务。

鲁迅对梁实秋声称的文学无阶级性的观点进行了批驳,他在发表的《"硬译"与"文学的阶级性"》文章中,基于无产阶级的政治立场和马克思主义的文学观,申明文学是有阶级性的主张。在他看来,在阶级社会里,文学家虽然自以为"自由",其实也无意识地终究受"本阶级的阶级意识所支配",其创作也"并非别阶级的文化"。鲁迅指出:"文学不借人,也无以表示'性',一用人,而且还在阶级社会里,即断不能免掉所需的阶级性,无需加以'束缚',实乃出于必然。自然,'喜怒哀乐,人之情也',然而穷人决无开交易所折本的懊恼,煤油大王那会知道北京拾煤渣老婆子身受的酸辛,饥区的灾民,大约总不去种兰花,像阔人的老太爷一样,贾府上的焦大,也不爱林妹妹的。'汽笛呀!''列宁呀!'固然并就是无产文学,然而'一切东西呀!''一切人呀!''可喜的事来了,人喜了呀!'也不是表现'人性'的'本身'的文学。倘以表现最普通的人性的文学为至高,则表现最普遍的动物性——营养,呼吸,运动,生殖——的文学,或者除去'运动',表现生物性的文学,必当更在其上。倘说,因为我们是人,所以以表现人性为限,那么,无产者就因为是无产阶级,所以要做无产文学。"鲁迅又说:"无产者文学是为了以自己们之力,来解放本阶级并及一切阶级而斗争的一翼。"②鲁迅的论述

① 冯乃超:《冷静的头脑:评驳梁实秋的〈文学与革命〉》,《创造月刊》第 2 卷第 1 期,1928 年 8 月 10 日。

② 鲁迅:《"硬译"与"文学的阶级性"》,《萌芽月刊》第 1 卷第 3 期,1930 年 3 月。

表明,文学既然在阶级社会里,则必然体现阶级性,无产阶级是以文学为武器开展解放斗争,因而也就表现了无产阶级的阶级利益。鲁迅的这篇《"硬译"与"文学的阶级性"》文章,具有鲜明的无产阶级政治立场和革命斗争性的特色,并着力于解决无产阶级文学发展中的问题,这诚如研究者所指出的那样:"《"硬译"与"文学的阶级性"》的重大意义就在于,它是我国文学史上,代表无产阶级革命文学运动,同资产阶级和一切剥削阶级文学,在思想上、政治上实行彻底决裂的一篇宣言。它不仅是在左翼作家坚决反击新月社文人的战役中起了决胜的作用,同时也为切实地解决无产阶级革命文学兴起中存在的思想问题,总结了历史经验,做出了光辉的示范。"①鲁迅的《"硬译"与"文学的阶级性"》是中国现代文学史上经典文献,在中国现代学术史上有着重要地位。

二是"左联"与"民族主义文艺运动"的论争(1930—1931 年)。

"左联"成立后,引起国民党当局的恐惧。于是,一帮与国民党有着种种联系的文人潘公展、朱应鹏、范争波、黄震遐、王平陵等,与1930 年 6 月 1 日在上海成立"六一"社,发表《民族主义文艺运动宣言》,出版《前锋周报》、《文艺月刊》等刊物,鼓吹"民族主义文艺运动",声称"文艺的最高意义,就是民族主义"②,他们攻击"左联"说:"那自命左翼作家的所谓无产阶级的文艺运动,又是那样的嚣张,把艺术拘囚在阶级上。"这派人鼓吹的"民族主义",是否定阶级意识的民族主义,用以对抗左翼文艺运动,专以攻击无产阶级文学。

对此,"左联"执委会发表《无产阶级文艺运动新的情势及我们的任务》,予以驳斥。瞿秋白、茅盾、鲁迅等积极领导和参加了这一斗争。在论争中,茅盾发表《"民族主义文艺"的现形》,瞿秋白发表《屠夫的文学》,鲁迅发表《"民族主义文学"的任务和命运》等文章,指出了他们的"宠犬派文学"、"屠夫文学"、"鼓吹杀人放火的文学"的本质,说明他们是和他们的主人一样"用一切手段,来压迫无产阶级,以苟延残喘"。

鲁迅对这股新文艺运动的逆流进行了无情的鞭挞,揭露他们丑恶的面目。关于这些人所带有的殖民地被奴化的本色,鲁迅在《"民族主义文学"的任务和运命》中,以入木三分的笔调这样写道:"那些宠犬派文学之中,锣鼓敲得最起劲的,是所谓'民族主义文学'。但比起侦探,巡捕,刽子手们的显著的勋劳来,却还有很多的逊色。这缘故,就因为他们还只在叫,未行直接的咬,而且大抵没有

① 陈传才主编:《文艺学百年》,北京出版社 1999 年版,第 130—131 页。
② 王平陵:《民族主义文艺运动宣言》,《前锋月刊》第 1 卷第 1 期,1930 年 10 月 10 日。

流氓的剽悍,不过是飘飘荡荡的流尸。然而这又正是'民族主义文学'的特色,所以保持其'宠'的。……翻一本他们的刊物看罢,先前标榜过各种主义的各种人,居然凑合在一起了。这是'民族主义'的巨人的手,将他们抓过来的么?并不,这些原是上海滩上久已沉沉浮浮的流尸,本来散见于各处的,但经风浪一吹,就漂集一处,形成一个堆积,又因为各个本身的腐烂,就发出较浓的恶臭来了。……这'叫'和'恶臭'有能够较为远闻的特色,于帝国主义是有益的,这叫做'为王前驱',所以流尸文学仍将与流氓政治同在。"①鲁迅在《"民族主义文学"的任务和运命》一文中指出:提倡和参加"中国民族文艺运动"的人,是殖民地的洋大人的"鹰犬",是一群"流尸"的堆积,然而"虽然是杂碎的流尸,那目标却是同一的:和主人一样,用一切手段,来压迫无产阶级,以苟延其残喘"。但历史将注定,"他们将只尽些送丧的任务,永含着恋主的哀愁,须到无产阶级革命的风涛怒吼起来,刷洗山河的时候,这才能脱出这沉滞猥劣和腐烂的运命"②。

瞿秋白发表了《屠夫文学》文章,集中说明所谓"民族主义文学",其实质就是"屠夫文学"。他指出:"现在是什么年头?帝国主义列强和中国各地方各派各系的绅商需要战争,需要势力范围,也就是强夺民众膏血的剧烈的斗争。现在是什么年头?中国的红白战争一天天剧烈起来,所谓剿匪是中国天字第一号的要紧事情。反对苏联呢——这尤是中国绅商的太上皇的谕旨。这就是更加需要战争,需要杀人放火。'凡是必需的,都是应该的——合理的。'这是哲学家的话头。文学家就要说说:'凡是必需的都是神圣的。'因此,中国绅商就定做一批鼓吹战争的小说,定做一种鼓吹杀人放火的文学。这就叫做民族主义的文学。"③瞿秋白认为,这种所谓"民族主义的文学"是与中国的军阀混战联系在一起的。本来,"民族主义战争小说的正面体裁,自然是为民族而战的尚武精神",但在中国的军阀混战之中,两方面都要打些通电,发些布告,自称"中央"、"党统"、"仁义之师",叫对方是"叛逆"、"党国蟊贼"等等,可因为古文及时文的电报太不够用,"所以要有民族主义的问题"了。

茅盾则揭露了"民族主义"文艺的"法西斯蒂的本相"。他在《"民族主义文艺"的现形》、《"黄人之血"及其他》等文章中指出:"国民党维持其反动政权的

---

① 晏敖:《"民族主义文学"的任务和运命》,上海《文学导报》第1卷第6、7合刊,1931年10月23日。

② 晏敖:《"民族主义文学"的任务和运命》,上海《文学导报》第1卷第6、7合刊,1931年10月23日。

③ 史铁儿:《屠夫文学》,《前哨》第1卷第3期,1931年8月20日。

手段,向来是两方面的:残酷的白色恐怖与无耻的麻醉欺骗。"所谓"民族主义文艺运动"便是国民党对左翼文艺运动的"白色恐怖以外的欺骗麻醉的方策"。但在阶级斗争日益尖锐化的今天,这种方策的效力是很小的,所以"民族主义文艺"就公开地"法西斯化"了。茅盾指出:"现在,'民族主义派'已经完全暴露了法西斯蒂的面目了!他们不但以政治力量夺取了许多营业性质的小书店,出版了若干谁都不要看的刊物,并且在他们的机关杂志《前锋周刊》和《前锋月刊》上,也不再戴面具做苦难时代所要求的文学那一类的欺骗文章了!他们干干脆脆地鼓吹'屠杀'!用机关枪,大炮,飞机,毒气弹,屠杀遍中国的不肯忍受帝国主义及国民党层层宰割的工农群众!屠杀普罗文学作家!这屠杀文学就是他们宣传得极利害的《陇海线上》和《国门之战》!这便是'民族主义文艺'的最后一阶段!紧接这一阶段的,将是什么?是滔天的赤浪扫除了这些文艺上是白色的妖魔!"①茅盾对"民族主义"文艺观的揭露和批判,在当时文坛上有着重要的影响。

这些发起所谓"民族主义文艺运动"的人在当时的文坛上没有什么地位,而且他们对"左联"作家的批评主要是人身攻击,公开地充当国民党政府的传声筒,为一般有良心的文人学者所不齿,因而很快遭到人们的唾弃。《前锋》只出了7期就夭折了,甚至最后一期只卖出3本,可见其孤立的程度。

三是"左联"与"自由人"及"第三种人"的论争(1931—1933年)。

"左联"与"自由人"的这场论战发生在1931年秋至1933年夏之间,起源于胡秋原等自由资产阶级知识分子的发难。1931年12月,《文化评论》创刊。在创刊号上发表了社评《真理之檄》,宣称该刊是"自由的智识阶级"刊物,进行思想文化批评是其"当前的天职"。同期,发表了自称是"自由人"的胡秋原②的《阿狗文艺论——民族文艺理论之谬误》文章,在批判"民族文艺运动"的同时,宣称资产阶级文艺观,认为文学不能堕落成为政治的"留声机"。该文说:"文学与艺术,至死也是自由的,民主的。""艺术虽然不是'至上',然而决不是'至下'的东西。将艺术堕落到一种政治的留声机,那是艺术的叛徒。"接着,胡秋原又发表《钱杏邨理论之清算与民族文学理论之批评》、《勿侵略文艺》等文章,一方

①　石萌(茅盾):《"民族主义文艺"的现形》,《前哨》第1卷第4期,1931年9月13日。

②　胡秋原,1900年生,原名曾佑,字石明,笔名未明、秋生等,湖北黄陂人。1925年入武昌中华大学,1928年入上海复旦大学中文系,1929年赴日留学。1931年回上海创办《文化评论》,后加入国民党。1951年去台湾,续任"立法委员",同时还任"中央研究院"研究员、台湾师范大学教授。1963年创办《中华》杂志。

面为自己辩解,另一方面更系统地以文艺的艺术性来否认文艺的政治性。胡秋原在《勿侵略文艺》一文中说:"有几个朋友说,我在《阿狗文艺论》中,固然是否定了民族文艺,同时也否定了普罗文艺。但是,我的意思并不如此:我并非否定民族文艺,同时,我更没有否定普罗文艺。"又说:"我并不想站在政治立场赞否民族文艺与普罗文艺,因为我是一个政治外行的人。……我是一个自由人。"

由于胡秋原留学于日本时曾经学习了比较多的马克思主义理论知识,并撰有一部论普列汉诺夫的文艺理论的书,所以他自称是一个自由派的马克思主义者。胡秋原根据普列汉诺夫、托洛茨基等苏联理论家的著作,认为文学尽管有阶级基础,但不能让文学创作服从于在马克思主义经济或政治论述中找到的同样规律。他提出,文学是通过美学的角度来反映生活的复杂性和丰富性,并从马克思主义经典著作中引述一串串的论据,说明文学批评的功能是"客观地"理解文学,而不是像左翼作家们尤其是阿英和太阳社其他成员那样的机械的观点。他的观点是,作为一个"自由人"并不一定是反对马克思主义的,而仅仅是与政治无关;政治不能"侵略"到文艺之中,如将艺术堕落为"政治的留声机","那是艺术的叛徒",因而他反对"遵照现行政策或者党的领导的迫切需要来判断一切"的倾向。

对于胡秋原的观点,瞿秋白、冯雪峰等左翼文坛的代表予以反击。瞿秋白以"文艺新闻社"的名义在《文化评论》上发表《请脱弃"五四"衣衫》一文,集中批判《文化评论》创刊号上的社评《真理之檄》,指出:"当前的文化运动,是大众的——是为大众之解放而斗争的",不是自由智识分子所能担负的,请他们脱掉那"五四"的衣衫。冯雪峰在《文艺新闻》上发表《致〈文艺新闻〉的一封信》,指出胡秋原"是为了反普罗革命文学而攻击了钱杏邨"的,认为胡秋原所谓"文学自由,是反对文学的阶级性的腔调,是文学的阶级的任务之取消"。瞿秋白、冯雪峰等的文章,有力地维护了无产阶级文学的政治主张。

就在左翼文坛与胡秋原开展论争之时,自称是"第三种人"的苏汶①出来声援。苏汶(杜衡)自称是"第三种人",他在《现代》上发表了《关于〈文新〉与胡秋原的文艺论辩》、《"第三种人"的出路》、《论文学上的干涉主义》等文章,以反对

_____

① 杜衡(1907—1964),原名戴杜衡,笔名杜衡、苏汶,浙江杭州人。肄业于上海震旦大学。青年时期曾与施蛰存编《现代》月刊,并在20世纪30年代提倡文艺自由论,鼓吹做"第三种人"、"自由人",受到"左联"作家和鲁迅的批评。后离开文艺岗位,转入新闻界工作。抗日战争期间,曾先后在香港《国民日报》、重庆《中央日报》任主笔。1949年去台湾。1954年辞《中央日报》职,后为《民主评论》等刊物写专论。

胡秋原的面目来支持胡秋原的观点。苏汶说:"在'智识阶级的自由人'和'不自由的,有党派的'阶级争着文坛的霸权的时候,最吃苦的,却是这两种人之外的第三种人。这第三种人便是所谓作者之群。……人各有其道,人各以其道非他人之道。你说着我所不要听的话,我说着你所不要听的话。联句正联得起劲呢。只有作者,有其道而不敢言,更不敢拿来非他人之道。他只想替文学,不管是扇动的也好,暴露的也好,留着一线残存的生机,但是又怕被料事如神的指导者们算出命来,派定他是那一阶级的狗。"①对此,左翼文坛予以反击。

于是,反对"自由人"的斗争又转变为集中反对"第三种人"的斗争。瞿秋白发表《文艺的自由和文学家的不自由》,鲁迅发表《论"第三种人"》、《又论"第三种人"》,冯雪峰发表《并非浪费的论争》、《关于"第三种文学"的倾向与理论》等文章,周扬等也发表了相关文章,集中批判胡秋原、苏汶的错误观点。

鲁迅在《论"第三种人"》中认为,在阶级社会里,文学家要做"第三种人"是不可能的。他指出:"这'第三种人'的'搁笔',原因并不在左翼批评的严酷。真实原因的所在,是在做不成这样的'第三种人,做不成这样的人,也就没有了第三种笔,搁与不搁,还谈不到。'""生在有阶级的社会里而要做超阶级的作家,生在战斗的时代而要离开战斗而独立,生在现在而要做给与将来的作品,这样的人,实在也是一个心造的幻影,在现实的世界上是没有的。要做这样的人,恰如用自己的手拔着头发,要离开地球一样"②。鲁迅在《又论"第三种人"》中进一步指出,文学在阶级社会里就自然具有阶级性,"不问哪一阶级的作家,都有一个'自己',这'自己',就都是他本阶级的一分子,忠实于他自己的艺术的人,也就是忠实于他本阶级的作者,在资产阶级如此,在无产阶级也是如此"③。鲁迅在对苏汶观点的批判中,申明了文学的阶级性及作品的阶级立场,认为即使声称"第三种人",其实"还是一定超不出阶级的",而"作品里又岂能摆脱阶级的利害"。需要说明的是,鲁迅在对"第三种人"的批判中,也申明了左翼作家要有"同路人",不能动不动就指责意见不同者为"资产阶级的走狗",他指出:"左翼作家并不是从天上掉下来的神兵,或国外杀进来的仇敌,他不但要那同走几步的'同路人',还要招致那站在路旁看看的看客也一同前进。"④这是很有见地的,为后来克服文艺战线的关门主义指出了方向。

① 苏汶:《关于〈文新〉与胡秋原的文艺论辩》,《现代》第 1 卷第 3 期,1932 年 7 月 1 日。
② 鲁迅:《论"第三种人"》,《现代》第 2 卷第 1 期,1932 年 11 月 1 日。
③ 鲁迅:《又论"第三种人"》,《南腔北调集》,人民文学出版社 1973 年版,第 98 页。
④ 鲁迅:《论"第三种人"》,《现代》第 2 卷第 1 期,1932 年 11 月 1 日。

　　瞿秋白以易嘉的笔名发表了《文艺的自由和文学家的不自由》文章。关于胡秋原,瞿秋白在文章中指出这样几点:第一,胡秋原不是马克思主义者。瞿秋白首先指出,胡秋原尽管声称自己的方法是"唯物史观",并且在他的文章中"很渊博地引证了许多'唯物史观'的艺术理论",然而"他的所谓'自由人'的立场不容许他成为真正的马克思主义者","他所拥护的,不是什么马克思主义的文艺理论,而是这个似乎是独立的高尚的文艺"①。第二,胡秋原是"反对阶级文学的理论",是"虚伪的客观主义者"。在瞿秋白看来,尽管胡秋原的确说过了文学的最高目的在于消灭人类间的一切阶级隔阂,但是"现在胡秋原是看见了阶级文艺而认为这算不了文艺,而只是'政治的留声机',这是'艺术的叛徒'",这"其实是反对阶级文学的理论"②。瞿秋白还指出,"胡秋原的理论是一种虚伪的客观主义",尽管他自称是从普列汉诺夫的理论出发的。在事实上,胡秋原恰好把普列汉诺夫理论中的"优点清洗了出去",其过分强调文学作为形象的美学探索与生活的消极反映的功能,在理论上是源出于普列汉诺夫的弱点,这是把普列汉诺夫理论中的"孟塞维克主义发展到最大限度",其结果是"变成了资产阶级的虚伪的旁观主义"③。第三,胡秋原的理论是要文学"脱离无产阶级而自由"。瞿秋白认为,文学创作决不能脱离作者的社会经济背景,必须发挥其政治功能。胡秋原理论的错误很多,而"最重要的是他要文学脱离无产阶级而自由,脱离广大的群众而自由。而事实上,著作家和批评家,有意的无意的反映着某一阶级的生活,因此,也就赞助着某一阶级的斗争。有阶级的社会里,没有真正的实在的自由。当无产阶级公开的要求文艺的斗争工具的时候,谁要出来大叫'勿侵略文艺',谁就是无意之中做了伪善的资产阶级的艺术至上派的'留声机。'"④在瞿秋白看来,胡秋原反对"留声机"而坚持"艺术高尚派"的观点,其实是"蔑视大众的"而"不屑得做大众的'留声机'"。关于苏汶,瞿秋白认为苏汶声称"第三种人"的立场,其观点比胡秋原更为直接,"苏汶先生还嫌胡秋原的自由主义不彻底,他主张把一切群众的新兴阶级的文艺运动,一概归到'非文学'之中去,让文学脱离新兴阶级和群众而自由"⑤。事实上,不可能有"第三种人",因为文学是附属于某一个阶级的,自称是"第三种人"在现实上"本来就不

---

①　易嘉:《文艺的自由和文学家的不自由》,《现代》第 1 卷第 6 期,1932 年 10 月。
②　易嘉:《文艺的自由和文学家的不自由》,《现代》第 1 卷第 6 期,1932 年 10 月。
③　易嘉:《文艺的自由和文学家的不自由》,《现代》第 1 卷第 6 期,1932 年 10 月。
④　易嘉:《文艺的自由和文学家的不自由》,《现代》第 1 卷第 6 期,1932 年 10 月。
⑤　易嘉:《文艺的自由和文学家的不自由》,《现代》第 1 卷第 6 期,1932 年 10 月。

是什么'第三种人'。作者——文学家也不必当什么陪嫁的丫环,跟着文学去出嫁给什么阶级。每一个文学家,不论他们有意的,无意的,不论他是动笔的,或者是沉默着,他始终是某一阶级意识形态的代表。在这天罗地网的阶级社会里,你逃不到什么地方去,也就做不成什么'第三种人'。"①瞿秋白发表的《文艺的自由和文学家的不自由》,通过对胡秋原、苏汶观点的批判,申明了无产阶级文学的基本主张,在当时产生了重要的影响。

"左联"对"自由人"和"第三种人"的斗争是完全必要的,有力地批判了自由资产阶级知识分子的超阶级、超政治的文艺观,对于宣传马克思主义的阶级文艺观有重大的意义。但左翼作家在开始时,方法有些粗暴,将对方划归为敌对阵营,则有些不妥,没有注意到文艺统一战线问题。后来,冯雪峰等人的态度有些变化,用和解的、对友人的态度进行批评。譬如冯雪峰在《关于"第三种文学"的倾向与理论》中指出:"我们首先就得克服自己的宗派性,也希望苏汶先生等克服他们的气质的坏的方面,而且立场与理论也并非不可能在一切争论中接近起来罢。同时我们对于苏汶先生等的理解,固然需要全面的注意,但我们首先注意那对于革命有利的一面,即苏汶先生等现在显然至少已经消极地反对着地主资产阶级及其文学了。因此,我们不把苏汶先生等认为我们的敌人,而是看作应当与之同盟战斗的自己的帮手,我们就应当建立起友人的关系来。"②在此期间,张闻天也发表《文艺战线的关门主义》(1932 年 10 月),指出"革命的小资产阶级的文学家,不是我们的敌人,而是我们的同盟者",这是"因为在中国社会中除了资产阶级与无产阶级的文学以外,显然还存在着其他阶级的文学,可以不是无产阶级的,而同时又是反对地主资产阶级的革命的小资产阶级的文学。这种文学不但存在着,而且是中国目前革命文学中最占优势的一种(甚至那些自称无产阶级文学家的文学作品,实际上也还是属于这类文学的范围)。"因而,"我们对于他们的任务,不是排斥,不是谩骂,而是忍耐的解释、说服与争取";由此,对待小资产阶级文学作家,一方面要"正确的估计那些小资产阶级文学家的革命方面,给以鼓励与赞扬,使小资产阶级文学中的革命性发展起来",另一方面要"指出这种文学中所存在着的一切弱点,使他们在我们的具体指示之下(决不是谩骂!)走向革命的斗争"③。张闻天的文章对左翼文坛产生了重要的影响,在克服

①　易嘉:《文艺的自由和文学家的不自由》,《现代》第 1 卷第 6 期,1932 年 10 月。

②　丹仁:《关于"第三种文学"的倾向与理论》(1932 年 11 月 26 日),《现代》第 2 卷第 3 期,1933 年 1 月。

③　《张闻天选集》,人民出版社 1985 年版,第 8—9 页。

文艺战线的"左"倾关门主义方面起了积极的作用。

四是"左联"内部的"两个口号"之争(1936年)。

"两个口号"之争,是指上海左翼文艺界内部在1936年夏就"国防文学"与"民族革命战争的大众文学"两个口号所进行的论争。

1935年底,周扬、夏衍①等"左联"负责人根据当时的形势,把在社会上产生一定影响的"国防文学"的口号正式提出来,并决定在1936年春"左联"自行解散。周立波当时立即发表文章,表示支持"国防文学"口号,指出:"在这时候,我们的文学,应当竭力发挥它的抗争作用,应当防御疆土,帮助民族意识的健全成长,促成有着反抗意义的弱国的国家观念,歌颂真正的民族英雄;我们应当建立崭新的国防文学! ……国防文学(Literature of National Defence)原为庶联[苏联]所倡导。可是,它移到中国来,并不是毫无考虑的袭取;它有着客观情势的要求:除了少数明暗的汉奸,谁不要防卫我们可爱的中国? 同时它也有着和庶联[苏联]的国防文学不同的任务:在庶联[苏联],它是防卫工农的伟大建设的,在中国,它是解放民族的一样特殊武器;在庶联[苏联],它主要是对付国外的敌人的,在中国,它反抗国外的敌人,同时更要进攻国内汉奸卖国者。中国的国防文学,是反帝反汉奸的广大群众运动中的意识上的武装。"②也就是在这个时候,左翼文坛的重要作家梅益③也发表文章表示支持的态度,指出:"我们的国防文学是一柄双锋的利剑。它的每一行,每一句,每一个字都充满着汗与血,黑暗,紧张,恐怖同呐喊。它也许是全世界所有的史诗中最伟大的诗篇。"④

1936年4月,中共中央派冯雪峰为特派员从延安到上海,向鲁迅传达瓦窑堡会议精神。为了补救"国防文学"在文学思想上的不明了性,鲁迅、冯雪峰、茅

---

① 夏衍(1900—1995),原名沈乃熙,字端先,浙江杭州人,中国现代著名文学、电影、戏剧作家和社会活动家,中国左翼电影运动的开拓者、组织者和领导者之一。新中国成立后历任上海市委常委、宣传部长、文化部副部长、中国文联副主席、中日友协会长、中顾委委员、全国人大代表、全国政协常委。著作有《心防》、《法西斯细菌》,话剧剧本有《秋瑾传》、《上海屋檐下》,选集有《夏衍剧作选》、《夏衍选集》等。

② 立波:《关于"国防文学"》,《时事新报·每周文学》,1935年12月21日。

③ 梅益(1913—2003),广东潮州人,1935年初参加"左联",参编机关刊物《每周文学》。新中国成立后,任中央广播事业局副局长、局长、党组书记,中华全国新闻工作者协会副主席。1978年起任中国社会科学院秘书长、副院长、党组第一书记,《中国大百科全书》总编辑委员会副主任等职。1986—1996年任中国大百科全书出版社总编辑。曾任全国政协第一、五届委员;全国人大第一、二、三届代表,第六届常务委员会委员;第一、二届中共中央顾问委员会委员。著有《梅益论广播电视》、《梅益论百科全书》,译有《西行漫记》、《钢铁是怎样炼成的》等。

④ 梅雨(梅益):《国防文学的内容》,《时事新报·每周文学》,1936年1月11日。

盾等共同商定,提出了"民族革命战争的大众文学"的口号。同年6月,胡风在
《文学丛报》上发表《人民大众向文学要求什么?》文章,公开提出了"民族革命战
争的大众文学"这个口号。

这期间,周扬因为与鲁迅之间对一些问题看法不同,就派与鲁迅关系较好的
徐懋庸①去找鲁迅商谈文艺界的口号问题,但徐懋庸与鲁迅之间的谈话并未能
形成共识,相反还产生了一些新的误解。徐懋庸为了澄清一些问题,凭借着鲁迅
对自己的爱护和信任,于是给鲁迅写了一封信,大意是说鲁迅因为对于党的基本
政策缺乏了解,因而所提出的"民族革命战争的大众文学口号是错误的"。

于是,围绕着"国防文学"、"民族革命战争的大众文学"这两个口号,在左翼
文坛内部又争论了几个月。

鲁迅在论争中发表了《答托洛斯基派的信》、《论现在我们的文学运动》、《答
徐懋庸并关于抗日统一战线问题》等文章。鲁迅积极拥护中国共产党提出的抗
日民族统一战线政策,认为这两个口号可以"并存",而不是两家。他指出,"国
防文学"是目前文学运动的具体口号,其特点是通俗,因而有助于"扩大我们政
治的和文学的影响",可以使"作家在国防旗帜下的联合";至于"民族革命战争
的大众文学"这个名词,则比"国防文学"在意义上"更明确,更深刻,更有内容"。
郭沫若、茅盾、冯雪峰、周扬等发表了文章参与论争。

徐懋庸发表文章,进一步坚持"国防文学"主张,指出:"不论胡风先生的本
意如何,现在他既已提出了新口号,使中国现阶段的现实文艺运动有了两个口
号,那么,我们就把两个口号——'国防文学'和'民族革命战争的大众文
学'——来比较一下子罢。……在前面我们已经说过,胡风先生所说的'民族革
命战争'这一句话,笼统,空洞,不足以表示目前的现实,不足以对太平天国运动
之类的战争表示分别。但当××帝国主义实行破坏我们的国防,并吞我们的疆土
的时候,我们的民族革命战争所应取的主要的战争,乃是国防战争。所以我们需
要一个国防政府,所以,我们的文化工作,需要发挥国防作用,那么,文学之应为
'国防文学',也是当然的事实了。"②

---

①　徐懋庸(1911—1977),浙江上虞下管人。早年参加大革命运动,后到上海与鲁迅相识。
1933年参加中国左翼作家联盟,任常委、宣传部长、书记。1938年赴延安,同年加入中国共产党,后
任抗日军政大学政教科长,晋鲁冀鲁豫边区文联主任、冀察热辽联大校长等职。新中国成立后,任
中共武汉大学党委书记、副校长、中南文化部副部长、教育部副部长等职。著有《徐懋庸杂文集》、
《徐懋庸回忆录》等。

②　徐懋庸:《"人民大众向文学要求什么?"》,《光明》第1卷第1期,1936年6月10日。

关于这场关于"口号"的文学争论,刘少奇当时曾有这样的分析:"在这次论战的开始和在论战以前,在文坛的一角确曾存在着两派,即周扬先生与胡风先生的对立。但因有两个口号的论争以后,形势变了,一边仍是以周扬先生为中心的原来的一些人,而胡风先生等却忽然中途不见了。当周扬先生等人大鸣胜鼓的当儿,却有鲁迅先生茅盾先生以及后来的吕克玉先生出来,给周扬先生等人以重大的批判。把他们的理论完全推翻了,同时也批判了和纠正了胡风、聂绀弩诸人的态度。形势就一变而成为新的两种对照:周扬等是主张用'国防文学'口号为联合战线的口号,反对'民族革命战争大众文学'的口号,鲁、茅等却是主张抗×联合战线应用抗×的政治的口号,而不应以'国防文学'的口号去限制它的扩大,但并不反对'国防文学'为自由提倡的口号。因此,'民族革命战争大众文学'口号也可用,因为和'国防文学'并不对立的。这里显然是理论上的两派,而不是口号与口号的两派了。我们也就很清楚:鲁先生和茅先生等的意见是正确的,他们提的办法是正当的,适合于现在实际情形的;同时,论争愈发展下来,周扬先生等的意见的错误和宗派主义与关门主义,也完全暴露了,终于因为理论上站不住而是改态度了。这就是这次论争经过的大概情形。所以,这次的论争的意义决不在争口号,而是在克服文坛上的关门主义与宗派主义,因为几篇最正确的论文的中心问题都在这一点上。"①刘少奇是从当时的政治形势出发,从党的路线的角度上来看待这次文艺论争的,指出这次论战的问题所在。

由于抗日救亡形势发展的迫切需要,更由于鲁迅、茅盾等人的努力,论争双方取得基本的一致。1936 年 10 月,由鲁迅、郭沫若、茅盾、巴金、冰心、包天笑、周瘦鹃等文艺界各方面代表 21 人签名的《文艺界同人为团结御侮与言论自由宣言》发表,标志着两个口号论争的基本结束,文艺界抗日民族统一战线初步形成。

1927 年至 1937 年的十年间,中国马克思主义文学取得了重要的成就。在这一时期,鲁迅、瞿秋白、冯雪峰、周扬等的文学思想,将马克思主义文艺理论与中国文学的建设实际相结合,积极推进了马克思主义文学思想中国化的进程,尽管在这之中经历曲折、发生了不少论争,但促进了中国马克思主义文学的初步发展。

3. 中国马克思主义文学初步成熟时期(1937—1949 年)

1937 年至 1949 年的十年是中国马克思主义文学的初步成熟时期,马克思

---

① 莫文华(刘少奇):《我观这次文艺论战的意义》,《作家》第 2 卷第 1 期,1936 年 10 月 15 日。

主义文艺理论与解放区文艺实际的结合取得了重大的进展,文学的大众化、群众化取得可喜的进步。1942 年毛泽东发表的《在延安文艺座谈会上的讲话》,以文艺为什么人的问题为中心,对文艺领域的诸方面进行论证,对"五四"以来文论和文学创作进行总结,着重阐述了文艺如何坚持正确的方向问题,成为中国化马克思主义文论的重要代表,推动了马克思主义文艺理论在中国的发展,促进了解放区文艺的繁荣。在解放区,诗歌在民族化、群众化的道路上迈出了可喜的一步,李季的《王贵与李香香》、阮章竞的《漳河水》是解放区诗歌的代表作;小说方面,赵树理的《小二黑结婚》和《李有才板话》、孙犁的《荷花淀》在小说创作的民族化、时代化方面有显著特色,丁玲的《太阳照在桑干河上》和周立波的《暴风骤雨》是两部反映解放区土改斗争的著名长篇小说。这一时期,周扬以阐发毛泽东文艺思想为中心,强调毛泽东文艺思想在发展马克思主义文艺观中的历史地位,在文艺批判理论方面有重要的建树。值得注意的是,胡风在这一时期对马克思主义文艺理论进行研究,在文艺批判理论上提出了诸多主张,认为应该从文艺的主客观的结合中去理解创作中的现实主义,强调作家反映现实生活的主观能动性,在探索马克思主义与中国文艺实际相结合的实践中作出了突出贡献。胡风的文学主张,尽管在当时及其以后未能受到重视,但对中国马克思主义文艺理论的发展还是有重要贡献的。

## (二) 中国马克思主义文学的代表人物及其主张

　　中国马克思主义文学思想是马克思主义与文学研究相结合的学术成果,并且有着马克思主义与中国传统优秀文学成果相结合、承继民族特性的特点,同时还有坚持人民至上、把握时代特征、注重艺术的创造、努力发挥文学改造社会作用的显著特色,因而成为现代中国学术体系中的重要组成部分。以下,试就中国马克思主义文学中的代表性人物及其文学主张,作简要的介绍:

### 1. 李大钊的文学思想

　　李大钊是中国最早而又坚定的马克思主义者,他在五四时期传播马克思主义的过程中,对于马克思主义文学理论中国化有着先驱者的地位①。李大钊文学思想的一个重要特点,一方面是紧密切合世界文学发展的大势,另一方面则是积极引进新的思想、观念,对中国文学的发展起导航作用。他早在宣传十月革命的同时,就通过《俄罗斯文学与革命》的著名篇章,将中国新文学的发展方向引

---

　　① 　吴汉全:《试论李大钊的马克思主义文学观》,《四川师范大学学报》2002 年第 4 期。

向俄国革命文学的征途。随着李大钊思想的发展和中国现代文学需要,他在宣传马克思主义过程中积极担负文艺先觉的责任,努力倡导马克思主义的文艺观念,并就中国新文学的发展作出创造性的总结,有力地推动了中国马克思主义文学的创建和发展。

其一,传播马克思主义文艺观。李大钊于1919年发表《我的马克思主义观》以后,又相继发表一系列宣传马克思主义的文章,提倡以马克思主义的世界观和方法论来改造中国,使包括文学在内的人文社会科学获得了新的理论指导,为中国学术观念的更新作出了突出的贡献。他在宣传马克思主义理论的过程中,引进了马克思主义的文艺观念。

李大钊引进马克思主义的文艺观突出地表现在对马克思主义唯物史观的阐说上。按照历史唯物主义原理,社会存在决定社会意识,经济基础制约着文化思想。作为上层建筑之一的文学艺术,由社会的经济基础所决定,并对经济基础具有反作用。这是马克思主义文艺观的理论基础。在《我的马克思主义观》中,李大钊引用了《〈政治经济学批判〉序言》等马克思主义经典著作的论述,明确地表明上层建筑为经济基础所决定。李大钊不仅正确地理解了经济基础与上层建筑的含义,而且也内含着这样一种思想,即文学作为一种观念形态,与其他上层建筑一样,是由社会的经济基础所决定的。有时李大钊也以"文化"这一概念指各种观念形态的总和,包括政治、哲学、文学、宗教等,说明"文化"是由经济基础决定的。他说:"文化是以经济作基础,……有了这样的经济关系,才会产生这样的政治、宗教、伦理、美术等等的生活。假如经济一有变动,那些政治、宗教等等生活也随着变动了。假使有新的经济关系发生,那政治、宗教等等生活也跟着从新建筑了。"①从李大钊的论述中可以看出,包括文学艺术在内的上层建筑是由经济基础所决定的,而在经济基础变动的条件下,包括文学艺术在内的上层建筑也会随着变动,这在事实上说明了文学的上层建筑性质及以新文学取代旧文学的历史必然性,以适应经济变动的合理性。

李大钊在宣传唯物史观原理时,解释上层建筑对经济基础的反作用,蕴含着文学艺术可以反作用于社会生活的思想。马克思主义不是机械的唯物论,而是建立在唯物史观基础上能动的反映论。李大钊指出,依据唯物史观原理,上层建筑不是一点不能给予经济基础以影响的,上层建筑具有能动性的特点。在李大钊的论述中包含着这样的思想,即包括文学在内的各种上层建筑,是能够通过自

---

① 《史学概论》,《李大钊全集》第4卷,人民出版社2006年版,第358页。

己的途径给社会生活施加影响,参与变革社会的过程,但它不是社会发展的根本力量,不能任意夸大其作用。

李大钊对马克思主义文艺观的宣传,是在全面引进马克思主义的过程中进行的,并且是从马克思主义的整个体系出发的,因而对中国文学的建设有着理论指导意义。李大钊虽然没有专文论述马克思主义文艺观,但他在自己的文章中运用马克思主义对文学问题进行解说。如他认为,荷马的诗是社会生活的反映,受制于社会经济生活的变动。他指出:"后来生产技术稍稍进步,农业渐起,军人、宗祝这一类的人渐握权力,从前受制于自然,现在受制于地位较高的人类了。……从前是崇拜自然物的原形,现在是把自然物当作一个有力的人去崇拜他了。在希腊何美尔(Homer)的诗中所表现的神,都是男女有力的君长,都是智勇美爱的化身。因为生产技术与人以权力的结果,自然神就化为伟大的人了。"①所谓荷马史诗是"智勇美爱的化身",即是说史诗反映了社会的经济生活,史诗这一文学的进步是当时社会生产力发展的结果。在《史学要论》中,李大钊对文学的社会本质又作了进一步的说明,指出:"文学家的笔墨,能美术的描写历史的事实,绘影绘声,期于活见当日的实况。"②关于文学的社会价值特别是文学对于人生修养的关系,1923 年 4 月李大钊在复旦大学的讲演中曾指出:"文学可以启发我们感情,所以说,诗可以兴,可以怨,又说,兴于诗。文学是可以发扬民族和社会的感情的"。李大钊还说:"文学教我们发扬蹈厉"③。李大钊还在许多文章中倡导马克思主义文学发展观,批判古代文学中的怀古思想,主张进步的文学观念。如他所说:"诗人的梦想,多以前代、过去的时代为黄金时代。中国的《采薇》、《获麟》诸歌和陶渊明一流的诗,都有怀思黄、农、虞、夏的感想。黄、农、虞、夏之世,便是中国人理想中的黄金时代。"④这说明,李大钊不仅在理论上指出文学发展的进步方向,而且以马克思主义的观点审视和批判古代的文学作品,表现了他对新文学建设的期待。

李大钊对马克思主义文学观的宣传在今天看来还不够全面,但切合了五四时期文学革命的时代要求。李大钊在"五四"之后对马克思主义(包括马克思主义文学观)的宣传,为中国马克思主义文学的诞生奠定了理论基础,同时也为反对封建文学(尤其是落后的文学观念)提供了思想武器。李大钊对马克思主义

---

① 《物质变动与道德变动》,《李大钊全集》第 3 卷,人民出版社 2006 年版,第 106 页。
② 《史学要论》,《李大钊全集》第 4 卷,人民出版社 2006 年版,第 433 页。
③ 《史学与哲学》,《李大钊全集》第 4 卷,人民出版社 2006 年版,第 166 页。
④ 《史学与哲学》,《李大钊全集》第 4 卷,人民出版社 2006 年版,第 167 页。

文艺观念的宣传也开启了中国学者用马克思主义研究文学的先河。

其二,对"文学革命"的总结和对"新文学"的重新诠释。李大钊引进马克思主义的文学观,对中国新文学的建设有着理论指导意义。与此同时,李大钊还站在马克思主义立场上来重新审视新文化运动以来的文学革命,不仅对新文化运动的文学革命进行评析和总结,而且对"新文学"的真义进行新的诠释。1919年12月发表的《什么是新文学》文章,就是李大钊一方面总结"文学革命"的得失、另一方面又重新诠解"新文学"意蕴的重要评论,是建立中国马克思主义文学的积极的努力,在中国现代文学史上有着极为重要的地位。

李大钊的《什么是新文学》一文中的重要内容之一,是正确地总结新文化运动中兴起的文学革命,适应了"五四"以后开创中国马克思主义文学新局面的需要。在文学革命中,陈独秀的《文学革命论》是文学革命的纲领性文献,体现了文学革命的根本内容。从中国现代文学发展的历程来看,胡适在文学革命中也是具有代表性的人物。对于新文化运动中"文学革命"所存在的问题,可以通过考察胡适的文学观来说明。胡适对文学革命有不可忽视的贡献,对此李大钊是肯定的。1919年3月下旬,李大钊在致胡适的信中曾说:"我的意思,你与《新青年》有不可分的关系,以后我们决心把《新青年》、《新潮》和《每周评论》的人结合起来,为文学革新的奋斗。"①李大钊肯定胡适在文学革命中的地位,并不是说李大钊完全赞成胡适的文学主张。而事实上,胡适的文学主张有其很大的局限性,这种局限性在五四运动之后影响着文学革命的深入。1917年1月胡适在《文学改良刍议》中,将他的文学主张谓为"八事",即"一曰,须言之有物。二曰,不摹仿古人。三曰,须讲求文法。四曰,不作无病之呻吟。五曰,务去烂调套语。六曰,不用典。七曰,不讲对仗。八曰,不避俗字俗语。"②在陈独秀提出文学革命的口号以后,胡适在《建设的文学革命论》中将"八事"改称"八不",谓之"八不主义"。胡适所理解的"文学革命",主要是文体的改革,如他所说:"我的'建设新文学论'的唯一宗旨只有十个大字:'国语的文学,文学的国语'。我们所提倡的文学革命,只是要替中国创造一种国语的文学。有了国语的文学,方才可有文学的国语。"③可见,提倡白话文是胡适"新文学"观要义之所在。在早期文学革命运动中,把新文学仅仅理解为白话文运动的也并非胡适一人,如傅斯年就说

① 《致胡适》,《李大钊全集》第5卷,人民出版社2006年版,第284页。
② 胡适:《文学改良刍议》,《新青年》2卷5号,1917年1月。
③ 胡适:《建设的文学革命论》,《新青年》4卷4号,1918年4月。

"新文学就是白话文学"①。当然,这不是说胡适在文学革命中没有输入一些文学的新内容。但是,包括胡适在内的早期新文化运动的精英,他们对新文学的理解和认知,无论是就文学的内容改革还是就文学的形式所做的改革,都不能适应五四运动以后中国文学发展的新要求,其缺点是明显的。对此,必须进行总结和说明,如此才能使五四运动以后的中国文学出现新的面貌。在马克思主义正式传播到中国后,最先对文学革命中的"新文学"予以正确总结和说明的是李大钊。他指出:"我的意思以为刚是用白话作的文章,算不得新文学;刚是介绍点新学说、新事实,叙述点新人物,罗列点新名辞,也算不得新文学。"②运用白话文作文章、介绍新思想,本是文学革命就文学的形式和内容进行改革的突出方面,李大钊在这里却认为"算不得新文学"。这不是否定新文化运动中的文学革命,而是说文学革命在内容和形式上的改革只是处在初步阶段,需要进一步地深化和发展。这从李大钊所说"刚是"一语可以看出。由此,亦反映李大钊对文学革命表现出高度的反省意识。在李大钊看来,文学革命以来不是没有好的文学作品,但"终占少数",而多数文学作品却存在明显的缺点。他指出:

> 一般最流行的文学中,实含有很多缺点。概括讲来,就是浅薄,没有真爱真美的质素。不过撷拾了几点新知新物,用白话文写出来,作者的心理中,还含着科举的、商贾的旧毒新毒,不知不觉的造出一种广告的文学。试把现在流行的新文学的大部分解剖来看,字里行间,映出许多恶劣心理的斑点,夹托在新思潮、新文艺的里边。……刻薄、狂傲、狭隘、夸躁,种种气氛充塞满幅。长此相嘘以气,必致中乾,种种运动,终于一空,适以为挑起反动的引子。此是今日文学界、思想界莫大的危机,吾辈应速为一大反省!③

李大钊对文学革命中揭橥的新文学主张所进行的反省是极为深刻的。在李大钊的认识视域中,新文学即使有其新鲜的形式,"用白话文写出来",即使有其内容上的改革,"撷拾了几点新知新物",但也会在文学作品中"映出许多恶劣心理的斑点",并且也会充塞着"刻薄、狂傲、狭隘、夸躁"的种种气氛。这就是说,文学的内容和形式方面的改革固然重要,但是文学创作者的心理状态、思想意识的提高却又是极为关键的;如果"作者的心理中,还含着科举的、商贾的旧毒新毒",就会"不知不觉的造出一种广告的文学"。李大钊所批评的正是这种只注

① 傅斯年:《怎样做白话文》,《新潮》第1卷第2号,1919年2月。
② 《什么是新文学》,《李大钊全集》第3卷,人民出版社2006年版,第129页。
③ 《什么是新文学》,《李大钊全集》第3卷,人民出版社2006年版,第129页。

重新形式而缺乏灵魂的、"没有真爱真美的质素"的"广告的文学",其寓意是深刻的。李大钊由对文学革命的形式和内容的反思,而深入到文学创作者的文化心理素质、思想精神境界,批评那种"广告的文学"以新形式包容着的"科举的、商贾的旧毒新毒",正是在更高的层次上总结新文化运动中文学革命的得失,可谓精辟之论。如果说 1919 年 8 月的"问题与主义"论争表明新文化运动在政治上开始破裂,那么李大钊在这篇《什么是新文学》中对文学革命中新文学的总结,则是表明文学革命的阵营已经发生分化,并预示着在全面总结文学革命基础上的崭新的文学——中国马克思主义文学即将诞生。

李大钊的《什么是新文学》的主旨是以马克思主义为指导,系统地提出建立真正的新文学的主张。诚如李大钊所说,现在大家都讲新文学,都作新文学了,那么,什么是新文学? 李大钊以其建设新文学的使命感和对中国文学发展方向的特有关注,期待着真正的"新文学"的诞生,他对所要建设的"新文学"作了新的诠释:

> 我们所要求的新文学,是为社会写实的文学,不是为个人造名的文学;是以博爱心为基础的文学,不是以好名心为基础的文学;是为文学而创作的文学,不是为文学本身以外的什么东西而创作的文学。①

在这里,李大钊所揭橥的新文学主张,就其中心内容而言是倡导"为人生"的文学,现实主义文学精神贯穿其中。这一文学思想的传统为后来的文学家所继承。如沈雁冰不久更加强调:"文学家所欲表现的人生,决不是一人一家的人生,乃是一社会一民族的人生。"②"人们怎样生活,社会怎样情形,文学就把那种种反映出来。"③然而,对李大钊提出的这一对中国现代文学发展有着深远影响的新文学主张,最容易被当今学术界所误解。学术界对李大钊的"以博爱心为基础的文学"和"为文学而创作的文学"两句话,有着不同的看法。有人认为,"以博爱心为基础的文学"是李大钊头脑中残存着的资产阶级人道主义,而"为文学而创作的文学"则是"为艺术而艺术"思想的反映,由此说明李大钊文学思想的不成熟。对于这种错误理解,学术界已有所反驳④。笔者以为,之所以造成对李大钊提出的新文学主张的误解,主要是对李大钊文中的语汇理解有误及对

---

① 《什么是新文学》,《李大钊全集》第 3 卷,人民出版社 2006 年版,第 129 页。
② 沈雁冰:《现在文学家的责任是什么?》,《东方杂志》第 17 卷第 1 期,1920 年 1 月 10 日。
③ 沈雁冰:《文学与人生》,《茅盾文艺杂论集》,上海文艺出版社 1981 年版,第 110 页。
④ 参见王太顺:《李大钊〈什么是新文学〉试解》,《沈阳师范学院学报》1982 年第 3 期;董学文:《论李大钊的文学思想》,梁柱等:《李大钊研究论文集》,北京大学出版社 1989 年版,第 72 页。

李大钊思想(尤其是文学思想)的发展不能深刻把握之所致。李大钊提出"为文学而创作的文学"的主张,不是将文学创作局限在个人的天地和艺术的范畴之内,而是指不要将文学走向"文学本身以外"——诸如"为个人造名"、"好名心"之类,这就强调了文学本身一方面要具有严肃性,另一方面又是要求文学遵循自身的发展规律,包含文学的艺术性要求。李大钊也不可能主张"为艺术而艺术"的唯美主义,他强调文学反映生活,强调文人要"奋生花之笔"以救人救世,所代表的文学现实主义精神是其文学思想中一以贯之的。至于"博爱"一词,今人一看便以为是资产阶级的自由、平等、博爱主张中之"博爱",因而就与资产阶级人道主义挂上钩。不错,在李大钊早期思想中,"博爱"一词确是从西方转借过来,但一开始就赋予了与下层人民的利益相联系的色彩,因而李大钊所使用的"博爱"一词所体现的内涵,与资产阶级人道主义不可同日而语。到 1918 年,由于接受了十月革命的基本理念,李大钊所说的博爱则又有根本的变化,而赋予了无产阶级为下层劳动人民利益奋斗、同情劳苦大众的境遇所体现的无产阶级人道主义。如李大钊在 1918 年宣传俄国革命文学的文章中说:"凡夫博爱同情、慈善亲切、优待行旅、矜悯细民种种精神,皆为俄人之特色,亦即俄罗斯文学之特色。故俄罗斯文学直可谓为人道主义之文学,博爱之文学。"①在直接宣传十月革命的文章中,李大钊称"俄人之今日精神,为爱人的精神",称十月革命是"以人道、自由为基础","冲决'神'与'独裁君主'之势力范围,……将统制一切之权力,全收于民众之手"的社会主义革命②。以上说明,对李大钊文章中语汇的理解和对李大钊思想发展进程的总体把握,对于理解李大钊的"新文学"主张尤为重要。

在对李大钊新文学主张中"博爱"一词和"为文学而创作的文学"一句有所理解的前提下,可以看出李大钊的"新文学"主张体现了丰富的思想内容。首先,李大钊主张新文学是"为社会写实的文学,不是为个人造名的文学",突出了文学与社会的关系。这就是说,文学必须立足于社会的实际并充分地反映社会生活,它的功用在于为社会生活服务,而"不是为个人造名"。所谓"为社会写实",就是要求文学面向社会,从社会生活中吸取素材,真实地反映社会的面貌,这样才能为文学的发展提供丰富的源泉和旺盛不衰的生命力。这是李大钊运用马克思主义文艺观关于文学这一上层建筑受制于经济基础并反作用于经济基础而得出的结论,从而使文学的发展获得广阔的天地,摆脱了那种使文学仅仅隶属

① 《俄罗斯文学与革命》,《李大钊全集》第 2 卷,人民出版社 2006 年版,第 234 页。
② 《法俄革命之比较观》,《李大钊全集》第 2 卷,人民出版社 2006 年版,第 227 页。

于个人需要、"为个人造名"的狭隘性。其次,李大钊主张的新文学是"以博爱心为基础的文学,不是以好名心为基础的文学",是说文学必须贯彻无产阶级的人道主义,积极地关怀人生特别是下层劳动人民的切身利益。这就要求作家在创作时要热爱生活,对社会富有同情心,关注人类的命运,以对社会的"博爱心"来取代文学创作者个人的"好名心",以使文学作品具有"真爱真美的质素",更好地发挥文学对于增进社会进步和对社会美好理想追求的作用,服务于社会的精神文明建设。最后,李大钊所主张的新文学是"为文学而创作的文学,不是为文学本身以外的什么东西而创作的文学",这是从文学的自身规律及文学的艺术性要求而言的。也就是说,要求文学的发展不能脱离文学本身的特点,不能以创作者"个人造名"的心理及个人的"好名心"附依到文学中来,而是要以社会生活为文学的依托、以关怀人生和人类的命运为文学的精神指向,努力完成建设文学的使命。从以上对李大钊关于新文学主张的解析中,可以看到李大钊对"新文学"的诠释已赋予了以社会为主体内容的特色,无论是他所说的"为社会写实的文学",还是"以博爱心为基础的文学",抑或他所说的"为文学而创作的文学",都是将文学置于社会生活之中,并以社会生活作为理解和认知文学内容、功用、发展趋向和文学创作规律的锁钥。李大钊对新文学的这一诠释,使新文学贯彻了社会存在与社会意识关系的马克思主义基本理论,为建立以体现人类精神的现实主义文学指明了方向。

值得注意的是,李大钊在《什么是新文学》中还就新文学如何得以进一步发展比较系统地提出自己的主张。他特别强调要为新文学的发展培植"深厚美腴的土壤",以便为新文学的成长创造前提条件。他指出:

> 我们若愿园中花木长得美茂,必须有深厚的土壤培植他们。宏深的思想、学理,坚信的主义,优美的文艺,博爱的精神,就是新文学新运动的土壤、根基。在没有深厚美腴的土壤的地方培植的花木,偶然一现,虽是一阵热闹,外力一加摧凌,恐怕立萎![1]

这里,李大钊是从广阔的宏观视野和文学自身发展规律出发,来论述新文学产生和发展的前提条件。文学作为一门艺术,其本身必须有深厚的文化底蕴为前提,必须有"宏深的思想、学理"为基础;同时,文学又是一种上层建筑,与同是上层建筑的政治有不可分割的联系,因此文学必须有"坚信的主义"为导引。在马克思主义引进中国的条件下,李大钊所主张的这种"主义"自然就是马克思主

---

[1] 《什么是新文学》,《李大钊全集》第3卷,人民出版社2006年版,第129—130页。

义。文学又以自身的文化积淀为基础,需要有"优美的文艺"为艺术创造的前提,这也就是说,在文学创作过程中要善于借鉴和吸收人类文明的一切艺术经验。"博爱的精神"体现了人类对人生的终极关怀,自然也是建设新文学所不可缺少的人文精神。李大钊把"宏深的思想、学理,坚信的主义,优美的文艺,博爱的精神"作为"新文学新运动的土壤、根基",就是要求文学家在学术、思想、文艺观念、伦理等诸多方面进行努力,为建设"合乎我们要求"的新文学而创造条件。

现实主义文学观是新文化运动中文学革命的主流,而李大钊的《什么是新文学》在继承现实主义文学传统的同时,又在马克思主义指导下有了新的提高,与鲁迅的现实主义文学观共同促进了中国现实主义文学的发展。诚如有的学者所指出的那样:"对现实主义的积极提倡,在钱玄同、刘半农、李大钊、鲁迅等《新青年》同仁那里,也都有相当直接的理论上的体现。尤其像李大钊所说的'我们所要求的新文学,是为社会写实的文学,不是为个人造名的文学',以及鲁迅所说的'世界日日改变,我们的作家取下假面,真诚地,深入地,大胆地看取人生并且写出他的血和肉来的时候早到了',显得特别明快精炼、脍炙人口。而李大钊现实主义的新文学观中渗入了马克思主义精神,鲁迅现实主义的开创性的艺术实践等,更为其现实主义的文学观增加了光彩。"①李大钊发表的《什么是新文学》,是中国学术界第一次以马克思主义为指导总结文学革命、提出建设中国马克思主义新文学的纲领,对中国现实主义文学在马克思主义指导下的发展作出了开创性的贡献。虽然其中有些内容诸如人道主义精神等,由于以后激烈的政治斗争环境没有能充分地实践,但他的新文学的主张无疑是中国马克思主义文学思想的开端。

其三,关注中国马克思主义文学事业的建设。五四运动以后,中国马克思主义文学从观念的倡导迅速转入实践阶段,革命的新文学面临着种种曲折和困境。如何将马克思主义文学观念贯彻到新文学中去进而推进马克思主义文学中国化进程,如何为中国新文学建设提供文学发展的经验,成为迫切要求解决的课题。五四运动以后,李大钊以主要精力投到革命斗争的实践,而学术研究的中心则更多地转到史学方面,但他仍然继续关注中国马克思主义文学建设事业,并为此作出了重大努力。

一是通过对西方文学史上今古之争的分析,介绍西方文学的进步观念,为中国马克思主义文学提供经验和借鉴。李大钊在倡导文学进步观念时,对西方文

---

① 陈传才主编:《文艺学百年》,北京出版社 1999 年版,第 52—53 页。

学界的今古论争予以特别的重视,并就西方文学的进步观念进行了评析。他指出:"在十七世纪初期文艺复兴后,法兰西、意大利就有今古之争,于文艺(诗歌文学)上,此争尤烈。崇古派则崇拜荷马,崇今派则攻击荷马。……这种争论,起于意大利,传至法兰西、英吉利,前后凡百余年。"①李大钊在北大的讲义中有一篇《今与古》,其中的一个重要内容就是运用马克思主义对西方文学艺术方面的今古论战进行分析,阐述他的文学发展观。李大钊在文章中为叙述"崇今派荣誉的战史",对西方文学中主张进步的文学家如塔索尼、德马雷、佩罗等作了比较系统的评述,特别是对佩罗文学主张的评述尤其精辟。李大钊指出,佩罗的诗作《路易大帝的世纪》是"一个简短的信仰宣言",对古人的批评"尤巧",其《古人与今人的比较》一书则是阐述今胜古的"一篇彻底的著作",对"艺术、雄辩、诗歌、科学及他们的实际的应用,都详加讨论了"。但李大钊同时也指出,佩罗在总体上是崇今派,然而在"论到诗歌与雄辩,暂作一个保留",所以李大钊说佩罗是"陷于缺乏体现完全的进步的观念"②。李大钊在《今与古》中,以很大的篇幅介绍和评价意大利、法国、英国的进步文学家,就是为了说明今古之争不是"文学史上的枝节问题",而是事实上"今古的激战,于文学(特别是诗歌)为最烈"③。《今与古》一文可以说是中国马克思主义学者最早研究西方文学进步观念及其发展线索所作的积极尝试,同时又是在中国运用马克思主义宣传文学发展观的文献,因而在中国现代文学史上占有重要的地位。

二是积极倡导平民主义文学观,推动中国马克思主义文学走向深入。李大钊对平民主义颇有研究,发表了不少论述平民主义的文章。在平民主义思想体系中,李大钊倡导平民主义文学观,反映他对中国马克思主义文学建设的新的关注。1921 年 12 月,李大钊在北京中国大学的演讲中指出:"现世界有种最大的潮流,而为各方面所极力要求实现完成者,就是'德谟克拉西'。……这种主义所向无前底趋势,不独在政治上有然,即在产业上、思想上、文艺上,亦莫不有然。从前文学上的古典主义,是不适应于德谟克拉西的,平民文学,乃是带有德谟克拉西底精神的,所以平民文学与古典文学相遇,平民文学就把古典主义的文学战胜了。"④这里,李大钊通过"古典文学"与"平民文学"的比较,说明平民主义(德谟克拉西)在文学上由古典转向现代中的地位,揭示了现代文学必须体现民

① 《今与古:在北京孔德学校的演讲》,《李大钊全集》第 4 卷,人民出版社 2006 年版,第 12 页。
② 《今与古》,《李大钊全集》第 4 卷,人民出版社 2006 年版,第 265—266 页。
③ 《今与古》,《李大钊全集》第 4 卷,人民出版社 2006 年版,第 258 页。
④ 《由平民政治到工人政治》,《李大钊全集》第 4 卷,人民出版社 2006 年版,第 1—2 页。

主精神的极端重要性,指明现代文学发展的一个很重要的趋势,这就是文学必须始终面向社会中的大众群体并反映其思想、感情和诉求。对于平民主义与现代文学的关系,李大钊在《平民主义》中说得更为具体,他指出:

> 现代有一绝大的潮流遍于社会生活的种种方面:政治、社会、产业、教育、美术、文学、风俗,乃至衣服、装饰等等,没有不著他的颜色的。这是什么?就是那风靡世界的'平民主义'。……无论是文学,是戏曲,是诗歌,是标语,若不导以平民主义的旗帜,他们决不能被传播于现在的社会,决不能得群众的讴歌。①

根据李大钊对平民主义与文学关系的论述以及他对平民主义的思想解析,李大钊所倡导的平民主义文学观有这样几个突出的内容:第一,现代文学必须贯彻和体现平民主义精神。"导以平民主义的旗帜",其最基本的含义是民主精神,也就是主张在文学中充分体现人的个性、自由、发展和平等的精神。这是李大钊平民主义文学观最核心的内容。第二,现代文学必须随着平民主义的发展而发展,走向无产阶级的"纯正的平民主义"阶段。在李大钊看来,现代文学必须与平民主义相统一,一以贯之以平民主义的基本精神;而平民主义有不同的"程级",要经过"工人政治"阶段,因此平民主义文学也必须随着平民主义的发展而不断进步。这就是说,现代文学及平民主义本身不是凝固不变的,必须随着无产阶级解放事业的发展而进步,最终进到没有阶级压迫、没有阶级剥削的"平民社会"的文学境界。第三,平民主义文学本身是人民大众的文学,是以"平民"为服务对象。李大钊使用"平民主义"一词而不使用"民主主义",是因为在他看来,"民主主义"一词的政治色彩过于浓厚,难以体现文学界、经济界等社会生活领域的发展趋向。这说明,李大钊强调的平民主义是包括文学在内的"种种社会生活"中的意义。同时要注意到,李大钊在转变为马克思主义者之后,其所使用的"平民"一词本身就是指下层民众,所以他倡导的平民主义文学自然是体现社会生活、服务于下层民众的。也正如此,李大钊认为文学等"若不导以平民主义的旗帜","决不能被传播于现代的社会,决不能得群众的讴歌"。虽然在李大钊平民主义思想中没有专门论述"平民主义"文学的问题,但他倡导在文学中贯彻平民主义精神所体现的平民主义文学观,以马克思主义阐发文学与平民关系的问题,因而是无产阶级的文学思想在五四时期中国文学界的代表者。这对中国马克思主义文学的发展是有指导意义的。

----

① 《平民主义》,《李大钊全集》第4卷,人民出版社2006年版,第114页。

### 2. 瞿秋白对左翼文学的重要贡献

瞿秋白是中国共产党早期的重要领导人,20 世纪 30 年代的中国左翼文学运动发展的领军人物,为中国革命文学事业的奠基作出了积极的努力,在中国马克思主义学术史上有着重要的历史地位。

瞿秋白于 1931 年 4 月与"左联"取得联系,到 1933 年底离开上海,在三年的时间内积极从事文学运动和文学理论研究。正是在上海期间,瞿秋白翻译了不少马克思主义文艺论著,努力阐发无产阶级文学观,积极开展与"自由人"、"第三种人"的论争,对当时左翼文学创作中存在的形式主义错误进行了有力的批评,并积极开展马克思主义文艺大众化的工作,为中国马克思主义文学事业的发展作出了突出的贡献。

瞿秋白阐发文学政治性、阶级性原则,对作家的政治立场提出了鲜明的要求。马克思主义的观点是,文艺本身是上层建筑的一个特殊部分,为一定阶级的政治服务,体现了阶级的愿望与要求。瞿秋白根据马克思主义的观点认为,任何文艺作品总是具有一定的阶级性,透露出一定阶级思想感情和政治要求,反映一定阶级的利益,因而阶级性是文学的基本特征,不存在超阶级的文学。他指出:"有阶级的社会不可避免的把自己的痕迹印在一般的艺术上,部分的说来,也就印在文学上。"①又说:"每一个文学家其实都是政治家。艺术——不论是那一个时代,不论是那一个阶级,不论是那一个派别的——都是意识形态的得力的武器,他反映着现实,同时影响着现实。客观上,某一个阶级的艺术,必定是在组织着自己的情绪,自己的意志,而表现一定的宇宙观和社会观;这个阶级,经过艺术去影响他所领导的阶级(或者,他所要想领导的阶级),并且去搅乱他所反对的阶级。问题只在于艺术和政治之间的联系方式;有些阶级利于把这种联系隐蔽起来,有些阶级却是相反的。"②正是由于文学本身具有阶级性,因而马克思主义者并不讳言文学的阶级性,相反在创作的文艺作品中就要坚持无产阶级的党性原则,具有鲜明的无产阶级立场,自觉地体现无产阶级的要求。瞿秋白指出:"客观的现实主义的文学,同样是有政治的立场的——不管作家自己是否有意的表现这种立场;因此,如果把'有倾向的'解释成为'有政治立场的',那么马克思和恩格斯不但不反对这种'倾向',而且非常之鼓励文学上的革命倾向。"③瞿

---

① 《瞿秋白文集》(文学编)第 4 卷,人民文学出版社 1986 年版,第 243 页。
② 《非政治主义》(1932 年),《瞿秋白文集》第 1 卷,人民文学出版社 1959 年版,第 397 页。
③ 《瞿秋白文集》(文学编)第 4 卷,人民文学出版社 1986 年版,第 3—4 页。

秋白在当时的文学论争中,坚持文学的阶级性原则,批判自由论者、"第三种人"宣传超阶级的文学的错误,深刻地揭示了文学的政治性实质,这对左翼文学的发展有着积极的指导意义。

瞿秋白探讨文学的思想性和艺术性的关系,在主张文学思想性优先的同时,强调文学作品的艺术性。在左翼文学中,存在着只看重思想性而忽视艺术性的错误,结果致使文学创作走向公式化而缺乏艺术内涵。在瞿秋白看来,文学的思想性是文学的重要特征,但思想性是要有艺术性为基础的,而且文学作品如果缺乏艺术性就会在创作中单一化。因而,瞿秋白主张将文学的思想性和艺术性统一起来。瞿秋白认为,文学作品的重要功能是改造社会,而主要的不在于解释世界,这就要求作家积极展示现实主义的创作理念,为社会改造服务;而那种缺乏思想性的作品就没有生命力,也就难以在现实的政治运动中发挥作用。他对华汉的作品《地泉》提出了严肃的批评,认为:"《地泉》连庸俗的现实主义都没有能够做到。最肤浅的最浮面的描写,显然暴露出《地泉》不但不能够'改变这个世界'的事业,甚至于也不能够'解释这个世界'。"①瞿秋白对于文学的艺术性也非常重视,指出无产阶级文学也要注意作品的艺术性,讲求作品的艺术内涵和审美价值,即使是反映政治斗争也应该用艺术的手法表现出来,因而无产阶级的文学作品不是"通俗的论文"。他说:"如果仅仅把几句抽象的理论,用说书的体裁来写出来,就可以当做文艺作品,那就根本用不着普洛文学运动,因为这只是通俗的论文。文艺作品应当经过具体的形象,……用'描写'、'表现'的方法,而不是用'推论'、'归纳'的方法,去显露阶级的对立和斗争,历史的必然和发展。"②瞿秋白强调文学的思想性与艺术性的统一,有助于克服革命文学阵营内业已存在的公式化的毛病,对于推进左翼文学的健康发展有着积极的作用。

瞿秋白积极提倡大众文艺,力主文艺与大众生活的有机结合,将革命文艺的大众化推进到一个新的阶段。瞿秋白发表了一系列的文章,如《大众文艺和反对帝国主义的斗争》、《普洛大众文艺的现实问题》、《大众文艺的问题》等文章,呼吁作家面向社会现实,推进文艺大众化运动的发展。在《普洛大众文艺的现实问题》文章中,瞿秋白要求作家用"现代话"来写作,在体裁上要"运用旧式体裁的各种成分,而创造出新的形式",在内容上要反映现实中工农大众的社会生

---

① 《瞿秋白文集》(文学编)第 1 卷,人民文学出版社 1985 年版,第 457 页。
② 《瞿秋白文集》(文学编)第 1 卷,人民文学出版社 1985 年版,第 476 页。

活,运用现实主义的创作原则来创造大众文艺,使作品成为"体裁朴素的东西——和口头文学离得很近的作品";要全方位展开俗话文学运动、街头文学运动、工农通讯运动,推进文艺大众化运动的前进。瞿秋白在《大众文艺的问题》中就"文艺大众化"的实质予以分析,指出:"现在决不是简单的笼统的文艺大众化问题,而是创造革命的大众文艺的问题。这是要来一个无产阶级领导之下的文艺复兴运动,无产阶级领导之下的文化革命的文学革命。"因此,"文艺大众化"就需要"在劳动群众之中去反对一切地主资产阶级反动文艺的斗争",用"无产阶级的革命的意识,去争取劳动民众,要去打击和肃清地主资产阶级的影响"。这样,"大众文艺"一方面"是要看清了当前的每一次事变之中敌人用什么来迷惑群众,要看清了群众的日常生活经常的受着什么样的反动意识的束缚,而去揭穿这些一切种种的假面具",另一方面就是"要去反映现实的革命斗争,不但表现革命的英雄,尤其要表现群众的英雄,这里也要揭穿反动意识及小资产阶级的动摇犹豫,揭穿这些意识对于群众斗争的影响,要这样去赞助革命的阶级意识的生长和发展"。也就是说,"革命文艺"与"大众文艺"有着内在的一致性,"革命文艺必须向着大众!首先要放在大众的基础上!"然后,"在大众之中创造出革命的大众文艺出来,同着大家去提高文艺的程度"。关于文艺大众化问题,瞿秋白还有一段精彩的论述:"普洛大众文艺所要写的东西,应当是旧式体裁的故事小说,歌曲小调,歌剧和对话剧等,因为识字的人数极端稀少,还应当运用连环图画的形式;还应当竭力使一切作品能够成为口头朗诵,宣唱,讲演的底稿。我们要写的是体裁朴素的东西——和口头文学离得很近的作品。可是也要防止一种投降主义,就是盲目的去模仿旧式体裁。这里,我们应当做到两点:第一,是依照着旧式体裁而加以改革;第二,运用旧式体裁的各种成分,而创造出新的形式。关于第一点,一切故事小说、小唱、说书、剧本、连环图画,都可以逐渐的加进新式的描写叙述方法。关于第二点,举几个例来讲:可以创造新的短篇说书话本,不必要开头是'却说',末了是'且听下回分解',而是俗话的短篇小说;可以输入欧美的歌曲谱子,要接近于中国群众的音乐习惯的,而填进真正俗话的诗歌;又可以创造一种新的俗话诗,不一定要谱才可以唱,而是可以朗诵,可以选读的,在声调节奏韵脚里面,能够很动人很有趣的;可以模仿文明戏而加入群众自己的参加演戏;可以创造新式的通俗歌剧,譬如说用'五更调'、'无锡景春调'等等凑合的歌剧,穿插着说白,配合上各种乐器,——因为话剧(文明戏)没有音乐,对于群众的兴趣是比较少的。这些,都还只是没有实行经验的设想,有了经验之后,还可以想到无数的新的形式,群众——来听小调来看戏的人,可以教我们的还多得很呢。这样,就是在文艺的形式上,普洛大众文艺也要同着群众一块儿提高艺术的程度。"①瞿秋白这段论述,虽然如他所说只是"设想",但他倡导古为今用、洋为中用,提出文艺大众化要适合民族特点,合理地借鉴传统形式,吸收外国文艺的成果,这是很有见地的。需要指出的是,瞿秋白不仅积极地倡导文艺的大众化,而且身体力行地从事文艺大众化的工作,写出了一些通俗性文艺作品,如他在九一八事变之后除了写作论文之外,还用普通话和上海话写出了诸如《东洋人出兵》《可恶的日本》《十月革命调》等脍炙人口的诗歌,写出了《王道诗话》《苦闷的答复》《曲的解放》《迎头经》《出卖灵活的秘诀》《最艺术的国家》《内外》《透底》《人才易得》等杂感,"对于鼓吹抗日和教育民众起了很大作用",尤其是其诗歌"都曾风行一时"②。

瞿秋白主张现实主义的创作方法,要求作家不断掌握马克思主义辩证唯物论。在瞿秋白看来,现实主义的创作方法有其突出的优势,即现实主义更切实地、真实地反映现实,直接地暴露社会的问题,具有鲜明的教育意义。1932 年,瞿秋白首先编译了恩格斯的三封文艺书简,并写了《马克思恩格斯和文学上的现实主义》一文,向左翼文坛介绍马克思、恩格斯的现实主义文学思想,号召作家关注现实,学习马克思、恩格斯暴露资本主义社会内部矛盾的现实主义手法。瞿秋白指出:"马克思、恩格斯对巴尔扎克的批判,正确的指出运用'文化遗产'的具体方法:他们用'历史的对比',说明新的革命文学应当怎样去学习过去时代的大文学家,学习他们的'揭穿假面具'的精神,暴露社会发展的内部矛盾。至于资产阶级的伟大艺术家所能够见到的'假面具',那当然不会和我们所见到的'假面具'相同,他们的阶级性质限制着他们的眼光。我们现代的新文学将要超越过去的文学艺术,正因为只有无产阶级才能够真正彻底的充分的'揭穿一切种种假面具',才能够最深刻的最切实的了解到社会发展的遥远的前途。'揭露假面具'的精神,我们是要继承的;我们还要更加彻底的,更加深刻的了解社会发展的内部矛盾,要发展辩证法唯物论的创作方法。这是无产阶级文学对于过去时代的文学遗产的正确的态度。"③在这篇文章中,瞿秋白提倡左翼作家"向巴尔扎克学习一点东西",像巴尔扎克那样"甚至可以违背作者的见解而表露出

---

① 《论大众文艺》(1932 年),《瞿秋白文集》第 2 卷,人民文学出版社 1953 年版,第 863 页。

② 《纪念瞿秋白同志殉难 20 周年》(1955 年),《华岗文集》,山东大学出版社 1998 年版,第 459 页。

③ 《马克思、恩格斯和文学上的现实主义》(1932 年),《瞿秋白文集》第 4 卷,人民文学出版社 1986 年版,第 18—19 页。

来",真实地暴露社会问题,避免创作中的脱离实际的倾向。自然,学习巴尔扎克式的现实主义,主要的还是要能够超越这种资产阶级的现实主义,而把握辩证唯物论的方法。瞿秋白认为,要推动革命文学的发展,增强普洛文学对普洛大众的影响力,就必须不断学习现实主义的创作方法,克服"感情主义"、"个人主义"、"团圆主义"、"脸谱主义"的毛病。

瞿秋白对中国左翼文学的发展作出了突出的贡献,有力地推进了马克思主义文艺理论中国化的进程,为马克思主义文艺理论与中国的大众生活的结合贡献了智慧。瞿秋白是20世纪30年代革命文学的领导者,在中国马克思主义文学的发展史上有着先驱者的地位。

3. 鲁迅关于文学阶级性与大众化的主张

鲁迅是中国伟大的文学家,现实主义文学大师。他不仅是五四时代的"文学革命"和20世纪20年代末"革命文学"的组织者和领导者,而且是领导"文学革命"到"革命文学"成功转型的文坛领袖,为中国现代文学的产生和发展、为中国马克思主义文学体系的构建作出了突出的贡献。之所以如此,一个很重要的原因,就是早在五四时期,鲁迅的文艺理论尽管仍然有很大的不足,但业已显示出独特的特点:

其一,鲁迅在"五四"时期形成了现实主义批判的改造社会与人生的文艺观,但同时对浪漫主义、个性主义、进化论、生命表现和纯美理论也有所吸收。这使鲁迅的文艺观具有鲜明的主导特征,尤其突出地体现出了现代性和启蒙性的结合。不过也应看到这一时期鲁迅文艺观尚存在着一些局限性,如多向度的"拿来"尚未得到更充分的消化与整合,还存在着思维不够辩证的地方。

其二,鲁迅对文艺问题所发表的精辟见解,既得之于他对既有的一些先进文艺理论的深刻会心,更得之于他自己的创作经验和独立思考。他的理论思考和创作实践上的深刻到位,使他不仅在创作上成为"五四"文坛上的翘楚,而且在理论上也成为重要的代表。同时由于理论和创作的合力构成的优势,使鲁迅成为"五四"时期最具影响的文学大师。

其三,鲁迅注重于中国现代形态文艺理论的建设,但这建设有一个过程。他不仅将"上下求索"的韧性追求体现在"立人""立国"以及创作上,这种韧性的追求也体现在他对现代文艺理论的建设上。其中在广阔的比较文化视野中对马克思主义及其文艺观的追求过程,既显示了基于现实主义立场的文化(文艺)选择的艰难,又昭示了这种选择的令人鼓舞的文化(文艺)进向。①

鲁迅转变为马克思主义者之后,不仅是坚定的无产阶级文化战士,而且亦是马克思主义与文艺建设相结合的探索先驱。他在 1934 年总结自己的文学道路时曾这样说:"先前,旧社会的腐败,我是觉到了的,我希望着新社会的起来,但不知道这'新的'该是什么;而且也不知道'新的'起来以后,是否一定就好。待到十月革命后,我才知道这'新的'社会的创造者是无产阶级,但因为资本主义各国的反宣传,对于十月革命还有些冷淡,并且怀疑。现在苏联的存在和成功,使我确切的相信无阶级社会一定要出现,不但完全扫除了怀疑,而且增加许多勇气了。"②在 20 世纪 30 年代的中国文坛上,鲁迅是左翼文坛的杰出领袖,领导革命文艺界冲破反动文化"围剿",发展了马克思主义文艺战线,对马克思主义文学中国化作出了突出的贡献。

鲁迅主张文学必须积极地面向生活、面向社会,因而对于那种文学脱离社会生活的主张提出严肃的批评,认为这是躲避到象牙塔之中,因而是不现实的。他指出:"有一派讲文艺的,主张离开人生,讲些月呀花呀鸟呀的话(在中国又不同,有国粹的道德,连花呀月呀都不许讲,当作别论),或者专讲'梦',专讲些将来的社会,不要讲得太近。这种文学家,他们都躲在象牙之塔里面;但是'象牙之塔'毕竟不能住得很长久的呀!象牙之塔总是要安放在人间,就免不掉还要受政治的压迫。打起仗来,就不能不逃开去。"③在鲁迅看来,文学在本质上是社会生活的反映,文学不能脱离社会生活而存在;文学家也是因为社会生活的感受而写成作品的,"文艺家的话其实还是社会的话,他不过感觉灵敏,早感到早说出来"④。鲁迅举例说:"我以为文艺大概由于现在生活的感受,亲身所感到的,便影印到文艺中去。挪威有一文学家,他描写肚子饿,写了一本书,这是依他所经验的写的。对于人生的经验,别的且不说,'肚子饿'这件事,要是喜欢,便可以试试看,只要两天不吃饭,饭的香味便会是一个特别的诱惑;要是走过街上饭铺子门口,更会觉得这个香味一阵阵冲到鼻子来。我们有钱的时候,用几个钱不算什么;直到没有钱,一个钱都有它的意味。那本描写肚子饿的书里,它说起那人饿得久了,看见路人个个是仇人,即是穿一件单裤子的,在他眼里也见得那是骄傲。我记起我自己曾经写过这样一个人,他身边什么都光了,时常抽开抽屉看

① 陈传才主编:《文艺学百年》,北京出版社 1999 年版,第 94—95 页。
② 《答国际文学社问》(1934 年),《鲁迅全集》第 6 卷,人民文学出版社 1958 年版,第 14 页。
③ 《文艺与政治的歧途》(1927 年),《鲁迅全集》第 7 卷,人民文学出版社 1958 年版,第 104 页。
④ 《文艺与政治的歧途》(1927 年),《鲁迅全集》第 7 卷,人民文学出版社 1958 年版,第 106 页。

看,看角上边上可以找到什么;路上一处一处去找,看什么可以找得到;这个情形,我自己是体验过来的。"①鲁迅的看法是,文学是社会生活的反映,文学家的作品是社会生活的提炼,因而离不开社会生活的丰富源泉。由此,鲁迅认为,如果抛开文学与生活的关系而一味地将文学与政治联系起来,甚至将文学仅仅看作政治的附庸,则是不妥的。

关于文学的阶级性问题,鲁迅予以明确的回答。他指出:"文学有阶级性,在阶级社会中,文学家虽自以为'自由',自以为超了阶级,而无意识底地,也终受本阶级的阶级意识所支配,那些创作,并非别阶级的文化罢了。"②又说:"某一种人,一定只有这某一种人的思想和眼光,不能越出他本阶级之外。说起来,好象又在提倡什么犯讳的阶级了,然而实事是如此的。"③在鲁迅看来,否认文学的阶级性,甚至提出"为人类的艺术"的主张,在根本上是错误的。这是因为,主张"为人类的艺术",其所谓的"艺术"其实"在现在的社会里,是断断没有的";那种提倡"为人类的艺术"的人,实际上"也已将人类分为对的和错的,或好的和坏的,而将所谓错的或坏的加以叫咬了"④。因此,那种"'为艺术的艺术'在发生时,是对于一种社会的成规的革命,但待到新兴的战斗的艺术出现之际,还拿着这老招牌明明暗暗阻碍他的发展,那就成为反动,且不只是'资产阶级的帮闲者'了"⑤。可见,鲁迅承认文学在阶级社会里具有阶级的政治色彩,只是他不赞成把文学创作及文学作品完全政治化。

鲁迅在肯定文学阶级性的前提下,对文学与政治的关系提出新的主张。当时文坛在强调文学阶级性、政治性的过程中确实有些"左"的倾向,对"革命文学"及"无产阶级文学"的认识都存在着绝对化的理解,甚至"一讲无产阶级文学,便不免归结到斗争文学,一讲斗争,便只能说是最高的政治斗争的一翼"⑥。鲁迅对此很不满意,认为高呼革命文学口号不能成为革命的文学家。在鲁迅看来,文学家必须成为革命文学家,无产阶级文学要紧密配合无产阶级革命斗争。他指出:"无产文学,是无产阶级解放斗争底一翼,它跟着无产阶级的社会的势

① 《文艺与政治的歧途》(1927 年),《鲁迅全集》第 7 卷,人民文学出版社 1958 年版,第 105 页。
② 《"硬译"与"文学的阶级性"》(1930 年),《鲁迅全集》第 4 卷,人民文学出版社 1958 年版,第 166 页。
③ 《谚语》(1933 年),《鲁迅全集》第 4 卷,人民文学出版社 1958 年版,第 415 页。
④ 《一八艺社习作展览会小引》(1931 年),《鲁迅全集》第 4 卷,人民文学出版社 1958 年版,第 242 页。
⑤ 《又论"第三种人"》(1933 年),《鲁迅全集》第 4 卷,人民文学出版社 1958 年版,第 406 页。
⑥ 《文坛的掌故》(1928 年),《鲁迅全集》第 4 卷,人民文学出版社 1958 年版,第 96 页。

力的成长而成长。"①又说:"革命文学家,至少是必须和革命共同着生命,或深切地感受着革命的脉搏的。"②但文学家参与革命也应该有自己的方式。他以俄国文学的情形来说明这个看法:"十九世纪,可以说是一个革命的时代;所谓革命,那不安于现在,不满意于现在的都是。文艺催促旧的渐渐消灭的也是革命(旧的消灭,新的才能产生),而文学家的命运并不因自己参加过革命而有一样改变,还是处处碰钉子。……在革命的时候,文学家都在做一个梦,以为革命成功将有怎样怎样一个世界;革命以后,他看看现实全不是那么一回事,于是他怎样又吃苦了。照他们这样叫,啼,哭都不成功;向前不成功,向后也不成功,理想和现实不一致,这是注定的命运;……所以以革命文学自命的,一定不是革命文学,世间那有满意现状的革命文学? 除了吃麻醉药!"③鲁迅这里是批评文坛中那种"左"的作风,虽言辞尖刻一些,但基本思想及其所指出的问题是正确的。

鲁迅具有世界性的学术视域,他主张文学创作的开放性,合理地批评和继承中外文学遗产。在鲁迅看来,一方面要积极吸收世界文学的成果,加以自己的消化,对外国文化采取"拿来主义"的态度;另一方面要合理地继承祖国的文化遗产,批判地接受其合理的精华。关于吸收外来文化,鲁迅指出:"比如我们吃东西,吃就吃,若是左思右想,吃牛肉怕不消化,喝茶时又要怀疑,那就不行了,——老年人才是如此;有力量,有自信力的人是不至于此的。虽是西洋文明罢,我们能吸收时,就是西洋文明也变成我们自己的了。好象(像)吃牛肉一样,决不会吃了牛肉自己也即变成牛肉的。"④鲁迅认为,吸收世界文化遗产要有积极的态度,敢于吸收文化遗产,同时要敢于批判地继承。他在《拿来主义》一文中有一段名言:"总之,我们要拿来。我们要或使用,或存放,或毁灭。那么,主人是新主人,宅子也就会成为新宅子。然而首先要这人沉着,勇猛,有辨别,不自私。没有拿来的,人不能自成为新人,没有拿来的,文艺不能自成为新文艺。"⑤当然,吸收外来文化遗产的同时,也要继承祖国的文化成果。鲁迅说:"采用外国的良规,加以发挥,使我们的作品更加丰满是一条路;择取中国的遗产,融合新机,使

① 《对于左翼作家联盟的意见》(1930年),《鲁迅全集》第4卷,人民文学出版社1958年版,第185页。
② 《上海文艺之一瞥》(1931年),《鲁迅全集》第4卷,人民文学出版社1958年版,第237页。
③ 《文艺与政治的歧途》(1927年),《鲁迅全集》第7卷,人民文学出版社1958年版,第110页。
④ 《关于知识阶级》(1927年),《鲁迅全集》第7卷,人民文学出版社1958年版,第456页。
⑤ 《拿来主义》(1934年),《鲁迅全集》第6卷,人民文学出版社1958年版,第33页。

将来的作品别开生面也是一条路。"①鲁迅对中国的民间文学予以高度重视,认为继承中国文学的遗产则要重视对民间文学的吸取。他说:"到现在,到处还有民谣,山歌,渔歌等,这就是不识字的诗人的作品;也传述着童话和故事,这就是不识字的小说家的作品;他们,就是不识字的作家。但是,因为没有记录作品的东西,又很容易消灭,流布的范围也不能很广大,知道的人们也就很少了。偶有一点为文人所见,往往倒吃惊,吸入自己和作品中,作为新的养料。旧文学衰颓时,因为摄取民间文学或外国文学而起一个新的转变。这例子是常见于文学史上的。"②自然,对中外文学的批判地继承,在于建设和创新自己的文学。由此,鲁迅"已经确切的相信:将来的光明,必将证明我们不但是文艺上的遗产的保存者,而且也是开拓者和建设者。"③

鲁迅对于文学大众化也提出自己的看法,充分肯定这一主张的积极意义,认为文学大众化必须有形式与内容的统一。在他看来,文学大众化必须注意这样几个具体问题:

第一,文学的大众化必须注意旧形式的采用问题。鲁迅认为,文学的大众化是一个新的思想,"由此而在探求新形式,首先提出的是旧形式的采取,这采取的主张,正是新形式的发端,也就是旧形式的蜕变"④。自然,鲁迅认为旧形式的采用也是有条件的,即取用旧形式"并非断片的古董的杂陈,必须溶化于新作品中",这"恰如吃用羊肉,弃去蹄毛,留其精粹,以滋养及发达新的生体,决不因此就会'类乎'牛羊的"⑤。关于文学大众化的过程中如何正确对待和使用"连环图画"这一形式问题,鲁迅也有独到的看法。他指出:"至于谓连环图画不过图画的种类之一,与文学中之有诗歌,戏曲,小说相同,那自然是不错的。但这种类之别,也仍然与社会条件相关联,则我们只要看有时盛行诗歌,有时大出小说,有时独多短篇的史实便可以知道。因此,也可以知道即与内容相关联。现在社会上的流行连环图画,即因为它有流行的可能,且有流行的必要,着眼于此,因而加以导引,正是前进的艺术家的正确的任务;为了大众,力求易懂,也正是前进的艺术家正确的努力。旧形式是采取,必有所删除,既有删除,必有所增益,这结果是新形式的出现,也就是变革。而且,这工作是决不如旁观

---

① 《〈木刻纪程〉小引》(1934年),《鲁迅全集》第6卷,人民文学出版社1958年版,第39页。
② 《门外文谈》(1934年),《鲁迅全集》第6卷,人民文学出版社1958年版,第76页。
③ 《〈引玉集〉后记》(1934年),《鲁迅全集》第7卷,人民文学出版社1958年版,第679页。
④ 《论"旧形式的采用"》(1934年),《鲁迅全集》第6卷,人民文学出版社1958年版,第20页。
⑤ 《论"旧形式的采用"》(1934年),《鲁迅全集》第6卷,人民文学出版社1958年版,第19页。

者所想的容易的。"①

第二,必须正确对待和处理"大众语"问题。鲁迅认为,文学大众化在语言方面有着特别的要求,特别是要注意对方言土语加以"提炼"和吸收,对于民间流行的"大众语"也有一个艺术加工的过程,亦即需要"专化"的功夫。他指出:"方言土语里,很有些意味深长的话,我们那里叫'炼话',用起来是很有意思的,恰如文言的用古典,听者也觉得趣味津津。各就各处的方言,将语法和词汇,更加提炼,使他们发达上去的,就是专化。这于文学,是很有益处的,它可以做得比仅用泛泛的话头的文章更加有意思。"②在鲁迅看来,文学的大众化在语言方面并非要完全与"大众语"一模一样,这是因为"语文和口语不能完全相同",讲话的时候可以夹带"这个这个"、"那个那个"之类的口语,但"文章一定应该比口语简洁",于是在写作的时候,"为了时间,纸张的经济,意思的分明,就要分别删去的"。鲁迅就"大众语"的使用问题还提出具体的意见,认为要根据具体情形予以改进与提高。他说:"在乡僻处启蒙的大众语,固然应该纯用方言,但一面仍然要改进。譬如'妈的'一句话罢,乡下是有许多意义的,有时骂骂,有时佩服,有时赞叹,因为他说不出别样的话来。先驱者的任务,是在给他们许多话,可以发表更明确的意思,同时也可以明白更精确的意义。如果也照样的写着'这妈的天气真是妈的,妈的再这样,什么都要妈的了'。那么于大众有什么益处呢?……至于已有大众语雏形的地方,我以为大可以依此为根据而加以改进,太僻的土语,是不必用的。例如上海叫'打'为'吃生活'。可以用于上海人的对话,却不必特用于作者的叙事中,因为说'打',工人也一样的能够懂。有些人以为如'象煞有介事'之类,已经通行,也是不确的话,北方人对于这句话的理解,和江苏人是不一样的,那感觉并不比'俨乎其然'切实。"③

第三,需要向民间的作家学习并吸收其成果。在鲁迅看来,文学大众化必须面向大众这个群体,虽然"大众并无旧文学的修养,比起士大夫文学的细致来,或者会显得所谓'低落'的,但也未染旧文学的痼疾,所以它又刚健,清新",而且在民间中就有大众的作家——"讲手"。因此,必须向民间作家学习,以创造出"农民和手业工人的作品"。鲁迅指出:"在不识字的大众里,是一向就有作家的。我久不到乡下去了,先前是,农民还有一点闲暇,譬如乘凉,就有人讲故事。

---

① 《论"旧形式的采用"》(1934年),《鲁迅全集》第6卷,人民文学出版社1958年版,第20页。

② 《门外文谈》(1934年),《鲁迅全集》第6卷,人民文学出版社1958年版,第79页。

③ 《答曹聚仁先生信》(1934年),《鲁迅全集》第6卷,人民文学出版社1958年版,第59—60页。

不过这讲手,大抵是特定的人,他比较的见识多,说话巧,能够使人听下去,懂明白,并且觉得有趣。这就是作家,抄出他的话来,也就是作品。"①鲁迅高度重视民间作家的艺术创作,认为他们与大众的生活接近,作品更切合大众的实际,故而推进文学的大众化也就需要重视民间作家及其成果。

第四,必须给大众有一定的"闲暇"。鲁迅认为,文学的大众化自然要在作品上下工夫,如小说"以短篇为限",描写的对象并非全是英雄等,但为大众提供有"闲暇"的机会也是很必要的,这对于推进文学的大众化极为重要。他指出:"中国久已称小说之类为'闲书',这在五十年前为止,是大概真实的,整日辛苦做活的人,就没有工夫看小说。所以凡看小说的,他就得有余暇,既有余暇可见是不必怎样辛苦做活的了。……但是,穷人们也爱小说,他们不识字,就到茶馆里去听'说书',百来回的大部书,也要每天一点一点的听下去。不过比起整天做活的人们来,他们也还是较有闲暇的。要不然,又那有工夫上茶馆,那有闲钱做茶钱呢?"②鲁迅对文学大众化问题的思考,与当时社会生活的实际相联系,积极关注"大众"的现实状况及其需求,体现出民众本位的政治立场,这是鲁迅文学观的重要特色之所在。

鲁迅提出的文学大众化主张是站在无产阶级立场上解读"文学的阶级性"而形成的基本观点,因而也是马克思主义所主张的文学阶级性观点的延伸和发展,充分地表现了马克思主义文学观以人民为中心的要求。就理论上说,在马克思主义文学观中,由于文学是有鲜明的阶级性,因而创作也就存在着站在怎样的立场以及为什么人服务的问题;而就政治立场来看,只要是站在马克思主义的立场上,文学就必须始终地坚持人民的立场并且要为人民大众服务,因而文学也就需要坚持大众化的方向。可贵的是,鲁迅对于文学的大众化主张不是停留在一般的政治动员的层面上,而且将文学的大众化与文学的形式、文学的话语、文学的思想文化资源以及文学的接受条件等方面联系起来,体现了面向社会生活实际、把握文学创作规律、积极研究大众的文学需要的务实态度。这说明,鲁迅的文学大众化主张体现了马克思主义文学观的阶级性、人民性的要求与文学的创造规律及民众社会生活实际相结合的特点,因而也是马克思主义文学观中国化的积极探索。

鲁迅是左联的核心和精神领袖,对于左联的前进有着方向性的指引作用。

---

① 《门外文谈》(1934年),《鲁迅全集》第6卷,人民文学出版社1958年版,第81—82页。
② 《〈总退却〉序》(1933年),《鲁迅全集》第4卷,人民文学出版社1958年版,第480页。

左翼作家联盟的成立,对于进步作家的团结及推进文学创作活动起了积极的推动作用,其中就有鲁迅的积极努力。鲁迅有着强烈的现实主义的特点,这深刻地影响着当时的进步作家。他将文学与革命斗争的实际紧密联系起来,主张文学要具有服务于现实的政治斗争的功能,并向当时的左翼作家提出了面向社会生活实际、了解实际革命斗争形势的要求,希望作家不能成为"右翼"的作家。鲁迅在"左联"这一组织成立时,就鲜明地提示左翼作家们要不断地面向实际斗争,不要脱离社会生活,而应该在实际斗争中成长起来。他指出:"我以为在现在,'左翼'作家是很容易成为'右翼'作家的。为什么呢? 第一,倘若不和实际的社会斗争接触,单关在玻璃窗内做文章,研究问题,那是无论怎样的激烈,'左',都是容易办到的;然而一碰到实际,便即刻要撞碎了。关在房子里,最容易高谈彻底的主义,然而也最容易'右倾'。……第二,倘不明白革命的实际情形,也容易变成'右翼'。革命是痛苦,其中也必然混有污秽和血,决不是如诗人所想象的那般有趣,那般完美;革命尤其是现实的事,需要各种卑贱的,麻烦的工作,决不如诗人所想象的那般浪漫;革命当然有破坏,然而更需要建设,破坏是痛快的,但建设却是麻烦的事。所以对于革命抱着浪漫谛克的幻想的人,一和革命接近,一到革命进行,便容易失望。"①鲁迅认为,只有面向社会生活的实际才能使作家知道真实的社会情况,革命的作家更应该如此,才能创作出符合社会需要的作品,并发挥作品的战斗作用。鲁迅说:"要写文学作品也一样,不但应该知道革命的实际,也必须深知敌人的情形,现在的各方面的状况,再去断定革命的前途。惟有明白旧的,看到新的,了解过去,推断将来,我们的文学的发展才有希望。我想,这是现在环境下的作家,只要努力,还可以做得到的。"②鲁迅提出左翼作家与实际社会斗争相接触、明白实际革命情形、了解社会各方面状况,这是他针对文学与社会生活关系以及革命作家创作的特点而提出的新要求,为左翼作家指明了前进的方向。

鲁迅要求革命作家在创作过程中,要立足社会生活的实际,作品的创作亦需要以自己的"经历"为基础,以增强作品的现实性内涵。鲁迅是伟大的现实主义作家,非常重视作品的现实性内容,强调创作工作必须始终地紧密联系社会生活,这就需要作家对现实生活有相当的感受,从而增强作品的现实可感性。鲁迅

① 《对左翼作家联盟的意见》(1930 年),《鲁迅全集》第 4 卷,人民文学出版社 1958 年版,第182—183 页。
② 《上海文艺之一瞥》(1931 年),《鲁迅全集》第 4 卷,人民文学出版社 1958 年版,第238—239 页。

指出："作者写出创作来,对于其中的事情,虽然不必亲历过,最好是经历过。……我所谓经历,是所遇,所见,所闻,并不一定是所作,但所作自然也可以包含在里面。天才们无论怎样说大话,归根结蒂,还是不能凭空创造。描神画鬼,毫无对证,本可以专靠了神思,所谓'天马行空'似的挥写了,然而他们写出来的,也不过是三只眼,长颈子,就是在常见的人体上,增加了眼睛一只,增长了颈子二三尺而已。这算什么本领,这算什么创造?"①鲁迅的意见是:"若作者的社会阅历不深,观察不够,那也无法创造出伟大的艺术品来的。……故对于任何事物,必要观察准确,透彻,才好下笔。"②正是基于对作品的现实性的要求,鲁迅要求作品创作必须有实际的体验,认为作者"在场"的经历对作品的水平提升有极为重要的作用。鲁迅说:"《铁流》之令人觉得有点空,我看是因为作者并未在场的缘故。"③自然,鲁迅强调创作要以"经历"为基础,并不是要求将一个完整的"经历"写出就算是文学,而是说作家对自己的"经历"之事实,要进行适当的加工和创造,包括对相关事实要有所"综合"。所以,鲁迅在谈自己的创作体会时说:"所写的事迹,大抵有一点见过或听过的缘由,但决不是全用这事实,只是采取一端,加以创造,或生发开去,到足以完全发表我意思为止。人物的模特儿也一样,没有专用一个人,往往嘴在浙江,脸在北京,衣服在山西,是一个拼凑起来的角色。"④也正因为鲁迅强调创作要以"经历"为基础,所以他不愿创作没有"经历"的小说,尤其是对新写小说表示十分谨慎的态度。他在致姚克的信中说:"新作小说则不能,这并非没有工夫,却是没有本领,多年和社会隔绝了,自己不在漩涡的中心,所感觉到的总不免肤泛,写出来也不会好的。"⑤鲁迅立足社会生活的创作理念及基于"经历"进行创作的主张,对当时现实主义文学在创造中发展有着引领性的作用。

鲁迅作为中国革命文学的杰出领导者、现实主义的文学大师,积极以马克思主义为指导来开展文学创作活动,组织革命的文学战线并开展文学争论,反对各种形形色色的势力对革命文学的挑战,积极地反击文坛上反革命的文化"围

---

① 《叶紫作〈丰收〉序》(1935年),《鲁迅全集》第6卷,人民文学出版社1958年版,第175页。

② 《第二次全国木刻联合流动展览会上的谈话》(1936年),《鲁迅论美术》,人民文学出版社1956年版,第151页。

③ 《致胡风》(1935年6月28日),《鲁迅书信集》下卷,人民美术出版社1976年版,第836页。

④ 《我怎样做起小说来》(1933年),《鲁迅全集》第4卷,人民文学出版社1958年版,第394—395页。

⑤ 《致姚克》(1933年11月5日),《鲁迅书信集》上卷,人民美术出版社1976年版,第432页。

剿",为中国马克思主义文学的形成和发展作出了巨大贡献,其文学主张对当时的文学革命者产生了重大影响。毛泽东给予鲁迅高度的评价:"鲁迅是中国文化革命的主将,他不但是伟大的文学家,而且是伟大的思想家和伟大的革命家。……鲁迅是在文化战线上,代表全民族的大多数,向着敌人冲锋陷阵的最正确、最勇敢、最坚决、最忠实、最热忱的空前的民族英雄。鲁迅的方向,就是中华民族新文化的方向。"①鲁迅是马克思主义文学理论中国化的领导者,为中国无产阶级文学的发展及中国马克思主义文学体系的构建作出了突出的贡献,在中国马克思主义文学史上有着独特的地位。

### 4.冯雪峰的文学思想

冯雪峰②是直接从中国左翼无产阶级文艺运动中成长起来的马克思主义文学评论家,参与了党对文艺工作的具体领导,是现代中国很有政治影响、学术影响的马克思主义文艺理论翻译家。他具有深厚的马克思主义理论修养,善于运用马克思主义文艺理论评析文艺问题,在马克思主义文艺理论与中国文艺实际相结合的方面迈出了重要的一步。早在"左联"成立之前,冯雪峰就已经积极致力于马克思主义文艺理论著作的翻译。"左联"成立后,他翻译了玛察的《现代欧洲无产阶级文学的路》、列宁的《论新兴文学》、弗理契的《巴黎公社的艺术政策》等著作,此外还翻译了马克思、普列汉诺夫、卢那察尔斯基、沃罗夫斯基、梅林、高尔基、李卜克内西等人的论著,在推进马克思主义文论在中国的传播方面作出了重要贡献。

冯雪峰在"左联"时期坚持文艺工作的政治方向,特别强调文艺的政治性和阶级性。1931年11月,在为中国左翼作家联盟执行委员会起草决议《中国无产阶级革命文学的新任务》时,冯雪峰鲜明地指出,中国无产阶级革命文学最重要的任务,主要是在文学的领域内加紧反帝国主义的工作,加紧反对豪绅地主、资产阶级、军阀、国民党的政权;宣传苏维埃革命以及鼓动与组织为苏维埃政权的一切斗争;组织工农兵通信员运动、壁报运动,以及其他的工人农民的文化组织;参加苏维埃政权下的及非苏维埃区域内一切劳苦大众的文化教育工作,帮助工农劳苦大众日常经济的政治的斗争之文字上的宣传与鼓动;反对民族主义、法西斯主义,反对"取消派"以及一切反革命的思想和文学,反对统治阶级文化上的

① 《毛泽东选集》第二卷,人民出版社1991年版,第698页。
② 冯雪峰(1903—1976),原名福春,笔名雪峰等,浙江义乌人,20世纪30年代著名的马克思主义文艺理论家。

恐怖手段与欺骗政策。冯雪峰强调文艺的政治性及阶级性,就在于发挥文艺的社会功用,使文艺成为无产阶级革命斗争的武器。

冯雪峰肯定"五四"以来以现实主义为主要特征的新文学的伟大意义,对于鲁迅的贡献作了充分的肯定。1928年9月,冯雪峰以"画室"为笔名在《无轨列车》创刊号上发表了《革命与知识阶级》①一文。这篇文章虽然是针对创造社、太阳社批评家对鲁迅的非难有感而发的,但却是中国马克思主义文学史的重要文献。当时,创造社、太阳社的作家们极力抨击鲁迅。在《革命与知识阶级》中,冯雪峰对鲁迅的文学创作予以积极的肯定,认为鲁迅"对于无产阶级只是一个旁边的说话者",鲁迅并不反对革命,因而"我们找不出空隙,可以断言鲁迅是诋毁过革命的",尤其是"在艺术上鲁迅抓住了攻击国民性与人间的普遍的'黑暗方面',在文明批评方面,鲁迅不遗余力地攻击传统的思想——在'五四''五卅'期间,知识阶级中,以个人论,做工做得最好的是鲁迅。"冯雪峰对中国作家的状况进行分析,鲜明地提出:"现在所提出的主题——'无产阶级文学之提倡'和'辩证法之唯物论之确立',于知识阶级自己的任务上,这是十分正当的,对于革命也是很迫切的。"在这篇文章中,冯雪峰对于创造社在肯定之中又有所批评,一方面肯定其"改变了方向,倾向到革命来,这是十分好的事",另一方面又批评他们"没有改变向来的狭小的团体主义的精神,这却是十分要不得的"。冯雪峰还分析了当时中国文坛的情形,认为中国作家有三种类型,一种是反革命作家,一种是革命作家,还有一种是体味着内心苦痛的作家。这最后一类的作家有自己的特点:"他们多是极真实,敏感的人,批评的工夫多于主张的,所以在这时候,他们常是消极的,充满着颓废的气氛。但革命是不会受其障害的,革命与其无益地击死他们,实不如让他们尽量地在艺术上表现他们内心生活的冲突的苦痛,在历史上留一种过渡时的两种思想的交接的艺术的痕迹。"冯雪峰评价当时的文学状况,由当时作家队伍中三种情形的分析,说明他们作品的各自价值,这是很有见地的。总的来看,冯雪峰的文论高扬"五四"现实主义传统,他在《文艺与政论》、《什么一种力》、《论民主革命的文艺运动》等文章中,系统地阐述了他的现实主义文艺主张。从马克思主义文学的发展历程来看,冯雪峰所理解的现实主义与鲁迅、胡风等理解的现实主义有相似或相通之处。

冯雪峰对文学大众化也有自己的看法,认为文学大众化首先就是要创造出"大众化的作品",这之中文学的形式问题是极为重要的。他指出:"'文学大众

---

① 《冯雪峰文集》上册,人民文学出版社1981年版,第2—7页。

化',首先就是要创造大众能理解的作品。在这里,我们必须先研究我们的作品为什么不能为大众所理解,以及什么作品是大众所能理解。我们先问:为什么我们现在的作品不能为大众所理解？我们要肯定的说,作品本身上,特别是作品的形式上,有着很大的问题。在提出'创造大众理解的作品'这任务时,形式的问题比其它任何问题都首先需要我们重新研究和解决。我们要肯定的说,现在的作品是过于投合智识分子读者的脾胃的,用语和文字组织是过于奇离晦涩,过于隔离群众的日常生活和日常用语的,作品的体裁也是如此。这事实,在现在不能不认为是作品本身上的问题,因为这不能以大众缺少文学的修养来辩护,而应当以我们作品缺少大众的生活的要素来说明。"①这里,冯雪峰就文学大众化所面对的问题进行分析,认为是作品本身与老百姓所喜爱的形式之间存在着巨大的距离,同时亦与作家脱离群众的生活有关。在他看来,既有的作品之所以不为老百姓所接受,是因为作品脱离群众的日常生活,"过于隔离群众的日常生活和日常用语"的实际,这实际上提出了文学大众化与深入群众生活的命题。因此,冯雪峰深入重点讲了在大众化中的文学形式问题,但其实也包含着文学内容的问题。

值得注意的是,冯雪峰在革命文学论争中对关门主义、宗派主义倾向进行猛烈的批评,对于革命文学沿着正确的方向前进有着重要的贡献。1933 年,他在《现代》杂志上发表《关于"第三种文学"的倾向与理论》一文,在集中揭露"第三种文学"危害的同时,特别强调要发展文艺统一战线,希望革命文学阵营的作家要研究中国的政治形势,正确对待小资产阶级作家,以发挥他们的创作积极性与主动性。他指出:"为着革命的利益,为着中国最大多数群众从帝国主义与地主资产阶级下解放出来,为着从此创造新的中国和新的文化,除了自己和领导着一切革命的文学者坚决不懈地斗争着工作着以外,还要联合一切进步的,为着人类的前进和光明而工作的文学者作家一同走:是我们的公然的战斗的态度。"由此,需要克服"左翼文坛"的宗派性,团结一切可以团结的大多数作家。他指出:"我们首先注意那对于革命有利的一面,即苏汶先生等现在至少已经消极地反对着地主资产阶级及其文学了。因此,我们不把苏汶先生等认为我们的敌人,而是看作应当与之同盟战斗的自己的帮手,我们就应当建立起友人的关系来。"②

---

① 洛扬(冯雪峰):《论文学的大众化》,《文学》第 1 卷第 1 期,1932 年 4 月 25 日。
② 丹仁:《关于"第三种文学"的倾向与理论》(1932 年 11 月 26 日),《现代》第 2 卷第 3 期,1933 年 1 月。

冯雪峰的主张对于反对文艺界业已存在的"左倾关门主义",对于建立文艺界抗日民族统一战线有着重要的意义。

冯雪峰强调建立文艺界的统一战线,并对于文艺界中的各种错误观点也予以积极的斗争。在当时的文艺论争中,胡秋原以"自由人"的立场、反对民主主义文学的名义,发表了大量的言论。对此,冯雪峰予以猛烈的批判,申明马克思主义文艺工作者的政治主张。在《"阿狗文艺"论者的丑脸谱》文章中,冯雪峰指出:"胡秋原在这里不是为了正确的马克思主义的批评而批判了钱杏邨,却是为了反普洛革命文学而攻击了钱杏邨;他不是攻击钱杏邨个人,而是进攻整个普洛革命文学运动。胡秋原曾以'自由人'的立场,反对民主主义文学的名义,暗暗地实现了反普洛革命文学的任务,现在他是进一步的以'真正马克思主义者应当注意马克思主义的赝品'的名义,以'清算再批判'的取消派的立场,公开地向普洛文学运动进攻,他的真面目完全暴露了。"又指出:"胡秋原的主义,是文学的自由,是反对文学的阶级性的腔调,是文学的阶级的任务之取消。"①此文最后强调,此时反对普洛文学的人已经比民族主义文学的人站在更"前锋"了,因而必须对其加以揭露和斗争。其后,冯雪峰还发表了《并非浪费的论争》文章,一方面继续批判胡秋原的错误主张,劝告胡秋原如果主观上真的是"爱光明……的人",就需要予以自我的理论上反省;另一方面,是在批判之中进一步申论了无产阶级文学的基本问题,特别是对于文学与革命的关系及文学的大众化问题作了理论的分析。譬如,关于文学与革命的关系问题,该文在肯定文学阶级性的前提下指出:"革命为着人类的最大多数的解放(自由)而斗争,为着消灭阶级制度而斗争。这是'最终目的'的问题,普罗的和革命的文艺就是参加着这斗争的。然而因为要消灭阶级制度,达到'最终目的',普罗革命文学站在一定的阶级——无产阶级的立场上去反对别些阶级,并不是用什么'消灭人间的一切阶级隔阂'的作品去'感化'人类。"再譬如,关于文学的大众化问题,该文指出:"关于文学大众化的问题,……但问题是在现在一些文学界的权威还有反对这种运动的开始,新进的青年作家也许因此更加忘记了大众,而广大的识字的群众还在读着反动的大众文艺,不识字的更加不必说了。这个问题,就是'爱光明……的人'也关心的罢。同时,普罗革命文学运动是工农贫民无产阶级大众的文学运动,应当竭力的使其和大众连结起来,竭力的使大众参加到里面来,我们的运动应当是大众本位的,应当使其成为大众本位的,不应当停留在知识阶级上,不应

---

① 洛扬:《"阿狗文艺"论者的丑脸谱:洛扬君致编者》,《文艺新闻》第58号,1932年6月6日。

当是知识阶级本位的。这是问题的根本点。……这种新的文化运动当然需要一切知识分子的参加,需要一切'爱光明……的人'的帮助,然而必须在无产阶级的领导之下,应当以群众为本位。"①

冯雪峰作为中共在文化战线上重要的组织者和领导者,其文论是从中国革命与文艺工作的实际情形出发的,其理论批判具有现实的针对性。他具有较高的马克思主义理论修养,能够看出创造社、太阳社在树起革命文学大旗时所带有的"左"的倾向,主张文学在社会变革中的作用是通过文学的战斗精神来达到的,并科学地肯定"五四"以来文学革命的积极成果以及取得的各方面成绩,因而其革命文艺观不仅具有革命性的特征而且具有辩证法的因素,并且也是比较切合"五四"以来新文学发展的实际的。自然,当时冯雪峰的文艺论也有历史的局限性,尽管他注意到文艺作品的艺术性,但在有的方面却有过分强化文学批评的政治性而忽视艺术性的分析。对此,要放在当时的历史条件下进行说明,并给予符合历史实际的客观评价。

5. 周扬领导"左联"文艺工作的贡献

周扬②是在"左联"时期成长起来的中国马克思主义文艺理论家、文艺活动家,对马克思主义文艺思想与中国马克思主义文学建设的结合作出了积极的探索,对"左联"的发展和中国马克思主义文论的发展作出了重要的贡献。

"左联"时期是周扬文艺生涯的重要阶段,他不仅是在"左联"时期成长起来的中国马克思主义文艺理论家、文艺活动家,而且直接参与了"左联"的领导工作,对左翼文艺的发展作出了重要贡献。1931年至1932年,在对"自由人"和"第三种人"的批判中,周扬先后发表《到底是谁不要真理,不要文艺?》、《自由人文学理论检讨》和《文学的真实性》等文章,对当时文艺界存在的错误观点予以猛烈的批判。他与鲁迅、瞿秋白、冯雪峰等人一起,以马克思主义文艺理论的严正立场,阐明了文学的阶级性,坚决捍卫了无产阶级文艺运动,并从理论上深刻揭露了"自由人"和"第三种人"鼓吹"创作自由"的虚伪性。

1932年9月,周扬接替原由姚莲子主编的"左联"机关刊物《文学月报》。在"左联"组织的文艺大众化讨论中,周扬发表了《关于文学大众化》一文,充分体现了他的办刊宗旨和鲜明的政治立场及文学观。他指出,由于日本帝国主义

---

① 洛扬:《并非浪费的论争》,《现代》第2卷第3期,1933年1月。

② 周扬(1908—1989),原名周运宜,字起应,笔名有绮影、谷扬、周苋等,湖南益阳人,现代中国著名的马克思主义文艺理论家、文学翻译家、文艺活动家。

的侵略,中国的文学运动开始了新的道路,在全国人民抗日情绪高涨的情况下,新文学要加速大众化的进程,充分发挥鼓舞人民群众斗志的作用。1933年,丁玲被捕,周扬又接任"左联"党团书记职务。后来,周扬升任文委书记,由戴平万①接任"左联"党团书记。周扬一直直接领导"左联",直到"左联"解散。

在这期间,周扬对马克思主义文学的贡献主要是:

首先,对于"自由主义的创作理论"予以批判。周扬在文学具有阶级性的理论前提下,指出这种"自由主义的创作理论"主张,在实质上就是要文学脱离无产阶级而得到所谓的自由,实际上就是要离开无产阶级的政治立场。他认为,作为"真是一个前进的战士",就一定要站在无产阶级的立场上,百分之百地发挥阶级性、党派性,这样才可能接近真理并成为真理的"具现者"。他指出:"自由主义的创作理论的本质是甚么呢?就是不主张'某一种文学把持文坛',干脆一句话,就是要文学脱离无产阶级而自由。但是真正'自由'了吗?当然没有!'资产阶级个人主义者诸君!我们得告诉你们,你们所讲的甚么绝对的自由,简直是骗人的话。在建筑于金钱势力之上的社会里,在劳动大众非常的贫困而少数富人做着寄生虫的社会里,不会有真正的实在的自由。'(列宁)那末,他们的自由是甚么呢?那就是'戴着假面具去受钱袋的支配,去受人家的收买,去受人家的豢养'。把自己裹在'自由主义'的外套里面,戴着艺术至上的王冠,资产阶级的作家们是怎样巧妙地而又拙劣地隐藏着他们对于自己的阶级的服务。"②周扬从文学的阶级性揭示"自由主义的创作理论"的错误,认为"作为理论斗争之一部的文学斗争,就非从属于政治斗争的目的,服务于政治斗争的任务之解决不可",由此"要真实地反映客观的现实,即阶级斗争的客观的进行,也有彻底地把握无产阶级的政治观点的必要",这就需要在文学中确立起"政治的指导地位",认识到"不能代表政治的正确的作品,也就不会有完全的文学的真实",同时还

① 戴平万(1903—1945),原名戴均,生于广东潮安县归湖溪口书香门第。1922年秋,考进国立广东高等师范学校(中山大学的前身)西语系。1924年,参加中国共产党。1927年四一二政变后,辗转到沪,从事文学创作及左翼文艺运动。曾参加"左联"筹备工作,是"左联"机关刊物《拓荒者》的重要撰稿人。在上海,与蒋光慈、钱杏邨、杜国庠、洪灵菲等一起出版《太阳》月刊,创办《我们》月刊。抗战全面爆发后,在上海从事《新中国文艺丛刊》和《文艺新闻》的编辑工作,还负责《每日译报》的本埠消息版,支持进步文艺刊物。1935年,任中国左翼作家联盟党团书记。1940年冬,到苏北根据地,从事新闻和教育工作,在鲁迅艺术学院华东分院任文学系教授,主编过《抗战报》,担任过苏中区党校副校长兼教务主任。撰有短篇小说《出路》、《都市之夜》、《陆阿六》,中篇小说《前夜》和《荔清》等,出版短篇小说集《苦菜》。

② 周起应:《到底是谁不要真理,不要文艺?》,《现代》第1卷第6期,1932年10月。

要"大胆地,批判地把政治斗争的客观的行程反映在他自己的艺术里面"①。

其次,积极主张推进文学的大众化进程。在周扬看来,旧文学的形式可以用来为大众化文学服务,但也不能为旧文学形式所限制,而应该在利用旧形式的过程中,不断地推进文学新形式的产生。他指出:"在'创造大众能理解的作品'的任务的面前,为了在大众中和反动思想斗争,为了最容易送进革命的政治口号于大众以组织他们的斗争,我们应当利用大众文艺的旧形式,如连环画和唱本,以创造革命的大众文艺。……我们决不是一味地长久地袭用这种旧的形式。我们用这种旧的形式也不仅是为了对大众的思想斗争和政治宣传的利益,同时也为了引进大众到新的文艺生活,从旧的大众文艺形式中不断地创造出新的大众文艺形式。"②值得注意的是,周扬认为作家在推进文学大众化的过程,首先要有自己的无产阶级政治立场,其次要投入到大众的社会生活之中,感受大众社会生活的实际,这样创造出的作品才能贴近大众的社会生活,也只有这样的作品才能在文学大众化中发挥作用。他指出:"那末,大众文学的内容应该是什么呢? 不管题材的复杂性,我们的主要任务是描写革命的普罗列特利亚特的斗争生活。这个任务不是带着超阶级,超党派的态度,从十字街的象牙塔里,客观地观察着一切生活(虽然也包括着工人生活),然后把所得的印象在作品中表现出来的那种作家所能够完成的。这需要着完全新的典型的革命作家。他不是旁观者,而是实际斗争的积极参加者;他不是隔离大众,关起门来写作品,而是一面参加着大众的革命斗争,一面创造着给大众服务的作品(苏俄作家,有名'Brusski'的作者潘费洛夫,就是参加集体农场的生产活动,一面写作品的);他的立场是阶级的,党派的,因为他懂得'对一面于现实的深刻的客观的认识是在党的评价的基础上找出它的艺术的表现,这就是伊里基的所谓阶级斗争的客观主义'。只有这样,他才能产生真正革命的大众作品,他才能在他的作品中表现出'活人'(Living),而不至陷于概念主义(Schematism)。"③这里,周扬要求作家按照列宁所强调的党性原则来对待文学创造事业,站在无产阶级的政治立场上谱写大众的生活,从而使作品在内容上体现和反映大众的社会生活实际,使文学作品成为"大众文学"的作品。

再次,以马克思主义为指导对"文学的真实性"作了科学解说。他指出:"文

① 周起应:《文学的真实性》,《现代》第3卷第1期,1933年5月1日。
② 周起应:《到底是谁不要真理,不要文艺?》,《现代》第1卷第6期,1932年10月。
③ 周起应:《关于文学大众化》(1932年),丁易编:《大众文艺论集》,北京师范大学出版社1951年版,第148—149页。

学,和科学,哲学一样,是客观现实的翻译和认识;所不同的,只是文学是通过具体的形象去达到客观的真实的。文学的真实,就不外是存在于现实中的客观的真实之表现,……和那以对于现实的歪曲,粉饰,对于超现实的憧憬,幻想为一般特色的文学上的主观主义的理想化的方法相反,对于社会的现实取着客观的,唯物论的态度,大胆地,赤裸裸地暴露社会发展的内在矛盾,揭穿所有的假面,这就是到文学的真实之路。从文学的方法上讲,这是现实主义的方法。一切伟大的思想家都是这种现实主义文学的爱好者。这只要看看马克思怎样反对‘释勒化’,而主张‘莎士比亚化’,恩格斯怎样认巴尔扎克为过去的,现在的、将来的一切左拉都要伟大得多的现实主义的艺术家,以及列宁怎样称托尔斯泰的严峻的现实主义为‘所有一切假面的剥夺’,就可了然。”①正是鉴于对无产阶级文学的现实主义的理解,周扬认为无产阶级文学就是要彻底地贯彻阶级性、党派性,如此才能实现文学的“真实性”。就此,他指出:“作为无产阶级文化之一的无产阶级文学,并不是以隐蔽自己的阶级性,而是相反地,以彻底地贯彻自己的阶级性、党派性,去过渡到全人类的(无阶级的)文学去的。这样,则愈是贯彻着无产阶级的阶级性、党派性的文学,就愈是有客观的真实性的文学。”②

最后,从理论上阐发了革命与文学的关系,反对将文学与革命对立起来的错误观点。周扬指出,对于革命与文学的关系,正确的理解应该是:“革命不但不妨碍文学,而且提高了文学。只有革命的阶级才能推进今后世界的文学,把文学提高到空前的水准。……只有在无产阶级手中,文学才能毫无障碍地,蓬勃地生长,只有投身在无产阶级的斗争里面,一个作家才能毫无遗憾地展开他的天才。”由此,周扬号召作家要积极地投身于革命之中,以文学为武器支持革命运动,在革命之中提升“艺术的价值”。他指出:“在政治斗争非常尖锐的阶段,每个无产阶级作家都应该是煽动家,他应该把文学当做 Agit—Prop 的武器。但做了煽动家并不见得就不是文学家了,而且越是好的文学越有 Agit—Prop 的效果。所以,我们不但没有忽视‘艺术的价值’,而且要在斗争的实践中去提高‘艺术的价值’。”③这是因为:“只有站在历史发展的最前线的阶级,才能最大限度地反映和认识客观的真理,换句话说,就是才能最大限度地发挥文学的真实性。”④

1935 年春,阳翰笙被捕,周扬被任命为中共上海中央局文委书记,兼任文化

---

① 周起应:《文学的真实性》,《现代》第 3 卷第 1 期,1933 年 5 月 1 日。
② 周起应:《文学的真实性》,《现代》第 3 卷第 1 期,1933 年 5 月 1 日。
③ 周起应:《到底是谁不要真理,不要文艺?》,《现代》第 1 卷第 6 期,1932 年 10 月。
④ 周起应:《文学的真实性》,《现代》第 3 卷第 1 期,1933 年 5 月 1 日。

总同盟书记。从 1933 年至 1936 年底,周扬一直负责领导上海的左翼文化运动,为党领导的左翼文化运动反对国民党反动派的文化围剿,以及发展壮大左翼文化事业披荆斩棘,作出了突出贡献。这段时期,周扬的文学活动,仍以翻译介绍苏联文学作品为主,另外,还翻译了一些欧美国家的文学作品及一些进步作家的作品。如:柯伦泰[苏]的《伟大的恋爱》、顾米列夫斯基[苏]的《大学生私生活》、果尔德[美]的《果尔德短篇杰作选》、库尼兹[美]的《苏俄文学中的男女》、《安娜·卡列尼娜》等。此外,他还著有《巴西文学概观》,介绍《铁流》作者绥拉菲莫维奇及评价果戈理的《死魂灵》作品,并编写了《高尔基创作四十年纪念论文集》、《十五年来的苏联文学》等等。关于高尔基的创作,周扬曾先后写有《夏里宾与高尔基》、《高尔基的文学用语》、《高尔基的浪漫主义》等论文,还翻译了《奥罗夫夫妇》等作品。他在 1933 年 4 月号《现代》杂志上发表的《关于社会主义现实主义和革命浪漫主义》,是把当时苏联的社会主义现实主义创作方法介绍到中国来的最早的一篇文章。该文第一次较为系统地向中国文艺界介绍并阐释了苏联文学界正在讨论、提倡的社会主义的现实主义创作理论,论述了文学对生活的依赖关系,并针对当时左翼文学创作的缺点,强调了艺术需要形象思维的观点。随后,在与胡风就文学创作的典型问题的论争中,周扬发表了《现实主义试论》和《典型与个性》等文章。在这两篇文章中,周扬以马克思主义的文艺观,阐述典型与个性的依存关系。

1936 年,周扬等左翼文化运动的党内领导人,根据政治形势的发展变化和党的斗争策略的转变,以及中共中央发表的《八一宣言》的精神,认为应该适应形势发展的需要,克服文艺界的宗派主义,于是主张建立文艺界的抗日民族统一战线,解散"左联",提倡"国防文学",号召一切站在民族战线上的作家,不问他们所属的阶层、他们的思想和流派,都来创造抗敌救国的艺术作品,把文学上反帝反封建的运动集中到抗敌反汉奸的主流上。"国防文学"口号的提出,得到全国各地文艺团体及知名人士的赞同,"国防文学"运动迅速遍及全国。许多有着不同艺术爱好和人生信仰的作家,都一致地表现了为民族的自由解放而努力的共同决心。但在"国防文学"口号的宣传中,有的作者没有看到无产阶级在统一战线中的领导作用。为了补救"国防文学"这个口号的缺陷,鲁迅、冯雪峰、胡风等人适时提出了"民族革命战争的大众文学"的口号,作为对革命作家的希冀和要求。

由此,革命文艺界围绕这两个口号,就文艺为抗日斗争服务等问题展开了近半年的尖锐争论。周扬还写了《关于国防文学》、《现阶段的文学》、《与茅盾先生论国防文学的口号》等文章。1936 年 10 月,这场争论的结果是促成了《文艺界同人为团结御侮与言论自由宣言》的发表,代表文艺界各种派别的 21 人在上面签下了自己的名字。宣言的发表,不仅标志着左翼文艺界经过论争统一了认识和思想,达到了更紧密的团结,也为其后的抗战文艺运动的建立和发展奠定了基础。

周扬是现代中国文艺界主张现实主义的马克思主义文学家,对于现实主义做过理论上的研究与探讨。周扬于 1936 年曾发表了《现实主义试论》文章,就现实主义问题提出新的看法:"现实主义者艺术家必须努力于现实之最真实的典型的表现。'现实主义是要在细目的真实性之外正确地传达典型环境中的典型的性格'。这句古典的名言不但说明了现实主义的本质,而且指出了过去一切伟大作品的力量的根源。艺术作品不是事实的盲目的罗列,而是在杂多的人生事实之中选出共同的,特征的,典型的东西来,由这些东西使人可以明确地窥见人生的全体。这种概括化典型化的能力就正是艺术的力量。"①周扬主张现实主义文学,要求作家时刻关注现实,为社会现实服务,发挥文学在社会改造中的作用。这对当时的"左联"文学界有重要的影响。

6. 毛泽东的《在延安文艺座谈会上的讲话》(1942 年)

毛泽东于 1942 年 5 月发表《在延安文艺座谈会上的讲话》,基于马克思主义与中国的文学研究相结合的理念,对"五四"以来的中国文论和文学创作作了精辟的概括和科学的总结,鲜明地表达了中国共产党人推进文艺发展的基本主张,成为中国新民主主义革命时期指导中国文艺沿着马克思主义方向前进的纲领性文献。《在延安文艺座谈会上的讲话》(以下简称《讲话》)以文艺为什么人的问题为中心,对文艺领域的诸多方面进行了深入的论证,阐述了文艺理论一系列基本问题,体现了马克思主义文艺观与中国文艺发展状况相结合的思路,对中国马克思主义文艺的发展作出了重大贡献。

其一,《讲话》阐述了文艺为人民群众、为无产阶级革命的政治斗争服务这个中心问题。

文艺为什么人的问题,是"五四"文学革命中就已经提出来的,那时的"平民文学"、"国民文学"的口号都有这个内涵,尽管当时并不很明确。毛泽东在《讲话》中明确提出文艺为人民群众、为无产阶级革命的政治斗争服务这个问题,认为文艺在中国要为四种人服务,即"工人、农民、兵士和城市小资产阶级",首先

---

① 周扬:《现实主义试论》,《文学》第 6 卷第 1 期,1936 年 1 月 1 日。

是为工农兵的。毛泽东的这一思想贯穿整个《讲话》之始终。

关于文艺工作的中心问题,毛泽东在《讲话》中这样指出:"什么是我们的问题的中心呢? 我以为,我们的问题基本上是一个为群众的问题和一个如何为群众的问题。不解决这两个问题,或这两个问题解决得不适当,就会使得我们的文艺工作者和自己的环境、任务不协调,就使得我们的文艺工作者从外部从内部碰到一连串的问题。我的结论,就以这两个问题为中心,同时也讲到一些与此有关的其他问题。"①这里,毛泽东强调了为人民服务是文艺工作的出发点和归宿,认为文艺为人民服务的问题不仅是无产阶级文艺的根本表征,而且是无产阶级文艺的根本特质,从而指明了中国文艺的根本方向。

无产阶级文艺是为"人民大众"服务的,那么,"人民大众"的具体内容是什么呢? 毛泽东根据当时中国社会的阶级特点,对"人民大众"作了具体的说明。他指出,中国当时最广大的人民是占全国人口 90% 以上的工人、农民、兵士和城市小资产阶级,其中工农是人民的主体,兵士是"武装起来的工人农民",而城市小资产阶级劳动群众和知识分子是"革命的同盟者",他们是"能够长期地和我们合作的"。因此,"我们的文学艺术都是为人民大众的,首先是为工农兵的,为工农兵而创作,为工农兵所利用的。"②这里不难看出,毛泽东提出文艺为人民大众服务的主张,是与文艺为无产阶级政治斗争服务的要求紧密联系在一起的。

其二,《讲话》在解决了文艺为什么人服务问题的基础上,着重阐述了文艺如何坚持正确的服务方向的问题。

毛泽东从社会生活与文艺的关系入手,提出了社会生活是文艺的唯一源泉的重要命题。生活与文艺的关系问题非常复杂,既涉及文艺的源泉、文艺的真实性、文艺的价值、文艺的功能以及文艺反映生活的特殊规律等问题,又涉及作家的人生观、世界观、文艺观等问题。因而,文艺与生活的关系是文艺理论的基本问题。在《讲话》中,毛泽东运用马克思主义的能动反映论,对文艺与生活的关系作了马克思主义的回答,阐述了人类的社会生活是文学艺术的源泉的基本观点,说明了艺术真实与生活真实的关系。毛泽东指出:"人类的社会生活虽是文学艺术的唯一源泉,虽是较之后者有不可比拟的生动丰富的内容,但是人民还是不满足于前者而要求后者。这是为什么呢? 因为虽然两者都是美,但是文艺作品中反映出来的生活却可以而且应该比普通的实际生活更高,更强烈,更有集中

---

① 《毛泽东选集》第三卷,人民出版社 1991 年版,第 853—854 页。
② 《毛泽东选集》第三卷,人民出版社 1991 年版,第 863 页。

性,更典型,更理想,因此就更带有普遍性。"①这里,毛泽东连续用了六个"更"字,说明在肯定艺术来源于生活的前提下,艺术真实固然必须以生活真实为基础,但艺术真实并不等于生活真实,这是因为艺术形象不是社会生活的简单模拟,而是文艺家按照艺术典型化的规律再创造的产物。这就表明,艺术的真实不是简单地反映生活真实,而是融入了创作者对生活的独特体验,体现了创作主体依据生活发展的逻辑所采取的艺术手段。

关于艺术与政治的关系,毛泽东依据历史唯物主义观点作了辩证的分析。毛泽东强调,无产阶级的世界观对文艺创作具有极为重要的指导意义,文艺也应该特别重视其政治倾向,因而文艺在根本上脱离不了政治;但在另一方面,也不应该忽视艺术的特殊规律和现实主义的创作原则。毛泽东指出:"政治并不等于艺术,一般的宇宙观也并不等于艺术创作和艺术批评的方法。……我们的要求则是政治和艺术的统一,内容和形式的统一,革命的政治内容和尽可能完美的艺术形式的统一。缺乏艺术性的艺术品,无论政治上怎样进步,也是没有力量的。"②又说:"马克思主义只能包括而不能代替文艺创作中的现实主义,正如它只能包括而不能代替物理科学中的原子论、电子论一样。"③关于艺术与政治的关系,毛泽东强调的是马克思主义对文艺的指导地位,要求文艺家必须坚持马克思主义的认识论,特别地要注重作品的政治倾向,努力从社会生活的实际出发来进行艺术的创作。这就是说,"既反对政治观点错误的艺术品,也反对只有正确的政治观点而没有艺术力量的所谓'标语口号式'的倾向"④。

关于文艺家与工农群众相结合的问题,毛泽东在《讲话》中,要求文学家和艺术家到群众中去,深入了解、感受群众的疾苦和欢乐,从而创造出更多的适应群众需要的作品来。毛泽东提出这个问题,基于多方面的考虑,一方面是为了解决作家主观世界的改造和作风转变问题,另一方面是为了解决作家描写对象问题以及现实主义创作方法问题。毛泽东在《讲话》中,特别强调作家要深入工农兵斗争生活之中,提高自己的思想认识,改造自己的主观世界。毛泽东在《讲话》中指出:"中国的革命的文学家艺术家,有出息的文学家艺术家,必须到群众中去,必须长期地无条件地全心全意地到工农兵群众中去,到火热的斗争中去,到唯一的最广大最丰富的源泉中去,观察、体验、研究、分析一切人,一切阶级,一

---

① 《毛泽东选集》第三卷,人民出版社 1991 年版,第 861 页。
② 《毛泽东选集》第三卷,人民出版社 1991 年版,第 869—870 页。
③ 《毛泽东选集》第三卷,人民出版社 1991 年版,第 874 页。
④ 《毛泽东选集》第三卷,人民出版社 1991 年版,第 870 页。

切群众,一切生动的生活形式和斗争形式,一切文学和艺术的原始材料,然后才有可能进入创作过程。"①又说:"一切革命的文学家艺术家只有联系群众,表现群众,把自己当作群众的忠实的代言人,他们的工作才有意义。"②毛泽东还强调:"知识分子要和群众结合,要为群众服务,需要一个互相认识的过程。这个过程可能而且一定会发生许多痛苦,许多磨擦,但是只要大家有决心,这些要求是能够达到的。"③在毛泽东看来,文艺家与工农群众相结合的问题,落实到作品中就是要求文艺作品"大众化",创造出人民大众喜闻乐见的作品,而落实到作家本身就是作家要具有大众的思想感情,并且要学会使用大众的语言,但思想感情方面仍然是第一位的。关于文艺大众化问题,毛泽东有一段经典论述:"既然文艺工作的对象是工农兵及其干部,就发生一个了解他们熟悉他们的问题。而为要了解他们,熟悉他们,为要在党政机关,在农村,在工厂,在八路军新四军里面,了解各种人,熟悉各种人,了解各种事情,就需要做很多的工作。我们的文艺工作者需要做自己的文艺工作,但是这个了解人熟悉人的工作却是第一位的工作。我们的文艺工作者对于这些,以前是一种什么情形呢?我说以前是不熟,不懂,英雄无用武之地。什么是不熟?人不熟。文艺工作者同自己的描写对象和作品接受者不熟,或者简直生疏得很。我们的文艺工作者不熟悉工人,不熟悉农民,不熟悉士兵,也不熟悉他们的干部。什么是不懂?语言不懂,就是说,对于人民群众的丰富的生动的语言,缺乏充分的知识。许多文艺工作者由于自己脱离群众、生活空虚,当然也就不熟悉人民的语言,因此他们的作品不但显得语言无味,而且里面常常夹着一些生造出来的和人民的语言相对立的不三不四的词句。许多同志爱说'大众化',但是什么叫做大众化呢?就是我们的文艺工作者的思想感情和工农兵大众的思想感情打成一片。而要打成一片,就应当认真学习群众的语言。如果连群众的语言都有许多不懂,还讲什么文艺创造呢?"④毛泽东关于作家深入群众中去的论述以及关于文艺大众化的主张,反映了无产阶级革命时代对于文艺的根本要求,对于革命文艺描写工农兵、改造作家主观世界、创造群众喜闻乐见的新文艺产生了积极的影响。

关于文艺的普及与提高问题,毛泽东结合当时中国的实际尤其是根据地的实际作了辩证的分析,主张文学家、文艺家应该努力在普及的基础上提高,逐步

---

① 《毛泽东选集》第三卷,人民出版社1991年版,第860—861页。
② 《毛泽东选集》第三卷,人民出版社1991年版,第864页。
③ 《毛泽东选集》第三卷,人民出版社1991年版,第877页。
④ 《毛泽东选集》第三卷,人民出版社1991年版,第850—851页。

实现普及与提高的统一。毛泽东在《讲话》中指出,人民群众的渴望与需求不是"锦上添花",而是"雪中送炭","所以在目前条件下,普及工作的任务更为迫切";但在另一方面,也要重视提高的问题,而且这种"提高"是"在普及基础上的提高",这个"提高"乃是"为普及所决定,同时又给普及以指导"。所以,"我们的提高,是在普及基础上的提高;我们的普及,是在提高指导下的普及。"①由此,毛泽东要求一切文艺专门家及文艺普及工作者都应该重视普及工作,抛弃贵族情调和精英意识,处理好普及和提高的关系;尤其是文艺专门家应该和在群众中做文艺普及工作的同志们发生密切的联系,一方面要帮助和指导他们,另一方面要向他们学习,"使自己的专门不致成为脱离群众、脱离实际、毫无内容、毫无生气的空中楼阁"②。总的来看,毛泽东论述普及与提高的问题,既包含着文学艺术家的创作问题,包含着文学艺术家的政治立场的问题。

关于文艺的民族传统问题,毛泽东基于马克思主义与中国优秀传统文化相结合的理念给予了创造性的阐发。虽然,毛泽东认为古代的文学遗产不是源而是流,但承认对优秀的文学遗产加以批判地继承对于文学的发展具有重要的意义。毛泽东在《讲话》中指出:"我们必须继承一切优秀的文学艺术遗产,批判地吸收其中一切有益的东西,作为我们从此时此地的人民生活中的文学艺术原料创造作品时候的借鉴。有这个借鉴和没有这个借鉴是不同的,这里有文野之分,粗细之分,高低之分,快慢之分。所以我们决不可拒绝继承和借鉴古人和外国人,哪怕是封建阶级和资产阶级的东西。但是继承和借鉴决不可以变成替代自己的创造,这是决不能替代的。"③又指出:"对于中国和外国过去时代所遗留下来的丰富的文学艺术遗产和优良的文学艺术传统,我们是要继承的,但是目的仍然是为了人民大众。对于过去时代的文艺形式,我们也并不拒绝利用,但这些旧形式到了我们手里,给了改造,加进了新内容,也就变成革命的为人民服务的东西了。"④毛泽东注重文艺的"继承"是为了创造,是为了实现文艺为人民服务的根本目的。也就是说,毛泽东强调借鉴古人和外国人的文化遗产,是为了创造具有中国特色的东西,这体现了他后来概括的"古为今用,洋为中用"的原则。

其三,《讲话》就文艺批评问题进行阐发,着重说明文艺"批评标准"问题。

文艺批评标准是文艺领域重要的理论和实践课题。毛泽东在《讲话》中明

---

① 《毛泽东选集》第三卷,人民出版社1991年版,第862页。
② 《毛泽东选集》第三卷,人民出版社1991年版,第864页。
③ 《毛泽东选集》第三卷,人民出版社1991年版,第860页。
④ 《毛泽东选集》第三卷,人民出版社1991年版,第855页。

确提出了文艺批评的两个标准:政治标准和艺术标准,并强调了政治标准第一、艺术标准第二的基本主张。毛泽东指出:"文艺批评有两个标准,一个是政治标准,一个是艺术标准。"又指出:"我们不但否认抽象的绝对不变的政治标准,也否认抽象的绝对不变的艺术标准,各个阶级社会中的各个阶级都有不同的政治标准和不同的艺术标准。但是任何阶级社会中的任何阶级,总是以政治标准放在第一位,以艺术标准放在第二位的。"①毛泽东提出文艺的政治标准与艺术标准问题,强调的是要反对两种倾向,一种是忽视艺术的倾向,另一种是忽视作品的政治倾向问题。根据当时文艺的实际,毛泽东特别强调政治标准的极端重要性,要求作家和文艺家破除各种非无产阶级的情绪,以辩证唯物主义和历史唯物主义的观点来开展创作、分析文学艺术,因而需要开展一个无产阶级对非无产阶级的思想斗争,使文学家文艺家在思想上统一起来。

从学术研究的视角来看,毛泽东的《讲话》也透露出多种信息,这同时亦反映出毛泽东对于文艺建设高度重视的原因:

第一,《讲话》中关于"文化战线"与"军事战线"的类比,透露出毛泽东对于"文化战线"重要性的认识。《讲话》中说:"在我们为中国人民解放的斗争中,有各种的战线,就中也可以说有文武两个战线,这就是文化战线和军事战线。我们要战胜敌人,首先要依靠手里拿枪的军队。但是仅仅有这种军队是不够的,我们还要有文化的军队,这是团结自己、战胜敌人必不可少的一支军队。'五四'以来,这支文化军队就在中国形成,帮助了中国革命,使中国的封建文化和适应帝国主义侵略的买办文化的地盘逐渐缩小,其力量逐渐削弱。"②《讲话》一开始就提出两个战线问题,这种提法在毛泽东的著作中还是第一次。毛泽东是十分重视文化工作的,但将文化工作与军事工作相比较,进而高度强调文化战线的极端重要性,这反映毛泽东当时思考的重点所在。

第二,《讲话》中整体地反映出毛泽东对于掌握文化领导权的考虑。毛泽东时刻考虑革命的领导权问题,不仅在政治上、军事上、经济上重视谁领导的问题,而且也高度重视文化是由谁领导的问题。他在《讲话》中说:"党的文艺工作,在党的整个革命工作中的位置,是确定了的,摆好了的;是服从党在一定革命时期内所规定的革命任务的。"③故而,毛泽东特别关注文艺工作的领导权,因为只有

---

① 《毛泽东选集》第三卷,人民出版社 1991 年版,第 868—869 页。
② 《毛泽东选集》第三卷,人民出版社 1991 年版,第 847 页。
③ 《毛泽东选集》第三卷,人民出版社 1991 年版,第 866 页。

无产阶级掌握了文艺的领导权,才能使文艺为无产阶级的政治服务。也是因为这个缘故,毛泽东认为掌握文艺战线的领导权,主要是开展对小资产阶级文艺家的统一战线。

第三,《讲话》表现了毛泽东对于小资产阶级"改造党"的忧虑。在毛泽东看来,小资产阶级知识分子主要活跃在文化战线上,因而也就往往有更大的话语权,其思想意识更因为这种话语权而产生广泛的社会影响。对此,毛泽东感到十分的不安与忧虑。故而,他在《讲话》中说:"小资产阶级出身的人们总是经过种种方法,也经过文学艺术的方法,顽强地表现他们自己,宣传他们自己的主张,要求人们按照小资产阶级知识分子的面貌来改造党,改造世界。"①这里,关于小资产阶级的历史考察,说明小资产阶级还不是一般的影响党的问题,而是企图"改造党"的问题。为了防止小资产阶级思想对党的影响甚至"改造党",这就迫切需要用无产阶级的思想意识来改造小资产阶级知识分子,因而也就要特别需要重视和强调文化人的政治立场问题。这一点,可以说是贯穿于《讲话》之始终。

第四,《讲话》中看到了文化人一些错误思想对于共产党正确思想贯彻的危害。《讲话》中列举了文化人所存在的几种不良的思想,主要是人性论、"爱"、"光明与黑暗并重"、文艺的任务在暴露、杂文时代、不歌颂论、动机论、马列妨碍创作情绪等。在毛泽东看来,这些思想不仅是极端错误的,而且会从思想上妨碍共产党正确思想的贯彻,故而需要坚决地加以反对,并提出党的正确的文艺观。

毛泽东的《讲话》重点论及的是文艺的人民性、实践性、民族性等问题,不仅是对"五四"以来的中国文艺发展过程的总结,而且揭示了20世纪40年代以后中国文艺发展的根本性趋势,创造性地解决了"五四"以来新文学的大众化、民族化、实践性等方面的问题。从中国现代文学发展的历程来看,《讲话》既有中国传统文论的积极思想因素,又有解放区文学在革命斗争实践中的政治要素,并且因为上承后五四时代的革命文学和左翼文学,下启解放区文学和新中国文学,因而成为中国现代文学发展中的关键一环。自然,《讲话》是革命时代的产物,在具体的观点方面也有一些值得进一步探讨和研究的地方。譬如,《讲话》要求文艺工作者保持思想上的高度"同一性",以及关于创作者个性的有关论述,似可依据政治逻辑和历史逻辑及其相互关系给予解读,并放在当时的历史条件下予以客观评价。在笔者看来,以历史唯物主义的观点来看,在民族矛盾尖锐化、同时又有着阶级矛盾介入其中的新民主主义革命时代,共产党人坚持鲜明的政

① 《毛泽东选集》第三卷,人民出版社1991年版,第875页。

治方向和人民的立场是极端必要的,这也是中国共产党人走向成熟的重要表征。在此情形下,努力保持革命文艺队伍思想的纯洁性及其鲜明的工农兵立场,这乃是开展民族革命战争的政治逻辑的需要,并且也有其历史的合理性。因为如果不这样,就难以保持革命队伍前进的一致性,也不能有效地发挥文艺为民族革命战争服务的强大功能。《讲话》发表后,胡风等曾对《讲话》所包含的文艺思想提出了某些补充和修正,力图挖掘其在文艺理论上具有普适性的内容,但因受到较大的误解,未能成为毛泽东文艺思想的一部分。

毛泽东的《讲话》发表以后,对解放区文艺的指导作用是极其显著的。在《讲话》思想的指导下,解放区的文艺在提升民族革命斗争经验的基础上出现了繁荣的景象,在民族化、群众化的道路上迈出了可喜的一步。在诗歌方面,李季的《王贵与李香香》、阮章竞的《漳河水》是重要的代表;在小说等方面,赵树理的小说《小二黑结婚》和《李有才板话》在文学的民族化、群众化方面取得了重大成就,孙犁的《荷花淀》是短篇小说中的佳作,丁玲的《太阳照在桑干河上》和周立波的《暴风骤雨》是两部反映土改斗争的著名长篇小说。解放区还出现了《白毛女》等反映人民翻身解放的新歌剧。解放区文艺的发展及其所取得的成就,为新中国文艺的发展创造了条件。毛泽东的《讲话》在中国马克思主义文艺史上,具有不可动摇的历史地位。

### 7. 周扬对宣传毛泽东文艺思想的贡献

周扬在全国抗战后,由上海转至延安,他的文学活动也由此进入一个新阶段。周扬到延安后,先后负责边区的抗日救亡文化工作,1940年担任"鲁迅艺术学院"副院长,1943年担任院长。他坚持宣传马克思主义文艺思想,并积极在中国文艺理论建设和批评实践中加以运用和发展,同时创造性地宣传毛泽东的文艺思想,在推进马克思主义文艺思想中国化方面作出了重大贡献。

周扬到延安后,继续坚持文学艺术来源于生活的主张。他对于文学创作与社会生活的关系有着深刻认识,认为文学艺术的真正源泉是社会生活,号召作家要体验生活,在生活中提取素材。周扬指出:"作家是借形象的手段去表现客观真理的,而形象又是必须从现实中,从生活中去吸取。没有实际生活的经验,就决写不出真实的艺术作品。作家必须到实际生活中去体验。"①周扬曾借用一个比喻来说明文学与生活的关系:"记得有个甚么作家关于创作过程仿佛曾有过

---

① 周扬:《新的现实与文学上的新任务》(1938年),北京师范大学中文系现代文学教学改革小组编:《中国现代文学史参考资料》第1卷下册,高等教育出版社1959年版,第626页。

类似这样的比喻:一大堆潮湿的干草垒在那里,里面有火在潜燃着,却烧不出来,尽是在冒烟,这样酝酿又酝酿,于是突然一下子,完全出你意外地,火从里面着出来了。火舌伸吐着,照得漫天通红。这个火就是融化了客观的主观,突入了对象的热情。借用王国维式的表现法,叫做'意境两忘,物我一体'。这是创作的最高境界。"①

延安时期的周扬作为党的文艺工作的重要领导者,把马克思主义文艺思想的宣传放在首要的位置,努力以马克思主义文艺思想来考察文艺现象,批判各种非马克思主义的文艺观。譬如,周扬在批判王实味关于文艺与政治关系的观点时,引用列宁《党的组织与党的文学》、《论无产阶级文化》等文章的观点,说明无产阶级文艺观与无产阶级政治斗争的内在联系以及为无产阶级服务的政治目的。又譬如,周扬在评说鲁迅的文学成就时,把马克思主义文艺思想作为自己的基本理论武器,他依据列宁关于两种文化的理论来说明鲁迅的艺术创作道路,强调无产阶级文艺为无产阶级斗争服务的特色,彰显了鲁迅为现实斗争服务、为下层人民服务的创作风格。

周扬到了延安以后,其重要的工作是梳理马克思主义文艺观发展的脉络,致力于对毛泽东文艺思想的宣传和阐释,强调毛泽东文艺思想在发展马克思主义文艺观中的历史地位。他于1944年编选了《马克思主义与文艺》一书,据他自己说,毛泽东的《在延安文艺座谈会上的讲话》则"构成了本书的重要内容,也是它的指导线索"。该书分为"意识形态的文艺"、"文艺的特质"、"文艺与阶级"、"无产阶级文艺"及"作家、批评家"五部分,辑录了马克思、恩格斯、普列汉诺夫、列宁、斯大林、毛泽东等人的言论,梳理了马克思主义文艺思想演变的脉络和发展轨迹。特别值得注意的是,周扬将毛泽东的文艺思想置于马克思主义文艺理论的宝库之中,体现了他对马克思主义文艺思想发展史的新认识,也可见他对毛泽东文艺思想在马克思主义文艺思想中所处地位的高度重视。周扬还为《马克思主义与文艺》这本书写了一个"序言",指出毛泽东的《讲话》是"中国革命文学史、思想史上一个划时代的文献,是马克思主义文艺科学与文艺政策的最通俗化、具体化的一个概括,因此,又是马克思主义文艺科学与文艺政策的最好的课本。"②又指出:"贯彻全书的一个中心思想是:文艺从群众中来,必须到群众中去。这同时也就是毛泽东同志讲话的中心思想,而他的更大贡献是在最正确最

---

① 周扬:《文学与生活漫谈(之一)》,《解放日报》1941年7月17日。
② 周扬编:《马克思主义与文艺》,作家出版社1984年版,第1页。

完全地解决了文艺如何到群众中去的问题。"①周扬在这篇"序言"中,论述了马克思、恩格斯、列宁、毛泽东的文艺观点,描述了马克思主义文艺思想演进的脉络,高度评价了《在延安文艺座谈会上的讲话》的重要意义,认为毛泽东的讲话是"最正确、最深刻、最完全地从根本上解决了文艺为群众与如何为群众的问题。他把列宁的原则具体化了,丰富了它的内容,使它得到了辉煌的发展"②。此外,周扬对文艺大众化、提高与普及的关系、文艺如何表现时代等问题进行研究,充分阐释《讲话》的基本内容和时代意义,说明毛泽东文艺思想对马克思主义文艺观发展的贡献所在。周扬的这篇"序言"有这样几个特点:一是在马克思主义文艺观视野研究和阐发毛泽东的这篇讲话,凸显毛泽东文艺思想对马克思主义文艺观发展的贡献,体现了马克思主义文艺思想中国化的研究视角;二是高度重视对马克思主义文艺经典著作的研究和解读,并与文艺创作的实践结合起来,阐扬马克思主义文艺思想的精要之处及其指导意义,为树立马克思主义文艺思想的指导地位作出了贡献;三是联系文学创作的实践及其所面对的诸多问题,科学地阐释了文艺理论中的一些关键性问题,对毛泽东的文艺思想有重要的发展与创新,因而具有重要的现实意义。毛泽东看到周扬的这篇"序言"后曾致信周扬,高度评价了这篇"序言"的价值,指出:"此篇看了,写得很好。你把文艺理论上几个主要问题作了一个简明的历史叙述,借以证实我们今天的方针是正确的,这一点很有益处,对我也是上一课。"③但毛泽东在信中也说,将他写的《在延安文艺座谈会上的讲话》"配在马、恩、列、斯……之林觉得不称",这也反映毛泽东的谦虚态度。

周扬在 1949 年还写有《新的人民的文艺》文章,比较系统地阐发他的马克思主义文艺观。譬如,在文学作品的形式上,周扬认为要合理地利用文艺的旧形式来建设新民主主义文艺。他说,不仅封建阶级的文艺是旧形式,资产阶级的文艺也是旧形式,而文艺的旧形式已经不是简单用来"旧瓶装新酒",而是怎样"推陈出新"问题。因此,对于文艺的旧形式要采取正确的态度,"对于人民的文艺来说,封建文艺的形式也好,资产阶级文艺的形式也好,都是旧形式。对于两者我们都不拒绝利用,但都要加以改造。在民族的、科学的、大众的基础上,将它们改造成为人民服务的文艺,这就是我们对一切旧形式的根本态度。"又譬如,周

---

①　周扬编:《马克思主义与文艺》,作家出版社 1984 年版,第 1—2 页。

②　周扬编:《马克思主义与文艺》,作家出版社 1984 年版,第 7 页。

③　《毛泽东书信集》,人民出版社 1983 年版,第 228 页。

扬结合解放区文艺创作的实际,以赵树理作品取得成功为例子,说明语言是文艺作品第一要素的思想。在他看来,"五四"以来,进步的文艺工作者曾多次讨论过"大众化"、"民族形式"等问题,但直到延安文艺座谈会以后,由于文艺工作者努力与工农群众相结合,努力学习工农群众的语言,文艺的"大众化"、"民族形式"问题才得以解决,这可见作品语言的极端重要性。他指出:"解放区文艺作品的重要特色之一是它的语言做到了相当大众化的程度。语言是文艺作品的第一个要素,也是民族形式的第一个标识。赵树理的突出成功,一方面固然是得力于他对于农村的深刻了解,他了解农村的阶级关系、阶级斗争的复杂微妙,以及这些关系和斗争如何反映在干部身上,这就使他的作品具有了高度的思想价值;另一方面也是得力于他的语言,他的语言是真正从群众中来的,而又是经过加工、洗练的,那么平易自然,没有一点矫揉造作的痕迹。在他的作品中艺术性和思想性取得了较高的结合。除了赵树理以外,许多文艺工作者,特别是做过群众工作的文艺工作者,都在语言上有不少的创造。"这里,周扬将语言提到"文艺作品的第一个要素"、"民族形式的第一个标识"的高度,反映他对于文艺作品语言问题的极端重视。再譬如,周扬认为文艺作品固然在于反映社会生活的全貌,但重点还是应该放在工农阶级上,以体现出鲜明的政治立场。他指出:"工人阶级、农民阶级和革命知识分子是人民民主专政的领导力量和基础力量,我们的作品必须着重地来反映这三个力量。解放区知识分子,经过整风和长期实际工作的锻炼,在思想、情感、作风各方面都有了根本的改变,他们已经相当地工农化了,我们的作品中应当反映他们的新的面貌。自然,文艺可以描写一切阶级、一切人物的活动,工农兵的生活和斗争也只有在与其他阶级的一定关系上才能被完全地表现出来。但是重点必须放在工农兵身上,这是没有问题的,因为工农兵群众是解放战争与国家建设的主体的缘故。"[①]

周扬在延安时期编选的《马克思主义与文艺》一书,积极阐释了毛泽东文艺思想的深刻内涵,对于推进马克思主义文艺思想的中国化作出了重大贡献,奠定了周扬在中共文艺界理论家的地位。可以说,周扬编选的《马克思主义与文艺》一书及其相关论述,表明周扬在宣传马克思主义文艺思想方面有了重大的发展,同时也表明周扬的文艺思想已经走向成熟。从学术研究的角度来看,周扬在文学理论研究和宣传毛泽东的文艺思想过程所表达的文学批评范式,可以称之为

---

① 周扬:《新的人民的文艺》(1949 年),北京师范大学中文系现代文学教学改革小组编:《中国现代文学史参考资料》第 2 卷,高等教育出版社 1959 年版,第 119 页。

"政治—文化"批评范式。这种范式就是在评析文学问题时,主要是从阶级的政治任务、政治目标出发,重点在于不断地彰显文学的意识形态性及其政治教育功能。周扬在20世纪30年代及40年代所坚持的"政治—文艺"一体化的理论观念,在民族民主革命浪潮所形成的阶级话语体系之下,确实有着很大的现实合理性,并由于适应了为现实政治服务的要求,因而在事实上也产生了较大的社会影响。有研究者这样指出:"在30年代无产阶级文艺运动中,周扬所坚持的'政治—文艺'一体化的理论观念与批评范型,……代表着左翼的主流理论批评。特别是40年代毛泽东同志《在延安文艺座谈会上的讲话》发表后,周扬更把它的理论批评探索转化为解读毛泽东文艺思想的'权威话语',从而把文艺从属于政治,文艺必须贯彻为工农兵的方向,以及把政治标准置于文艺批评的首位,作为实践毛泽东文艺思想的根本原则。而当周扬以宣传、贯彻毛泽东文艺思想的组织领导者的身份参与到文艺论争或创作评论时,他的文学理论批评的'权威话语'就不再具有一般文艺批评家的理论个性和文体特征了。"①这样的评价是否中肯是一回事,但确实点明了周扬在文艺理论上所坚持的"政治—文艺"批评范式。今天,以历史唯物主义的观点来看,包括周扬的文学理论在内的任何文学批评话语,由于产生于特定的历史条件之下,因而既有某种历史的合理性,但同时也有其历史的局限性。尽管如此,周扬的文学批评理论在中国现代学术史上仍然有着重要的地位。

8. 郭沫若文艺思想在抗战时期及解放战争时期的发展

郭沫若在全面抗战以后以及在解放战争时期,其文艺思想有了重大的变化,不仅实现了"人的文学"思想到"人民的文艺"思想的飞跃,而且依据自己历史剧的创作实践就历史剧创作本身作出学理上的研究。此外,郭沫若还进一步就诗学理论进行研究,提出了一系列诗学建设的新主张,在当时文艺界产生了重要的影响。郭沫若是中国现代学术的领军人物,为中国马克思主义文艺理论的发展做出了重要的贡献。

其一,"人民文艺"思想的提出。郭沫若在全面抗战以后致力于文艺的"民族形式"的研究,努力推进马克思主义文艺思想的中国化,从而为其后提出"人民文艺"思想奠定了坚实的理论基础。在中国,随着马克思主义中国化进程的持续推进,在文艺上也提出了"民族形式"问题。据郭沫若考察,文艺"民族形式"问题的提出,固然有着苏联方面的某些影响,但中国的文艺"民族形式"在内

---

①　陈传才主编:《文艺学百年》,北京出版社1999年版,第124—125页。

容上与此不同。苏联有过"社会主义的内容,民族的形式"的号召,但苏联的"民族形式"是说参加苏联共和国的各个民族对于同一的内容,可以通过自由的发挥而创造出"多样的形式",其"目的是以内容的普遍性扬弃民族的特殊性"。在比较的基础上,郭沫若指出:"在中国所被提起的'民族形式',意思却有些不同,在这儿我相信不外是'中国化'或'大众化'的同义语,目的是要反映民族的特殊性以推进内容的普遍性。'马克思主义必须通过民族形式才能实现',便很警策地道破了这个主题。又'洋八股必须废止,空洞抽象的调头必须少唱,教条主义必须休息,而代替之以新鲜活泼的,为中国老百姓所喜闻乐见的中国作风与中国气派',更不啻为'民族形式'加了很详细的注脚。这儿充分地包含有对于一切工作者的能动精神的鼓励,无论是思想、学术、文艺或其他,在中国目前固须充分吸收外来的营养,但必须经过自己的良好的消化,使它化为自己的血、肉、生命,而重新创造出一种新的事物来,就如吃了桑柘的蚕所吐出的丝,虽然同是纤维,而是经过了一道创化过程的。"[①]这里,郭沫若关于"民族形式"的诠释是极其富有新意的,其核心的要点是文艺的中国化、大众化问题,基本的目标是使文艺"反映民族的特殊性以推进内容的普遍性",而着力点则是文艺的"重新创造"工作,亦即是"重新创造出一种新的事物来",这突出地表达了依据民族特点的文艺发展的价值本位思想和独立创造精神,说到底就是推进马克思主义文艺思想在中国的创新和发展,并形成我们所独有的具有民族特点的文艺新成果,而这个文艺的新成果是以创造活动(实践活动)为其显著特征的。对此,郭沫若有一段经典性的说明:"'民族形式'的这个新要求,并不是要求本民族在过去时代所已造出的任何既成形式的复活,它是要求适合民族今日的新形式的创造。民族形式的中心源泉毫无可议的,是现实生活。今天的民族现实的反映,便自然成为今天的民族文艺的形式。它并不是民间形式的延长,也并不是士大夫形式的转变,从这两种的遗产中它是尽可以摄取营养。象旧小说中的个性描写,旧诗词的谐和格调,都值得我们尽量摄取。尤其是那些丰富的文白语汇,我们是要多多储蓄起来充实我们的武装的。"[②]

郭沫若关于文艺的"民族形式"问题的研究之所以说是其"人民文艺"主张的基础,不仅因为"民族形式"在内涵上具有"大众化"的民众本位立场,以及具

---

① 郭沫若:《"民族形式"商兑》(1940 年),《沫若文集》第 12 卷,人民文学出版社 1959 年版,第 27—28 页。

② 郭沫若:《"民族形式"商兑》(1940 年),《沫若文集》第 12 卷,人民文学出版社 1959 年版,第 40 页。

有文艺"中国化"的鲜明特征,而且还在于这两者皆以奠定于"现实生活"基础上的文艺创造实践作为一以贯之的主线。郭沫若此后提出的"人民文艺"主张时,认为"人民文艺"固然为中国社会发展之必需,而且"人民世纪"的到来也为"人民文艺"之发展创造了条件,但"人民文艺"同时也需要发挥作家的积极性与创造性,作家必须为此付出艰苦的努力来从事创造工作。他指出:"文艺创作也是艰苦的工作。要创作一种纪念碑式的巨著,必须要把全生命灌注下去,要把全生命奉献给中国人民。"①郭沫若这里是说,作家必须认识今天的世纪是人民的世纪,但"人民文艺"不是坐等着可以得来的,而是需要付出艰巨的劳动,才能成就"纪念碑式的巨著"。这里提出的作家创造性劳动对于"人民文艺"发展的极端重要性问题,与"民族形式"探讨中的文艺实践思想是一脉相承的。

郭沫若正是在对全面抗战以来中国文艺发展的深刻检讨中,以马克思主义的阶级斗争理论来诠释文艺的发展史,提出并丰富"人民文艺"这一概念的内涵。他认为,社会上真正需要的是"人民的文艺",而文艺本身也应该是"人民的文艺",只是因为在阶级社会之中"人民的文艺"萎缩了,但"人民的文艺"仍然在发展之中,并与"庙堂文艺"激烈地斗争着,因而文艺的发展史也就是阶级斗争的一种反映。他指出:"文艺从它滥觞的一天起本来就是人民的,无论那一个民族的古代文学,不管是史诗、传说、神话,都是人民大众的东西。它们是被集体创作,集体享用,集体保有。社会有了治者与被治者的分化,文艺才逐渐为上层所垄断,庙堂文艺成为文艺的主流,人民文艺便被萎缩了。但人民文艺不断地在抬头,不断地和庙堂文艺斗争。一部文艺史也就是人民文艺与庙堂文艺的斗争史。"②在他看来,"庙堂文艺"不仅是以牺牲大众的幸福以供少数人的享乐为使命的,而且也是以统治阶级的政权为依托的,因而其所走的道路是一条死亡道路,一朝一代的统治者失掉统治权的时候,一朝一代的"庙堂文艺"也就随之下台。尽管新的朝代的统治者是由民间而来,带来了民间的东西,也曾呈现过新的气象,但一旦登上大雅之堂也就又僵死下去,其死亡的命运也是必然的。"人民文艺"则与"庙堂文艺"完全不同,它不是为少数人歌功颂德的文艺,而是"人民的世纪"的文艺。随着"人民的世纪"的到来,人民是社会的主人,处理政治事务的人只是人民的公仆,我们所需要的也就是人民的文艺,因而"人民文艺"必将

---

① 郭沫若:《文艺的新旧内容和形式》,《文艺春秋》第 3 卷第 1 期,1946 年。
② 郭沫若:《人民的文艺》(1945 年),《沫若文集》第 13 卷,人民文学出版社 1958 年版,第224 页。

得到发展和壮大起来。关于"人民文艺"的显著特色,郭沫若指出:"人民的文艺是以人民为本位的文艺,是人民所喜闻乐见的文艺,因而它必须是大众化的,现实主义的,民族的,同时又是国际主义的文艺。"①这里,郭沫若提出了"人民文艺"的基本含义,认为"人民文艺"是大众的、民族的现实主义文艺,同时也是国际主义的文艺,这就为"人民文艺"的发展指明了前进的方向。

郭沫若以"人民文艺"立论,从文艺的形式与内容两个方面预示中国文艺发展的前景,认为中国在取得人民革命的胜利之后,文艺的发展将出现崭新的景象。他指出:"将来新文艺的发展可能有几种新的途径:一种是'五四'以来的文艺形式,受外来的影响多些,油画、雕塑、音乐特别显著。我们不应该排外,要继续吸收外来的好东西,而使它民族化,为今天服务,为人民服务。另一种途径,就是发掘和发展流传在民间的许多旧有的形式,在形式上加以改进,并盛入新的内容。许多歌谣和地方戏剧是应该重视的。在今天应该把一向为人民服务的形式加以整顿,使它更好地为人民服务。这两种途径都是我们应当发展的。可能还有第三种途径,便是把新旧融合起来,创造出新的民间形式。总之,今后的新文艺在内容和形式上都应当以人民大众为前提。"②

郭沫若"人民文艺"观的提出也是以其对于文艺与政治关系的独特认识为前提和基础的。当时的文艺界,有人认为文艺不应该与政治接触,而是应该远离现实的政治生活,否则文艺就会成为"政治的奴婢"。郭沫若不同意这种极端的看法,他认为文艺不可避免地与现实政治发生关系,现实中的文艺乃是现实社会的反映,同时对现实社会的前进又具有引领的作用。故而,问题的关键是怎样发挥文艺的政治功能问题,更好地使文艺为政治服务。郭沫若联系1946年初的政治协商会议所关涉的民主事项来说明这个问题,认为当下的文艺需要为政协所提出的民主建设任务服务。他指出:"文艺既以民主为其内容,当然我们的首要任务是在争取民主。首先我们总得浸透于民主的精神,贯彻着民主的号召。我们今天所需要的民主,不用说也还有它一定限度的内容。这一定的限度是什么呢?在我看来,最周密表示于政治协商会议所决定的那个《和平建国纲领》。那虽然是中国今后政府的施政纲领,但也可以说是今后文艺工作者的工作纲领。那九纲五十三目,差不多每一条,每一句都可以成为文艺上的主题。那些正是今

---

① 郭沫若:《人民的文艺》(1945年),《沫若文集》第13卷,人民文学出版社1958年版,第225页。

② 郭沫若:《文艺的新旧内容和形式》,《文艺春秋》第3卷第1期,1946年。

天中国的人民大众所需要的民主限度。我们文艺家们似乎应该体贴这个纲领，保卫这个纲领，由文艺上来实践这个纲领，使它逐条逐句得到充实的形象化。这似乎为我们文艺工作者已经开辟出了一个很宽大的工作门路，是需要我们个别地或集体地充分努力的。"①又指出："文艺不仅要政治的，而且要比政治还要政治的。假使文艺不想做'政治的奴婢'的话，那倒应该做'政治的主妇'，把政治领导起来。伟大的文艺作家，无论古今中外，他都是领导着时代，领导着政治，向前大踏步地走着的。我举出了《和平建国纲领》，也不过想指示出一定的民主限度，事实上那在今天是最低的限度，它是由各党各派协商所得的结果，只是折衷式的东西。文艺家的任务应该比它还要进一步才行。如有人以为折衷式的都是太政治的了，这样的人是早已成为了另一种政治的奴婢的。"②上引这两段文字，可以看出郭沫若在文艺与政治的关系问题上的基本看法：文艺与政治具有内在的联系，没有完全脱离政治的文艺，因而文艺需要为政治服务，但文艺服务于政治并不是消极地作政治的注释，而是积极地反映政治并引领政治前进。他提出的文艺做"政治的主妇"的主张，突出地表达了文艺的能动反映论的观点。

　　郭沫若"人民文艺"观点的提出是其文艺思想的重大发展与提升，也是其早年的"人的文学"主张经由"革命文学"阶段的历史性的飞跃。郭沫若早年承继"五四"对于人的发现的理念，积极地倡导"人的文学"的主张，认为"生命底文学"不仅是"普遍的文学"而且是"不朽的文学"，提出"生命是文学底本质"、"文学是生命底反映"的著名观点③。其后，郭沫若在中国大革命洪流的激荡下，实现了由"人的文学"到"革命文学"观念的转变，提出"文学是革命的前驱，在革命的时代必然有一个文学上的黄金时代"，认为"文学和革命也并不是不能两立，而且是互为因果，有完全一致的可能"，他还就此举出中外历史上的一些"证据"来表达这一主张："我们且先从历史上来求它的证据吧。譬如一七八九年法国革命之前产生了不少的文学家，如象佛尔特尔，如象卢梭，他们都是划时代的人物，而且法国革命许多批评家和历史家都说是由他们唤起的。又譬如一九一七年俄国革命也是一样。在俄国革命未成功之前，俄国正不知道产生了多少文豪，这其中反革命的当然不能说是没有，然而勇敢地作为革命的前驱，不亚于法国佛

　　① 郭沫若：《文艺工作展望》（1946 年），《沫若文集》第 13 卷，人民文学出版社 1958 年版，第284 页。
　　② 郭沫若：《文艺工作展望》（1946 年），《沫若文集》第 13 卷，人民文学出版社 1958 年版，第285 页。
　　③ 参见郭沫若：《生命底文学》，《学灯》1920 年 2 月 23 日。

尔特尔和卢梭的,正指不胜屈。回头再说到我们中国吧,譬如周代的《变风》《变雅》和屈子的《离骚》,都是在革命时期中所产生出来的千古不磨的文学。而每当朝代换易,一些忠臣烈士所披沥的血泪文章,至今尤传诵于世的,我们也可以说是指不胜屈的。"①再之后,郭沫若在新民主主义革命凯歌行进的历史进程中,在"人民的世纪"认识视野中而鲜明地提出并论证"人民文艺"的主张,也就是合乎中国社会政治变革实际和自身思想逻辑地发展的必然。

其二,历史剧创作上的理论探索。在全国抗战的历史条件下,郭沫若在文艺实践上成功地尝试了历史剧的写作,出版了《孔雀胆》、《屈原》等代表性的历史剧作,同时,郭沫若还就历史剧这种文学作品的体裁作了理论上的探索,为中国马克思主义文艺理论提供了新的成果。

郭沫若在文学上不仅是历史剧创作的主要代表者,而且也是积极地倡导历史剧的领袖人物。他从历史与现实两方面强调历史剧创作的重要性,为当时的文学作品创作指明了一个现实的途径。他在上海市立戏剧学校的演讲中,指出:"用历史的题材来写戏剧,这是中外皆有的实例,就以英国的莎士比亚而论,他的作品差不多都是历史剧,过去的戏剧如此,到了现在,当前的事实告诉我们,自民国三十年以后,在戏剧中间历史剧占据很重要的地位。上海这样,内地也是这样;考其所以由此倾向的原因:在上海是因为那时候正在敌伪的统治下,最好反映黑暗的现实的是历史剧。大后方呢?也为了要避免检查等等的原因,所以多历史剧。"②可以说,正是郭沫若的历史剧的创作及关于历史剧的学术研究,使历史剧进入中国现代文艺的殿堂而成为文艺创作的重要体裁。

关于历史剧与历史、历史剧作家与历史学家之间的关系,郭沫若依据自己的创作经验和学术研究给予了新的说明。郭沫若以其丰富的史学知识和深厚的文学修养创作了多部很有影响的历史剧,这使历史剧这一文学作品形式在当时为更多的人们所认知,但文艺界及理论界对于历史剧问题并没有形成共识,有人对于历史剧与史学著作的关系并不清楚,甚至还有人以考古家来要求历史剧作家,认为历史剧要像史学著作一样忠于历史事实。对此,郭沫若提出自己的看法:"写历史剧并不是写历史,这种初步的原则,是用不着阐述的。剧作家的任务是在把握历史的精神而不必为历史的事实所束缚。剧作家有他创作上的自由,他

---

① 郭沫若:《革命与文学》(1926年),《沫若文集》第10卷,人民文学出版社1959年版,第313—314页。

② 郭沫若:《谈历史剧——在上海市立戏剧学校演讲》,《文汇报》1946年6月28日。

可以推翻历史的成案，对于既成事实加以新的解释，新的阐发，而具体地把真实的古代精神翻译到现代。……历史剧作家不必一定是考古学家，古代的事物愈古是愈难于考证的。绝对的写实，不仅是不可能，而且也不合理，假使以绝对的写实为理想，则艺术部门中的绘画雕塑早就该毁灭，因为已经有照相术发明了。"①郭沫若这里的看法是，历史剧本身是艺术的作品，固然也需要有历史的意蕴，但这与真实的历史还是不同的；剧作家撰写历史剧是通过对历史精神的把握，而非对历史事实的考证，并且创作之中也有其创作的自由，而这种创作中的自由表现为"对于既成事实加以新的解释，新的阐发"，有着作家的主体积极性蕴含其中，因而撰写历史剧并不是撰写历史。这就将历史剧与历史、历史剧作家与考古学家清晰地分辨开来，突出了历史剧的艺术性价值，规定了历史剧作家的任务，从而将历史剧归类到文艺作品的行列。

关于历史剧与现实及历史剧与历史的关系，郭沫若的看法亦有独创性。在当时的学术界，在历史剧问题上出现了多种反对意见。一种意见主要来自文艺家，认为历史剧既然是文艺作品，那就要采取现实主义态度来描写现实，而不能"逃避现实"，因而也就不能不写当前的现实、当前的抗战问题。对于这种批判性意见，郭沫若认为这是没有正确地理解何谓现实的问题，而是对"现实"作了表面化、简单化的处理，没有认识到"历史的现实"与"今天的现实"这两者的关系。郭沫若指出："我们要知道，一个剧本的现实不现实，是不能以题材的'现代'或'历史'来分别，来估计，而是要看其剧中的主题是不是现实或非现实的，用历史的题材也许更能反映今天的现实。"②郭沫若这里提出了文艺理论上的一个很重要的问题，即文艺作品中的"现实"是可以而且也应该通过多种题材来达到的，既可以直接地描写今天的现实而达到其现实性的追求，也可以通过描写历史中的现实来反映今天现实社会中的现实，故而现实主义的理念不能简单地以作品题材的"现代"或"历史"来区分。还有一种意见来自历史学家，认为历史剧既然是关于历史的剧本，故而"历史剧就非要能合于当时的真正的历史事实不可，不能加减"。郭沫若认为这种意见虽然也是有其"理由"的，但没有弄清楚史学与文学的关系，把历史剧等同于历史学著作，没有注意到文学创作的独特性及其所具有的特点，说到底就是没有弄清楚科学与文学的关系。他指出："我们要

① 郭沫若：《我怎样写〈棠棣之花〉》（1941年），《沫若文集》第2卷，人民文学出版社1959年版，第79页。
② 郭沫若：《谈历史剧——在上海市立戏剧学校演讲》，《文汇报》1946年6月28日。

知道科学与文学的不同,历史家站在记录历史的立场上,是一定要完全真实的记录历史;写历史剧不同,我们可以用一分材料,写成十分的历史剧,只要不背现实,即可增加效果。何况其中还有一个语言问题。历史剧假如一定要完全依照过去的历史,剧中的语言不用现代的语言,那末这种语言究竟是怎样的一种语言,不但写剧本的人不会写,就是观众也是听不懂的。不过,写历史剧有一点最值得注意的,虽说语言是现代语言,但总不能太摩登,一切总该有个限制,服装也是一样,太摩登太新派的时候是要破坏效果的。"①郭沫若认为历史剧与历史的关系,其根本之点:一是不能违背历史中的"现实",这需要在把握历史精神的基础上去理解历史、诠释历史;二是在语言上需要用现代语言书写,不可以用"古代的语言",但也不能在使用现代语言中"太摩登太新派"。这里,郭沫若是就历史剧的内容与形式问题加以分析,在于探索历史剧这种文学作品特有的创作问题。

郭沫若在历史剧创作上是运用了《诗经》的赋比兴的手法,认为赋比兴是"历史剧的主要的动机"。《诗经》是中国汉族文学史上最早的诗歌总集,在篇章结构上多采用重章叠句的形式,其主要表现手法有三种,通常称为:赋、比、兴。"赋"按朱熹《诗集传》中的说法,"赋者,敷也,敷陈其事而直言之者也"。就是说,赋是直接铺陈叙述,是最基本的表现手法。"比",用朱熹的解释,是"以彼物比此物",也就是比喻之意,明喻和暗喻均属此类。《诗经》中用比喻的地方很多,手法也富于变化。"兴"是《诗经》乃至中国诗歌中比较独特的手法。"兴"字的本义是"起",因此又多称为"起兴",对于诗歌中渲染气氛、创造意境起着重要的作用。《诗经》中的"兴",用朱熹的解释,是"先言他物以引起所咏之辞",也就是借助其他事物为所咏之内容作铺垫,它往往用于一首诗或一章诗的开头。同时,"兴"又兼有比喻、象征、烘托等较有实在意义的用法。郭沫若的贡献一方面是巧妙地将《诗经》的表现手法运用到历史剧的写作之中,使历史剧带有诗歌的显著特色和民族文化的底蕴,另一方面是从理论上说明"赋、比、兴"是历史剧的"主要的动机",从而使历史剧在创作理论上汲取《诗经》创作的成就,这应该说是在学术继承中的重要创新,并为推进学术研究中的古为今用理念作出了重要的贡献。他指出:"写历史剧可用诗经的赋、比、兴来代表。准确的历史剧是赋的体裁,用古代的历史来反映今天的事实是比的体裁,并不完全根据事实,而是我们在对某一段历史的事迹或某一历史的人物,感到可喜可爱而加以同情,便

①  郭沫若:《谈历史剧——在上海市立戏剧学校演讲》,《文汇报》1946 年 6 月 28 日。

随兴之所至而写成的戏剧,就是兴。(我的《孔雀胆》与《屈原》二剧,就是在这个兴的条件下写成的)。"①这里,郭沫若是从"历史剧"本身来说明"赋比兴"的使用问题,着眼于"历史剧"这一文本所应有的戏剧的特色。郭沫若还从历史剧所面对的对象(观众)来说明"赋比兴"运用的必然性,认为观众不仅在观赏习惯上而且在文化心理上对于"赋比兴"有着很强的可接受性,因而把历史剧的创作看作历史剧作家与观众之间的思想交流,将观众的心理体验与情感交流视为历史剧创作的基本前提,从而使"赋比兴"作为历史剧创作的必然要求。他说:"赋、比、兴是历史剧的主要的动机,另外还有一个原因是迎合观众。在内地的乡镇上,假如演一个现代戏,那就很少观众,他们都不要看那随地皆是的现实。这也是几千年来的习惯,偏僻地方的人民大多喜欢看历史剧。戏剧的演出自然不能没有观众,为了迎合观众,就不能不写历史剧。为了写些人民喜欢的东西,也决不能说是坏;主要的是要看这迎合观众的历史剧的本身,不低级,不封建……借此利用人民的爱好而去向他们灌输知识,可以事半功倍。赋、比、兴的动机也有这个道理在内。只要不把那些封建的故事凑合到舞台上去,历史剧是应该写的。总结写历史剧的主要有三点:一是再现历史的事实,次要是以历史比较现实,再其次是历史的兴趣而已。"②从郭沫若这里就"观众"视角讨论"赋比兴"写作手法中,不难看出的是,郭沫若是将民众本位原则视为历史剧创作的中心原则,将"写人民喜欢的东西"作为作家创作的任务,并认为创作的作品(包括历史剧)要担负起"利用人民的爱好而去向他们灌输知识"的使命,这不仅是对创作理论提出高度的思想性要求,而且也是其努力倡导的"人民艺术"思想在创作理论上的突出表现。

其三,关于诗歌创作的研究。郭沫若在20世纪40年代对于诗歌创作的相关问题也从理论上加以研究,提出了一些引人注目的观点,在当时中国的诗学界产生过重要的影响。因而,这也是在阐发郭沫若文艺思想时,需要加以叙述的重要内容。

郭沫若是中国新诗的主要代表之一,早年出版的《女神》对白话新诗具有奠基意义,彰显出积极的革命浪漫主义色彩,开一代诗风。郭沫若对于诗歌创作理论的研究,早在20世纪20年代、30年代就开始了,并且提出过一些极为重要的观点,是中国现代诗学理论建设的先驱。譬如,郭沫若在1925年研究过诗的节

---

① 郭沫若:《谈历史剧——在上海市立戏剧学校演讲》,《文汇报》1946年6月28日。
② 郭沫若:《谈历史剧——在上海市立戏剧学校演讲》,《文汇报》1946年6月28日。

奏问题,认为情绪的表达形成了诗的节奏,而节奏也就成为诗的鲜明特征。他指出:"抒情诗是情绪的直写。情绪的进行自有它的一种波状的形式,或者先抑而后扬,或者先扬而后抑,或者抑扬相间,这发现出来便成了诗的节奏。所以节奏之于诗是它的外形,也是它的生命,我们可以说没有诗是没有节奏的,没有节奏的便不是诗。"[1]又譬如,郭沫若在1935年研究过"长诗"问题,认为长诗固然需要长一些,但太长的诗又会有堆砌的毛病,故而不主张太长的诗作。就此,他指出:"长诗自然也应该有,但要有真切的情感和魄力,不然大抵处于堆砌,会没落于文学的游戏。长诗也有限制,过长的叙事诗,我可以决绝地说一句,那完全是'时代错误'。那就是所谓看的诗,早就让位给小说去了。由纯真的感情所表现出来的诗,我相信纵长怕也长不上一千行。因为情感的曲线是没有多大的波长的。"[2]再譬如,郭沫若研究过诗的"主角"问题,认为"主角"在诗中并非不可缺少的要素,因而不必以是否有"主角"来衡量诗作的创作水平。他说:"主角的有无并不关紧要。高尔基的剧本《夜店》描写一群男女二十余人会聚在地下室小旅店中的情形,也没有主角。凡是不用主角的大都是比较新的形态,以情调、思想或故事去做中心的发展。至于《六月流火》虽无主角,但也有革命情调做焦点。其咏铁流一节可以把全篇统率起来。结尾轻轻地用对照作结,是相当成功的。"[3]应该说,郭沫若早年关注并研究诗学理论,因为有着诗词创作的切实体验,故而能够达到较高的学术境界,并开启了他以后在诗作研究上的新方向。

郭沫若在抗战以后,尤其是20世纪的40年代,对于诗的研究进入新的阶段,提出的许多观点具有独创性,在中国文学思想史上占有重要的地位。

譬如,郭沫若对于"诗有别才"或"诗有别肠"的观点提出批评,认为诗人并没有什么特别的神秘之处,而所谓诗才实际上是后天教育及个人努力的结果。他说:"从前的人说'诗有别才'或'诗有别肠',仿佛做诗做文艺工作的人要有一种特殊的天才。……但我根据自己的体验对于这种见解是否认的。我自己并没有什么特别了不起的才能,我也不相信我们同时代的诗人有谁有什么生来就会作诗的本领。一个人的成就主要还是由于后天的教育和学习。被教的是什么,自己所努力学习的是什么,你便被陶冶成为什么。这是确切不易的。资质上的

---

① 郭沫若:《论节奏》(1925年),《沫若文集》第10卷,人民文学出版社1959年版,第225页。
② 郭沫若:《关于诗的问题》,《杂文》第3期,1935年9月20日。
③ 郭沫若:《诗作谈》,《现世界》创刊号,1936年8月。

高低虽有,特别适宜于某一种范型的资质,我相信不一定是那么确切地存在的。"①

又譬如,郭沫若对于诗歌创作的灵感问题发表自己的看法,认为既不要把灵感看得神乎其神,但也不要如当时的一些人把灵感"骂成狗屁胡说",而是应该正确地对待创作中的灵感,并尽可能地不断诱发这种灵感。在他看来,灵感是有的,而且也很需要,"不过这种现象并不是什么灵鬼附了体或是所谓'神来',而是一种新鲜的观念突然使意识强度集中了,或者先有强度的意识集中因而获得了一种新鲜观念而又累积地增强着意识的集中度的那种现象"②。这里,郭沫若将灵感看成是一种"新鲜的观念突然使意识强度集中"的现象,或者是一种"先有强度的意识集中因而获得了一种新鲜观念而又累积地增强着意识的集中度"的现象,这是说灵感集中地表现为"意识强度集中",其导因可能是由于"新鲜观念"的刺激,也可能起因于"强度的意识集中",再通过"新鲜观念"这个环节而形成新的"意识强度集中"。在郭沫若看来,既然灵感是"意识强度集中",那么灵感也就必然表现为不同的阶段性特征,有着由"诗兴"到"灵感"的前进过程,因而也就需要不断地诱发灵感。他说:"这(意识强度集中)如不十分强烈的时候,普通所谓诗兴,便是这种东西。如特别强烈可以使人作寒作冷,牙关发战,观念的流如狂涛怒涌,应接不暇,大抵有过这种经验的作家,便认这种现象为灵感了。……我无宁认为诗人的努力倒应该是怎样来诱发伟大的灵感吧。"③自然,郭沫若并不认为这种灵感会自发地产生,他强调阅读活动的作用,如他说:"我自己在写作上每每有这样的一种准备步骤。譬如我要写剧本,我是便先把莎士比亚或莫里哀的剧本读它一两种,要写小说,我便先把托尔斯泰或福楼拜的小说读它一两篇。读时也不必全部读完,有时候仅仅读得几页或几行,便可以得到一些暗示,而不可遏止地促进写作的兴趣。别的朋友有没有这种习性,我不知道,但我感觉着这的确是很有效的一种读书的方法。"④郭沫若关于灵感含义的诠释及关于灵感发展进程的认知,将灵感作为人们精神活动的一个重要表征来研究,并主张通过阅读这种实践性环节来获得"暗示"而激发创作的灵感,这揭示了包括诗歌在内的创作实践中一个较为普遍但又为不少作家所困惑的问题,因而也

①　郭沫若:《如何研究诗歌与文艺》(1944 年),《沫若文集》第 13 卷,人民文学出版社 1959 年版,第 130—131 页。

②　郭沫若:《诗歌的创作》,《文学》第 2 卷第 3、4 期,1944 年。

③　郭沫若:《诗歌的创作》,《文学》第 2 卷第 3、4 期,1944 年。

④　郭沫若:《我的读书经验》,《华侨日报》1948 年 8 月 19 日。

是值得研究者应该关注的问题。

郭沫若是现代中国著名的马克思主义文学家、史学家,他的文艺思想不仅具有浪漫主义的显著特色,而且亦折射着历史演进的脉络及其在思想上的诉求,并随着现代中国历史的演进和人民革命的发展而不断前进,因而也就成为现代中国文坛上的宝贵财富。他的文艺评论以丰富的创作实践经验为基础,努力从中外文艺思想中汲取养分,同时也善于总结创作中的实际问题并加以学理上的提炼,因而其文艺评论以思想性、艺术性、学理性见长。郭沫若是中国现代文艺思想史上重要代表,对推进马克思主义文艺思想中国化有着特殊的贡献。

9. 艾青延安时期的文艺思想

艾青①是延安时期著名的诗人和文艺评论家,其文艺思想为推进马克思主义文艺理论中国化作出了突出的贡献,在中国马克思主义文艺史上有着重要的地位。作为颇具影响力的著名诗人,艾青在全面抗战爆发以后对于文学的创作艺术问题作出了诸多的创造性探索。

艾青以探讨生活与文艺的关系为中心来研究文艺问题,坚持以现实生活作为文艺的主线,不仅努力凸显现实在文艺中的基础性地位,而且阐发了文艺对于社会现实的积极作用。在文学的本质问题上,艾青认为文学是在反映生活的过程中而表现真善美的,强调社会生活是文学创作的源泉和根底。他指出:"社会生活是文艺创作的唯一的丰富的泉源。一个文艺作者愈是和生活接近(不是外表上的接近,必须是把感情溶进到里面去接近),愈能产生有丰富内容的作品。反之,一个文艺作者和艺术的分离,就在他和生活分离的时候开始。"②鉴于这样的认知,艾青希望作家深入社会各阶层的生活中,从阶级的矛盾与变化中认识生活,吸取题材;提高自己体验生活的热情,培养和加强自己向陌生环境突进的勇气;培养自己了解社会中人物的兴趣,在充分了解人物的基础上创造典型;作品中注重人物的阶级根源的描写,写出人物所在阶级的地位及所赋予的思想和气质,这就需要熟悉各个阶层的生活与人物,熟悉他们的欲望、感觉、趣味以及用以表现的表情、动作及其丰富而又复杂的语言。在他看来,文学是社会生活的反映,而文学的语言也是源于生活的,因而文学中美的语言也就莫过于口语,而归根到底是因为口语乃是"生活的",因而口语"又是那么新鲜而单纯","它比上最

---

① 艾青(1910—1996),浙江省金华人,原名蒋海澄,号海澄,曾用笔名莪加、克阿、林壁等。创作有诗集《彩色的诗》、《域外集》,出版了《艾青叙事诗选》、《艾青抒情诗选》,以及多种版本的《艾青诗选》和《艾青全集》等。

② 艾青:《我对于目前文艺上几个问题的意见》,《解放日报》1942年5月15日。

好的诗篇里的最好的句子"。艾青指出："口语是美的,它存在于人的日常生活里。它富有人间味。它使我们感到无比的亲切。"①艾青充分肯定文学的真善美,认为这种真善美在本质上也是生活的,但这种生活又并非一般的生活,而是"先进人类向上的生活"。他指出："真是我们对于世界的认识;它给予我们对于未来的信赖。善是社会的功利性;善的批判以万人的福利为准则。没有离开特定范畴的人性的美;美是依附在先进人类向上的生活的外形。"②艾青还以诗歌为例说明,"真,善,美,是统一在人类共同意志里的三种表现,诗必须是它们之间最好的联系"③。正是艾青对于文学的真善美有这样的认识,故而他要求文艺家要不断地拷问自己所面对的社会生活,不能只是整天地"写着,写着",而应该时刻思考着自己所接触生活的维度。他以诗一般的语言描写自己的心迹:"如其我们所写的东西,欺骗了那些最诚挚的读者们对于它的信任,让我们羞愧地哭泣吧。/曾问过自己吗——/我有着'我自己'的东西了么? 我有'我的'颜色与线条以及构图么? /我的悲哀比人家的深些,因而我的声音更凄切? /我所触及的生活的幅员比人家的更广么? /还是我只是写着,写着,却是什么也没有呢?"④艾青是现实主义的文学家,不仅强调社会生活在文艺创作中的源流地位,而且强调文艺对于社会生活所应有的引领作用,认为文艺不是消极地反映社会生活,而是主动地、积极地批判社会现实,并在现实社会的改造中反映其独特的价值。他指出:"艺术的任务,除了认识生活以外,还在于教导人们正确地评判这些或那些社会现象。这也就是说,艺术不仅是消极地反映现实,更重要的是积极地批判现实,组成社会意识。"⑤这样,艾青把文艺作为社会意识构建的重要单元,高度重视文艺在确立社会主流意识形态和价值体系中的重要地位。

　　艾青对于文艺与政治的关系有着独到的看法,阐发了文艺与政治关系中的一致性与差异性。延安时期的文艺界在延安文艺座谈会召开前,对于文艺与政治的关系存在着不正确的看法,其表现是:有些人不明白文艺特殊性的内涵,将文艺简单地等同于政治,甚至要求文艺作品就是撰写政治口号;还有些人又走向另一个极端,否认政治对于文艺的决定作用,反对政治对于文艺的指导,同时也反对作品反映现实的政治,甚至提出"为艺术而艺术"的口号。鉴于这种情况,

---

① 艾青:《诗的散文美》,《广西日报》1939 年 4 月 29 日。
② 艾青:《诗论掇拾(二)》,《七月》第 4 集第 2 期,1939 年 8 月。
③ 艾青:《诗论掇拾(二)》,《七月》第 4 集第 2 期,1939 年 8 月。
④ 艾青:《诗论掇拾(二)》,《七月》第 4 集第 2 期,1939 年 8 月。
⑤ 艾青:《创作上的几个问题》(1948 年),《华北文艺》第 6 期,1949 年 7 月 1 日。

艾青在 1942 年 5 月 15 日的《解放日报》上,发表了《我对于目前文艺上几个问题的意见》这篇著名文章①,一方面以马克思主义为指导梳理政治与文艺的关系,主张文艺为政治服务,强调文艺作品的思想性要求,另一方面主张加强文艺独特性的研究,要求充分重视文艺本身的艺术性特征,反对将文艺作品简单地政治化、口号化。关于文艺与政治的一致性,艾青指出:"假如政治家的工作是经常地用一定的术语和口号,来概括一定时期的人民大众的利害要求,从而根据那些术语和口号去组织人民大众,并且促使他们向一定的目的去行动;那末,文艺工作者的工作是用具体的描写(如:人物在事件当中的活动,和人对于周围环境的情感、思想、感觉……以及日常生活或者整个时代所引起的憎、爱、悲、喜……等等)即形象,来表现一定时期的人民大众的利害和要求,从而激励他们把这种要求变成行动。(在没落的阶级里则相反:诗人们常常用不是出于自愿的颓废的歌唱,促使他的阶级走向崩溃与毁灭。)在为人民大众谋福利,为大多数的劳苦的人类而奋斗的这崇高的目的上,文艺和政治,是殊途同归的。"②艾青在承认文艺与政治之间具有一致性的同时,并不同意将文艺简单地等同于政治,而主张要深刻地研究文艺本身的特殊性,并认为应该在把握文艺特殊性中找到文艺发展的独特道路,从而更好地实现文艺服务于政治的功能。在他看来,文艺有其特殊性的方面,这就是文艺必须形象地表现事物,而真实的形象乃是作家对于客观世界更紧密地观照的产物,这才是艺术家用以效忠于其政治理论的东西。他指出:"在为同一的目的而进行艰苦斗争的时代,文艺应该(有时甚至必须)服从政治,因为后者必须具备了组织和汇集一切力量的能力,才能最后战胜敌人。但文艺并不就是政治的附属物,或者是政治的留声机和播音器。文艺和政治的高度结合,表现在文艺作品的高度的真实性上。愈是具有高度的真实性的文艺作品,愈是和一定时代的进步的政治方向一致。因为愈是具有高度的真实的文艺作品,就愈加明显地反映了一定时代的、阶级与阶级之间的矛盾,各个阶级的本质,合理与不合理之间的严重对立,以及改革制度的普遍和迫切的需要,和一定的行动之不可避免。……等等。"③概而言之,艾青认为文艺服从政治是必须的,这主要表现为文艺的目标与现实政治目标的一致,表现为作品具有"高度的真实性",而不是简单地使文艺为政治呼喊口号。故而,艾青表示不欢迎文艺家撰写

①　此文写作于 1942 年 4 月 23 日。

②　艾青:《我对于目前文艺上几个问题的意见》,《解放日报》1942 年 5 月 15 日。

③　艾青:《我对于目前文艺上几个问题的意见》,《解放日报》1942 年 5 月 15 日。

那些粗制滥造的、复写着政治口号或政治术语的东西,认为"那些东西常常是那些作者没有把从外界接收来的素材,通过自己内心的融化,通过自己的思想的锤炼,没有把人民大众的愿望和自己的情感溶解而且凝结在一起的结果"。以马克思主义唯物史观来看,作为人类精神生产活动的文艺与政治一样同属于上层建筑,但在上层建筑中,政治乃是第一位的上层建筑,它对于同为上层建筑的文艺等方面也自然有决定性的作用,故而文艺也就必须为政治服务,但文艺之所以是文艺而不就是政治,这表明文艺本身还有其自身的特点(亦即特殊性),因而也就需要发现其特殊性的方面,如此才有助于文艺的发展并更好地为政治服务。可以说,艾青这篇《我对于目前文艺上几个问题的意见》,阐发了马克思主义文艺观中的基本主张,其中关于文艺与政治关系的论述是完全符合马克思主义基本原理的,这对于科学地认识文艺的地位、作用及其发展道路也是有积极意义的。

　　艾青对于艺术产生与发展的历史予以探讨,他以诗歌为例说明诗歌与人类历史演变的一致性,强调艺术与人类的生活一样久远,从而使艺术与生活相互关系的认识更加贴近到人类自己的真实历史。他指出,波格丹诺夫提出了"诗歌开始于人类语言开始之处","这应该只是说人类有了语言才能使诗歌成为可以向外表现的艺术。其实诗歌真正的开始之处该在人类生活开始之处,就是有了人类就有了诗歌。……谁能在人类没有表现工具之前去否认诗歌的存在呢?那存在于大自然里的丰富的幻变,那存在于无言的心中的有节拍的波动,那一个生命向另一个生命之间的默契,不也就是诗歌么?……诗歌是自然本身所含有的韵律。"①这里,艾青发展了波格丹诺夫的观点,认为诗歌不是简单地与语言同为起点的问题,事实上,诗歌乃是与人类的生活同为起点,故而诗歌也就是与人类同为起点。艾青的这一论断,不仅将诗歌的历史向前推进了一大步,而且对于认识诗歌与社会生活的关系、诗歌与人类自身历史的关系也有新的启示。艾青在探讨文艺历史的进程中,还就艺术生产与人类的"全般的生产"的关系作出辨析,看到了"技术"在艺术生产中所起到的关键性影响。他说:"在艺术生产的历史里,技术一样是发展生产的主要因素之一;而技术的发达,常常和人类全般的生产发生着关系是无疑的。我们必须重视技术,有如一切的生产部门里技术之被重视一样;为了完成我们一个情感思想的建造,我们必须很丰裕地运用我们的

---

① 艾青:《诗的散步》,《壹零集》第 1 卷第 3 期,1939 年 6 月 30 日。

技术,更应该无限制地提高和推广我们的技术。"①这里,艾青一方面将技术与社会生活的变迁紧密地联系起来,另一方面又将文艺进步与技术发展的关系作出梳理,要求高度重视技术在艺术发展的积极作用,从而凸显了技术在文艺进步中的举足轻重的地位。

艾青对于文艺的社会功能及作用作出了积极的探索,他将诗人、诗歌连接起来并使其置于社会话语体系中予以考量,从社会历史演变的进程中来定位诗歌的功用与价值,从而在诗歌的功能问题上有着独特的建树。对于文艺的功能,艾青有着特别的说明:"文艺是从心理上组织民族或阶级,促成民族或阶级团结的武器。文艺是使革命队伍扩大和巩固的工具。"因而,需要"把文艺看成保卫思想、感情的一种巨大力量","把文艺看成提高民族或阶级的自尊心的一种巨大力量"②。在艾青的认识视域中,"诗人"是社会中具有独立性的要素,"诗人常常是先知——他向一切凶恶野蛮的人民的敌人挑战;用自己的心血,呕吐出人民的愿望"③,而诗作乃是人类文化的表征,"人类可骄傲的是:它能以不断地创造来辉煌自己的历史;它能把谷粒所维系的生命,升华出不断地提高自己的理想的文化——'科学——理智的诗,艺术——情感的诗。'"④在《诗论》著作中,艾青提出诗人是作为"悲天悯人者"的身份出场,以自己的诗作来改造社会生活的工作,成为社会前进的引领者,从而促进"大时代来临"。他说:"诗人和革命者,同样是悲天悯人者,而且他们又是把这种悲天悯人的思想化为行动的人——每个大时代来临的时候,他们必携手如兄弟。"⑤又说:"诗人创作诗,即是给人类的诸般生活以审视、批判、诱发、鼓舞、赞扬……。"⑥由此,艾青要求诗人担负起自身的责任,"把艺术从贵妇人的尊严里解放出来,鼓舞她,在一切的时代为人类向上的努力而奋发起来"⑦。在《诗人论》中则进一步发展了这一思想,不仅看到诗人及其诗作在社会进步中的位置,而且更为具体地说明诗人在艺术中是"斗士"的身份。故而,他认为诗人就是"普罗米修斯",而且是盗取语言的"普罗米修斯"。如他说:"普罗米修斯盗取了火,交给人间;诗人盗取了那些使宙斯震怒

---

① 艾青:《诗论》(1938—1939年),《艾青论创作》,上海文艺出版社1985年版,第402页。
② 艾青:《我对于目前文艺上几个问题的意见》,《解放日报》1942年5月15日。
③ 艾青:《先知——普希金逝世一百零五周年纪念》,《解放日报》1942年2月10日。
④ 艾青:《诗人论》(1939年),《艾青论创作》,上海文艺出版社1985年版,第433页。
⑤ 艾青:《诗论》(1938—1939年),《艾青论创作》,上海文艺出版社1985年版,第415页。
⑥ 艾青:《诗论》(1938—1939年),《艾青论创作》,上海文艺出版社1985年版,第416页。
⑦ 艾青:《诗论》(1938—1939年),《艾青论创作》,上海文艺出版社1985年版,第412页。

的语言。"①又说："诗人不仅应该是社会斗士,同时也必须是艺术的斗士——和恶俗斗争,和无意义的喧哗斗争,和同时代的坏的倾向、低级趣味、一切不健康的文字风格斗争。"②在艾青看来,诗人有如此重要的社会功用,就在于诗人本身有着特殊而又崇高的精神境界,有着对人类的价值及其历史行进的终极关怀。这表现为:"一切事物的价值,在诗人的国度里,是以他们能否提高人类的崇高的情操为标准的。"③关于诗歌本身,艾青则认为其与人类自身具有一体性的关系,一方面是有诗即有人类,另一方面是有人类即有诗。他发出这样感叹:"我不知道人类能否有一天离开诗而生活……。这实在是不可想象的:人类会有一天失去了思想感情的最高的活动……匍匐着,匍匐着,将是怎样的一种鳄鱼啊。"④艾青关于文学艺术功能的研究,最终归咎于人类对于美的终极追求,亦即是以"美"作为文学艺术的归宿和最高境界。他在《诗作掇拾(二)》中说:"愿那些把美当作女神而屈膝伏拜的人们有福吧!而我们却应该把美当作女佣人,要她为人类扫刷门窗,整理床榻啊。"⑤为了使文学的美能够洒满人间每一个角落,艾青提出这样的希望:"诗人们,不要为了能够写作就成了艺术的吝啬鬼,不要最初接触到美就露出守财奴的样子;你们纵或富有才智,如能服役人类的改善事业,也未必就会亵渎了你们的神圣啊。"退而求其次,"如果我们的诗人不能使人类更清醒,却也不应该使人类更糊涂"⑥。自然,艾青对于文学作品美的功能的阐发是发展的,其所表达的思想内涵也是不断提升的。他在1942年的作品中,将文学所具有的美的功能,与作家所应承担的时代使命结合起来。他指出:"不朽的作品,常包含一种一切时代所共同具有的人类向上的美的精神——引导人类从烦屑、偏狭、卑污走向善良、宽大、高贵的精神。"又指出:"伟大的艺术品必须蕴含一种东西,这就是一个时代为了选择自己的代言人,而托付给作家的东西。"⑦艾青从"时代"这一关键词来释读文学的功能与价值,将文学的美与作家的时代代言人使命对接起来,一方面继续赋予并不断提升文学的创造美的功能,另一方面又体现出从社会演进的思路来诠释文学功能的研究范式。

---

① 艾青:《诗人论》(1939年),《艾青论创作》,上海文艺出版社1985年版,第420页。
② 艾青:《诗人论》(1939年),《艾青论创作》,上海文艺出版社1985年版,第428页。
③ 艾青:《诗人论》(1939年),《艾青论创作》,上海文艺出版社1985年版,第425页。
④ 艾青:《诗人论》(1939年),《艾青论创作》,上海文艺出版社1985年版,第422页。
⑤ 艾青:《诗论掇拾(二)》,《七月》第4集第2期,1939年8月。
⑥ 艾青:《诗论掇拾(二)》,《七月》第4集第2期,1939年8月。
⑦ 艾青:《坪上散步——关于作者、作品及其他》,《解放日报》1942年2月12日。

　　艾青从诗的语言入手,对于文艺的形式和内容的关系进行了深入的研究,在延安文坛上独树一帜。

　　——艾青反对为形式而形式的艺术,认为作家在创作中如果一味地雕琢而注重外在的形式,那就不能体现文艺的美,也不能引起读者的共鸣,这乃是因为这样的作品缺乏思想元素、一味地注重外在形式的缘故。他指出:"自从我们发现了韵文的虚伪,发现了韵文的人工气,发现了韵文的雕琢,我们就敌视它;而当我们熟悉了散文的不修饰的美,不需要涂抹脂粉的本色,充满了生活气息的健康,它就肉体地诱惑了我们。"①又指出:"我可怜那些被形式所愚弄的人,象那眼睛被蒙住的驴子,沿着磨床兜圈子,却以为是在走着无数的路一样。"②然而,艾青也反对那种一点不注重形式的做法,认为具体的形式还是需要的,关键是形式必须是为内容而表现的形式,并尽可能地使创作中形式成为"表现的技巧",这在诗歌的创作上尤为必要。他说:"为表现而有技巧,不是为技巧而有表现。再高明的木匠,不为造房子而雕琢,是空的。诗的旋律,就是生活的旋律,诗的音节,就是生活的拍节。"③艾青在创作形式的问题上提出两个重要的观点,一是形式上要追求朴素和简洁。他说:"朴素是对于词藻的奢侈的摒弃,是脱去了华服的健康的袒露;是挣脱了形式的束缚的无羁的步伐;是掷给空虚的技巧的宽阔的校。"又说:"如其纸,装订,封面的图案,比我所写的诗美些,我们不印刷诗集吧。"④二是不要把形式看成"魔术的外衣"。他说:"不要把形式当做魔术的外衣——一切的魔术都是假的。把这些看做诗的敌人:僵死的理论,没有情感的语言,矫揉造作的句子,徒费苦心的排列。"⑤艾青对于文艺创作尤其是诗歌创作中形式问题的认识,体现了作为诗人的艾青在诗学理论上的创见。

　　——艾青认为诗歌中的语言并不是诗歌创作中简单的形式问题,而是体现了诗歌内容、思想、情感的。在艾青看来,文艺的内容与文艺的形式有着内在的关系,形式固然是为内容服务的,但内容也必须有着适合的形式予以表现,而诗歌的形式与诗歌的内容之关系必须从诗歌的语言来进行分析。这是因为,在诗歌方面,诗歌的语言是内含着思想意蕴的语言,不仅有着历史的、文化的底蕴,而且也表达着诗人的感情与思想,因而语言在诗歌之中也就不是一个简单的形式

---

① 艾青:《诗的散文美》,《广西日报》1939 年 4 月 29 日。
② 艾青:《诗论掇拾(二)》,《七月》第 4 集第 2 期,1939 年 8 月。
③ 艾青:《诗论掇拾(二)》,《七月》第 4 集第 2 期,1939 年 8 月。
④ 艾青:《诗论掇拾(二)》,《七月》第 4 集第 2 期,1939 年 8 月。
⑤ 艾青:《诗论掇拾(二)》,《七月》第 4 集第 2 期,1939 年 8 月。

问题。他说:"艺术的语言,是饱含情绪的语言,是饱含思想的语言。艺术的语言,是技巧的语言。"①又说:"诗人的剑是语言——能遣使语言,才能和敌人争斗;有了丰富的语言,才能战胜敌人。"②为了进一步说明"艺术的语言"的独特性,艾青还举例说:"我甚至还想得起,在一部影片里的几句无关紧要的话,是一个要和爱人离别的男人说的:'不要当作是离别,只把我当作去寄信,或是去理发就好了。'这也是属于生活的,却也是最艺术的语言,诗是以这样的语言为生命,才能丰富的。"③这里是说,诗的语言固然是语言,但又不是一般的语言,而是表现诗人情感与思想的"艺术的语言",在此意义上说,诗人没有其"艺术的语言"也就不能成为诗人。因而,诗的语言也就不能与一般作品中的语言相提并论,而成为表现诗作思想内容的重要组成部分。

——艾青鉴于诗的语言的独特性内涵,提出了诗作语言的几种基本形式及诗人在语言上的努力方向。在艾青看来,诗歌的语言不仅是诗歌成为诗歌的条件,而且也是诗人成为诗人的条件,这乃是由于"诗是语言的艺术,语言是诗的元素"④,故而诗歌的语言在创作的表现之中也就有着几种基本的形式:一是"简约的语言"。艾青说:"简约的语言,以最省略的文字而能唤起一个具体的事象、或是丰富的感情与思想的,是诗的语言。"⑤二是"思想与情感"的语言。艾青说:"诗的语言必须饱含思想与情感;语言里面也必须富有暗示性和启示性。"⑥三是"反拨的语言"。艾青说:"反拨的语言,是诗人向被否定的一面所提出的良心的质问。"⑦那么,对于诗人来说,如何能够提升其诗歌创作语言的艺术性呢?艾青对此提出了两个要求:一是要面向社会生活的实际,向社会生活学习,并在学习中不断体验语言,从而使语言更为丰富。他说:"丰富的语言,是由丰富的生活经验产生的。一个诗人的语言贫乏,就由于他不会体验生活。而语言贫乏是诗人的最大的失败。"⑧二是要具有"冒险"意识,敢于进行语言上的创造。他说:"诗的创作上的问题,语言是最重要的问题之一。诗人必须为创造语言而有所冒险,———一如采珠者之为了采摘珍珠而挣扎在海藻的纠缠里,深沉到万丈

① 艾青:《诗论》(1938—1939 年),《艾青论创作》,上海文艺出版社 1985 年版,第 407 页。
② 艾青:《诗人论》(1939 年),《艾青论创作》,上海文艺出版社 1985 年版,第 427 页。
③ 艾青:《诗的散文美》,《广西日报》1939 年 4 月 29 日。
④ 艾青:《诗论》(1938—1939 年),《艾青论创作》,上海文艺出版社 1985 年版,第 406 页。
⑤ 艾青:《诗论》(1938—1939 年),《艾青论创作》,上海文艺出版社 1985 年版,第 408 页。
⑥ 艾青:《诗论》(1938—1939 年),《艾青论创作》,上海文艺出版社 1985 年版,第 408 页。
⑦ 艾青:《诗论》(1938—1939 年),《艾青论创作》,上海文艺出版社 1985 年版,第 408 页。
⑧ 艾青:《诗论》(1938—1939 年),《艾青论创作》,上海文艺出版社 1985 年版,第 407 页。

的海底。"①艾青将诗作语言形式与诗人在语言的努力作为一个相联问题，指出了诗歌语言的具体形式，要求诗人在社会生活中提升语言的丰富性，勇于创作实践并富有"冒险"的意识，这就将诗歌语言艺术的研究上升到新的高度。

艾青对于诗歌这种文学作品的体裁有着独特性的认知与理解，他把由韵文到散文再到诗歌看作是艺术创作不断行进的历程，对诗歌所着力表现的意境给予了新的诠释。在他看来，韵文作为文学的一种体裁，自然有其历史的、文学的地位，但它只是文学体裁的一种初步形态，必须向散文的方向发展，故而"天才的散文家，常是韵文的意识的破坏者"②。而由散文进到诗歌创作，则又是一个巨大的进步，但这种进步是以散文的巨大成就为其前提和准备的，故而也就不必以韵文的眼光来看待诗作。他指出："由欣赏韵文到欣赏散文的一种进步；而一个诗人写一首诗，用韵文写比用散文写要容易得多。但是一般人，却只能用韵文来当做诗，甚至喜欢用这种见解来鉴别诗与散文。这种见解只能由那些诗歌作法的作者用来满足那些天真的中学生而已。"③在艾青看来，诗之所以不能由韵文的眼光来看，这是因为诗是在散文基础上的进步，最为突出的就是因为诗的语言是"形象的语言"，而这种"形象的语言"更多地得益于散文，故而理解诗的意蕴最需要的是从散文的视角加以体认。他指出："以如何最能表达形象的语言，就是诗的语言。称为'诗'的那文学样式，脚韵不能作为决定的因素，最主要的是在它是否有丰富的形象——任何好诗都是由于它所含有的形象而永垂不朽，却绝不会由于它有好的音韵。……散文的自由性，给文学的形象以表现的便利；而那种洗练的散文、崇高的散文、健康的或是柔美的散文之被用于诗人者，就因为它们是形象之表达的最完善的工具。"④艾青认知和理解诗歌，主要是因为他抓住了诗歌所具有的独特的艺术性语言这一关键环节，他所理解的诗是以"艺术的语言"为其特征的，而诗的"节奏与旋律是情感与理性之间的调节，是一种奔放与约束之间的调协"，故而所谓"一首好诗，必须使每个看它的人，通过语言，都得到他所能了解的益处"⑤。对于诗的含义的理解，艾青接受了白居易的观点，但给予了新的诠释，并赋予了新的内涵。他指出："白居易所说的：'诗者，根情，苗言，华声，实义。'是相当的包括了诗的含义的。'情'是一切思想、感情

---

① 艾青：《诗论》（1938—1939年），《艾青论创作》，上海文艺出版社1985年版，第406页。

② 艾青：《诗的散文美》，《广西日报》1939年4月29日。

③ 艾青：《诗的散文美》，《广西日报》1939年4月29日。

④ 艾青：《诗的散文美》，《广西日报》1939年4月29日。

⑤ 艾青：《诗论》（1938—1939年），《艾青论创作》，上海文艺出版社1985年版，第410页。

的活动。由思想、情感在我们的脑际所激起的灵感作为写诗的出发——这出发就叫做'根'。'言'是指一切语言文字，作为表现诗的工具，是由出发到完成的最初过程——所以叫'苗'。'声'是文字和语言所含有的美。指音节，旋律，韵。是诗的形式和散文的区别。这区别使诗有了自己的美的外形——这外形叫做'华'。'义'是诗作本身所可能带给社会的作用。这是一切作品的终点——也是一切生命的终点。所以叫做'实'。"①艾青关于诗的"情"、"言"、"声"、"义"的解读，其实是以诗人的真情实感为其内容的，如他说："如果诗人是有他们的素质的，我想那应该是把他们对于世界的感觉的特别新鲜，和对文字的感觉的特别亲切。"又说："到世界上来，首先我们是人，再呢，我们写着诗。"②艾青视域中的"诗"是人性的表现形式，不过，这种人性是社会中的人性，社会生活中的人性，与国家、民族的命运密切相联。所以他说："对一个献身给人类改造事业的诗人的诗，强调了对他的艺术的关心而忽视了他的内容。或者肯定他的艺术而否定他的内容，这是对于诗人的最大的亵渎。——因为他早已把艺术看成第二义的东西了。"③又说："诗永远是人性的胜利的呼声。中国革命——对外要求民族解放，对内要求民主政体的实现这一运动，是人性的争取胜利的斗争，在精神上是无比地'诗的'；中国革命的发展与胜利就是中国新诗的发展与胜利。"④这是艾青关于诗具有独特意义的理解与阐发，这显然又是在社会演变的视域中对诗所给予的人性的解读。

艾青以诗歌为例重点研究了文学创作的艺术性问题，要求作家必须具有深厚的艺术修养，在创作的艺术性方面取得新的成绩。他特别强调作家的创作要体现"新的风格"，认为"新的风格，是在对于新的现实有了美学上的新的肯定时产生的"，将"新的风格"视为"伟大的诗人"的要素之一。他说："一个伟大的诗人，他不仅在题材所触及的范围上有广泛的处理，同时在表现的手法以及风格的变化上有丰富的运用。"⑤概而言之，艾青认为诗作的创作艺术需要有以下几个方面：

——表现形象和创造形象的艺术。"形象"是艾青文艺理论中的关键词语，他是用"形象"来解说文艺的，并在解说中凸显"形象"与"真实"的关系，阐发其

① 艾青：《诗的散步》，载《壹零集》第 1 卷第 3 期，1939 年 6 月 30 日。
② 艾青：《诗论掇拾（二）》，《七月》第 4 集第 2 期，1939 年 8 月。
③ 艾青：《诗论》（1938—1939 年），《艾青论创作》，上海文艺出版社 1985 年版，第 415 页。
④ 艾青：《抗战以来的中国新诗》，《中苏文化》第 9 卷第 1 期，1941 年 7 月 25 日。
⑤ 艾青：《诗论》（1938—1939 年），《艾青论创作》，上海文艺出版社 1985 年版，第 417 页。

现实主义文艺观。他指出:"文艺作者塑造形象,产生形象的过程,就是文艺作者更深刻地认识现实的努力。真实的形象,只能产生文艺作者对于客观世界更紧密的观照中。所谓艺术价值,即是指那作品所包含的形象的丰富与真实——这是每一个真正的艺术家所曾经使自己痛苦和快乐的基本东西,也是他用来使自己效忠于他的政治理论的东西。"①在艾青看来,"形象"对于诗人、对于诗歌亦同样有着极其重要的意义,这是因为诗歌的创作是以表现形象为基本表征的。艾青从诗人以及诗作等方面,具体地说明"形象"在诗歌创作中艺术性内涵,认为表现形象与创造形象乃是诗歌创作艺术的主要内容。他说,"形象是文学艺术的开始"②,诗歌作为文学的一种重要体裁也不例外。而就诗人本身而言,表现"形象"乃是其作为诗人的基本条件,诗人正是以"形象"来理解世界、表现世界、解说世界,从而完成其作为诗人的使命。具体说:"诗人一面形象地理解世界,一面又借助于形象向人解说世界;诗人理解世界的深度,就表现在他所创造的形象的明确度上。"③再就"形象"本身而论,"形象"不仅是艺术的重要表现手法,而且又进一步开启艺术发展的空间,这乃是因为"形象孵育了一切的艺术手法:意象、象征、想象、联想……使宇宙万物在诗人的眼前互相呼应"④。正是因为艾青特别强调文艺作品必须具有"形象"的艺术性内涵,因而他不仅把表现形象作为诗歌创作基本的任务,而且把形象作为诗作是否具有艺术性的重要标准,并对诗人提出了具体的要求。第一,诗人需要不断地积累生活的经验。艾青认为,表现"形象"的能力源于生活的体验,因而诗人必须深入社会生活之中,不断地积累生活的经验。这是因为,"诗人愈经验了丰富的生活,愈能产生丰富的形象"⑤。第二,诗人必须加强对事物联系性的思考。艾青认为,在诗作中要具有表现和创造形象的能力,需要作家不断地加强理论思维的能力,特别是要注重对事物的认知和理解,能够从事物的联系中来表现事物的具体"形象"。他说:"诗人愈能给事物以联系的思考与观察,愈能产生活的形象;诗人使各种分离着的事物寻找到形象的联系。"又说:"诗人必须比一般人更具体地把握事物的外形与本质。"⑥第三,诗人需要进行艰苦的创作实践。在艾青看来,表现和创造"形

---

① 艾青:《我对于目前文艺上几个问题的意见》,《解放日报》1942 年 5 月 15 日。
② 艾青:《诗论》(1938—1939 年),《艾青论创作》,上海文艺出版社 1985 年版,第 403 页。
③ 艾青:《诗论》(1938—1939 年),《艾青论创作》,上海文艺出版社 1985 年版,第 403 页。
④ 艾青:《诗论》(1938—1939 年),《艾青论创作》,上海文艺出版社 1985 年版,第 404 页。
⑤ 艾青:《诗论》(1938—1939 年),《艾青论创作》,上海文艺出版社 1985 年版,第 403 页。
⑥ 艾青:《诗论》(1938—1939 年),《艾青论创作》,上海文艺出版社 1985 年版,第 403 页。

象"能力是在创作的实践中不断积累的,这就要求作家在创作的实践中善于给予总结和提炼。他指出:"艺术家的创作过程,和其他的劳动者是一样艰苦的。他必须以自己全部的感应去感应那对象,他必须用社会学的、经济学的钢锤去锤炼那对象,他必须为那对象在自己心里起火,把自己的情感燃烧起来,再拿这火去熔化那对象,使它能在那激动着皮链与钢轮的机器——写作——里凝结一种形态,最后再交付给一个严酷而冷静的技师——美学去受检验,如此完成了出品。"①艾青将表现和创造形象作为创作的艺术性追求,这是对于文艺创作理论的重要贡献。

　　——语言的鉴别与使用的艺术。艾青认为,对于诗人的创作来说,语言是最基本的运用技能与运用艺术。就诗人本身而言,"诗人以形象使一切抽象的变成具体,诗人是语言的艺术家,诗人的财富是语言。"②就诗作的内容而论,"深厚博大的思想,通过最浅显的语言表演出来,才是最理想的诗"③。因而,诗歌创作的艺术,最基本的乃是语言表现的艺术。鉴于语言在诗人、诗作中的位置,艾青提出了如下的要求:首先,诗人要具有语言的鉴别能力,能够鉴别出语言所表现的各种含义。他说:"诗人必须有鉴别语言的能力:诙谐的,反拔的,暗射的,直率的,以及善意的和恶意的,……一如画家之鉴别唤起各种不同的反应的色彩一样;语言丰富的人,能以准确而调和的色彩描画生活。"④其次,诗人在创作中要善于运用语言,具有"调匀"语言的能力。他说:"语言必须在诗人的脑子里经过调匀,如色彩必须在画家的调色板上调匀。……不要在你的画面上浮上了原色,它常常因生硬与刺眼而破坏了画面上应有的调和。"⑤最后,诗人在创作中能够把握语言的重心,并注意语言运用的具体细节。他说,诗人在创作中对于"字与字、词与词、句子与句子,诗人要具有衡量它们轻重的能力。——要知道它们之间的比重,才能使它们在一个重心里运动,而且前进。……失去重心的车辆是要颠扑的。"⑥艾青认为诗歌创作在某种意义上就是语言的使用艺术、表现艺术,因而把语言使用的艺术作为诗人创作实践的基本要求。1942 年 5 月,艾青在发表

---

① 艾青:《诗论》(1938—1939 年),《艾青论创作》,上海文艺出版社 1985 年版,第 402 页。
② 艾青:《诗人论》(1939 年),《艾青论创作》,上海文艺出版社 1985 年版,第 426 页。
③ 艾青:《诗论》(1938—1939 年),《艾青论创作》,上海文艺出版社 1985 年版,第 409 页。
④ 艾青:《诗论》(1938—1939 年),《艾青论创作》,上海文艺出版社 1985 年版,第 408—409 页。
⑤ 艾青:《诗论》(1938—1939 年),《艾青论创作》,上海文艺出版社 1985 年版,第 109 页。
⑥ 艾青:《诗论》(1938—1939 年),《艾青论创作》,上海文艺出版社 1985 年版,第 409 页。

的《我对于目前文艺上几个问题的意见》著名文章中,对于文艺(不只是诗歌)的语言问题作了全面的阐发,系统地表达了自己的看法。他指出:

拿现代流行的,科学的(即是正确的,合乎文法的)口语,作为基本语言。而文学的语言更必须是具体的,形象的,明确的,鲜活的。

抛弃那些抽象的,暧昧的,含混不清的,隐晦的,口吃的,饶舌的,或者是陈腐的,成了烂调的语言。

创造新鲜活泼的语言。这种语言必须吸收科学的外来语,吸收许多流行的术语,吸收日常的大众语。同时接受民间的朴素的,生动的,简单的谚语。

逐渐地,意识地减少文言字,努力避免那些只流行在知识分子层中的,过于文绉绉的词藻。

少用成语。反对一开口就唱出烂调的诗(例如:"据说物价又在见风涨,长此以往,何堪设想?"),反对满篇铺散着成语的文章。反对用成语来敷衍一切新的思想、情感和感觉。反对让成语踩死了我们的思想、情感和感觉的新芽。

反对语言的雕琢、堆砌,叠罗汉的作风。

不断地创造外表浅显,里面却包含着丰富思想的语言。

每个文艺作者必须为自己创造合适的语言。每个文艺作者必须培养自己创造新的语言的才能,必须把创造新的语言,作为自己的文学事业的努力方向之一。①

以上艾青关于文艺语言问题的论述,在内容上主要有两个方面:一是关于语言的使用,二是关于语言的创造。从这段文字来看,艾青将语言的运用和语言的创造统一起来,倡导的是现代的、科学的、通俗的、生活的语言风格,重视的是文艺语言的艺术性、思想性的提升,彰显出其所追求的开放、求实、实用、创新的语言观。

艾青在研究诗歌创作艺术的过程中,主张充分地发挥作家创作的能动性。关于"作家",艾青有着自己的界定,突出其所具有的阶级的、民族的含义。他指出:"作家是一个民族或一个阶级的感觉器官,思想神经,或是智慧的瞳孔。作家是从精神上——即情感,感觉,心理的活动上——守卫他所属的民族或阶级的忠实的兵士。作家的工作就是把自己的或他所选择的人物的感觉,情感,思想,

---

① 艾青:《我对于目前文艺上几个问题的意见》,《解放日报》1942 年 5 月 15 日。

凝结成形象的语言,通过这语言,去团结和组织他的民族或阶级的全体。"①在艾青看来,包括诗歌创作在内的文学艺术,创作艺术的高低最终归因于作家自身主体性的发挥程度,因而创作艺术实际上乃是作家主体性、积极性、创造性的得以张扬的艺术。这方面,艾青提出了这样几点主张:

一是强化社会责任感。艾青认为,创作艺术的提升源于作家对社会现实的高度责任感,没有强烈的改造现实社会的意识也就很难创造出符合社会需要的诗作,因而这样的诗作也就难以达到很高的艺术境界。他说:"诗人的劳役是:为新的现实创造新的形象;为新的主题创造新的形式;为新的形式与新的形象创造新的语言。"又说:"为了新的主题完成了新的形象的塑造,完成了新的语言的锻炼,完成了新的风格,即是完成了诗人的对于人类前进事业所负有的职责。对于诗人,这些事是最重要的,因为这些事对于诗人是最适宜的,也是不容推诿的。"②艾青将社会责任感视为诗人进行创作的基本要求,这是其现实主义创作理念的突出表现,为诗人在创作中"创造新的形象"、"创造新的形式"、"创造新的语言"指明了努力的方向。

二是坚持真理与恪守信仰。艾青高度重视诗作的思想性对于诗作艺术性提升的意义,将诗作的艺术性追求与诗作的思想性要求有机地结合起来,要求作家在创作中坚持真理、坚守信念。他说:"地球本来是圆的,而且是动的;然而第一个说这话的人被处死了。但地球依旧是圆的,而且是动的。这是真理。真理是平易却又隐蔽在事物的内里的;真理是依附在大众一起而又不易为大众所知的。诗也和科学一样,必须有勇气向大众揭示真理。"又说:"具有信仰的虔诚,对人世怀着热望,对艺术怀着挚爱,在生活着的日子,忠实地或是恳切地,也或是倔强地、勇敢地说着话语,即使不是诗的形式也是诗。"③艾青希望诗人在坚定信仰上下功夫,坚守"信仰的虔诚",并"有勇气向大众揭示真理",在追求真理的道路上不断前行,从而谱写出不拘"形式"但却是有真正意义的诗篇。

三是提升道德修养。艾青把作家的道德修养作为作品的艺术性的基础,要求作家不为名利,努力践行真善美的道德要求。他说:"诗与伪善是绝缘的。诗人一接触到伪善,他的诗就失败了。"④又说:"为名而写作的,比为艺术而艺术的

① 艾青:《了解作家,尊重作家:为〈文艺〉百期纪念而写》,《解放日报》1942 年 3 月 11 日。
② 艾青:《诗论》(1938—1939 年),《艾青论创作》,上海文艺出版社 1985 年版,第 416 页。
③ 艾青:《诗论》(1938—1939 年),《艾青论创作》,上海文艺出版社 1985 年版,第 413 页。
④ 艾青:《诗论》(1938—1939 年),《艾青论创作》,上海文艺出版社 1985 年版,第 410 页。

还自私。"①在艾青看来,诗人固然有着独立的人格与个性,同时也有着创作的主体性,但根本上是必须代表时代立言,并表现出对社会、对读者的忠实态度。在诗人为社会立言方面,艾青特别要求作家要忠实地为社会服务,担当起"诗人"的社会责任。他指出:"我们既被社会指配为'诗人',就象畜牲之被我们指配为'牛'或'马'一样,该永无止息地为人类开垦智慧的处女地,劳役于艺术形象的生产。"②又指出:"诗人的'我',很少场合是指他自己的。大多数的场合,诗人应该借'我'来传达一个时代的感情与愿望。"③在诗人与读者的关系上,艾青说:"诗的情感的真挚是诗人对于读者的尊敬与信任。诗人当他把自己隐秘在胸中的悲喜向外倾诉的时候,他只是努力以自己的忠实来换取读者的忠实。"④艾青不只是将诗人的道德修养要求看作诗人本身的问题,而是从社会要求、读者需要等层面予以解读,表现了关于创作艺术问题研究的社会生活视野。

四是提升艺术修炼的功夫。艾青强调作家的道德修养的时候,是与作家的艺术修养要求联系在一起的。他指出:"写诗有什么秘诀呢?——用正直而天真的眼看着世界,把你所理解的,所感觉的,用朴素的形象的语言表达出来。不这样将永远写不出好诗来。……诗人在这样的时候,显出了他的艺术修养:即除了他所写的事物给以明确的轮廓之外,还能使人感到有种颜色或声音和那作品不可分离地融洽在一起。我们知道,很多作品是有显然的颜色的,同时也是有可以听见的声音的。"⑤在作家的艺术修炼方面,艾青认为作家需要在几个具体的环节上予以格外地重视:(1)意象。艾青说:"意象是诗人从感觉向他所采取的材料的拥抱,是诗人使人唤醒感官向题材的迫近。"⑥(2)联想。艾青说:"联想是由事物唤起的类似的记忆;联想是经验与经验的呼应。"⑦(3)意境。艾青说:"意境是诗人对于情景的感兴;是诗人的心与客观世界的契合。"⑧艾青主张在发挥作家主体积极性的过程中,必须通过强化艺术修养来不断地提升作品的艺术性内涵。

艾青在文学批评理论方面亦有重要的建树,这主要体现在这样几个方面:

---

① 艾青:《诗论》(1938—1939 年),《艾青论创作》,上海文艺出版社 1985 年版,第 412 页。
② 艾青:《诗人论》(1939 年),《艾青论创作》,上海文艺出版社 1985 年版,第 424 页。
③ 艾青:《诗论》(1938—1939 年),《艾青论创作》,上海文艺出版社 1985 年版,第 411 页。
④ 艾青:《诗论》(1938—1939 年),《艾青论创作》,上海文艺出版社 1985 年版,第 410 页。
⑤ 艾青:《诗论》(1938—1939 年),《艾青论创作》,上海文艺出版社 1985 年版,第 401 页。
⑥ 艾青:《诗论》(1938—1939 年),《艾青论创作》,上海文艺出版社 1985 年版,第 404 页。
⑦ 艾青:《诗论》(1938—1939 年),《艾青论创作》,上海文艺出版社 1985 年版,第 405 页。
⑧ 艾青:《诗论》(1938—1939 年),《艾青论创作》,上海文艺出版社 1985 年版,第 406 页。

（1）提出了诗歌评价的标准，主张以诗作是否具有新颖内容为第一位的标准。在艾青看来，对于诗作的评论应该以其所表达的思想内容为主要，不要追逐于创作的具体形式。他指出："对于诗的评价，不应该偏重在：它怎样排列整齐，怎样文字充满雕琢与铺饰，怎样声音丁冬如雨天的檐溜，等等；却应该偏重在：它怎样以真挚的语言与新鲜的形象表达了人的愿望，生的悲与喜，由暗淡的命运发出的希望的光辉，和崇高的意志，等等。"①（2）倡导对诗作给予恰如其分的评价。艾青认为对于诗作的评论应该表现出尊重的态度，而在评价中则要做到客观公正，评价的结论要与诗作的实际水平相契合。他指出："尊重作家先要了解他的作品。作家在他作为作家的时候，不希求在他的作品以外的什么尊重。适如其分地去批判他。不恰当的赞美等于讽刺，对他稍有损抑的评价更是一种侮辱。"②（3）提出了评论家的素养要求。艾青认为，当时的大多数文艺评论家，存在着一个共同性的问题，即"很少能把一个作家正确地反映给读者，……不会用正确的美学的观点，有耐心地，具体地去了解一个作家"。鉴于此，艾青提出了文艺上"好的批评家"或"高明的理论家"的问题，要求既要从艺术的角度也要从政治的角度来评析文艺作品。他说："好的批评家不应该先注意作者写什么东西就算完了，更重要的是注意他怎样写——用怎样的态度处理题材，从什么角度看世界，采取怎样的手法，等等。"又说："高明的理论家不从作品作采取的题材的阶级的区别去衡量作品；而是从作品所反映的各个阶级的真实，与他们之间的矛盾程度去衡量作品。"③（4）指出了诗作评论的非终极性。在艾青看来，对于文艺作品的评价是必要的，但任何评论所形成的结论皆不是最终的。他指出："被赞美着，又被误解着，或是被非难着，该是诗的普遍的命运：因为到今天的人类，还远远没有在生活和爱好上取得一致的缘故。"④在 1942 年发表的《我对于目前文艺上几个问题的意见》中，艾青对于文学批评有一个总括性的论述："希望批评家们能把眼睛睁开，向自己的小圈子以外去看看；也希望批评家们能把眼睛朝下，向无名的作者施一点恩惠。提高批评热情，只有真实的批评，才能促成文学的发达。……反对批评家不看作品的恶习。批评家不看作品，是最可恶的官僚主义。批评家必须具体了解作家，熟读、精读作品。反对批评家自己闭着眼睛，却向作家们发号施令。反对批评家自己聋盲，而成天问道：'伟大作品怎

---

① 艾青：《诗与宣传》（1939 年），《艾青论创作》，上海文艺出版社 1985 年版，第 374 页。

② 艾青：《了解作家，尊重作家：为〈文艺〉百期纪念而写》，《解放日报》1942 年 3 月 11 日。

③ 艾青：《坪上散步——关于作者、作品及其他》，《解放日报》1942 年 2 月 12 日。

④ 艾青：《诗论》（1938—1939 年），《艾青论创作》，上海文艺出版社 1985 年版，第 415 页。

么不产生？伟大作家怎么不出现？'这是一种白痴的行为。反对批评家死捧住几个作家不放——有的甚至已经捧死了,他还不放。批评家必须使自己长期成为作品与读者之间的桥梁,作品与社会之间的桥梁;成为作者向现实进展的可靠的计程器。"①艾青关于诗作评论的论述虽然还比较简要,但已经涉及评价的标准、评价者要求以及评价的规律性问题,这是在理论上对于文学评论的重要探索。

艾青是延安时期著名的诗人和文艺批评家,他结合延安时期中国的文艺创作实践及其所存在的问题,提出了许多极为有价值的文艺思想,推进了马克思主义文艺理论与中国文艺实际的结合,为马克思主义文艺理论中国化贡献了自己的智慧。他的文艺思想具有丰富的内容,富有时代气息,不仅理论水平较高,而且学术性亦非常突出,体现了关于中国文艺发展规律的深刻思考,成为中国马克思主义文艺思想体系中宝贵财富,因而在中国马克思主义学术史上有着重要的地位。

10. 丁玲延安时期的文艺思想

丁玲②在延安不仅担任过陕甘宁边区文化协会副主任等领导职务,为边区的文艺事业作出重要贡献,而且积极从事文学创作并就文艺理论问题进行创造性研究,在推进马克思主义文艺思想中国化方面也有重要的建树。

延安时期是丁玲一生中的重要历史阶段。丁玲初到延安时,在文艺与政治关系的认识上还不到位,思想认识上也有不够成熟的地方。丁玲初到延安时是站在人民大众的立场上的,但对于政治与文艺的关系还没有达到比较高的理论认识,因而她也曾反对文艺上的所谓"教条",要求作家展开思想上的联想,"放胆地去想,放胆地去写",不要被政治上的条条框框所限制。她曾这样说:"文艺不是赶时髦的东西,这里没有教条,没有定律,没有神秘,没有清规戒律放胆地去想,放胆地去写,让那些什么'教育意义','合乎什么主义'的绳索飞开去,更不要把这些东西往孩子身上套,否则文艺没有办法生长,会窒息死的!"③不过,毛泽东在延安文艺座谈会上的讲话发表后,丁玲迅速地提高了自己的理论水平,深刻地认识到作家的政治立场问题的极端重要性,从而在政治与文艺关系的认识上达到新的高度。她说:"文艺应该服从于政治,文艺是政治的一个环节,我们

---

① 艾青:《我对于目前文艺上几个问题的意见》,《解放日报》1942年5月15日。

② 丁玲(1904—1986),湖南临澧人,原名蒋伟,字冰之,笔名彬芷、从喧等,中国当代著名的作家、社会活动家。

③ 丁玲:《什么样的问题在文艺小组中》,延安《中国文艺》第1卷第1期,1941年2月25日。

的文艺事业是整个无产阶级事业中的一个组成部分。这问题必定首先为我们的作家明确而肯定地承认。可以断言我们这里绝没有一个是艺术至上论者,也绝没有一个作家否认文艺的党性。"①这反映丁玲在延安文艺座谈会后思想认识的显著提高。

丁玲站在人民大众的立场来看待文艺工作,她一到延安就对抗日根据地的文艺表示高度的赞赏,认为根据地的文艺尽管还比较稚嫩,但因为这种文艺深深地扎根在民众之中,因而有着广阔的前景。她指出:"这初出的蔓生的野花,自然还非常幼稚,不能餍足高等博士之流的幻想,然而却实实在在是生长在大众中,并且有着辉煌的前途是无疑的。一切景仰着苏区的读者们,等着吧!而从事于文艺的红军青年,努力吧!"②丁玲作为《解放日报》副刊的主编,曾在延安整风前发表了《三八节有感》文章,由延安妇女问题的分析而对当时延安存在的缺点进行了批评。丁玲在文章中指出,延安的妇女是比中国其他地方的妇女幸福的,"然而延安的女同志却不能免除那种幸运:不管在什么场合都最能作为有兴趣的问题被谈起。而且各种各样的女同志都可以得到她应得的非议。这些责难似乎都是严重而确当的。"在延安,"离婚的口实,一定是女同志的落后",而且"离婚大约多半都是男子提出的,假如是女人,那一定有更不道德的事,那完全该女人受诅咒"③。丁玲热爱延安的生活,同时又指出延安地区所存在的问题,希望延安的社会状况进一步得到改善。丁玲是现实主义文学家,注重对现实社会中不合理现象的批评,这在当时的延安是很有影响的。

延安时期的丁玲是一位典型的现实主义的文学家,强调以真实作为作品的基本要求,主张客观现实在文学作品中的至上性,将文学的功能定位在为现实政治的服务上。她指出:"现在弄艺术的人,尤其是写一点理论的人,平日最爱嚷着什么是主题,什么是典型等等的口号。于是作者便苦心孤诣,注意如何找主题,如何找典型,这是好的。但也有主题是好的,典型也如理想一样很好,事实却不一定真,脱离了现实。……不是真的东西,不是人人心中有的东西,是不会为人所喜爱的。粉饰和欺骗只令人反感。"④正是因为丁玲从现实主义的角度来看待文艺,因而她更注重文艺为现实服务的功能,认为文艺作品既然要从现实出发、密切联系社会生活的实际,那作家的作品就必然要站在人民大众的政治立场

① 丁玲:《关于立场问题我见》,《谷雨》第 5 期,1942 年 6 月 15 日。
② 丁玲:《文艺在苏区》,《解放》周刊第 1 卷第 3 期,1937 年 5 月 11 日。
③ 丁玲:《三八节有感》,《解放日报》副刊《文艺》第 98 期,1942 年 3 月 9 日。
④ 丁玲:《真》,延安《大众文艺》第 1 卷第 1 期,1940 年 4 月 15 日。

上,担负起为现实的政治斗争服务的使命。她指出:"文艺便必须是大众的。不是为大众服务的作品,便不是有价值的文艺,没有价值的东西,还能说是艺术吗?当然不是。"又指出:"作品既然是如此不能脱离现实生活,它就必定与当代的社会斗争不可分,也就必须与当代社会中某一势力相结合,替他们说话。这就是说,如果它不是替大多数受压迫者说话,反抗一切黑暗的、丑恶的、不合理的东西,与历史上进步的势力相结合,便是替少数压迫者说话,屈服奴役于现实生活与反动的势力相结合。"①丁玲还进一步强调文艺作品的大众化,要求作家创作的作品无论在情操上还是在语言上,都要紧紧地贴近大众生活的实际,真实地反映大众的各种需求和精神面貌,并将作品是否是大众的语言作为衡量作品艺术性高低的重要标识。她指出:"作家要使作品成为伟大的艺术,属于大众的,能结合、提高大众的感情、思想、意志的作品,那么他必须使作品取得大众的理解和爱好。因此他不特要具备大众的情操,同时也得运用大众的语言。大众的语言是最丰富的、最美的、最恰当的;但却不一定是一个普通农民或普通士兵能说出的,这些人常常只能说出最简单的几句话。不过,如果在大众里去搜求,集千万人的语言为一人之语言,则美丽的、贴切的、有味的语言全在这里了。作家笔底下的,应该是人人心中所有,而不是人人笔下所有的。陈词滥调是最讨厌的东西。"②丁玲于1940年提出的"伟大的艺术"作品的标准,实际上是将文艺的"大众化"作为最基本的要求,亦即作品必须具有"大众的情操"、"大众的语言",这是与后来毛泽东在延安文艺座谈会上所提出的文艺大众化的要求相一致的。毛泽东1942年在延安文艺座谈会的讲话中曾指出:"许多同志爱说'大众化',但是什么叫做大众化呢?就是我们的文艺工作者的思想感情和工农兵大众的思想感情打成一片。而要打成一片,就应当认真学习群众的语言。如果连群众的语言都有许多不懂,还讲什么文艺创造呢?"③毛泽东这里不仅将作家的政治立场作为基本的条件,而且将作品的语言要求作为根本性的要素。相互比对中可以发现,丁玲的思想与毛泽东的思想是高度一致的。丁玲不仅站在无产阶级的政治立场上,而且从现实主义出发来研究文艺作品的现实性功能,将文艺作品是否大众化、是否"具备大众的情操"、是否运用大众语言作为其艺术性高低的主要标准,体现了马克思主义文艺观的基本要求。

---

① 丁玲:《作家与大众》,《大众文艺》第1卷第2期,1940年5月15日。
② 丁玲:《作家与大众》,《大众文艺》第1卷第2期,1940年5月15日。
③ 《毛泽东选集》第三卷,人民出版社1991年版,第851页。

　　丁玲在《我们需要杂文》中，希望根据地的广大作家学习鲁迅的社会批判精神，以杂文为武器而勇于面对社会上各种问题，担负起批评社会中不良现象的任务。她指出："鲁迅先生因为要从医治人类的心灵下手，所以放弃了医学而从事文学。因为鲁迅看准了这一时代的病症，须要最锋锐的刀刺，所以从写小说而到杂文。……现在这一时代仍不脱离鲁迅先生的时代，贪污，黑暗，压迫屠杀进步分子，人民连保卫自己的抗战的自由都没有，而我们却只会说'中国是统一战线的时代呀！'我们不懂得在批评中建立更巩固的统一，于是我们放弃了我们的责任。……鲁迅先生死了，我们大家常说纪念他要如何如何，可是我们却缺乏学习他的不怕麻烦的勇气，今天我以为最好学习他的坚定的永远的面向真理，为真理而敢说，不怕一切。我们这时代还需要杂文，我们不要放弃这一武器。"①丁玲这里提出的"需要杂文"的观点，毛泽东在延安文艺座谈会中予以重点的批评，认为这种"还是杂文时代，还要鲁迅笔法"观点的错误，就在于没有把根据地情况与鲁迅所处的时代分清楚，这是没有站在"人民的立场上"。毛泽东指出："鲁迅处在黑暗势力统治下面，没有言论自由，所以用冷嘲热讽的杂文形式作战，鲁迅是完全正确的。我们也需要尖锐地嘲笑法西斯主义、中国的反动派和一切危害人民的事物，但在给革命文艺家以充分民主自由、仅仅不给反革命分子以民主自由的陕甘宁边区和敌后的各抗日根据地，杂文形式就不应该简单地和鲁迅的一样。我们可以大声疾呼，而不要隐晦曲折，使人民大众不易看懂。如果不是对于人民的敌人，而是对于人民自己，那末，'杂文时代'的鲁迅，也不曾嘲笑和攻击革命人民和革命政党，杂文的写法也和对于敌人的完全两样。对于人民的缺点是需要批评的，我们在前面已经说过了，但必须是真正站在人民的立场上，用保护人民、教育人民的满腔热情来说话。如果把同志当作敌人来对待，就是使自己站在敌人的立场上去了。我们是否废除讽刺？不是的，讽刺是永远需要的。但是有几种讽刺：有对付敌人的，有对付同盟者的，有对付自己队伍的，态度各有不同。我们并不一般地反对讽刺，但是必须废除讽刺的乱用。"②毛泽东将杂文的使用上升了政治立场问题，强调杂文所使用的讽刺手法要看清所使用的对象，反对那种关于"杂文时代"的说法，但又不是一般地废除讽刺，而是要求作家站在无产阶级立场上运用创作的手段。应该说，毛泽东的看法是正确的。

---

①　丁玲：《我们需要杂文》，《解放日报》1941 年 10 月 23 日。
②　《毛泽东选集》第三卷，人民出版社 1991 年版，第 872 页。

丁玲对于文学的创作艺术问题也有重要的探讨,认为作家的创作固然是由作家的感情出发的,是作家感情的抒发与释放,而这种感情从总体上说也是由作家在社会生活中的感受所积聚而成的,有着社会生活的源泉之所在,因而文学作品在本质上乃是社会生活的反映,但也有作家的主体性因素在内。她指出:"每一个作家,当他未提笔写文章以前,很明显他不是无缘故的要做一个作家才走向写作生涯的;也绝不是做了一个梦,醒来后便要立志做一个作家的。他一定已经在社会上生活了一段时日,不是离群的生活,不是饱食终日无所用心的生活,而是深入的,沉潜到生活中过来的人。他对环绕在周围的一切,有过思索、观察、有爱、有憎,下过判断,存过理想。这感情在他身上滋生、酝酿、发酵、爆发,他需要把自己的意见传达出去,他要争取大多数人与他一致:感情的一致,意志的一致,努力的方向一致。于是他找着,摸索着,结果他找到了他认为最适合的手段,他写起文章来了。而且用了这文章,赢得了许多同情,也遭到反对。"①又指出:"作家既然是在这样一种有所为的情况下来执笔的,那就不管其本人所叫喊的、标榜的是为谁而写作、而生活,或是为了甜美的词句、高洁的灵魂、温柔的梦想;或是为了别人的幸福、人类的光明;总之,他是忠实于自己,忠实于他自己的意志。而他思想意志并不是突然产生,也不是希望有一个什么思想意志便有了的。他的思想意志是生活对他的影响,是被决定于围绕着他的社会存在的一切东西。"②不难看出的是,丁玲在这里是以马克思主义的社会存在决定社会意识的原理来研究作家的创作活动的,并将作家的创作活动作为作家参与社会生活变革的一种方式。

丁玲在延安时期以饱满的热情投入到抗日根据地的文学创作之中,面向社会生活的实际,努力推进马克思主义文艺理论与创作实践的结合,积极地搜集和提炼抗日根据地鲜活而生动的素材,创作了许多优秀的作品,在反映延安的社会面貌、反映大众生活状况、反映时代精神等方面作出了重要的贡献,并受到了中央领导同志的高度关注。譬如,毛泽东看到丁玲写的《田保霖》文章后曾致信丁玲,对于丁玲的"新写作作风"表示"祝贺"③。延安时期不仅是丁玲文学创作活动的高峰阶段,而且也是丁玲文学思想发展的重要历史阶段,为马克思主义文艺理论的中国化作出了贡献。

---

① 丁玲:《作家与大众》,《大众文艺》第 1 卷第 2 期,1940 年 5 月 15 日。
② 丁玲:《作家与大众》,《大众文艺》第 1 卷第 2 期,1940 年 5 月 15 日。
③ 《毛泽东书信集》,人民出版社 1983 年版,第 233 页。

11. 胡风的马克思主义文艺批评思想

胡风①在抗战时期及抗战胜利以后的一段时间,在文艺批判理论方面提出了诸多主张,特别注重从文艺的主客观的结合中去理解创作中的现实主义,强调作家反映现实生活的主观能动性,体现出深刻的思想意蕴和独到的特色,为探索马克思主义与中国文艺实践相结合作出了突出贡献。

抗战时期,文艺的内容与形式问题引起胡风的高度重视。胡风对文艺的民族形式问题进行探讨,主张弘扬现实主义的文学传统。在胡风看来,文艺形式是文艺内容的本质要素,只有把握住形式才能理解内容。他指出,抗战文艺从本源上说是直接继承"五四"文学的现实主义传统,抗战文学的民族形式在本质上不是中国的民间文艺,因为民间文艺在本质上是充满了封建思想观念和意识理念的,所以抗战文学如果择取民间文艺的形式那是值得警惕的,并且也是极其危险的。那么,抗战文艺的民族形式应如何体现呢? 胡风的观点是,抗战文学的民族形式必须体现抗战时期的社会生活内容,必须体现与文学形式相配合的文学的现实主义内容,展示抗日斗争的主题,描写人民大众的生活斗争、感情思维以及心理需求,深刻反映这样一个伟大的时代,这就需要一方面继承"五四"文学的现实主义传统,另一方面努力吸收外国进步的现实主义文学观念。正是在这种意义上,胡风对作家提出了很高的要求,希望作家"对于流贯在民众生活里面的民族传统,争得深刻的理解,对于凝结在生活里面的、民众的、表现生活和思想、感情的语言和文学形式,争得丰富的知识和融解的能力"②。在语言形式上,民族文艺的语言必须体现中国大众的情感、思维、心理、审美习惯和文化传统,具有中国文化的底蕴,它来自大众,为大众服务,体现社会语言生动活泼的形式,但要超越大众语言的地域性和随意性,并积极地引发大众的审美意识,提升大众的审美能力。

胡风提出"主观战斗精神"的主张,用以说明作家创作的基本要求。胡风在文艺理论上的一个重大贡献,是提出了"主观战斗精神"的理论,对作家的创作提出了一系列的基本要求。胡风在《文艺工作的发展及其努力方向》、《置身在为民主的斗争里面》等文章中指出,作家要有人格力量,不仅仅有发现问题、分

① 胡风(1902—1985),原名张光人,笔名谷非、高荒、张果等,湖北蕲春人,现在中国无产阶级文艺运动中的著名诗人和文学理论批评家。其著作有诗集《野花与箭》、《为祖国而歌》、《时间开始了》,文艺评论集《文艺笔谈》、《密云期风习小记》、《剑·文艺·人民》、《论民族形式问题》、《在混乱里面》、《逆流的日子》、《为了明天》等。

② 《胡风文集》第3卷,湖北人民出版社1999年版,第578页。

析问题的能力,更要有忠于祖国、人民和民族的献身精神,具有积极向上的性格;作家要深入现实生活、具有献身精神,在现实斗争中养成人格力量和战斗意志,克服主观精神的低落;作家的文学创作源于现实生活,如实描写社会上最广大民众的精神状态,反映民众的精神需求和愿望,必须"在对象的具体的活的感性表现里面把捉住它的社会意义,在对象的具体的活的感性里面溶注着作家的同感的肯定精神和反感的否定精神"①。胡风对于作家的创作过程进行分析,要求作家不断加强思想力,深入感性的对象,使自己与对象的感性表现结为一体,这样创造出的文学作品才能体现感性的、现实的真实,这就要求作家必须时刻加强自我意识的提高和文学的修养,增强对现实的感受能力和接受能力,发挥作家主观的能动性,从而使自己与现实融合为一。他指出:"在体现过程或克服过程里面,对象的生命被作家的精神世界所拥入,使作家扩张了自己;但在这'拥入'的当中,作家的主观一定要主动地表现出或迎合或选择或抵抗的作用,而对象也要主动地用它的真实性来促成、修改,甚至推翻作家的或迎合或选择或抵抗,这就引起了深刻的自我斗争。"②"主观战斗精神"是胡风文艺思想的中心概念,也是其理论批评话语的独创性表现,体现了马克思主义能动反映论的思想。

胡风对文学批评提出自己的看法,主张文学批判要坚持正确的方向。在胡风看来,作品的力量是巨大的,当作品"反映了历史的真实就必然会加强对于今日社会发展的认识,加强了人的力量在历史过程上的作用的自信"③。因而,进一步揭示作品的内涵,显露作品的教育作用,就需要文艺批评。他指出,文学批评体现出批评家与批评对象的关系,这就要求批评家对批评的对象——文学作品与文学现象——进行认真的考量,如此就需要批评家本身在思想意识、艺术修养、审美情趣、现实体验能力等方面具有很高的素质。他指出,对作品或文学现象的批评,首先需要的是批评家应该有正确的世界观和人生观,具有独立的思想情操和主观精神,如此才能在文艺的批评中,对作品的思想、艺术进行分析,挖掘作品的真、善、美的内涵,向读者昭示作品里的内容及其价值,导引人们新的生活路向,提示人们前进的道路,发挥作品在指导社会生活中的作用。在这种意义上,批评家一方面要积极地彰显作品本身的意义、内涵,但更主要的应该是在另一方面,即批评家要具有高于作品本身的责任感和使命,担任人们社会

① 《胡风文集》第 2 卷,湖北人民出版社 1999 年版,第 187 页。
② 《胡风文集》第 2 卷,湖北人民出版社 1999 年版,第 189 页。
③ 《胡风文集》第 5 卷,湖北人民出版社 1999 年版,第 368 页。

生活的向导,并对作家进行积极的引导,如此才能使文艺创作沿着正确的方向前进。

　　胡风自 1933 年夏从日本回国以后即投身于左翼革命文学运动,在以鲁迅为代表的中国新文学和日本普罗文学、苏联文学的影响下,致力于马克思主义文艺思想与中国文学实际的结合,形成了富有特色的文艺批评范式,是当时有影响的马克思主义文艺批评家。可惜的是,自 20 世纪 40 年代起,胡风便不断受到革命文学内部的批评,被斥为具有"唯心主义倾向"的"小资产阶级个人主义者",他那具有独特个性的文学主张也被称为"反马克思主义的文艺观"。可以说,在马克思主义学者之中,胡风是一位不断被边缘化的人物。1962 年 1 月,侯外庐在为《杜国庠文集》作序中还有这样的记述:"在抗日战争的末期,胡风的《七月》发表了《论主观》一篇所谓哲学的文章。当时因为我们还没有摸清胡风反动派的底,只有从理论上予以批判,而且发表文章也很困难。杜国庠同志和冯乃超同志组织了一次报告会,指定我发言,事先杜国庠同志同我谈到的意见非常有见地,他说'必须把《论主观》一文和胡风的编辑前记联系在一起予以痛击。胡风这人诡计多端,阴阳两面,我看《论主观》一文虽是别人执笔的,但内容全是胡风的反动唯心主义。他的假马克思主义的外衣,很可以欺骗一些青年,危害甚大。你不要拘泥胡风本人在座,必须公开毫不留情地痛加驳斥。我看胡风不敢反噬,如果他真要反扑,我们一起和他斗争。'"①侯外庐这篇"序"写作于"反右"之后、"文革"之前,可能受当时形势的影响,但他作为历史学家所作的这个"回忆"应该说属实的,这至少可以说在"抗日战争的末期",胡风在中国马克思主义学者阵营中已经是被批判的而不断被边缘化的人物。新中国成立以后,胡风的处境愈加恶劣,可谓厄运不断。1955 年又被定为"胡风反革命集团",胡风本人也被捕入狱,长期蒙受不白之冤。"文革"期间,胡风更是遭受非人的待遇。这是很不公正的。

　　胡风是中国著名的马克思主义文艺批评家,他同其他马克思主义学者一样固然也有自己的缺点,但不足以定性为"反革命"而遭受长期的批判。这样的教训实在是很深刻的,值得加以理性反思,并给予认真地总结。今天,我们应该本着实事求是的原则,尊重历史的实际,充分肯定胡风对中国马克思主义文学发展的重要贡献。

---

　　① 《杜国庠文集》,人民出版社 1962 年版,侯外庐序,第 9 页。

## 三、资产阶级文学的主要流派

中国现代的资产阶级文学并不是一个思想统一、学术观点一致的派别,而是呈现多派并行的局面,各派个性化的特征比较显著。以下,试作简要介绍:

### (一) 新月派

新月派的前身是1923年在北京以聚餐会形式出现的新月社,参加的人有徐志摩①、胡适、余上沅②等。1923年以后,新月派成员闻一多③、徐志摩、梁实秋④等发起新格律诗运动。他们拥护"五四"以后新诗对传统诗歌的反动和超越,但又对其所进行的西方化努力而表示担忧,尤其不满于"五四"以后"自由诗人"忽视诗艺的作风,因而积极提倡撰写新格律诗,一方面是要求诗歌创作必须是"理性节制情感",反对滥情主义和诗的散文化倾向;另一方面则是主张吸收优秀传统古典诗词的优点与长处,要求诗歌不仅要追求艺术的精神之美、情绪之美和诗的内在韵律,而且应更加努力追求艺术的形式之美、语言文字之美。

新格律诗运动的重要成就,是铸就了冰心、闻一多、徐志摩等为代表的著名诗人。冰心富有哲理韵味的自由体小诗,在当时及以后都有很大的影响。闻一多是新格律诗的倡导者和尝试者,他的诗结构严谨,形式整齐,音节和谐,思想丰

---

① 徐志摩(1897—1931),原名章垿,字槱森,出生于浙江省海宁市硖石镇,早年留学美国,后留学英国时改名志摩。现代诗人、散文家,新月派代表诗人。代表作品有《再别康桥》、《翡冷翠的一夜》等。

② 余上沅(1897—1970),湖北江陵人,1921年毕业于北京大学,后又留学于美国卡内基大学艺术学院。中国戏剧教育家、理论家。1925年归国,在北京组织"中国戏剧社",后在北京美专(后改北京艺术专科学校)开办戏剧系,并讲授现代戏剧艺术、舞台设计及表演、排演诸课程。1926年秋,任上海光华大学、暨南大学等校教授,并与徐志摩等筹办新月书店,担任编辑兼经理,翻译《长生诀》、《可钦佩的克莱敦》等外国名剧出版。此外,还收集有关戏剧论文辑成《国剧运动》一书。著有《西洋戏剧理论批评》、《戏剧概论》等。

③ 闻一多(1899—1946),本名闻家骅,字友三,生于湖北省黄冈市浠水县。早年留学美国,先后在芝加哥美术学院、珂泉科罗拉多大学和纽约艺术学院进行学习。中国民主同盟早期领导人,新月派代表诗人和学者。著作有《闻一多选集》、《闻一多全集》(1—4册)等。

④ 梁实秋(1903—1987),浙江杭州人,生于北京,原名梁治华,字实秋,笔名子佳、秋郎、程淑等。早年赴美留学,获哈佛大学文学硕士学位。中国现当代散文家、学者、文学批评家、翻译家。1926年回国后,先后任教于国立东南大学、国立青岛大学。一生著述2000多万字,代表作《雅舍小品》、《槐园梦忆》、《英国文学史》等。

富,表达了对祖国命运、民族前途的深切感情。他在《诗的格律》中说:"诗的所以能激发情感,完全在它的节奏;节奏便是格律。莎士比亚的诗剧里往往遇见情绪紧张到万分的时候,便用韵语来描写。歌德做《浮士德》也曾用同类的手段,在他致席勒的信里并且提到了这一层。韩昌黎'得窄韵则不复傍出,而因难见巧,愈险愈奇……'这样看来,恐怕越有魄力的作家,越是要戴着脚镣才跳得痛快,跳得好。只有不会跳舞的才怪脚镣碍事,只有不会做诗的才感觉得格律的束缚。对于不会作诗的,格律是表现的障碍物;对于一个作家,格律便成了表现的利器。"①闻一多在《诗的格律》中,还提出了著名的"三美"主张,即"音乐美、绘画美、建筑美"。因此,新月派又被称为"新格律诗派"。徐志摩的诗形象生动,音调和谐,语言生动,用词贴切,富有文采,对新诗发展作出贡献。总体来看,新格律诗运动对中国现代新诗建设有积极的影响,但也带有形式主义和唯美主义的弊端。

1927年春,胡适、徐志摩、闻一多、梁实秋等人创办新月书店,次年又创办《新月》月刊,"新月派"的主要活动转移到上海,这是后期新月派。它以《新月》月刊和1930年创刊的《诗刊》季刊为主要阵地,新加入成员有陈梦家、方玮德、卞之琳等。后期新月派提出了"健康"、"尊严"的原则,坚持的仍是超功利的、自我表现的、贵族化的"纯诗"的立场,讲求"本质的醇正、技巧的周密和格律的谨严",但诗的艺术表现、抒情方式与现代派趋近。1931年徐志摩逝世后,新月派为梁实秋、胡适等人所左右,到了1933年6月1日,《新月》出至四卷七期而停刊。在《新月》出版期间,相继刊出新月派成员的著作,其中也有郁达夫、巴金、丁玲、胡也频等思想倾向进步作家的作品。

### (二) 语丝派

1924年以后出现的语丝派,以《语丝》为阵地,并因此而得名。《语丝》于1924年11月在北京创刊,周刊。孙伏园②为主编,鲁迅为实际领导人和主要撰稿人。此外,成员还有周作人、林语堂、俞平伯、钱玄同、刘半农等。

语丝派在思想上主张革命的理念,主要成就是短小犀利的杂感,其批评的文字中"富于俏皮的语言和讽刺的意味",就是所谓"语丝文体"。语丝派尤为强调

---

① 《诗的格律》(1926年),《闻一多全集》第3卷(丁集),开明书店1949年版,第247页。
② 孙伏园(1894—1966),原名福源,字养泉,笔名伏庐、柏生、桐柏、松年等,浙江绍兴人。早年就读于北京大学,后赴法国留学。中国现代散文作家。著有《伏园游记》《鲁迅先生二三事》等。

文学上的个性表现主义,正如鲁迅所说,语丝派是"任意而谈,无所顾忌"。该派还极力主张创新,如周作人认为文学应以表现个人情思为主,其目的在于创造出"有独立的艺术美与无形的功利"。"语丝文体"在思想内容上任意而谈,斥旧促新,在艺术上以文艺性短论和随笔为主要形式,泼辣幽默,讽刺强烈。以鲁迅为代表的尖锐泼辣的杂文和以周作人、林语堂为代表的优雅的小品,形成了该派散文创作两大类,这对现代中国的散文发展有重要的影响。

《语丝》坚持现实主义的理念和斗争的精神,该刊抨击北洋军阀的反动统治,批判封建旧思想、旧文化,并猛烈抨击帝国主义的侵略行径。这在当时文坛上有着积极的影响,并拥有广泛的读者群。1927年10月,《语丝》被北洋军阀政府查禁。同年,迁往上海出版,改为半月刊,鲁迅、柔石先后任主编。1930年3月因内部意见分歧而停刊。共出二百六十期。

## (三)论语派

论语派出现于1932年9月,以创办的《论语》半月刊而得名,代表人物有林语堂、周作人等。《论语》问世时,其《编辑后记》对刊名有这样的解释:"我们同人,时常聚首谈论……这是我们'论'字的来源。至于'语',就是谈话的意思,便是指我们的谈天。"除创办《语丝》外,还创办有《人间世》、《宇宙风》等刊物。

林语堂始办《论语》时,即提倡幽默,倡言"不谈政治"并自命为"言志派",极力反对涉及"党派政治"的"载道派"。林语堂经常自己撰写文章,阐发幽默的意蕴,将幽默视为一种心境、一种人生态度、一种美学风格。他在《幽默》中,甚至认为:"无论哪一国的文化、生活、文学、思想,都是用得着近情的幽默的滋润的。没有幽默的国民,其文化必日趋虚伪,生活必日趋欺诈,思想必日趋迂腐,文学必日趋干枯,而人的心灵必日趋顽固。"林语堂及其同人积极提倡幽默文学,主张文风"清淡"、"隽永"、"甘美",要求作品具有"性灵"、"闲适"的特点,逐渐自成一个小品散文流派。

《论语》初期文章尚多对国民党统治下黑暗社会予以讽刺。鲁迅曾应邀投稿支持,意在争取并给以善意批评。至《宇宙风》时期,林语堂则进一步提倡"以自我为中心,以闲适为格调"的小品文,主张"宇宙之大,苍蝇之微,皆可取材",自命为"性灵派"与"语录体"的继承者。至此,论语派思想消极的一面更有发展。

论语派在文学创作中也主张表现个人的意志,自称是明代公安派"性灵"和"语录体"的继承者。如林语堂提出"性灵"说,认为文学艺术都只是"一种心境的表现",强调表现个性的绝对自由。鲁迅对于论语派给予了猛烈的抨击,认为他们所提倡的所谓"幽默"和"闲适",不过是"将屠户的凶残,使大家化为一笑"。

20世纪30年代出现的论语派的文艺主张,在文学界有较大的影响。论语派在政治上希望走中间道路,既发表过一些不满于国民党政府的言论,但也曾猛烈地攻击左翼革命文学,表现出与马克思主义文学格格不入的态度。从论语派整个的文学思想和文学活动来看,应该说也还存在着一定的进步性,尽管这种进步性在当时是很有限度的。

### (四) 象征诗派

象征诗派没有统一的社团组织,也没有共同刊物作为阵地,而是以艺术审美观点的近似,共同汇成一股象征派诗歌的创作潮流。1925年李金发[1]的《微雨》出版,标志着现代中国的象征诗派的诞生。在此之后的四年中,李金发发表了更多的象征主义诗歌作品。其他象征派诗人,有创造社的王独清[2]、穆木天[3]等。从创作源流来看,中国的象征诗派诗人或直接吸取法国象征诗派的艺术手法,或接受李金发诗风影响而从事创作。故而,象征诗派的作品大多注重自我心灵的艺术表现,在思想上主张摒弃客观性而偏爱主观性,并极力追求观念联络的奇特,力求通过多义的、强有力的象征来暗示思想。

---

[1] 李金发(1900—1976),原名李淑良,广东梅州市梅县区人。早年就读于香港圣约瑟中学,后至上海入南洋中学留法预备班。1919年赴法勤工俭学,1921年就读于第戎美术专门学校和巴黎帝国美术学校。1925年6月应上海美专校长刘海粟之聘回国任教授,1928年受聘为国立西湖艺术院(后改名国立杭州艺术专科学校)雕刻专业的教授。20世纪40年代末移居美国。著有《微雨》、《为幸福而歌》、《食客与凶年》、《李金发诗集》、《古希腊恋歌》等,此外还有《意大利及其艺术概要》、《德国文学ABC》等艺术史、文学史著作。

[2] 王独清(1898—1940),陕西蒲城人。早年留学日本,开始接触外国文学。归国后,在上海任《救国日报》编辑。1920年赴法国留学,并研究和考察欧洲古典建筑艺术。1925年底回国,1926年去广州,经郑伯奇介绍加入创造社,曾任理事,并主编《创造月刊》,成为该社后期主要诗人之一,同时任广东中山文科学长。1929年9月任上海艺术大学教务长,1930年主编《开展月刊》。1937年回到故乡,1940年病逝。著有诗集《圣母像前》、《死前》、《埃及人》、《威尼市》、《锻炼》、《独清诗选》、《我从CAFE中出来》等多种。

[3] 穆木天(1900—1971),原名穆敬熙,吉林伊通县靠山镇人,中国现代诗人、翻译家。象征派诗人的代表人物。1918年毕业于南开中学。曾赴日本留学,1921年参加创造社,回国后曾任中山大学、吉林省立大学教授,1931年在上海参加左联,负责左联诗歌组工作,并参与成立中国诗歌会,后历任桂林师范学院、同济大学教授,暨南大学、复旦大学兼职教授,东北师范大学、北京师范大学教授。1952年加入中国作家协会。著有诗集《旅心》(1927年)、《流亡者之歌》(1937年)、《新的旅途》(1942年)等。

李金发、王独清、穆木天等,是早期象征诗派的主要代表,但三人的创作风格及其地位也是有差异的。李金发于 1925 年至 1927 年出版的《微雨》、《为幸福而歌》、《食客与凶年》等,成为中国早期象征诗派的代表作,为中国新诗艺术的发展进行了有益的探索和尝试。在创作上,李金发的诗文表现了热爱祖国、热爱故乡、深明民族大义的爱国主义思想。譬如其所著《异国情调》一书,是在抗日战争期间写的,以炽热而深沉的笔触,真实地体现了 20 世纪 40 年代梅县的客家华侨生活,洋溢着强烈的爱国主义感情,并具有浓重的乡土气息。王独清的作品以诗见长,技巧上受象征派影响,内容上则浪漫主义色彩特别浓厚,蕴藏着颓废哀伤气氛。穆木天则深受法国象征派诗歌的影响,注重声、色、律动与内容、情调的统一,情调忧郁、感伤。

总体来看,中国早期的象征主义主要是通过象征的写作手法来强调诗的意向暗示性功能和神秘性,力求在非理性的心灵世界中认识自我,并进而在认识自我中而表现自我的情感和心理需要。象征主义作家们的诗论主张和诗歌实践,尽管过分地强调了诗歌对生活的超越、诗歌的朦胧美和贵族情调,颇有远离民众之弊,但在诗论和诗歌的创作上,亦有其可贵的探索之处,为后人留下了一些可资借鉴的地方。事实上,象征主义的创作原则对后来的中国早期现代主义诗歌的形成亦产生了重要的影响。

## (五)现代派

20 世纪二三十年代,在中国现代文坛上出现的"现代派",主要代表是戴望舒[1]和施蛰存[2]。戴望舒、施蛰存、杜衡等 20 世纪 20 年代在杭州读中学时就一起办过《兰友》杂志,在震旦大学读书时又办过同人刊物。1928 年,刘呐鸥[3]邀

---

[1] 戴望舒(1905—1950),名承,字朝安,后曾用笔名梦鸥、梦鸥生、信芳、江思等,浙江杭州人。中国现代派象征主义诗人、翻译家等。曾与杜衡、张天翼、施蛰存等人成立"兰社"的文学小团体,并创办《兰友》旬刊。著作有《望舒诗稿》、《灾难的岁月》、《戴望舒诗集》等。

[2] 施蛰存(1905—2003),原名施德普,字蛰存,常用笔名施青萍、安华等,浙江杭州人。著名文学家、翻译家、教育家。1932 年起在上海主编大型文学月刊《现代》,并从事小说创作,是中国最早的"新感觉派"的代表。1937 年起,相继在云南大学、厦门大学、暨南大学、大同大学、光华大学、沪江大学等校任教,1952 年调任华东师范大学教授。有《施蛰存文集》、《施蛰存日记》行世。

[3] 刘呐鸥(1905—1940),原名刘灿波,笔名洛生等,台湾台南人。中国新感觉派小说代表人物之一。生长在日本,入东京青山学院读书,后毕业于庆应大学文科。回国后,又在上海震旦大学法文特别班攻读法文(与杜衡、戴望舒、施蛰存是同学)。1929 年,与施蛰存、徐霞村、戴望舒等在上海合编《新文艺》月刊。有短篇小说集《都市风景线》等。

请原震旦大学同学戴望舒、施蛰存去上海,在他办的第一线书店担任编辑,同时还办有文艺半月刊《无轨电车》。1932 年 5 月,施蛰存主编文学杂志《现代》,杜衡后来也参加了这个杂志,这是现代派兴起的标志。

《现代》杂志在思想上采取中间路线,宣称"并不预备造成任何一种文学上的思潮、主义或政党"。现代派主张诗歌应重点表现现代人对现代生活的感受,认为在艺术形式上应通过表现自我与隐藏自我之间来表现人的精神和情绪,在语言形式上则强调要打破一切束缚,摈弃语言的所谓音乐美,创造绝对自由的无韵诗。"现代派"的文艺观点,对于当时小说观念和创作实践有重要的影响,在当时也确实影响着一批人。

大致说来,现代派主要成就在诗歌和小说两个方面。在小说方面,施蛰存用心理分析法撰写小说,刘呐鸥、穆时英在小说中倡导新感觉,皆有其特色;在诗歌方面,戴望舒的诗最具有现代派的色彩,艺术性和思想性皆有一定的高度。这在穆时英的《公墓》、刘呐鸥的《都市风景线》、施蛰存的《魔道》等小说中,都能看到"现代派"思想的印记。

自然,"现代派"的人来源比较复杂,亦有从左翼文坛中分化出来的那些经受过革命挫折的人,颓废思想有时也是存在的。故而,"现代派"中亦有"言"与"行"之间往往极不一致的人,他们有时是高呼着极其动听的反对功利的口号,表现出大公无私的样子,但其实也有其内在的功利目的,而在实践中也有自命清高、与大众生活实际相脱节的毛病,这是现代派最为显著的弱点。

20 世纪 30 年代和 40 年代初期,由于民族矛盾上升为最为主要的矛盾,中国现代文学在与民族敌人的斗争中存在着,文艺与现实斗争的关系更为显著。七七事变以后,大批文艺工作者投入轰轰烈烈的抗日战争,用各种形式的文艺宣传直接为抗战服务。1938 年 3 月在武汉成立了中华全国文艺界抗敌协会,协会号召文艺工作者"用我们的笔,来发动民众,捍卫祖国,粉碎敌寇,争取胜利"。同年 4 月,国民政府军事委员会政治部第三厅成立,郭沫若为厅长。该厅团结文化人士开展抗日救亡运动,在组织民众、激扬民气、反映抗战生活等活动中,发挥了积极的作用。随着马克思主义文学的发展与壮大,现代文学呈现出思想主流明显的特征。

## 四、代表性的文学研究成果

中国现代文学的研究历程,是在中国近代文学发展的基础上开启的,并有着新文化运动"白话文运动"的深刻影响。正是在新文化运动的影响下,中国文学界不仅传播现代文学理论,推动中国现代文学的产生和发展,而且加强了文学的学术研究,比较系统地总结文学的学术遗产。以下,试就几部代表性的文学研究专著作简要的介绍。

### (一) 胡适的《五十年来中国之文学》等著作

胡适是现代中国文学研究的开创者,其所著《五十年来中国之文学》、《国语文学史》、《白话文学史》(上册)等著作,开现代中国文学研究之先河,在中国现代学术史上有着重要的地位。

胡适的《五十年来中国之文学》发表于1922年,是为纪念"申报"五十寿辰而撰写的。这是研究中国近代文学的第一部专著。胡适在《五十年来中国之文学》中提出了评价文学作品的两个标准:"一是'要有我',二是'要有人'"。胡适说:"大凡文学有两个主要分子:一是'要有我',二是'要有人'。有我就是表现著作人的性情见解,有人就是要与一般的人发生交涉。"①胡适提出的"有我"的标准,就是要求文学作品要能表现作者的性情,体现创作者的主观情感和思想见解,故而那些不能体现作者"性情见解"的作品,就不能具有文学的品格;而胡适提出的"有人"的标准,就是要求文学作品要面向社会生活的实际,与社会上一般人发生交集,而不能只是涉及几个大的人物,故而那些不能"与一般人发生交涉"的著作,也就不能称之为好的文学作品。胡适提出的这两个标准,一方面是关注作者的"性情见解",而另一方面则是关注社会上的"一般人",并把这两者视为文学作品的创作标准,这实际上也是胡适梳理近五十年文学演变历程及评价相关文学作品的主要依据。

胡适在《五十年来中国之文学》中,比较系统地论述了1972年至1922年中国近代文学的演进历程,并把这五十年文学演进的内容,概括为古文学和白话文学两大部分。

胡适以历史进化的观点看待古文学的命运,既分出古文学在五十年之中的两个阶段,又具体地考察了古文学如何从"中兴"而走向衰落的历程。胡适在古文学"总论"的部分,不仅论及曾国藩以来的桐城派古文、"同光体"的宋诗派、常州词派,而且也介绍了严复、林纾的翻译,梁启超的散文,章士钊的政论文,以及章太炎的古文学。胡适依据历史进化的理念,将古文学划分为两个阶段:第一个

---

① 《五十年来中国之文学》,《胡适文集》(3),北京大学出版社1998年版,第238页。

阶段是"古文的中兴"阶段,第二个阶段是"古文学的末期",亦可称为"古文范围以内的革新运动"阶段,这是古文学的衰落阶段。所谓"古文的中兴"是以曾国藩为代表的。在胡适看来,"曾国藩是桐城派古文的中兴的第一大将","曾国藩的魄力与经验确然可算是桐城派古文的中兴大将",其所以如此,就在于"古文到了道光、咸丰的时代,空疏的方、姚派,怪僻的龚自珍派都出来了,曾国藩一班人居然能使桐城派的古文忽然得一支生力军,忽然做到中兴的地位"。然而,"'桐城=湘乡派'的中兴,也是暂时的,也不能持久的",故而"曾国藩一死之后,古文的运命又渐渐衰微下去了。曾派的文人,郭嵩焘,薛福成,黎庶昌,俞樾,吴汝纶……都不能继续这个中兴事业。再下一代,更成了'强弩之末'了。这一度的古文中兴,只可算是瘠病将死的人的'回光返照',仍旧救不了古文的衰亡。这一段古文末运史,是这五十年的一个很明显的趋势。"① 胡适认为,古文学的末期是古文学衰落的时期,只是因为受了时势的逼迫而不能不"翻个新花样",具体地表现为四个"小段落",这就是"(一)严复、林纾的翻译的文章。(二)谭嗣同、梁启超一派的议论的文章。(三)章炳麟的述学的文章。(四)章士钊一派的政论的文章。"所谓古文学"翻个新花样",就其表现方式而言,就是古文学转向"应用的古文",亦即使语言文字朝着"应用"的方向变去,因而这四派亦可称为"古文范围以内的革新运动"。对于这四派的情形,胡适有一个总体的评价:"这四派都可以叫做'古文范围以内的革新运动'。但他们都不肯从根本上做一番改革的工夫,都不知道古文只配做一种奢侈品,只配做一种装饰品,却不配做应用的工具。故章炳麟的古文,在四派之中自然是最古雅的了,只落得个及身而绝,没有传人。严复、林纾的翻译文章,在当日虽然勉强供应了一时的要求,究竟不能支持下去。周作人兄弟的《域外小说集》便是这一派的最高作品,但在适用一方面他们都大失败了。失败之后,他们便成了白话文学运动的健将。谭嗣同、梁启超一派的文章,应用的程度要算很高了,在社会上的影响也要算很大了,但这一派的末流,不免有浮浅的铺张,无谓的堆砌,往往惹人生厌。章士钊一派是从严复、章炳麟两派变化出来的,他们注重论理,注重文法,既能谨严,又颇能委婉,颇可以补救梁派的缺点。《甲寅》派的政论文在民国初年几乎成了一个重要文派。但这一派的文字,既不容易做,又不能通俗,在实用的方面,仍旧不能不归于失败。因此,这一派的健将,如高一涵、李大钊、李剑农等,后来也都成了白话散文的作者。"胡适的结论是,古文学在此阶段的所谓"翻个新花样",只是"古文

---

① 《五十年来中国之文学》,《胡适文集》(3),北京大学出版社 1998 年版,第 200 页。

学勉强求应用的历史",故而只能"勉强支持了二三十年的运命"①。

胡适以白话文学为五十年文学之正宗,认为白话文学乃是"活文学",与古文学这种"死文学"截然不同。他对于白话文学的论述,也是依据其历史进路进行论述的,认为白话文学主要是晚清的小说、五四时期的文学革命,以及白话文的流行。胡适充分肯定晚清白话小说在新文学中的地位,将五十年的白话小说分为两类,即"北方的评论小说,南方的讽刺小说"。他指出:"在这五十年之中,势力最大,流行最广的文学,……乃是许多白话的小说。《七侠五义》、《儿女英雄传》都是这个时代的作品。《七侠五义》之后,有《小五义》等等续编,都是三十多年来的作品。这一类的小说很可代表北方的平民文学。到了前清晚年,南方的文人也做了许多小说。刘鹗的《老残游记》,李伯元的《官场现形记》、《文明小史》,吴沃尧的《二十年目睹之怪现状》、《恨海》、《九命奇冤》,……等等,都是有意的作品,意境与见解都和北方那些纯粹供人娱乐的民间作品大不相同。这些南北的白话小说,乃是这五十年中国文学的最高作品,最有文学价值的作品。这一段小说发达史,乃是中国'活文学'的一个自然趋势;他的重要远在前面两段古文史之上。"②胡适将"文学革命"视为五十年来中国新文学的第二段,认为"文学革命"的主张克服了晚清以来白话小说在白话使用上只是"无意的、随意的"的缺点,而使白话的使用成为"一种有意的主张",并真正造就了"白话的文学"。胡适指出:"一千年来,白话的文学,一线相传,始终没有断绝。但无论是唐诗,是宋词,是明清的小说,总不曾有一种有意的鼓吹,不曾明明白白的攻击古文学,不曾明明白白的主张白话的文学。……近五年的文学革命,便不同了。他们老老实实的宣告古文学是已死的文学,我们老老实实的宣言'死文字'不能产生'活文学',他们老老实实的主张现在和将来的文学都非白话不可。这个有意的主张,便是文学革命的特点,便是五年来这个运动所以能成功的最大原因。"③关于白话文的流行,胡适一方面充分肯定白话文流行的意义,另一方面又记述了白话文流行的情况。他指出,新文化运动中的不少刊物业已使用白话,至"民国八年开幕时,除了《新青年》、《新潮》、《每周评论》之外,北京的《国民公报》也有好几篇响应的白话文章。从此以后,响应的渐渐的更多了。"④五四运动前后,运用白话的杂志更多了,"这时代,各地的学生团体里忽然发生了无数小报纸,形

① 《五十年来中国之文学》,《胡适文集》(3),北京大学出版社 1998 年版,第 201 页。
② 《五十年来中国之文学》,《胡适文集》(3),北京大学出版社 1998 年版,第 202 页。
③ 《五十年来中国之文学》,《胡适文集》(3),北京大学出版社 1998 年版,第 202—203 页。
④ 《五十年来中国之文学》,《胡适文集》(3),北京大学出版社 1998 年版,第 257 页。

式略仿《每周评论》,内容全用白话。此外又出了许多白话的新杂志。有人估计,这一年(1919年)之中,至少出了四百种白话报。内中如上海的《星期评论》,如《建设》,如《解放与改造》(现名《改造》),如《少年中国》,都有很好的贡献。一年以后,日报也渐渐的改了样子了。从前日报的附张往往记载戏子妓女的新闻,现在多改登白话的论文译著小说新诗了。北京的《晨报》副刊,上海的《民国日报》的《觉悟》,《时事新报》的《学灯》,在这三年之中,可算是三个最重要的白话文的机关。时势所趋,就使那些政客军人办的报也不能不寻几个学生来包办一个白话的附张了。民国九年以后,国内几个持重的大杂志,如《东方杂志》,《小说月报》,……也都渐渐的白话化了。"①胡适梳理了白话文化的历史轨迹,阐明了白话文学发展的趋势。

胡适对于五十年的"古文学"是非常重视的,《五十年来中国之文学》的十节内容中,有七节是专门研究"这五十年的中国古文学"的。尽管胡适是以"新文学"的立场来撰写《五十年来中国之文学》的,在根本上并不赞同"古文学"的主张,甚至还认为"古文学"是一种"死文学",但他对于五十年中"古文学"的评价,大体上亦能做到比较客观、相对公允的态度。试举几例:

——关于"古文中兴"的评价。胡适对于"古文中兴"中的代表性人物,主要评述了俞樾、王闿运和吴汝纶这三位。胡适指出:"年寿最高,名誉最长久者,莫如俞樾,王闿运,吴汝纶三人。俞樾的诗与文都没有大价值。王闿运号称一代大师,但他的古文比不上薛福成(诗另论)。吴汝纶思想稍新,他的影响也稍大,但他的贡献不在于他自己的文章,乃在他所造成的后进人才。严复、林纾都出于他的门下,他们的影响比他更大。"胡适认为,"古文中兴"中的人努力学习和承继古文尤其是桐城派古文,最初追求的在"通",后继者在"应用",在文学史上也有其一定的地位。胡适说:"学桐城古文的人,大多数还可以做到一个'通'字;再进一步的,还可以做到应用的文字。故桐城派的中兴,虽没有什么大贡献,却也没有什么大害处。他们有时自命为'卫道'的圣贤,如方东树的攻击汉学,如林纾的攻击新思潮,那就是中了'文以载道'的话的毒,未免不知分量。但桐城派的影响,使古文做通顺了,为后来二三十年勉强应用的预备,这一点功劳是不可埋没的。"②胡适对于"古文中兴"的评价,既说明其具有"文以载道"的毛病,也评价其对于"古文做通"上的"功劳"。

① 《五十年来中国之文学》,《胡适文集》(3),北京大学出版社1998年版,第259—260页。
② 《五十年来中国之文学》,《胡适文集》(3),北京大学出版社1998年版,第205页。

——关于严复和林纾的评价。胡适对于"古文学"后期演变中的严复和林纾这两位人物，从近代中国早期的译书状况来进行分析，认为当时翻译的主要是宗教类、科学与应用类，及历史、政治、法制类的书籍，故而对于"文学的书"及"哲学的书"这两类没有引起注意，这就成为当时翻译事业的"两个大缺陷"。而"严复与林纾的大功劳在于补救这两个大缺陷"，"严复是介绍西洋近世思想的第一人，林纾是介绍西洋近世文学的第一人"。胡适对于严复用文言文而不用白话来译书，以理解的态度予以分析："当时自然不便用白话；若用白话，便没有人读了。八股式的文章更不适用。所以严复译书的文体，是当日不得已的办法。"①关于严复在"古文学"后期的地位，胡适给予了积极而又很高的评价，指出："自从《天演论》出版(1898)以后，中国学者方才渐渐知道西洋除了枪炮兵船之外，还有精到的哲学思想可以供我们的采用。"又指出："严复译的书，有几种——《天演论》，《群己权界论》，《群学肄言》——在原文本有文学的价值，他的译本在古文学史也应该占一个很高的地位。"②胡适还以总结性的语言给予评价，认为严复的著作"以文章论，自然是古文的好作品；以内容论，又远胜那无数'言之无物'的古文"，这也使得"严译的书风行二十年了"③。关于林纾的翻译工作，胡适亦能较为客观地评价其在五十年文学史上的地位，认为"林纾译小仲马的《茶花女》，用古文叙事写情，也可以算是一种尝试。自有古文以来，从不曾有这样长篇的叙事写情的文章。《茶花女》的成绩，遂替古文开辟一个新殖民地。"④在胡适看来，林纾因为不通外文，其所做的翻译自然有不满意的地方，那些"能读原书的"人总觉得林纾的翻译"不很满意"，但林纾的译法亦有自己的特色，不能轻易地予以否定，但也要看到其缺点所在。事实上，"林译的小说往往有他自己的风味；他对于原书的诙谐风趣，往往有一种深刻的领会，故他对于这种地方，往往更用气力，更见精采。他的大缺陷在于不能读原文；但他究竟是一个有点文学天才的人，故他若有了好助手，他了解原书的文学趣味往往比现在许多粗能读原文的人高的多。现在有许多人对于原书，既不能完全了解；他们运用白话的能力又远不如林纾运用古文的能力，他们也要批评林译的书，那就未免太冤枉他了。"胡适对于林纾在古文学上的地位，有一段概括性的评价："平心而论，林纾用古文做翻译小说的试验，总算是很有成绩的了。古文不曾做过长篇的

---

① 《五十年来中国之文学》，《胡适文集》(3)，北京大学出版社1998年版，第212页。
② 《五十年来中国之文学》，《胡适文集》(3)，北京大学出版社1998年版，第211页、213页。
③ 《五十年来中国之文学》，《胡适文集》(3)，北京大学出版社1998年版，第213页。
④ 《五十年来中国之文学》，《胡适文集》(3)，北京大学出版社1998年版，第213页。

小说,林纾居然用古文译了一百多种长篇小说,还使许多学他的人也用古文译了许多长篇小说。古文里很少滑稽的风味,林纾居然用古文译了欧文与迭更司的作品。古文不长于写情,林纾居然用古文译了《茶花女》与《迦茵小传》等书。古文的应用,自司马迁以来,从没有这种大的成绩。"①胡适肯定了林纾的成绩,但他认为这种成绩最终还是"归于失败",然而"这实在不是林纾一般人的错处,乃是古文本身的毛病",因为"古文究竟是已死的文字,无论你怎样做得好,究竟只够供少数人的赏玩,不能行远,不能普及"②。胡适对林纾的评价是比较客观的,既肯定其在文学上的贡献,又指出林纾所凭借的"古文学"的缺陷之所在。

——关于梁启超的评价。胡适还对"古文学"后期中的梁启超、谭嗣同一派给予了评价,也具有比较客观的态度。在胡适看来,"严复、林纾是桐城的嫡派",而梁启超一派只是"桐城的变种",但梁氏一派的影响更大,"梁启超当他办《时务报》的时代已是一个很有力的政论家;后来他办《新民丛报》,影响更大。二十年来的读书人差不多没有不受他的文章的影响的"③。为什么说梁启超一派是"桐城的变种"呢? 胡适的理由是:梁启超在文风上既受到骈文影响,同时也受桐城派古文的影响,而且因为经历科举时代,故而桐城派古文的影响是很大的。对于这个理由,胡适通过对梁启超的相关自述及谭嗣同的《仁学》著作的释读,给予了说明。胡适说:"谭嗣同与梁启超都经过一个桐城时代,但他们后来都不满意于桐城的古文。他们又都曾经一个复古的时代,都曾回到秦汉、六朝;但他们从秦汉、六朝得来的,虽不是四六排偶的形式,却是骈文的'体例气息'。所谓体例,即是谭嗣同说的'沈博绝丽之文';所谓气息,即是梁启超说的'笔锋常带情感'。"④又说:谭嗣同文章的体例,"也可以代表当时与二十年来的'新文体'。谭嗣同自己说的骈文的体例与气息,在这里也可以看得出来。但我们拿文学史的眼光来观察,不能不承认这种文体虽说是得力于骈文,其实也得力于八股文。古代的骈文没有这样奔放的体例,只有八股文里的好'长比'有这种气息。故严格说来,这一种文体很可以说是八股文经过一种大解放,变化出来的。"⑤胡适的看法是,梁启超一派的文风是通过骈文而改造了八股文,从而使八股文获得"大解放",故而梁启超一派的文体乃是从八股文中"变化出来的",因

① 《五十年来中国之文学》,《胡适文集》(3),北京大学出版社 1998 年版,第 215 页。
② 《五十年来中国之文学》,《胡适文集》(3),北京大学出版社 1998 年版,第 215 页。
③ 《五十年来中国之文学》,《胡适文集》(3),北京大学出版社 1998 年版,第 217 页。
④ 《五十年来中国之文学》,《胡适文集》(3),北京大学出版社 1998 年版,第 218 页。
⑤ 《五十年来中国之文学》,《胡适文集》(3),北京大学出版社 1998 年版,第 219—220 页。

而这种文体也就"杂用骈偶的句子"并有八股文中的"长比"。胡适认为,梁启超的文体"在当日确有很大的魔力",并分析其原因,指出:"这种魔力的原因约有几种:(1)文体的解放,打破一切'义法'、'家法',打破一切'古文'、'时文'、'散文'、'骈文'的界限;(2)条理的分明,梁启超的长篇文章都长于条理,最容易看下去;(3)辞句的浅显,既容易懂得,又容易模仿;(4)富于刺激性,'笔锋常带情感'。"①由此,胡适对于梁启超一派的文体有这样的评价:"这一派的长处就在他们能够打破那'执而不化'的狭义古文观,就在他们能够运用古文时文儒书佛书的句调来做文章。这个趋势,到了梁启超,更加完备了。……梁启超最能运用各种字句语调来做应用的文章。他不避排偶,不避长比,不避佛书的名词,不避诗词的典故,不避日本输入的新名词。因此,他的文章最不合'古文义法',但他的应用的魔力也最大。"②胡适基于梁启超一派文体的考察,分析了梁启超的文体脱胎于古文的事实,对于梁启超文体的评价也符合事实,大体上做到了客观公允、实事求是。

——关于章炳麟的评价。胡适对于章炳麟的评价虽然比较苛刻,但还是承认他的文章的独特之处。胡适认为这五十年乃是中国古文学的结束时期,其代表性人物就是章炳麟。他说在古文学结束之时,"恰好有一个章炳麟,真可算是古文学很光荣的结局了"。胡适认为章炳麟在文学上既有"成绩"但最终还是"失败",故而他对于章炳麟的评价也主要集中在"成绩"与"失败"这两个方面:一是充分肯定章炳麟不仅是清代学术史上的"押阵大将",而且是有名的"文学家"。胡适对于章炳麟的"成绩"有这样的评价:"章炳麟是清代学术史的押阵大将,但他又是一个文学家。他的《国故论衡》,《检论》,都是古文学的上等作品。这五十年中著书的人没有一个像他那样精心结构的;不但这五十年,其实我们可以说这两千年中只有七八部精心结构,可以称做'著作'的书,——如《文心雕龙》,《史通》,《文史通义》等,——其余的只是结集,只是语录,只是稿本,但不是著作。章炳麟的《国故论衡》要算是这七八部之中的一部了。他的古文学功夫很深,他又是很富于思想与组织力的,故他的著作在内容与形式两方面都能'成一家言'。……章氏论文,很多精到的话。他的《文学总略》(《国故论衡》中)推翻古来一切狭陋的'文'论,说'文者,包络一切著于竹帛者而为言'。他承认文是起于应用的,是一种代言的工具;一切无句读的表谱簿录,和一切有句读的文

① 《五十年来中国之文学》,《胡适文集》(3),北京大学出版社1998年版,第221—222页。
② 《五十年来中国之文学》,《胡适文集》(3),北京大学出版社1998年版,第220页。

辞,并无根本的区别。至于'有韵为文,无韵为笔',和'学说以启人思,文辞以增人感'的区别,更不能成立了。……他是能实行不分文辞与学说的人,故他讲学说理的文章都很有文学的价值。"①在胡适看来,章炳麟之所以在古文学上作出成绩,能够自成一家,主要还在于他有学问上深厚的底子,这也造就了他的著作有着"文学的意味"。胡适说:"章炳麟的文章,所以能成一家,也并非因为他模仿魏、晋,只是因为他有学问做底子,有论理的骨骼。《国故论衡》里的文章,如《原儒》,《明见》,《原道》,《明解故上》,《语言缘起》说,……皆有文学的意味,是古文学里上品的文章。《检论》里也有许多好文章;如《清儒》篇,真是近代难得的文章。"②可以说,胡适将章炳麟置于古文学史上的至高无上地位。二是指出章炳麟在文章上有着"回到魏、晋"的特点,因而是一个"复古的文家"。胡适看到了章炳麟在文学上"复古"的特点,以时代演进的眼光指出章氏文学上的"失败"。胡适说:"但他(章炳麟)究竟是一个复古的文家。他的复古主义虽能'言之成理',究竟是一种反背时势的运动。他的文辞,知道文辞始于表谱簿录,是应用的;但他的文章应用的成绩比较最少。他对于同时的文人都有点薄鄙的意思(看《文录》二,《与邓实书》及《与人论文书》)。他自命'将取千年朽蠹之余,反之正则'。他于近代文人中,只承认'王闿运能尽雅'。……他又喜欢用古字来代替通行的字;……总而言之,章炳麟的古文学是五十年来的第一作家,这是无可疑的。但他的成绩只够替古文学做一个很光荣的下场,仍旧不能救古文学的必死之症,仍旧不能做到那'取千年朽蠹之余,反之正则'的盛业。他的弟子也不少,但他的文章却没有传人。有一个黄侃学得他的一点形式,但没有他那'先豫之以学'的内容,故终究只成了一种假古董。章炳麟的文学,我们不能不说他及身而绝了。"③胡适从章炳麟的文学成就中给出了这样的启示:"章炳麟在文学上的成绩与失败,都给我们一个教训。他的成绩使我们知道古文学须有学问与论理做底子,他的失败使我们知道中国文学的改革须向前进,不可回头去;他的失败使我们知道文学'数极而迁,虽才士弗能以为美'。使我们知道那'取千年朽蠹之余,反之正则'的盛业是永永不可能的了!"④胡适从对章炳麟的评价,进而延伸到对文学史经验教训的总结,正是力图探索近代中国文学变迁的规律。

①　《五十年来中国之文学》,《胡适文集》(3),北京大学出版社 1998 年版,第 228—229 页。
②　《五十年来中国之文学》,《胡适文集》(3),北京大学出版社 1998 年版,第 230—231 页。
③　《五十年来中国之文学》,《胡适文集》(3),北京大学出版社 1998 年版,第 231—232 页。
④　《五十年来中国之文学》,《胡适文集》(3),北京大学出版社 1998 年版,第 234 页。

——关于章士钊的评价。胡适以时代进步的需要来评价章士钊的"政论文章",认为"自1905年到1915年(民国四年),这十年是政论文章的发达时期。这一个时代的代表作家是章士钊。"①胡适分析了章士钊学术上的渊源,认为章士钊"从桐城派出来,又受了严复的影响不少",同时章士钊又很崇拜他的本家章炳麟,自然也就逃脱不了章炳麟的影响,但章士钊在承继古文学中又能有所创新与推进,将着力点用在"政论文学"上,故而"他(章士钊)的文章有章炳麟的谨严与修饰,而没有他的古僻;条理可比梁启超,而没有他的堆砌。他的文章与严复最接近;但他自己能译西洋政论家法理学家的书,故不须模仿严复。严复还是用古文译书,章士钊就有点倾向'欧化'的古文了;但他的欧化,只在把古文变精密了;变繁复了;使古文能勉强直接译西洋书而不消用原意来重做古文;使古文能曲折达繁复的思想而不必用生吞活剥的外国文法。"②胡适在肯定章士钊"政论文学"的成就时,也指出其具有"逻辑文学"性质的缺陷,其结果是限制了读者面,而不能在社会上和学术界发生很大的影响。胡适说:"章士钊同时的政论家——黄远庸,张东荪,李大钊,李剑农,高一涵等——都朝着这个趋向做去,大家不知不觉的造成一种修饰的,谨严的,逻辑的,有时不免掉书袋的政论文学。但是这种文章,在当日实在没有多大的效果。做的人非常卖力气;读的人也须十分用力气,方才读得懂。因此,这种文章的读者仍旧只限于极少数的人。"③这种情形在民国五年后更为显著,最突出的表征是,政论文学"忽然消灭":"民国五年(1916)以后,国中几乎没有一个政论机关,也没有一个政论家;连那些日报上的时评也都退到纸角上去了,或者竟完全取消了。"在胡适看来,之所以如此,就在于章士钊一派的政论文章,专心于"精心结构的政论古文",而不能"与一般之人生出交涉"④。胡适指出了"政论文学"兴起的缘由及其"忽然消灭"的原因,他对章士钊一派"政论文学"的评价是很有见地的。

胡适在《五十年来中国之文学》中有一节内容是专门研究五十年的"白话小说"的。这源于胡适对于"白话小说"在新文学中地位的认识。胡适说:"这五百年之中,流行最广,势力最大,影响最深的书,并不是《四书五经》,也不是性理的语录,乃是那几部'言之无文行之最远'的《水浒》、《三国》、《西游》、《红楼》。这些小说的流行便是白话的传播;多卖得一部小说,便添得一个白话教员。所以这

① 《五十年来中国之文学》,《胡适文集》(3),北京大学出版社1998年版,第234页。
② 《五十年来中国之文学》,《胡适文集》(3),北京大学出版社1998年版,第234页。
③ 《五十年来中国之文学》,《胡适文集》(3),北京大学出版社1998年版,第236页。
④ 《五十年来中国之文学》,《胡适文集》(3),北京大学出版社1998年版,第237页。

几百年来,白话的知识与技术都传播的很远,超出平常所谓'官话疆域'之外。"①在胡适看来,"这五十年的白话作品,差不多全是小说",只是在近五年内"才有他类的白话作品出现"②。故而,胡适将白话小说视为新文学的重要部分,并给予了重点的论述。胡适将具有代表性的白话小说,分为北方评话小说和南方讽刺小说两类,从创作风格和社会影响等方面分别作出评价,并在评价中提示出中国"新文学"演进的必然趋势。

北方的小说何以成为"评话小说"呢? 胡适的看法是,这五十年的北方小说皆受到民间评话的影响,再加上有明清小说的基础,故而也就形成了具有评话性质的北方小说,从而将小说推到了一个新的阶段,并在文学上占有重要的地位。胡适说:"评话小说自宋以来,七八百年,没有断绝。有时民间的一种评话遇着了一个文学大家,加上了剪裁修饰,便一跳升做第一流的小说了(如《水浒传》)。但大多数的评话——如《杨家将》、《薛家将》之类,——始终不曾脱离很幼稚的时代。明、清两朝是小说最发达的时期,内中确有好几部第一流的文学。有了这些好小说做教师,做模范本,所以民间的评话也渐渐的成个样子了,渐渐的可读了。因此,这五十年的评话小说,可以代表评话小说进步最高的时期。"③胡适对于北方的评话小说,主要评价了《儿女英雄传》和《七侠五义》。胡适对《儿女英雄传》给予文学上的评价,并且是以作品的思想分析为前提的。他认为,该书在思想上没有什么价值,只是代表了"儒教化"的八旗世家的心理,"书里的安氏父子,何玉凤,张金凤,都是迂气的结晶。何玉凤在能仁寺杀人救人的时节,忽然想起'男女授受不亲'的圣训来了! 安老爷在家中捉到强盗的时候,忽然想起'伤人乎? 不问马'的圣训来了! 至于书中最得意的部分——安老爷劝何玉凤嫁人一段——更是迂不可当的纲常大义。"在胡适看来,《儿女英雄传》的价值主要是在语言上。胡适说:"《儿女英雄传》的思想见解是没有价值的。他的价值全在语言的漂亮俏皮,诙谐有味。……《儿女英雄传》有意模仿评话的口气,插入许多'说书人打岔'的话,有时颇讨厌,但有时很多诙谐的意味。"④胡适对于《儿女英雄传》分为思想方面和语言方面进行分析,说明该著仅在语言方面有着成就。胡适对于《七侠五义》也是重在语言的评价上,认为该书"也没有什么思想见地",但在语言使用和描写技术上有显著的个性,但其成就不及《水浒传》。胡适

---

① 《五十年来中国之文学》,《胡适文集》(3),北京大学出版社 1998 年版,第 251 页。
② 《五十年来中国之文学》,《胡适文集》(3),北京大学出版社 1998 年版,第 238 页。
③ 《五十年来中国之文学》,《胡适文集》(3),北京大学出版社 1998 年版,第 239 页。
④ 《五十年来中国之文学》,《胡适文集》(3),北京大学出版社 1998 年版,第 240 页。

说:"《七侠五义》也没有什么思想见地。他是学《水浒》的;但《水浒》对于强盗,对于官吏,都有一种大胆的见解;《七侠五义》也恨贪官,也恨强盗,——这是北方中国人的自然感想,——但只希望有清官出来用'御铡三刀'和'杏花雨'的苛刑来除掉那些赃官污吏;只希望有侠义的英雄出来,个个投在清官门下做四品护卫或五品护卫,帮着国家除暴安良。这是这些侠义小说和公案小说的公同见解。但《七侠五义》描写人物的技术却是不坏;虽比不上《水浒传》,却也很有点个性的描写。他写白玉堂的气小,蒋平的聪明,欧阳春的镇静,智化的精细,艾虎的活泼,都很有个性的区别。"①胡适将北方的评话小说视为中国评话小说"最高的时期",并就《儿女英雄传》、《七侠五义》等评话小说作出高度的评价,就在于确认小说在新文学中的地位。

胡适对于南方的讽刺小说作了学术上的梳理,梳理了李伯元的《官场现形记》,吴沃尧的《二十年目睹之怪现状》及《恨海》与《九命奇冤》,刘鹗的《老残游记》的演进轨迹,并认为这些讽刺小说皆是继承着《儒林外史》的讽刺艺术。胡适认为,李伯元的《官场现形记》是讽刺类小说,继承了《儒林外史》的体例与方法。胡适将《官场现形记》与《儒林外史》进行比较:"这部书(《官场现形记》)先后共出了六十卷,全是无数不连贯的短篇纪事连缀起来的。全书的体例与方法,最近《儒林外史》。《儒林外史》骂的是儒生,《官场现形记》骂的是官场;《儒林外史》里还有几个好人,《官场现形记》里简直没有一个好官。"②胡适对于吴沃尧的小说创作给予了很高的评价,认为吴沃尧的小说承继《儒林外史》的讽刺艺术,但又是在不断地发展的。胡适说,吴沃尧的"《怪现状》还是《儒林外史》的产儿;有许多故事还是勉强穿插的。后来吴沃尧做小说的技术进步了,他的《恨海》与《九命奇冤》便都成了有结构有布局的新体小说"③。关于《九命奇冤》的成就,胡适有这样的重点论述:"《九命奇冤》可算是中国近代的一部全德的小说。他用百余年前广东一件大命案做布局,始终写此一案,很有精采。书中也写迷信,也写官吏贪污,也写人情险诈;但这些东西都成了全书的有机部分,全不是勉强拉进来借题骂人的。讽刺小说的短处在于太露,太浅薄;专采骂人材料,不加组织,使人看多了觉得可厌。《九命奇冤》便完全脱去了恶套;他把讽刺的动机压下去,做了附属的材料;然而那些附属的讽刺的材料在那个大情节之中,能

---

① 《五十年来中国之文学》,《胡适文集》(3),北京大学出版社1998年版,第241页。

② 《五十年来中国之文学》,《胡适文集》(3),北京大学出版社1998年版,第242页。

③ 《五十年来中国之文学》,《胡适文集》(3),北京大学出版社1998年版,第245—246页。

使看的人觉得格外真实,格外动人。"①胡适不仅注意到《九命奇冤》与《儒林外史》的承继关系,而且也揭示了该书汲取西洋小说创作的技术,并由此说明吴沃尧在小说创作中的突出之处。胡适说,"吴沃尧曾经受过西洋小说的影响,故不甘心做那没有结构的杂凑小说。他的小说都有点布局,都有点组织。这是他胜过同时一班作家之处。"②又说,"他(吴沃尧)用中国讽刺小说的技术来写家庭与官场,用中国北方强盗小说的技术来写强盗与强盗的军师,但他又用西洋侦探小说的布局来做一个总结构。繁文一概削尽,枝叶一齐扫光,只剩这一个大命案的起落因果做一个中心题目。有了这个统一的结构,又没有勉强的穿插,故看的人的兴趣自然能自始至终不致厌倦。故《九命奇冤》在技术一方面要算最完备的一部小说了。"③胡适对于刘鹗的《老残游记》也给予很高的评价,认为"《老残游记》的最大长处在于描写的技术",是"绝妙的'白描'美文",并就该书的成就作出总体的评述:"刘鹗的《老残游记》,与李伯元的《文明小史》同在《绣像小说》上发表。这部书的主人老残,姓铁,名英,是他自己的托名。书中写的风景经历,也都带着自传的性质。书中的庄抚台即是张曜,玉贤即是毓贤;论治河的一段也与罗振玉作的传相符。……这部书确是一部很好的小说。他写玉贤的虐政,写刚弼的刚愎自用,都是很深刻的;大概他的官场经验深,故与李伯元、吴沃尧等全是靠传闻的,自然大不相同了。他写娼妓的问题,能指出这是一个生计的问题,不是一个道德的问题,这种眼光也就很佩服了。他写史观察(上海施善昌)治河的结果,用极具体的写法,使人知道误信古书的大害(第十三回至十四回)。这是他生平一件最关心的事,故他写的这样真切。"④胡适对于南方讽刺小说的研究,突出了这类小说与《儒林外史》的承接关系,亦即"南方的讽刺小说都是学《儒林外史》的";同时又认为,这些南方小说又在《儒林外史》的基础上有所发展,这主要是在体例上不再是散漫的,而是有组织、有布局、有总结构的。

　　胡适是新文化运动时期"文学革命"阶段的重要代表,他不仅对于白话文学的"文学革命"阶段作了客观的叙述,而且对"文学革命"所以能够兴起的原因作出分析。在他看来,"中国的国语早已写定了,又早已传播的很远了,又早已产生了许多第一流的活文学了",但白话文学一直没有能够得到社会上的承认,这

---

①　《五十年来中国之文学》,《胡适文集》(3),北京大学出版社 1998 年版,第 246 页。
②　《五十年来中国之文学》,《胡适文集》(3),北京大学出版社 1998 年版,第 245 页。
③　《五十年来中国之文学》,《胡适文集》(3),北京大学出版社 1998 年版,第 247—248 页。
④　《五十年来中国之文学》,《胡适文集》(3),北京大学出版社 1998 年版,第 248—249 页。

主要"有两个大原因:一是科举没有废止,一是没有一种有意的国语主张"①。中国的科举制度废除以后,虽然也有人提倡白话报、提倡白话书的。然而,"他们的最大缺点是把社会分作两部分,一边是'他们',一边是'我们'。一边是应该用白话的'他们',一边是应该做古文古诗的'我们'。我们不妨仍旧吃肉,但他们下等社会不配吃肉,只好抛块骨头给他们吃去罢。"②故而,他们只能说是"有意的主张白话",而不是"有意的主张白话文学"。基于这样的认识,胡适高度评价了"文学革命"对于发展"白话文学"的意义。他说:

> 1916 年以来的文学革命运动,方才是有意的主张白话文学。这个运动有两个要点与那些白话报或字母的运动绝不相同。第一,这个运动没有"他们"、"我们"的区别。白话并不单是"开通民智"的工具,白话乃是创造中国文学的唯一工具。白话不是只配抛给狗吃的一块骨头,乃是我们全国人都该赏识的一件好宝贝。第二,这个运动老老实实的攻击古文的权威,认他做"死文学"。从前那些白话报的运动和字母的运动,虽然承认古文难懂,但他们总觉得"我们上等社会的人是不怕难的:吃得苦中苦,方为人上人"。这些"人上人"大发慈悲心,哀念小百姓无知无识,故降格做点通俗文章给他们看。但这些"人上人"自己仍旧应该努力模仿汉、魏、唐、宋的文章。这个文学革命便不同了;他们说,古文死了二千年了,他的不肖子孙瞒住大家,不肯替他发丧举哀;现在我们来替他正式发讣文,报告天下"古文死了! 死了两千年了! 你们爱举哀的,请举哀罢! 爱庆祝的,也请庆祝罢!"③

胡适对自己在"文学革命"中的地位进行了比较客观的记述,对于陈独秀的作用予以高度的评价。他说,自己的《文学改良刍议》文章"还是很平和的讨论",对于文学的态度"始终只是一个历史进化的态度","历史癖太深,故不配作革命的事业"。"胡适当时承认文学革命还在讨论的时期。他那时正在用白话作诗词,想用实地试验来证明白话可以作韵文的利器,故自取集名为《尝试集》。他这种态度太和平了。若照他这个态度做去,文学革命至少还须经过十年的讨论与尝试。"④陈独秀的态度与胡适不同,他发表的《文学革命论》"正式举起'文学革命'的旗子","陈独秀的特别性质是他的一往直前的定力",陈独秀的勇气

① 《五十年来中国之文学》,《胡适文集》(3),北京大学出版社 1998 年版,第 252 页。
② 《五十年来中国之文学》,《胡适文集》(3),北京大学出版社 1998 年版,第 252 页。
③ 《五十年来中国之文学》,《胡适文集》(3),北京大学出版社 1998 年版,第 252—253 页。
④ 《五十年来中国之文学》,《胡适文集》(3),北京大学出版社 1998 年版,第 255 页。

恰好补救了胡适"太持重的缺点",故而"文学革命的进行,最重要的急先锋是他的朋友陈独秀"①。这之后,胡适于1918年发表《建设的文学革命论》,此文虽名为"建设的"其实还是"破坏的方面最有力","文学革命"被概括为"国语的文学"五个字,这样,文学革命的"旗帜更明白了,进行也就更顺利了"②。胡适将写作时(1922年)之前五年的"白话文学",从白话诗、短篇小说、白话散文、戏剧与长篇小说等四个方面,就其主要成绩做了简要的概括:

> 至于这五年以来白话文学的成绩,因为时间过近,我们还不便一一的下评判。但是我们从大势上看来,也可以指出几个要点:第一,白话诗可以算是上了成功的路了。诗体初解放时,工具还不伏手,技术还不精熟,故还免不了过渡时代的缺点。但最近两年的新诗,无论是有韵诗,是无韵诗,或是新兴的"短诗",都很有许多成熟的作品。我可以预料十年之内的中国诗界定有大放光明的一个时期。第二,短篇小说也渐渐的成立了。这一年多(1921年以后)的《小说月报》已成了一个提倡"创作"的小说的重要机关,内中也曾有几篇很好的创作。但成绩最大的却是一位托名"鲁迅"的。他的短篇小说,从四年前的《狂人日记》到最近的《阿Q正传》,虽然不多,差不多没有不好的。第三,白话散文很进步了。长篇议论文的进步,那是显而易见的,可以不论。这几年来,散文方面最可注意的发展乃是周作人等提倡的"小品散文"。这一类的小品,用平淡的谈话,包藏着深刻的意味;有时很像笨拙,其实却是滑稽。这一类的作品的成功,就可彻底打破那"美文不能用白话"的迷信了。第四,戏剧与长篇小说的成绩最坏。戏剧还有人试做;长篇小说不但没有人做,几乎连译本都没有了! 这也是很自然的现象。现在试作新文学的人,或是等着稿费买米下锅,或是天天和粉笔黑板做朋友;他们的时间只够做几件零碎的小作品,如诗,如短篇小说。他们的时间不许他们做长篇的创作。这是一个原因。况且我们近来觉悟从前那种没有结构没有组织的小说体——或是《儒林外史》式,或是《水浒》式,——已不能使人满意了,所以不知不觉的格外慎重起来。这个慎重的现象,是暂时的,也许是很好的。平心而论,与其多出几集无穷无尽的《官场现形记》一类的小说,倒不如现在这样完全缺货的好了。③

---

① 《五十年来中国之文学》,《胡适文集》(3),北京大学出版社1998年版,第254—255页。
② 《五十年来中国之文学》,《胡适文集》(3),北京大学出版社1998年版,第256页。
③ 《五十年来中国之文学》,《胡适文集》(3),北京大学出版社1998年版,第263页。

胡适的《五十年来中国之文学》是一部研究近代五十年文学进展的开创之作,以进化论的观点对于"古文学"和"白话文学"两部分作了历史的梳理和学术的评价,呈现了 1972 年至 1922 年这五十年间中国文学的演变轨迹。这是一个创新性的探索。自然,胡适对于近五十年文学的研究也有局限:一是依据文体将近代文学分为"古文学"和"白话文学"两个部分,虽有助于凸显近代文学的主要方面,但不能呈现近代文学之全貌;二是对于中国近代文学的评价上有着厚此薄彼的问题,极力表彰"新文学"的成就,而将"古文学"视为"死文学",这就不能比较客观地评价"古文学"的应有地位;三是在"古文学"与"白话文学"的关系上有着绝对对立的态度,没有能看到两者的联系及其相互间的互动关系,因而难以呈现近代文学演进的内在逻辑和运作机理,故而在文学发展规律的探索上就有很大的不足。尽管如此,胡适的《五十年来中国之文学》在文学研究史上仍然有其地位,对于中国近代文学史这门学科的奠基有着开创性的贡献。

## (二) 鲁迅的《中国小说史略》(1925 年)

鲁迅所著《中国小说史略》一书,有一个形成的过程。鲁迅自 1920 年至 1926 年在北京大学、北京师范大学与北京女子师范大学讲授中国小说史时的讲义,先曾有油印、铅印本供内部使用。从 1923 年 12 月至次年 6 月,始分上下册由北京大学新潮社正式出版,书名已由讲义名称《中国小说史大略》,改为《中国小说史略》。鲁迅在中国小说史的讲课中,对小说的起源进行学术上的研究,认为在文艺作品发生的次序中,是"诗歌在先,小说在后的",并且小说是因为在劳动休息的时候才得以发生的,而并非是产生于劳动之中。至于《汉书》的《艺文志》所说"小说家者流,盖出于稗官",所言稗官采集小说的事,至多只能说是"小说书之起源",而"不是小说之起源"。他指出:"至于小说,我以为倒是起于休息的。人在劳动时,既用歌吟以自娱,借它忘却劳苦了,则在休息时,亦必要寻一种事情以消遣闲暇。这种事情,就是彼此谈论故事,而这谈论故事,正是小说的起源。——所以诗歌是韵文,从劳动时发生的;小说是散文,从休息时发生的。"[①]在鲁迅看来,就小说这种文学的体裁来说,小说与历史皆起源于神话,但经过了"传说"这个环节,因为"从神话演进,故事渐近于人性,出现的大抵是'半神',如说古来建大功的英雄,其才能在凡人以上",而"这些口传,今人谓之'传说'"。

---

① 《中国小说的历史的变迁》(1924 年),《鲁迅全集》第 8 卷,人民文学出版社 1958 年版,第 315 页。

正是"由此再演进，则正事归为史；逸史即变为小说了"①。《中国小说史略》于
1925 年 9 月又由北新书局出版。1930 年，鲁迅对其中 3 篇作了修订，再版重印。
1935 年第十版时又作个别改订，以后各版均与第十版同。鲁迅的《中国小说史
略》梳理了中国小说产生和发展的过程，因而是从史学的角度研究中国小说历
史演进历程的著作。全书共有 28 篇，叙述中国古代小说发生、发展、演变过程，
在时间段上始于神话与传说，迄于清末谴责小说，成为中国第一部研究小说的专
史。该著的篇目如下：

题记

序言

第一篇 史家对于小说之著录及论述

第二篇 神话与传说

第三篇 《汉书》《艺文志》所载小说

第四篇 今所见汉人小说

第五篇 六朝之鬼神志怪书（上）

第六篇 六朝之鬼神志怪书（下）

第七篇 《世说新语》与其前后

第八篇 唐之传奇文（上）

第九篇 唐之传奇文（下）

第十篇 唐之传奇集及杂俎

第十一篇 宋之志怪及传奇文

第十二篇 宋之话本

第十四篇 元明传来之讲史（上）

第十五篇 元明传来之讲史（下）

第十六篇 明之神魔小说（上）

第十七篇 明之神魔小说（中）

第十八篇 明之神魔小说（下）

第十九篇 明之人情小说（上）

第二十篇 明之人情小说（下）

第二十一篇 明之拟宋市人小说及后来选本

---

① 《中国小说的历史的变迁》（1924 年），《鲁迅全集》第 8 卷，人民文学出版社 1958 年版，第
314—315 页。

鲁迅的《中国小说史略》，在体系结构、思想内容和研究方法上，皆有显著的特点。

《中国小说史略》的第一大特点是系统性，不仅将远古的神话与传说作为中国小说的源头，而且依次论述了汉代至六朝的小说、唐宋传奇、宋人话本、宋元拟话本、元明讲义、明清的各类小说、清末的四大谴责小说，使中国小说的演变有一个清晰的历史演进脉络。譬如，鲁迅基于社会各种条件的考察，说明"汉末士流，已重品目，声名成毁，决于片言"，其后则有魏晋"吐属则流于玄虚，举止则故为疏放"的社会风气，从当时佛、庄思想盛行的事实，说明文人中间业已形成"清谈"时尚，这就造就了魏晋志人小说的产生。又譬如，鲁迅从唐代的科举考试论及唐代传奇的繁荣，认为考试重"行卷"，以至影响此时的小说风貌。再譬如，鲁迅在论及宋代话本的兴起时，特别强调"民物康阜"的城市经济繁荣、"游乐之事甚多"的市民文艺等，对于小说创作的影响。《中国小说史略》正是基于中国社会的运行特征，联系当时社会的政治、经济及文化状况来评析小说，从而描画出了脉络清晰的数千年的中国小说发展史。概而言之，鲁迅的《中国小说史略》依据历史进化的观点看待中国小说的演进历程，并结合对时代的认识来叙述小说的发展及其特色，显示出社会史研究的学术理念。

《中国小说史略》的第二大特点是史料丰富，采辑审慎。鲁迅勤于搜罗史料，并就相关的小说史料加以审查和辨析，体现求真务实、严谨治史的态度。这是《中国小说史略》的一大特色。鲁迅对于小说沿革的史料，详加搜集，可谓搜罗宏富。鲁迅早在1912年就辑录了自汉至隋的古小说36种，这些是从《太平御览》、《太平广记》、《艺文类聚》、《初学记》、《北堂书钞》、《法苑珠林》等书中，披沙拣金，钩稽而得，并以其他书校勘，编成《古小说钩沉》。这部分材料主要用于《中国小说史略》第3篇至第7篇。鲁迅在授课过程中，又多方搜罗，辑录了《唐宋传奇集》，并且"发意匡正"，逐篇分辨真伪、校订谬误、考证源流，比如更正《虬髯客传》作者为杜光庭、《枕中记》作者为沈既济，同时又考辨《杨太真外传》、《梅妃传》、《开沙记》、《迷楼记》、《海山记》均为宋人所作，都是权威之论。这就为《中国小说史略》第 8 篇至第 11 篇提供了扎实可靠的材料。鲁迅还搜集了宋至清末的 41 种小说的史料，对大量的笔记、杂集和古书中有关记载加以摘录、考订，最后编成《小说旧闻钞》。这成为《中国小说史略》第 12 篇至 28 篇所依据的主要资料。鲁迅于 1935 年还从手稿《梅花梦传奇》中，发现《品花宝鉴》作者陈森误为陈森书；从谢章铤《赌棋心庄文集》里《魏子安墓志铭》一文中，发现《花月痕》作者子安是号，秀仁才是名。随即，鲁迅对《中国小说史略》进行校改。《中国小说史略》不仅是资料翔实的力作，而且对于史料的抉择也是经过细致考辨的。

《中国小说史略》的第三大特点是注重评析，结合小说演变的历程加以评价，诸如对于作家的思想、小说创作的理念、小说的艺术特色、小说创作的得失等，皆有自己的分析和看法。譬如，《中国小说史略》评价"《醒世恒言》中明事十五篇则所写皆近闻。世态物情，不待虚构，故较高谈汉唐之作为佳"，寥寥数语，道破了问题实质。又譬如，鲁迅认为《金瓶梅》"作者之于世情，盖诚极洞达"，并认为这对于《金瓶梅》创作有着很大的影响："至谓此书之作，专以写市井间淫夫荡妇，则与本文殊不符，缘西门庆故称世家，……不惟交通权贵，即士类亦与周旋，著此一家，即骂尽诸色，盖非独描摹下流言行，加以笔伐而已"。鲁迅对于小说的评价，还注意在比较中分析异同，梳理其特色。譬如，鲁迅明确指出《儒林外史》作为讽刺小说，其长处在于"而能谐，婉而多讽"，其优势在于"无一贬词，而情伪毕露，诚微辞之妙选，亦狙击之辣手"。而清末谴责小说的弱点，就因它"虽命意在于匡世，似与讽刺小说同伦，而辞气浮露，笔无藏锋，甚且过甚其辞，以合时人嗜好，则其度量技术之相去亦远"。鲁迅不仅对小说进行整体上的评价，而且对于各部小说中的人物塑造也给予具体的分析，如他认为《三国志演义》写人"亦颇有失，以至欲显刘备之长厚而似伪，状诸葛之多智而近妖"，而《儿女英雄传》中"侠女"形象则"纯出作者意造，缘欲使英雄儿女之概，备于一身，遂致性格失常，言动绝异，矫柔之态，触目皆是"。鲁迅对于中国小说的分析和评价很有见地，不少看法成为此后小说研究中的经典之论。鲁迅的《中国小说史略》并不以史料的翔实为目的，而是特别注重对于历代小说都作出独到的分析和评价，有着史料之"略"和史论之"详"的特征。故而，鲁迅的《中国小说史略》有着寓论寓史、史论结合的特色。

鲁迅的《中国小说史略》在学术界享有盛誉。胡适在《白话文学史》的"自序"中说:"在小说的史料方面,我自己也颇有一点点贡献。但最大的成绩自然是鲁迅先生的《中国小说史略》;这是一部开山的创作,搜集甚勤,取材甚精,断制也甚谨严,可以替我们研究文学史的人节省无数精力。"①鲁迅的《中国小说史略》是具有开创性的学术专著,打破了中国小说"无史"的状况,使中国小说史成为一门专门的学问,为"中国小说史"这门学科奠定了坚实的基础,在中国现代文学研究史上有着独特的地位。

### (三) 钱基博的《现代中国文学史》(1932 年)

钱基博②是现代中国著名的学术大家,著作等身,其所著《现代中国文学史》在现代中国文学的研究史上有着重要的地位。

钱基博的《现代中国文学史》成书于 1930 年,无锡国专学生会于 1932 年排印,1933 年由上海世界书局出版,以后又多次再版。该著分为"绪论"、"编首"、"上编"、"下编"这几个部分。"绪论"部分,主要是就"文学"、"文学史"及"现代中国文学史"等概念进行界定,为研究工作奠定基础。"编首"部分是就中国文学演进的脉络进行历史的分期,将中国文学的演进分为上古、中古、近古、近代这样几个阶段。上编叙述"古文学",分别从文、诗、词、曲这几个部分加以梳理;在"文"方面,主要论述了王闿运、章炳麟、黄侃、苏玄瑛、刘师培、李详、王式通、孙德谦、孙雄、林纾、马其昶、姚永概、姚永朴等;在"诗"方面论述了樊增祥、易顺鼎、僧寄禅、陈三立、方恪、陈衍附、陈澹然、郑孝胥、郑孝柽、胡朝梁、李宣龚等;在"词"方面论述了朱祖谋、王鹏运、冯煦、况周颐、徐珂、邵瑞彭、王蕴章等;在"曲"方面论述了王国维、吴梅、童斐、王季烈、刘富樑、魏畃、姚华、任讷等。下编叙述"新文学",分"新民体"、"逻辑文"、"白话文"三个部分;"新民体"介绍了康有为、梁启超、谭嗣同等人的文章,并附带介绍了廖平、徐勤、陈千秋等人;"逻辑文"介绍了严复和章士钊;"白话文"介绍了胡适,附带介绍了黄远庸。

---

① 《白话文学史・自序》,《胡适文集》(8),北京大学出版社 1998 年版,第 145 页。
② 钱基博(1887—1957),字子泉,别号潜庐,中国江苏无锡人,古文学家、教育家。著有《〈周易〉解题及其读法》(1923 年上海商务印书馆出版)、《读〈庄子・天下篇〉疏记》(商务印书馆 1926 年出版)、《版本通义》(商务印书馆 1930 年出版)、《古籍举要》(原名《后东塾读书记》,上海世界书局 1933 年出版)、《明代文学》(商务印书馆 1933 年出版)、《现代中国文学史长编》(无锡国学专门学校学生会于 1932 年 12 月集资排印、上海世界书局 1933 年 9 月正式出版,1934 年、1935 年连续再版,1936 年 9 月增订出版)、《骈文通义》(上海大华书局 1934 年出版)、《韩愈志》(商务印书馆 1935 年出版)、《经学通志》(上海中华书局 1936 年出版)等。

钱基博的《现代中国文学史》与胡适的《五十年来中国之文学》相比,在体系上皆以"古文学"与"新文学"进行构架,但与胡适的立场完全不同,而是以"古文学"的观念立论。大致说来,钱基博的《现代中国文学史》有这样几个特色:一是该著搜罗广泛,资料翔实,举凡重大的文学大家、有影响的思想大家的著作皆在撰写之列,在行文中引用大量的文集、笔记中的原文,从而为学界提供了大量的珍贵材料。二是在研究的视域上比较广阔,分析中能联系家世与身世、学术传承、交往活动等方面,并且参附时人的相关评论,故而有着"知世论人"、博学贯通的特色。三是站在"古文学"的立场上褒贬各家,对古文学家评价过高,如认为王闿运"文章雍容",所著《湘军志》"文辞高健,为唐后良史第一",认为廖平文章颇能"申闿运引而未发之旨",认为章太炎持论"高自标置"、文章"淡雅有度"等等,这就很明显地表现出"古文学家"的立场。钱基博的《现代中国文学史》虽也有着自身的局限,但持论相对于胡适又客观一些,尤其是关于古文学的论述尽管也有过高评价的问题,但可弥补胡适的不足。有学者给予了这样的评价:"钱著《现代中国文学史》是近代文学研究初期站在同情旧派文学的立场上的一部颇有价值的文学史著,虽然不免带有钱氏个人的'傲慢与偏见',但他的'傲慢与偏见'适可以补胡适等新文学研究家研究中的缺陷,因此无论当时还是现在,自有它的光彩和意义"①。钱基博的《现代中国文学史》在当时乃是别开生面的研究著作,史料丰富,结构严密,分论具体,评论结合,自成体系,在中国现代学术史上有着重要的地位。

### (四) 郭绍虞的《中国文学批评史》(上册)(1934 年)

郭绍虞②是现代中国著名的中国语言学家、文学家、文艺批判家,其所著《中国文学批评史》著作分为上下两册,上册于 1934 年由商务印书馆出版,下册于1947 年出版。新中国成立以后,该著出了修订本(上海新文艺出版社 1956 年版)和改写本(书名改为《中国古典文学理论批评史》,人民文学出版社 1959 年版)。该著以其独到的特色开创了中国古代文学批评史这门学科,在现代中国

---

① 王铁仙、王文英主编:《二十世纪中国社会科学·文学学卷》,上海人民出版社 2005 年版,第 167 页。
② 郭绍虞(1893—1984),原名希汾,字绍虞,江苏省苏州市人,中国语言学家、文学家、文学批评史家。著有《中国文学批评史》、《沧浪诗话校释》、《宋诗话考》、《宋诗话辑佚》。晚年印有《照隅室古典文学论集》、《照隅室语言文字论集》、《照隅室杂著》三种。在中国现代文学界,中国文学批评卓有成就的专家如罗根泽、杨明照等,均出自郭绍虞门下。

的学术界有很大的影响。

郭绍虞的《中国文学批评史》是一部以"文学批评"理念写成的文学史研究专著。该著将文学批评史分为三个大的时期:隋以前为文学观念的演变期,隋唐至北宋为文学观念复古期,南宋以至现代为文学批评完成期。大致说,上卷以文学性质与方法的讨论为重心,下卷以文学批评理论的讨论为重心。该著上、下册的篇章结构,如下:

上册

第一篇 总论

第一章 中国文学批评演变概述//第二章 文学观念之演进与复古//第三章 文学观念演进与复古之文学的原因//第四章 文学观念演进与复古之思想的原因//第五章 文学观念之演变所及于文学批评之影响

第二篇 周秦文学观念演进期之一

第一章 儒家(第一节 孔门之文学观;第二节 孟子之知言养气说;第三节 荀子之传统的文学观)//第二章 墨家之文学观//第三章 道家思想及于文学批评之影响

第三篇 两汉文学观念演进期之二

第一章 由史籍中窥见汉人对于文之认识(第一节 文学与文章 文辞之区别;第二节 《艺文志》中之《诗赋略》)//第二章 经学家之论诗见解//第三章 扬雄(第一节 扬雄之论赋;第二节 扬雄之论文)//第四章 王充之文学观

第四篇 魏晋南北朝文学观念演进期之三

第一章 魏晋之文学批评(第一节 曹丕与曹植;第二节 陆机《文赋》;第三节 左思与皇甫谧;第四节 总集之结撰者;第五节 反时代潮流的批评家)//第二章 南朝之文学批评(第一节 南朝在文学批评史上的地位;第二节 关于文评之论著;第三节 时人对于文学之认识;第四节 沈约与音律说;第五节 钟嵘与历史的批评;第六节 刘勰与复古思想之萌芽)//第三章 北朝之文学批评(第一节 北朝文学批评之风气;第二节 颜之推)

第五篇 隋唐五代——文学观念复古期之一

第一章 复古运动的酝酿时期(第一节 李谔与王通;第二节 唐初史家;第三节 刘知几之《史通》)//第二章 复古运动的高潮时期(第一节 诗国的复古说;第二节 文坛的复古说;第三节 批评风气之流行)//第

三章　复古运动的消沉时期(第一节　批评风气之转移;第二节　古文运动之尾声;第三节　司空图之《诗品》;第四节　刘昫)

第六篇　北宋——文学观念复古期之二

第一章　北宋之文论(第一节　宋初之文与道的运动;第二节　文与道之偏胜与三派之分歧;第三节　古文家之文论;第四节　道学家之文论;第五节　政治家之文论;第六节　释子之文论)//第二章　北宋之诗论(第一节　诗坛批评之风气;第二节　诗人之诗论;第三节　道学家之诗论)

下册

第一篇　总论

第一章　文学批评完成与发展之三阶段//第二章　南宋金元文学批评概述//第三章　明代文学批评概述(第一节　与文学之关系;第二节　与学术之关系)//第四章　清代文学批评概述

第二篇　南宋金元

第一章　南宋之文论(第一节　道的问题;第二节　法的问题)//第二章　南宋之诗论(第一节　道学家;第二节　诗人)//第三章　金代文学批评(第一节　赵秉文与李之纯(雷希颜附);第二节　王若虚;第三节　元好问)//第四章　元代文学批评(第一节　郝经;第二节　方回;第三节　戴表元与袁桷;第四节　刘将孙(欧阳守道、刘辰翁、赵文附);第五节　杨维桢)

第三篇　明代

第一章　明初之文论(第一节　宋濂;第二节　方孝孺)//第二章　明初之诗论(第一节　学者之诗论;第二节　诗人之诗论)//第三章　前、后七子与其流派(第一节　七子先声之茶陵派;第二节　前七子之诗论;第三节　后七子派之诗论;第四节　七子派之文论)//第四章　与前、后七子不同之诸家(第一节　唐宋派之论文;第二节　公安派;第三节　竟陵派)//第五章　明末之文学批评(第一节　孙矿评经(茅坤附);第二节　艾南英论时文;第三节　鹿善继、黄淳耀论学)

第四篇　清代(上)——文论

第一章　清初之风气(第一节　钱谦益;第二节　顾炎武与黄宗羲)//第二章　古文家之文论(第一节　桐城派之前驱;第二节　桐城文派;第三节　桐城派之羽翼;第四节　桐城派之旁支)//第三章　学者之文论(第一节　经学家;第二节　史学家)

郭绍虞的《中国文学批评史》有着显著的特色。胡适曾为该著作序,指出:"郭绍虞先生编著的《中国文学批评史》,其上卷起自古代,下至北宋,已近三十万字。此书有几种长处:第一,作者搜集材料最辛勤;这一千多年中,关于文学批评的议论,都保存在这书里,可省去后来治此学者无穷的精力。读者的见解也许不一定和郭君完全一致,但无论何人都不能不宝贵这一巨册的文学批评史料。第二,郭君的论断未必处处都使读者满意,但他确能抓住几个大潮流的意义,使人明了这一千多年的中国文学理论演变的痕迹。"①朱自清高度重视郭绍虞著作在史料搜集上的特色,认为郭绍虞是"第一个大规模搜集材料来写中国文学批评史的人"②。胡适、朱自清等的评价,代表了当时学术界的看法,应该说是比较客观的。

以今天的眼光来看,郭绍虞的《中国文学批评史》著作的特色主要在这样几个方面:第一,资料翔实,史料广泛。郭著不仅搜罗了人们熟悉的《文心雕龙》、《诗品》等重要的诗文著作,还从史书中搜集到《文苑传》、《文学传序》等大量的文学史料,同时还征引大量的野史笔记、诗文专集,这在中国文学史的研究上是前所未有的,可见郭绍虞在文学史研究中搜罗之勤勉、视域之广泛。第二,注重历史的分期,体现中国文学史的演进脉络。郭著以历史进化的观念看待中国文学发展的进程,在研究中采用独特的分类法,将中国文学史划分为"文学观念的演进期"(从周秦到南北朝)、"文学观念的复古期"(从隋唐到北宋)、"文学观念的完成期"(从南宋到清代)等三个时期,呈现了中国文学发展的脉络。据学者研究,郭绍虞划分的依据是:"第一期是中国文学批评渐渐意识到'文'的特点,是一个重'文'的时期,比较讲究文采等;第二期的划分,是根据文学批评由质返朴的过程中,由于对文学观念的认识不同,遂造成文学批评的分途发展;第三期则是在第二期分途发展以后,人们在重文与重质,即从形式与内容两方面去认识

---

① 《郭绍虞〈中国文学批评史〉序》,《胡适文集》(8),北京大学出版社1998年版,第441页。

② 《朱自清古典文学论文集》,上海古籍出版社1981年版,第540页。

文学,又达成了一致,形成了分而又合的各种批评观念,所以才称为'完成期'。"故而,郭绍虞所划分的古代文学批评三期论的体系,是"努力寻找批评史本身发展规律和学术规范的一种新的尝试"①。第三,体系严整,架构独特,梳理有致,评价比较客观。郭著不仅从篇章到节目而构成系统,使人一目了然,而且力图"对于古人的文学理论,重在说明而不重在批评",从而"在古人的理论中间,保存古人的面目",在史论结合、寓史于论、尊重史实等方面体现独到的著述理念,并在评析中力求将社会思潮的主流与文学观念的演变联系起来。诚如郭绍虞在该著序中所说:"我总想极力避免主观的成分,减少武断的论调。所以对于古人的文学理论,重在说明而不重在批评。即使是对于昔人之说,未能惬怀,也总想平心静气地说明他的主张,所以致此的缘故,因为,这是叙述而不是表彰,是文学批评史而不是文学批评。"郭绍虞的《中国文学批评史》既是一部开拓性的文学批评史著作,同时也是中国文学史研究的经典之作。

除以上重点介绍的几部重要的文学史研究的著作外,还有不少著作在文学史研究中有着重要的特色。如罗根泽的《中国文学批评史》、方孝岳的《中国文学批评》、陈中凡的《中国文学批评史》、阿英的《晚清小说史》、陈子展的《中国近代文学之变迁》(1929年)及《最近三十年中国文学史》(1930年)、李长之的《鲁迅批判》(1936年)、朱自清的《中国新文学研究纲要》、王哲甫的《中国新文学运动史》(1933年)、朱谦之的《中国音乐文学史》(1934年)、吴文祺的《近百年来的中国文艺思潮》(1940年)等。中国现代文学史在一批学者的努力下呈现了发展的局面,推动了现代文学研究的深入及学术史意识的提升,并形成了诸如文学理论、比较文学、中国古代文学史、中国近代文学史、中国现代文学史、民间文学史、儿童文学、少数民族文学、世界文学等相关的分支学科。

---

① 王铁仙、王文英主编:《二十世纪中国社会科学·文学学卷》,上海人民出版社2005年版,第146—147页。

# 第四章 语言学

　　现代意义上的语言学(linguistics)是以人类语言为研究对象的学科,探索范围包括语言的结构、语言的运用、语言的社会功能和历史发展,以及其他与语言有关的问题。传统的语言学被称为"语文学",是指 19 世纪历史比较语言学产生之前的语言研究,以研究古代文献和书面语为主,一般包括文字学、训诂学、音韵学、校勘学等。所谓语文学也是为其他学科服务的,其本身并不具有独立性。而现代语言学则以当代语言和口语为主,研究的范围亦大大拓宽,并且现代语言学是一门独立的学科。"五四"以来,中国的语言学在西方现代语言学理论的影响下,向专业化、学科化、体系化方向发展,并在与中国语言研究的结合中建构现代语言学体系。

## 一、语法学研究的历程

　　语法学作为一门新学科在中国的出现,是以马建忠的《马氏文通》(1898年)的问世为标志的。马氏曾留学法国,具有世界眼光,又有中学功底,熟悉中国文化,其《马氏文通》以文言为语言材料,参考拉丁语法,呈现中西结合的特色,在中国首次建立了汉语语法体系。但是,总体来看,中国的语法学研究还处于起步阶段。

　　现代中国的不少有识之士,面对着语法学研究相对滞后的局面,对语法学的研究充满期待。当时的孙中山,就看到了中国语法学研究的极端重要性,并期望学者能够就"今时通用语言"进行语法研究,创建具有中国特点的"文法之学"。他说:

　　　　中国向无文法之学。……以无文法之学,故不能率由捷径,以达速成,
　　此犹渡水无津梁舟楫,必当绕百十倍之道路也。中国之文人,亦良苦矣! 自

《马氏文通》出后,中国学者乃始知有是学。马氏自称积十余年勤求探讨之功,而后成此书。然审其为用,不过证明中国古人之文章,无不暗合于文法,而文法之学,为中国学者求速成图进步不可少者而已;虽足为通文者之参考印证,而不能为初学者之津梁也。继马氏之后所出之文法书,虽为初学而作,惜作者于此多犹未窥三昧,讹误不免,且全引古人文章为证,而不及今时通用语言,仍非通晓作文者不能领略也。然既通晓作文,又何所用乎文法?是犹已绕道而渡水矣,更何事乎津梁? 所贵乎津梁者,在未渡之前也。故所需乎文法者,多在十龄以下之幼童,及不能执笔为文之人耳。所望吾国好学深思之士,广搜各国最近文法之书,择取精义,为一中国文法,以演明今日通用之言语,而改良之也。夫有文法以规正言语,使全国习为普通知识,则由言语以知文法,由文法而进窥古人之文章,则升堂入室,有如反掌,而言文一致,亦可由此而恢复也。①

执掌北京大学的蔡元培,引领人文社会科学的研究方向,鼓励学者从事白话语法的研究,并提出了建立现代语法学的倡议。他指出:

中国人本来不大讲文法,古文的文法,就是《马氏文通》一部。白话的文法,现在还没有成书的。但是白话的文法,比古文法简一点儿,比西文法更简一点儿。懂得古文法的人,应用他在国语上,不怕不够;懂得西文法的人,应用他在国语上,更不患不够。先讲词品,西文的冠词、名词、代名词与静词,都分阴阳中三性;一多两数。我们的语言除了代名词有一多的分别外,其他是没有这种分别的。近来有人对于第三位的代名词,一定要分别,有用她字的,有用伊字的,但是我觉得这种分别的确是没有必要。譬如说一男一女的事,如用他字与她字才分别他们,固然恰好,若遇着两男或两女,这种分别还有什么用呢? ……句法止主词在前,宾词在后,语词在中间,差不多没有例外。文言上还有例句,如"尔无我诈,我无尔虞"等。语言并这个都没有。要是动词在名词后,定要加一个将字在名词前,仿佛日本话的远字,西文的有字。又文言中天圆地方,山高水长等等,名词与静词间不加字,在白话上总有一个是字,与西文相象。胡君适之曾作《国语的进化》一篇,载在第七卷第三号的《新青年》上,很举了几种白话胜过文言的例。听说他

---

① 《建国方略·以作文为证》(1918 年),《孙中山选集》上卷,人民出版社 1956 年版,第 128—129 页。

著的国语法,不久可以出版,一定可以做语法的标准。①

进入五四时期,中国的语法学研究在《马氏文通》基础上,推陈出新,急速前行,大致经历了两个阶段。

## (一) 语法学研究的白话文阶段(20 世纪 20 年代)

20 世纪的 20 年代,中国语法学的研究,一方面承继马建忠开创的语法学研究的中西结合传统,另一方面又在新文化运动中的白话文运动推动下锐意创新,出现了黎锦熙所著的中国第一部白话文语法著作《新著国语文法》(1924 年)。

黎锦熙②的《新著国语文法》,商务印书馆于 1924 年 2 月(初版),先后印行 20 多版。《新著国语文法》一书除"引论"外,共二十章:(1)绪论;(2)词类的区分和定义;(3)单句的成分和图解法;(4)实体词的七位;(5)主要成分的省略;(6)名词;(7)代名词;(8)动词;(9)形容词;(10)副词;(11)介词;(12)单句的复成分;(13)附加成分的后附;(14)包孕复句;(15)等立复句;(16)主从复句;(17)语气助词;(18)叹词;(19)段落篇章和修辞法举例;(20)标点符号和结论。该著仿照英语语法,运用白话文研究汉语语法,提出了"句本位"思想,在句法和词法上都提出了独到的见解,从而建立了"句本位"的语法系统,成为 20 世纪 20 年代具有代表性的语法著作。所谓"句本位"的语法体系,就是主张汉语词类以句法作划分的根据,词的地位是随着其在句中地位的变化而变化,亦即所谓"凡词,依句辨品,离句无品",故而,词本身并无严格的区分,只有在具体的句子中才得有其位置。该著以句法为中心,将词分为 9 种(名词、代词、动词、形容词、副词、介词、连词、助词、叹词),进而考究"实体词的七位"(主位、宾位、副位、补位、领位、同位、呼位),并用图解法分析句子。这就形成了"句本位"的语法系统。

---

① 蔡元培:《在国语传习所演说词》,北京《晨报》1920 年 6 月 26 日。
② 黎锦熙(1890—1978),字劭西,湖南湘潭人。著名语言文字学家、词典编纂家、文字改革家、教育家。1911 年毕业于湖南优级师范史地部之后,开始从事教育工作。1915 年应教育部之聘,到北京任教科书特约编纂员。1920 年开始在高等学校任教,曾任北京高等师范、北京女子师范大学、北京大学、燕京大学国文系教授。1934 年 10 月,北京师范大学"教育研究会"(干事王荫兰,助理干事黄现璠)成立,任"教育研究会"导师。1937 年随北京师范大学迁往西安,后来又辗转至汉中、兰州等地,任教授、系主任、师范学院院长等职。1948 年回北京,任北京师范大学文学院院长兼国文系主任,并兼任中国大辞典编纂处总主任。1949 年,与吴玉章、马叙伦等组织中国文字改革协会,任理事会副主席。1955 年被聘为中国科学院哲学社会科学部委员。当选为中国人民政治协商会议第一、第二和第五届全国委员会委员,第一、第二和第三届全国人民代表大会代表。

黎锦熙的《新著国语文法》以"句子"作为考察的中心,故而"句"乃是理解和解读"词"的地位的关键,在此,"句"在语法中就居于独特的地位。关于"句",黎锦熙说:"两个以上的词组合起来,还没有成句的,叫做'短语',简称'语',旧时叫'顿'或'读'。就一种事物述说它的动作,或情形,或性质、种类,能够表示思想中一个完全意思的,叫做'句子',通称'句'。"①在语法研究的程序上,也是首先考虑"句",并由"句"来考察"词"。黎锦熙以后曾对"句本位"有这样的概括:"先察句,定其句,次诠词,得其神,此之谓'句本位'的文法。"②这可见"句本位"在研究程序上有着先后之分与轻重之别。

在黎锦熙的"句本位"语法系统中,由于"词"依据其在"句"中的地位而定,故而"词"也就对于"句"有着服从的地位,这样,不仅"词"本身被大大简化,而且所属"词类"亦依"句"而后定,由此也造成"词类本身上并无繁重的规律"。他指出:"国语的词类,在汉字的形体上无从分别,在'词义'的性质和复合的形态上虽有主要的分别,还须看它在句中的位次、职务,才易确认这一个词是属于何种词类。分别说来:(1)国语的词类,'词形'上既没有严格的分业,就得多从句法的成分上辨别出它的用法来。(2)一个词的词类变更,也不像西文都有词身或词尾的变化,也不从词形上定些阴阳性、单复数或时间等等的区别;所以词类本身上并无繁重的规律。(3)句法的成分,于正式的组织外,很多变式,并且多是国语所特有的;如主要成分的省略、位置的颠倒、职务的兼摄等。"③黎锦熙关于词法地位的说明,乃是对其"句本位"理论的进一步诠释。

关于"句本位"的主张,黎锦熙在其著作的"引论"中,有一段代表性的言论:

若从句子底研究入手,则不但灵敏的词类智识、正确的词类用法,可以得到,而且:(一)可以发现一种语言底普通规则;因为句子就是语言底单位,如果谙悉其各部分底主从关系、彼此的衔接、确当的功能,好像一个老技师把他的机器弄得十分精熟,那么,哪一部分发生了障碍,马上就可以找出其受病之点和疗治之方。(二)可以作学习或翻译他种语言的帮助;因为思想的规律,并不因民族而区分,句子底"逻辑的分析",也不因语言而别异,所以熟悉了国语底句法,无论学习何种外国语,翻译何种外国文,自然要觉得工作容易些。若单讲词类底分品和变形,在西文已经是国各不同,在国语

① 黎锦熙:《新著国语文法》(1924年),商务印书馆1957年版,第4页。
② 黎锦熙:《论"盖""而"及文法的研究法》,《世界日报·国语周刊》第217期,1935年6月2日。
③ 黎锦熙:《新著国语文法》(1924年),商务印书馆1957年版,第6—7页。

更是没大关系的了。(三)可以帮助心能底陶冶;因为做句子底"逻辑的分析"工夫,实是陶冶心能的一种妙法,——从思想底"表象"(Outward form),即句子,去研究思想,而发现句中各成分所表示的思想各部分是怎样适宜而合理的,这便无异于研习一种"思维术"(怎样去思想)了。而且学生们把句子底分析和构造练习纯熟以后,对于别的功课,其理论的心能,一定可以渐达于明了准确的佳境。以上许多良好的后果,都是靠这有组织的而且能持久的工作——"句本位"文法底研习工作——才可以得到的。①

黎锦熙所首创的"句本位"理论,源于其方法论上的创新,其目标就在打破"词类本位"论。他说:"于是摹仿从前西文 Grammar 的'词类本位'的文法组织,非打破不可了;仅就九品词类,分别汇集一些法式和例证,弄成九个不相关的单位,是文法书最不自然的组织,是研究文法最不自然的进程。先就句子底发展,娴习词类在句中各部分的种种位置和职权,然后继续地研究词类底细目:这乃是极自然的事了。句子由最简单的到极繁复的形式,仿佛象一种有机物底生长;文学上段落篇章底研究,也不外乎引导学者去发现'怎样'并'为什么'把许多句子结合成群;各群之间,又是怎样的关系;因而发现对于模范的读物,要怎样效法才算最有价值:这也是研究上很自然的趋势。所以'句本位'的文法,退而'分析',便是词类底细目;进而'综合',便成段落篇章底大观。"②又说:"词类是分别观念自身在言语中的品类和性质。若干的词(或短语)连系起来,成为一个句子;就这一个句子来考究它中间各观念联接配置的方式和所担任的职务,便须将一个句子分解为若干部分;这叫做'句的成分'。这是就分析方面说的;若就综合方面看来,这便是研究'句的组织法',简称'句法'。"③可见,黎锦熙的《新著国语文法》是从结构与整体的视域研究语法,确认"句法"研究的先导性,并具有结构主义分析的哲学意蕴。

黎锦熙的《新著国语文法》具有严密的著述体系,创建了"句本位"的语法体系,并且将其倡导的"句本位"思想贯彻始终;而书中的图解分析法,更易于呈现词类的变化及其地位,大大简化了词类认识的过程。从中国现代学术史的角度来看,黎锦熙的《新著国语文法》是一部开创性的语法学专著,奠定了现代汉语语法的基础,在中国现代语言学史上有着独特的学术地位。当然,该著也有一定

---

① 黎锦熙:《新著国语文法·引论》(1924 年),商务印书馆 1957 年版,第 1—2 页。
② 黎锦熙:《新著国语文法·引论》(1924 年),商务印书馆 1957 年版,第 3—4 页。
③ 黎锦熙:《新著国语文法》(1924 年),商务印书馆 1957 年版,第 5—6 页。

局限性,诚如有的研究者所指出的那样:"《文法》也存在着一系列问题。大致有四点:第一,过分地模仿英语语法,整个体系中有许多地方不符合汉语自身的特点,譬如设立'位'和提出包孕复句等,都有削足适履之嫌。第二,《文法》将句法成分和词类逐一对应起来,使得绝大多数汉语单词的词性都可以不断地转换,从而导致了词无定类的词类观。第三,过分地强调语言结构的意义和逻辑关系,不恰当地强调语言的共性而忽略汉语的个性特点,有些分析脱离汉语实际,譬如所谓的倒装和省略。第四,所提倡的图解析句法,以及用找中心词的方法确定句子的主干的方法,尽管具有一定的实用价值,但问题是带来了层次不清的毛病,有时则头绪过多,手续烦琐,初学者不易掌握。"①瑕不掩瑜,黎锦熙的《新著国语文法》一书仍然是中国现代语言学史上的创新之作、开拓之作。

黎锦熙的《新著国语文法》,可谓这一时期语法学研究的集大成著作。在黎锦熙出版的《新著国语文法》(1924 年)之前,胡适的《国语文法概论》(1921年),金兆梓的《国文法之研究》(1922 年),陈承泽的《国文法草创》(1922 年),胡以鲁的《国语学草创》(1923 年)等,在汉语语法的研究方面也作出了重要贡献。下面,试就金兆梓、陈承泽、胡以鲁这三人的学术贡献,作简要介绍:

金兆梓②在语法方面最重要的著作是《国文法之研究》(中华书局 1922 年11 月初版,1932 年 10 月出至第 7 版)③。该书共分三章。第一章"导言"中,谈了该书的编写目的、名学与文法、文法的定义、范围及类别等。第二章"文法之研究法"中,谈了历史的研究(即从语言的发展上去研究)、比较的研究(即结合古代方言材料和受外国语文影响的材料进行对比的研究)和普通的研究(属普通语言学范畴,研究文字现象之所以能成立的原理)三种主要的研究文法的方法。第三章"名学的现象与文法的现象",其中"名学的现象"这部分说明了逻辑的基本概念及其互相之间的配合,"文法的现象"中则又分为论字、论字群、论句等章节。这部分也是该书的重点与特色所在。他认为,《马氏文通》有两点不足之处,一是不明中西文字习惯上的区别,二是对于中国文字的历史和习惯缺少研究和说明,因而主张研究文法不能离开逻辑,并以相当的篇幅论述了逻辑同语法

---

① 潘悟云、邵敬敏主编:《二十世纪中国社会科学·语言学卷》,上海人民出版社 2005 年版,第 51 页。

② 金兆梓(1889—1975),著名语言学家、文史学家。字子敦,号芚厂,浙江金华人。著作有《芚厂治学类稿》、《国文法之研究》、《实用国文修辞学》等。

③ 参见北京图书馆编:《民国时期总书目(语言文字分册)》,书目文献出版社 1986 年版,第82 页。

的关系与区别。他反对中国文法研究单纯模仿的习惯,反对语法研究中的翻译式,主张注重汉语语法的历史和习惯,应从中国语言文字的历史习惯中寻找出条理来。他指出了汉语语法发展的趋势,提出区分"体"和"相"两个重要的概念,这些都是很有特色的。该书注重汉语语法的特点,有自己独立的研究主张,同时对陈承泽、刘复(半农)的有关论点兼有采用①,是中国革新派语法学早期代表性著作之一。

陈承泽②最重要的著作是《国文法草创》(商务印书馆1922年11月初版,1926年7月出至第4版)③。这是一本5万多字用文言写成的讲述古汉语语法的著作,共分13篇,包括研究法大纲、文法上应待解决之诸悬案及字与词、虚词与实词、名词、动词、副词等。该著强调语法规律是从语法现象中归纳出来的,不是靠语法学家们主观制定出来的;反对模仿,主张独立研究汉语,从国文中寻求其固有的法则,而不是"承袭外国文法,施诸汉文之研究";强调理论联系实际的重要性,认为研究结果应能解决实际问题,而不是为了研究而研究,研究不是用来装饰的。

胡以鲁编④的《国语学草创》⑤是一部重要的语言学著作。全书分10编,前边有章炳麟的序言。书中论述了语言的起源、发展,方言、共同语以及汉语在语言学上的地位等问题。该著以现代语音学的方法解释发音原理,用罗马字母描写汉语的辅音和元音,解释了有关发音部位与发音方法的一些概念。胡以鲁是我国较早用现代语音学原理来阐明汉语语音的学者之一。在汉语语法方面,他主张从汉语的特点出发,而不应该一味地模仿,并总结汉语的特点为:形式简单,"简其外而充实其内,实质的意义宿于各语词之中,形式的关系的意义则寄于语

---

① 参见北京图书馆编:《民国时期总书目(语言文字分册)》,书目文献出版社1986年版,第82页。

② 陈承泽(1885—1922),字慎侯,福建省闽侯县人。现代中国早期的语言学家。曾中乡举,后游学日本,学习法政及哲学。毕业归国后任商务印书馆编译员及《民主报》、《时事新报》、《独立周报》、《法政》杂志、《甲寅》杂志、《东方》杂志和《学艺》杂志编辑。毕生致力于国文法的研究和字典的编纂工作。

③ 参见北京图书馆编:《民国时期总书目(语言文字分册)》,书目文献出版社1986年版,第82页。

④ 胡以鲁(1888—1917),字仰曾,浙江宁波人,曾留学日本,初于日本大学学习法政,获法学士学位,后又就学日本帝国大学博言科,学习语言学,获文学士。回国后任教于北京大学,历任北京大学教授、朝阳大学教务长。

⑤ 胡以鲁编:《国语学草创》,商务印书馆1923年5月初版,1926年5月再版,1933年8月国难后第1版。

词结合之际"。作者在说明汉语在世界语言中的地位时,把世界语言分为分析型语言和综合型语言,并把汉语归入分析型语言之中。该著认为,方言与方音是语言发展上必然出现的结果,当务之急是要制定标准语和标准音,认为要统一教育就应以统一国语为先务,并大声呼吁,语音、语词、语法都应有个统一的标准。该著还论述了口语与书面语的关系,文字的起源,语言的本质与发展等问题。胡以鲁编的《国语学草创》第一次为汉语的研究搭建了普通语言学的构架,也是我国第一部普通语言学著作。

20世纪20年代的语法学研究,虽然在中国现代语言学史上处于初步阶段,但亦有以下几个显见的特点:

一是学科意识比较突出。胡适在《国语文法概论》中,提出要通过国语语法的研究,建立起一门学问——"文法学"。他指出:"什么是国语文法?凡是一种语言,总有他的文法。天下没有一种没有文法的语言,不过内容的组织彼此有大同小异或小同大异的区别罢了。但是有文法和有文法学不同。一种语言尽管有文法,却未必一定有文法学。"由此,胡适分析中国语言有文法而长期以来无"文法学"的原因:"第一,中国的文法本来很容易,故人不觉得文法学的必要。聪明的人自能'神而明之',拙笨的人也只消用'书读千遍,其义自见'的笨法,也不想有文法学的捷径。第二,中国的教育本限于很少数的人,故无人注意大多数人的不便利,故没有研究文法学的需要。第三,中国语言文字孤立几千年,不曾有和他种高等语言文字相比较的机会。只有梵文与中文接触最早,但梵文文法太难,与中文文法相去太远,故不成为比较的材料。其余与中文接触的语言,没有一种不是受中国人的轻视的,故不能发生比较研究的效果。没有比较,故中国人从来不曾发生文法学的观念。"①在胡适看来,马建忠建立了"中国文法学",这固然是极大的贡献,但"马建忠的文法只是中国古文的文法",其"最大的缺点在于缺乏历史进化的观念","《马氏文通》是一千年前的古文文法,不是现在的国语的文法"。因此,胡适强调建立"国语文法学"的极端重要性。金兆梓认为文法是研究出来的条理,自然是先有语言文字的存在,但也需要以研究工作为基础和前提。他说:"凡言某国的文法,不是说由何人创立了一种法则,教人遵守,是根据了某国的语言文字的历史和习惯,加以说明的。所以先有语言文字而后有文法,并不是先制定了文法而后语言文字依着了他组织起来的。"②又说:"文法就是根

---

① 《国语文法概论》(1921年),《胡适文集》(2),北京大学出版社1998年版,第333—334页。
② 金兆梓:《国文法之研究》(1922年),商务印书馆1983年版,第1页。

据语言文字的习惯,用方法去寻出个条理来,说明怎样的采用他的材料配合起来作发表意思之术。"①黎锦熙说他自己研究"句的组织法"(简称"句法"),在于从学理上探寻国语的规律,因为所谓"句法乃是一个完全思想在言语中依照着'民族形式'表示出来的共同规律"②。这里提出的"规律"思想,最能体现当时学者将语法研究建设成学科的观念。此外,20世纪20年代的其他学者如金兆梓、陈承泽等,亦积极从事语法学的研究,并且也是希望国语语法的研究能够形成一门具有专业性的学问,其学科意识是比较突出的。

二是致用意识特别显著。陈承泽认为,在语法学研究之中要将"实用"作为基本原则,他说:"何谓实用的非装饰的? 考古文之义法,推寻语源之性质,非不高也,然于实用则远矣;分析字质之种类,搜集奇僻之熟语,非不细也,然于实用则又远矣。实用者,从今文之条理,觅一种最简单之说明法,其形式之整齐与否,在所后也。其于真正之语源说明,能密合无间否,在所后也。其于美文之应用,能完满否,在所后也。其于字质之种类、与文法上之说明上,无重大关系者,缓之。其于微少之例外,不足以影响文法全部者,置之。以近世普通文为中心,而发现最便说明之原理原则,对于熟烂淆杂之文字,隐寓整理之作用,使文字,语言逐渐明了,且逐渐改良,此其要点也。"③20世纪20年代的学者比较注重社会实际,强调研究工作的实用性与针对性,这在语法学的研究中是有突出体现的。

三是方法上体现多元化。学者们倡导用创新的方法来研究语法,反对因袭西方语法研究范式,提出在研究方法上的自主性要求。刘复(半农)在其所著《中国文法通论》中说:"我们对于文法的研究,虽然从比较和模仿的路上走去近,而对于用以比较,用作模型的东西,还得从根本上研究一番。要不然,因为他们'有',我们也就说'有';他们'无',也就说'无':这样的'削足适履',在无论哪一种学问上,都有阻碍。所以我的方法,在取别种文法做本国文法的参证时,不是说——他们是如此,所以我们也要如此;也不是简单的问题——他们是如此,我们能不能如此? 是问——他们为什么要如此? 我们为什么能如此? 或,为什么不能如此? 这就是我要说的最重要的一句话。"④值得注意的是,刘半农的主要贡献虽然不在语法领域,但他所著这部《中国文法通论》不仅"用数学公式来表示汉语的基本句式"而且"还运用了转换分析法分析语法和语义",因而"在

① 金兆梓:《国文法之研究》(1922年),商务印书馆1983年版,第6页。
② 黎锦熙:《新著国语文法》(1924年),商务印书馆1957年版,第6页。
③ 陈承泽:《国文法草创》(1922年),商务印书馆1982年版,第12页。
④ 刘复:《中国文法通论·目录附言》(1920年),群益书社1924年增补4版,第5页。

理论和方法上又独创性,而且在世界范围内也是'超前'的"①。陈承泽主张研究汉语语法,一方面要立足于中国语言文字的特点,不能照搬外国的语法研究方法,另一方面应该注意到现代汉语与古代文字相区别,掌握现代语言的基本特色。他指出:"中国文字与世界各国之文字(除日本颇有与中国文相近者外),有绝异者数点:其一,主形(虽多数为形声字,然亦终不能脱形之窠臼也);其二,单音节,且各有平、上、去、入之分;其三,无语尾等诸变化。故其文法上发展之径路,与西文异。……今使不研究国文所特有,而等取西文所特有者,一一模仿之,则削足适履,扞格难通,一也;比附不切,求易转难,二也;为无用之分析,徒劳记忆,三也;有许多无可说明者,势必任诸学者之自由解释,系统歧异,靡所适从,四也;举国文中有裨实用之变化而牺牲之,致国文不能尽其用,五也。是故治国文者,当认定其所治者为国文,务于国文中求其固有之法则,而后国文法乃有告成之一日。自有《马氏文通》以来,研究国文法者,往往不能脱模仿之窠臼,今欲矫其弊,惟有从独立的研究下手耳。"②又指出:"近世文之性质与古文不同者:一为文位之顺序日益分明,是故当以研究文位为主;二为字类之区分形式上无从判别,是故字类不能从其字定之,而只能从其字所居之文位定之,然同时仍可归纳其字所居之文位而定其字主要应属何类。……盖吾国字类之区分,全由归纳用例而得之,非若外国文字大抵得由形式上辨之也。"③金兆梓提出在语法学的研究中"有三种方法应当同时并用","这三种方法就是(1)历史的研究,(2)比较的研究,(3)普通的研究"④。不难看出,方法多元化的主张,是当时学者们研究汉语语法的共识。

自然,这一阶段的语法研究,也有其显见的不足之处。主要的问题是,在研究范式上虽然有许多学者立意创新,但大多还是以西洋语法为蓝本,刻意模仿西洋语法,对于汉语语法的独特性,虽有一定的认识,但总体上说,还注意不够。从语法学的历史进程来看,这在当时可能也是难以避免的现象。刘复(半农)曾说当时中国学者对于文法的研究,"十分之九是因袭马氏(马建忠)的成说,十分之一是参酌了英文,或日本人所做的《支那文典》一流书",只是"略略有些改革"⑤。

———————————

　　①　胡明扬:《中国语言学世纪回顾和展望》,北京市社会科学界联合会组织编写:《学界专家论百年》,北京出版社 1999 年版,第 121 页。

　　②　陈承泽:《国文法草创》(1922 年),商务印书馆 1982 年版,第 11 页。

　　③　陈承泽:《国文法草创》(1922 年),商务印书馆 1982 年版,第 11 页。

　　④　金兆梓:《国文法之研究》(1922 年),商务印书馆 1983 年版,第 8 页。

　　⑤　刘复:《中国文法通论·目录附言》(1920 年),群益书社 1924 年增补 4 版,第 4—5 页。

在当时,陈承泽也注意这种不良倾向,认为应该充分认识到中西文法之不同,因而极力主张语法研究要以本国语言为本位,反对一味地刻意模仿。由此,陈承泽具体地提出了语法研究所必须遵循的三原则:"其一,说明的,非创造的;其二,独立的,非模仿的;其三,实用的,非装饰的。"[1]应该说,陈承泽这样的认识是很深刻的,揭示出语法学研究的基本原则及努力方向。

总的来看,20 世纪 20 年代是语法学研究的白话文阶段。这一阶段最大的特征是"模仿"。如陈望道 1943 年在《中国文法革新论丛·序言》中所说,"在这个时期虽然也有过自立的研究的主张,大多以模仿西洋文法教科书的体制为能事,可以称为模仿时期"[2]。当然,此时的语法研究虽在模仿中,但在既有的基础上也是有所前进的,并为后来的研究打下了一定的基础。

### (二) 语法学研究的成熟阶段(20 世纪 30 和 40 年代)

到 20 世纪的 30 和 40 年代,语法学研究取得了长足的进展。这一时期,语法学研究的主要特点:一是在批判的继承中不断深化了对语法规律的探索,脱离了先前模仿的阶段,而进到学术创造的新境地。1938 年,陈望道、傅东华、方之煮等在上海发起并组织了语法革新的讨论,一方面是对马氏、黎氏的语法体系展开批评,对语法研究中的一些重要问题予以探索;另一方面则是提出了推进语法学研究的新体制。这次讨论对于语法学的发展是有积极意义的。"这次讨论的核心问题是汉语词类问题。参加这次讨论的大多数人的语言学理论水平是和当时的国际水平同步的,他们对索绪尔的结构主义理论和布龙菲尔德的结构主义描写语言学的理论都很熟悉,因此他们最终的结论在理论上是完全正确的,那就是词类是聚合类,而聚合类只能在组合关系中求得,而组合关系既要考虑短语组合功能,又要考虑句子成分功能。"[3]二是出现了名家辈出的局面,涌现出一批语法学大家和语法学著作。一批语法学家如吕叔湘、王力、高名凯等,成为当时语法研究领域的领军性人物,为推进语法学研究作出了重要贡献。

以下,试就吕叔湘的《中国文法要略》(1942 年)、王力的《中国现代语法》(1943 年)、高名凯的《汉语语法论》(1948 年),作简要介绍:

---

[1] 陈承泽:《国文法草创》(1922 年),商务印书馆 1982 年版,第 2 页。

[2] 陈望道:《中国文法革新论丛序言》(1943 年),陈望道等:《中国文法革新论丛》,中华书局 1958 年版,第 1 页。

[3] 胡明扬:《中国语言学世纪回顾和展望》,北京市社会科学界联合会组织编写:《学界专家论百年》,北京出版社 1999 年版,第 124 页。

1. 吕叔湘的《中国文法要略》(1942 年)

吕叔湘①在语法学方面的代表作是《中国文法要略》(1942 年)②,这是中国语法学研究的名著。

吕叔湘在《中国文法要略》中,建立了以"分类"为基本手段,以"意义和作用"的考量为特征的现代语法学研究体系。其学术见解最突出之处有两个方面:一是主张确定划分词类的标准,即"按意义和作用相近的归为一类";二是主张从意义出发来给句子分类,注意把意义和结构紧密地联系起来。

"分类"是吕叔湘语法学研究的重要特色,在其汉语语法学体系中有着基础性的地位。吕叔湘在词法研究中,强调分类的重要性,并将"词"具体地分类为"实义词"和"辅助词"两类。在吕叔湘看来,在欧洲语言中,为研究的方便,通常将词分成八类或九类。然而,"汉语里的词没有他们那么容易分类,因为他们的词往往可以从形式上分辨,可是汉语的词在形式上无从分辨","但要讨论文法就非把词分类不可",于是他提出"按意义和作用相近的归为一类",计分出"名词"、"动词"、"形容词"三类,这三类"总称为实义词,因为他们的意义比较实在些"③。然而,在"实义词"以外,还有一些其意义与作用"不及名词、动词、形容词那样实在的",吕叔湘一概称之为"辅助词"。"实义词"与"辅助词"之间的区别,就在于这些词是否能"在我们脑筋里引起具体的形象"。由此,吕叔湘对"辅助词"问题有一个概括性的说明与解释:"凡是意义不及名词、动词、形容词那样实在的,我们一概称为辅助词。凡是实义词,至少是那些标准的名词,动词和形容词,都能在我们脑筋里引起具体的形象,……但是'极'、'又'、'如何'这些词能在我们脑筋里引起什么形象呢? 不能。他们不是没有意义,只是那些意义比较空虚。但是他们可以帮助实义词来表达我们的意思,所以我们把他们称为

---

①　吕叔湘(1904—1998),江苏省镇江市丹阳市人。1926 年毕业于国立东南大学(现南京大学)外国语文系。1936 年赴英国留学,先后在牛津大学人类学系、伦敦大学图书馆学科学习。1938 年回国后任云南大学文史系副教授,后又任华西协和大学中国文化研究所研究员、金陵大学中国文化研究所研究员,同时又兼中央大学中文系教授以及开明书店编辑等职。解放后,1952 年起任中国科学院语言研究所(1977 年起改属中国社会科学院)研究员、中国科学院哲学社会科学学部委员(院士)、语言研究所副所长、所长、名誉所长。主要著作有《中国文法要略》、《语法修辞讲话》(与朱德熙合著)、《汉语语法分析问题》、《汉语语法论文集(增订本)》等。

②　吕叔湘的《中国文法要略》分上中下三卷,重庆商务印书馆 1942 年 4 月至 1944 年 12 月渝初版。其后,有上海商务印书馆 1947 年 1 月沪初版(3 册)。

③　吕叔湘:《中国文法要略》(1942 年),商务印书馆 1982 年版,第 16 页。

'辅助词'。"①吕叔湘还重点研究了"叠字复词",他所说的"叠字"就是前人所谓"重言",认为"这类复词以形容词为最多",他以是否能"用"进行分类,提出"不叠不能用的是一类,不叠也能用的又是一类"②。吕叔湘也注意到,"复词"乃是汉语中的重要现象,并且在现代汉语中有着增多的趋势。他指出:"复词的逐渐增多是近代汉语里的一贯趋势;在现代的口语里,甚至在现代的文言里,复词的数目都比单词更多。"③据吕叔湘考察,"叠字复词"有两个重要的类型,"一类叠字复词是把原来的一个复词上下都重叠起来的。这也是白话里通用的。这一类词可以叠可以不叠,但是不能截下半截来用(除非那个单字原来可以重叠)。我们可以说'糊涂'或'糊糊涂涂',但不能说'糊糊'或'涂涂'。"④此外,"还有一类叠字复词是在一个单字形容词后面另外重叠一个字的,如'冷清清','闹轰轰'。这重叠的部分,有的本来就没有意义;有的本来也有意义,但是到了这类复词里面也就以衍声为他的作用。"⑤吕叔湘在研究"叠字复词"时,尤其重视概念的区分,并总结其中的规律性。

吕叔湘在对词进行分类的同时,还特别重视对词的功用进行具体的分析,从而使其分类的思想进一步延伸。譬如,他对词的"本用"与"活用"的诠释,有这样的论述:"一个词可以分别本用和活用,例如名词是用作词组里的端语,词结里的主语,动词的止词或补词的时候多,动词是用作词结里的谓语的时候多,形容词是用作词组里的加语或词结里的谓语的时候多,限制词是用作词组里的加语的时候多,这样用法就是他们的本用,无须特别注意。此外的用法就算是活用,有些很值得讨论。"⑥可以说,"分类"思想是吕叔湘语法研究的思想基础,并兼具有方法论的意义。

吕叔湘由"分类"而重点研究词法,但不是不重视"句"的研究,而是由词法研究逐步地逼近句法的研究,强调"词"在具体"句子"中的含义,体现了由"词"到"句"的研究路径,从而构建其语法学体系。譬如,吕叔湘在其著作中曾就"把"字的作用与意义,循着由"词"及"句"的路径,作出了重要的解释:"白话里有在止词前安上一个'把'字,借此把他提在动词之前的一种句法,即:起词——

---

① 吕叔湘:《中国文法要略》(1942 年),商务印书馆 1982 年版,第 17 页。
② 吕叔湘:《中国文法要略》(1942 年),商务印书馆 1982 年版,第 8 页。
③ 吕叔湘:《中国文法要略》(1942 年),商务印书馆 1982 年版,第 8 页。
④ 吕叔湘:《中国文法要略》(1942 年),商务印书馆 1982 年版,第 10 页。
⑤ 吕叔湘:《中国文法要略》(1942 年),商务印书馆 1982 年版,第 10 页。
⑥ 吕叔湘:《中国文法要略》(1942 年),商务印书馆 1982 年版,第 24 页。

（把）止词——动词。这是现代汉语中应用极广的一种句法。如'他把窗户玻璃打碎了'，这句话的意思其实和'他打碎了窗户玻璃'一样，但是有时候非应用'把'字的说法不可。"①可见，吕叔湘关于词法的研究是基础，句法的研究是其词法研究的拓展，而句子的意义是词在各种关联中显现的。

吕叔湘的《中国文法要略》对于汉语发展历史进行分析，注重梳理汉语语法与时代的关系，从而使他的语法学研究有着历史的、文化的底蕴。譬如，吕叔湘考察语言的历史进程，认为汉语言处于变化之中，并有具体的表征。他说："一个社群有一个社群的语言，'汉语'是汉族人民的语言，这种语言写成文字习惯上称为'中文'。语言是不断的变化的，几十年不觉得，几百年就可观；汉语自从有记录已有三千多年，当然经过了相当的变化。这个变化表现在三方面：一是语音，……二是'词汇'，……第三是语句的组织。……语音的变化虽然也不小，但是因为我们用的不是拼音的文字，古今字音虽变，不妨用同一字形，所以单从文字方面看，古今语音的差异竟不大显露。可是后面两种变化是可以在文字上清清楚楚反映出来的，假如我们认真用文字作语言的记录。"②吕叔湘的看法是，语言在使用中为了便于"容易懂"，于是就随着时代变迁而不断地"略为修正"，故而词汇、文法等方面的变化乃是绝对的。他说："在二千多年里头，文言自身也有了相当的变化，时代的变迁怎么样也得留下他的痕迹。最明显是在词汇方面，这不用说，就是在文法方面也略略有些变化。周秦时代的文字还和语言相当联络，时代的先后，地域的东西，都显示在文字上，就以文法而论也相当庞杂。后来人模仿周秦的文章，无意中加了一番选择和陶熔，取出一个最大公约数来做他们自己的规律；不，连最大公约数都够不上，有些周秦时代的文法条例，后来人不很能了解，也就不遵守了。"③正是基于语言进化的理念，吕叔湘认为人们对于语言的态度以及对语言的使用，影响着语言的发展进路。他重点分析了"通俗文言"在历史演变中的历程及其特色，说明"通俗文言"作为与"正统文言"相对的语言，乃是基于"口语"发展而来，故而也有着独特的变迁路线与发展轨迹。他指出："对于时代变迁的影响，可以有两种态度。一种是竭力仿效古人，用古语代今语，……他们的作品表面上也做得很象，我们称这一派为'正统文言'。但是很早已经有人对于口语的影响采取较宽容的态度。他们虽然沿用文言的架子，

---

① 吕叔湘：《中国文法要略》（1942 年），商务印书馆 1982 年版，第 35—36 页。
② 吕叔湘：《中国文法要略》（1942 年），商务印书馆 1982 年版，第 3 页。
③ 吕叔湘：《中国文法要略》（1942 年），商务印书馆 1982 年版，第 4 页。

却应合当前的需要,容纳许多口语的成分。随笔和书札里面有很多例子,公文、契约等等应用文字更是如此,这一类文言可以称为'通俗文言',"①又指出:"口语成分较多的通俗文言,也就可以算做语体,最显著的是由和尚们开始而宋明理学继踪的'语录体',和由唐五代的'变文'开始,后来流为弹词和鼓儿词,以及由宋词元曲开始,后来衍为旧剧的戏词以及小曲的种种语体韵文。这些里面都还搀杂许多文言成分。比较纯粹的语体是宋人的平话,我们可以称之为'平话体'。旧小说一直沿用这个文体,从前所说白话一般也就指的这个。"②吕叔湘对于汉语历史的解读,使他的语法研究能够从不同的时代、不同的语言材料中归纳语言规律,从而使该著凸显出鲜明的文化特色。

吕叔湘的《中国文法要略》对于语法的研究,善于在语言与文字关系的把握中进行,并从"社会的行为"方面阐释语言的社会性。他指出:"语言是什么? 就是我们嘴里说的话。说话是我们日常生活中极普通的事情,跟走路一样的普通。平常人很少有话而不说的,有些人无说话的必要也要说话。可是,我们想想看,一个人独自说话不说话? 不,间或也有这种情形,我们就说那个人在那儿'自言自语',仿佛有点儿反常。这是什么道理呢? 原来说话和走路不同,不是一种个人的行为,是一种社会的行为。说得明白些,要有人听着,我们才说话。……说话的效用受两种限制,空间和时间。这两种限制都可以拿文字来突破。……大多数文字的目的在于传达远方,却意外地保存到后世;但也有打头儿就拿流传后世做目的的,例如哲学家或诗人,把他们的思想形之于文字,情感发之于诗歌,不但给同时的人看,并且还希望千百年后有更多的人能了解他们。可是一般地说起来,文字只是语言的代替品,只是语言的记录。因此文字和语言常常相当一致,这是对的。可是不会绝对一致,因为语言是一边想着一边说的,文字却是思索了一道才写下的,比较更有条理。"③这里,吕叔湘不仅注意到语言与文字的紧密联系,而且也注意到语言与文字之间的差异性,并在社会中阐发两者的关系。由于注意到语言与文字之间的关系,吕叔湘发现存在着文字与语言"脱节"的情况,也就是"语"与"文"不一致的现象。他指出:"倘若每个时代的文字都跟着语言走,周秦时代的人说周秦话,也写周秦文;唐宋时代的人说唐宋话,也写唐宋文;到了现代,只说现代语,只写现代文,问题也就简单了。无奈周秦以后,中国

① 吕叔湘:《中国文法要略》(1942年),商务印书馆1982年版,第4页。
② 吕叔湘:《中国文法要略》(1942年),商务印书馆1982年版,第4—5页。
③ 吕叔湘:《中国文法要略》(1942年),商务印书馆1982年版,第1—2页。

的文字和语言就脱了节,写文章的人老是摹仿周秦文,这就是所谓'文言';通常又称为'古文'。至于现代语写在纸上,那就称为'语体文'或'白话文'。"①可以说,吕叔湘厘定语言与文字的关系,为他创建独具特色的语法体系奠定了学术的基础。

　　吕叔湘的《中国文法要略》是 20 世纪 40 年代语法研究的代表性著作,立足于中国语言文字演变的实际,有力地冲破了西方语法的藩篱,在词法研究与句法研究相结合的视域中探寻语法发展的规律。该著在研究方法上,既注重归纳又注重分析,同时还进行大量的比较,呈现了历史研究与理论研究相统一的研究路数。吕叔湘的《中国文法要略》所提出的主张及提示的研究理念为后来的学者所继承与发展,在中国现代语法学史上有着重要的学术地位。

　　2. 王力的《中国现代语法》(1943 年)

　　王力②在语法学方面的代表作是《中国现代语法》(1943 年)③,系作者在西南联大的教学讲义,经修改和补充后出版。该著分句法(上下)、语法成分、替代法和称数法、特殊形式、欧化的语法 6 章,在著述体系上以研究"造句法"为重点,阐明了汉语的语法成分及其演进规律,创建了基于汉语特点的语法体系。

　　王力在《中国现代语法》中关于现代汉语语法的研究,是在语言性质的界定及语言作用的考量中开启的。王力十分重视语言的分析,认为:"语言有三个要素:(一)语音,就是每一民族用以表达思想或情感的那一套声音;(二)词汇,就是把某一定的语音去表示某一定的概念;(三)语法,就是把许多概念联结起来,用某一定的方式去表示事物的关系。"④正是在语言的考量中,王力不同意学术界有人提出的"文字替代语言"的观点,而认为语法研究必须基于语言来进行,这是因为语言是文字所无法替代的。他指出:"文字之替代语言,是很不够的。非但语言的极细微处,如音高、音强、音长等,不是文字所能描写尽致;即较大而

---

　　①　吕叔湘:《中国文法要略》(1942 年),商务印书馆 1982 年版,第 3—4 页。
　　②　王力(1900—1986),字了一,广西壮族自治区博白县人。中国语言学家、教育家、翻译家、散文家、诗人,中国现代语言学奠基人之一。1926 年考进清华大学国学研究院,1927 年赴法国巴黎大学留学,1954 年调北京大学任教授,1956 年被聘为中国科学院哲学社会科学学部委员。王力一直从事语言科学的教学和研究工作,为发展中国语言科学、培养语言学专门人才作出了重要的贡献。他在语言学方面的专著有 40 多种,论文近 200 篇,共约 1000 万余字,内容几乎涉及语言学各个领域,并在诸多方面具有开创性。其代表作有《中国音韵学》、《中国现代语法》等等。
　　③　王力的《中国现代语法》(上、下册),重庆商务印书馆 1943 年 11 月至 1944 年 8 月初版,1947 年 2 月沪初版。
　　④　王力:《中国现代语法》(1943 年),商务印书馆 1985 年版,第 1 页。

易察的情形,如语音的停顿,语调的表示疑问或感叹,也不是文字所能表示。因此,我们在文语里,除使用文字之外,还运用若干符号,以助文字之所不及。"①需要注意的是,王力不仅看到了语言与民族的关系,而且看到了语言的社会性特点,这在语言性质的认识上显示出独特的研究理念。关于语言的性质,王力指出:"语言是社会的产品,所以每一个社会自有它的特殊语言。民族和民族之间,语言的歧异更大;咱们往往以语言的不同去证明民族的不同。每一个民族的语言,我们称为族语。一个族语虽然往往就是一国的国语,例如中国;但也可以有两个以上的国家共用一个族语,例如英美。在语言学上,我们只以族语为单位,不以国语为单位。"②同时,王力对语言的"工具性"也有着深刻的认知,强调语言在表达思想或情感中的独特作用。他指出:"语言是表达思想或情感的工具。凡属人类,都有表达思想和情感的需要,因此,也都有他们的语言。最低级的语言是用姿势表示的;现在咱们摇头表示否定,招手表示使来,都是姿势语言的残留。人类最普通的语言是用口说的,可以称为口语,也就是狭义的语言。口语虽然便利,但是不能传远或传久,于是开化的或半开化的民族又创造文字来代替口语。文字也是语言之一种,可称为书写的语言,或文语。"③王力的语言观基于社会生活的实际,有助于其形成以语言特点研究为重点的学术风格。

王力的《中国现代语法》在研究方法上,主张根据"族语结构"来研究语法,认为汉语语法必须依据汉族的特点而不能"抄袭西洋族语的语法",因而也就不可能"为全世界创造一种普遍的语法"。他指出:"语法既是族语的结构方式,可见离开了族语结构的特征,就没有语法。许多语法学上的术语,只是帮助说明族语特征的一种工具;如果只知道套取语法的术语,而不知道说明特征,就等于不曾谈到某族语语法的本身。每一个族语自有它的个别的语法,和别的族语的语法决不能相同。民族和民族之间,血统关系越微,语法的相似点也越少。咱们想要为全世界创造一种普遍的语法固然是不可能;就是想要抄袭西洋族语的语法来做汉语的语法,也是极不自然,极不合理的事;许多琐碎的区分,对于汉语是多余的,而汉语结构中许多主要的特征,却因为无从抄袭而没有表彰出来。"④王力关于语法研究必须依据族语状况的主张,其核心点就是要求语法研究切实地反映"族语的结构方式",目标在于建立具有鲜明特征的汉语语法体系,从而打破

① 王力:《中国现代语法》(1943年),商务印书馆1985年版,第382—383页。
② 王力:《中国现代语法》(1943年),商务印书馆1985年版,第1页。
③ 王力:《中国现代语法》(1943年),商务印书馆1985年版,第1页。
④ 王力:《中国现代语法》(1943年),商务印书馆1985年版,第3页。

沿袭西方语法的研究范式,这是语法研究上注重"族语结构的特征"的具体体现。

王力的《中国现代语法》在语法学方面的最大贡献,是建立了以语言特点研究为重点、以口语研究为支点、以中外比较为特色的语法学研究体系,在探索汉语语法规律方面向前推进了一大步。该著的学术主张集中体现在这样几个方面:一是研究汉语必须照顾到汉语语法的特点,必须开展中外语法、方言普通话语法的比较;二是必须重视口语语法的研究,在口语语法的研究中深化语言规律的研究;三是要发挥语法理论在研究工作中的指导作用,提高语法研究的理论自觉性,从而深化对语法规律的探索和研究。该著最大的特点是立足于汉语的实际来阐发汉语语法,反对语法研究上的抄袭西方的做法。如该著在分析汉语系词的作用与功能、主谓短语作句法成分等方面,在分析汉语中能愿式、处置式、递系式、被动式、紧缩式等各类特殊句式的结构形式方面,皆立足于汉语实际状况的考察,其突出之处是摘引归纳《红楼梦》、《儿女英雄传》书中的语句,通过归类和分析而借以说明语法规律。王力的《中国现代语法》是创建具有汉语特点的语法体系的开拓之作,同时也是语法革新时期具有创新性的代表性著作,在中国现代学术史上有着重要的地位。

3. 高名凯的《汉语语法论》(1948 年)

高名凯[①]在语法学方面的代表作是《汉语语法论》,上海开明书店 1948 年 1 月初版。该著除绪论外,共四大部分:第一编句法论,第二编范畴论,第三编句型论,第四编构词论。该著是创新语法体系的专著,为推进汉语语法规律的研究作出了重要贡献。

高名凯的《汉语语法论》在承继了学术界提出的语言"工具"论的基础上,创新地提出了语言是"用以交流思想的带有符号性质的工具"的主张。他指出:"语言是一种交际工具,是一种用以交流思想的带有符号性质的工具。它的目的是在于表达人的意思给社会中别的分子,它的作用是工具,而它的性质是符

① 高名凯(1911—1965),福建平潭县人。著名理论语言学家、汉语语法学家和文学翻译家。早年从燕京大学毕业后,入法国巴黎大学专攻语言学,获博士学位。1941 年回燕京大学国文系任助教,1942 年任北平中法汉学研究所研究员。1945 年起任燕京大学国文系教授兼系主任。1952 年院系调整后,任北京大学中文系教授,兼语言教研室主任,直到病逝。曾任《中国语文》编委等职。代表性著作有《汉语语法论》、《普通语言学》、《语法理论》等。高名凯与著名语言学家王力、吕叔湘齐名,在介绍西方语言学理论方面做了大量工作,对中国 20 世纪语言学的研究起到了引领作用,为中国现代语言学的开拓与发展作出了重要贡献。

号。符号是可以自由的,我们可以随便用那一种符号去代表那一个意义,但是为着交通意思的关系,这符号必得是社会中的分子所共同承认的,并且共同承认之后,就不能随便加以更改。语言是表达意思的,所以语言必得和思想结合在一起。人类的思想有一个特性,就是凡是思想必是综合的,换句话说,在思想历程中,我们不是在思索一个一个独立存在的概念,而是要想出概念和概念之间的关系。在一个判断之中,分析起来看,有许多独立的概念,不过这许多独立的概念是在判断之中互相关联着的。在语言方面说,代表判断的就是句子或命题,代表每一个概念的是所谓词。"①进而言之,"词"乃是概念的具体形态。这里,"词是语言建筑材料的单位,它表达一个概念,而有一个语音的形式。词的构成有两个成分,意义为其内容而语音为其外壳。没有意义,音只是物理现象;没有音,意义只是心理作用:两者不可缺一。换言之,词是语音形式和意义的结合,而这意义则是独立的。"②高名凯由"词"的地位问题又提出"词法"研究的思路。他指出:"词法可以分为两大类,一是构词法,一是构形法。构词法是研究如何构造新词的学问。构形法是研究表示各种语法范畴的词形变化的学问。构形法又可以分为两种,一是词的内部变化,一是词的外部变化。词的内部变化是狭义的构形法的形态变化,也就是一般人所了解的'形态',词的外部变化是广义的构形法的形态变化。一般的说法,形态变化指的是狭义的构形法的形态变化。汉语的构形法有其特殊的特点。"③高名凯关于语言的性质及作用的论述,是在人类的交往关系中理解和阐发语言现象的,揭示了语言的思想性、符号性等特征,强调了语言中的概念"在判断之中"所体现的相互关系,这是对语法研究中"句本位"学术主张的有力论证,同时也是一项重大的学术创新。

高名凯在《汉语语法论》中以语言学的观点来立论,强调语言要素的研究中必须重视"语法范畴"的研究,认为语法范畴本身并不是"逻辑的问题"而是社会交往中的"语言的问题",其原因就在于语法范畴乃是一种符号,而这种符号"是社会习惯和语言构造所决定的",故而语法研究所需要的乃是进行"语法结构"的研究,而不是纯粹的逻辑研究。他指出:"语法范畴是表达思想的范畴。……语法范畴毕竟是语言的问题,而不是逻辑的问题。语言是表达思想的,然而语言并不等于逻辑,它有一个特性,就是它必是一个社会的产物。换言之,表达思想

---

① 高名凯:《汉语语法论》(1948 年),商务印书馆 1957 年版,第 18—19 页。
② 高名凯:《汉语语法论》(1948 年),商务印书馆 1957 年版,第 24 页。
③ 高名凯:《汉语语法论》(1948 年),商务印书馆 1957 年版,第 59 页。

范畴的语法形式必得是社会分子所共同承认的习惯。表达思想范畴的语法形式也是一种符号。符号可以代表事物，其所以有一定的意思者，是社会习惯和语言构造所决定的。所以每一个不同的社会有一个不同的语言，也有一个不同的语法结构，而其所表达的意思可以是一样的。"①高名凯还将"语法范畴"分为广义和狭义两个方面，指出："语法范畴可以分广义狭义两者来说。以广义来说，凡是语法形式或语法成分所表达语法意义而可归纳为一个范畴的都是语法范畴，包括词类在内。以这个标准来说，则一切的语法形式所表达的语法意义都可以属于某一个语法范畴。但是，以狭义的意思来说，语法范畴则指一般语法学家在词类下所讨论的名、动、形容等词所有的形态变化所表示的那些语法意义的概括。"②正是基于对"语法范畴"的高度重视，高名凯具体地分析了"时间"和"体"这两个语法范畴，指出："现代语言学家关于'时间'（tense）和'体'（aspect）两个语法范畴分别得非常清楚。'时间'的概念，如上面所说的，必涵有现在，过去和将来三个阶段，也只包涵这三个阶段。'体'则着重于动作或历程在绵延的段落中是如何的状态，不论这绵延的段落是在现在，过去或将来；动作或历程的绵延是已完成抑或正在进行，方为开始抑或已有结果等等。"③高名凯以语言学的视域来研究语法问题，认为研究语法重视"语法范畴"就要具体地研究"基本词汇和语法构造"，但由于基本概念的研究是词汇学的范围，故而需要将"关系的或次要的概念"纳入到语法学的范围之中。他指出："以语言学的观点来说，规定一个语言的条件，是它的基本词汇和语法构造。语法的变化并不容易，而在同样的语法构造之内可以接纳不同的发音，不同的词。虽然语法也总还有演变的时候，但却演变得很慢。基本词汇也是语言中不容易起演变的部分，能长期的保留其特点。在汉语的不同方言里，虽然发音是不同的，然而语音的系统则大略相似，而且只要用心，大体还能互相了解。从基本词汇方面来说，大家所有的也大体相似。"④又指出："从语言学的观点说，基本的概念是词汇学所研究的对象，也就是语义学（semantics）所研究的范围，它是研究每一个词所有的词汇意义的。关系的或次要的概念就是语法学所研究的对象。"⑤高名凯基于语言学的视域来看待语音的要素问题，重视语言本身的独特性内涵，并强调语法范畴研究的极端

---

①　高名凯：《汉语语法论》（1948 年），商务印书馆 1957 年版，第 20 页。
②　高名凯：《汉语语法论》（1948 年），商务印书馆 1957 年版，第 104 页。
③　高名凯：《汉语语法论》（1948 年），商务印书馆 1957 年版，第 188 页。
④　高名凯：《汉语语法论》（1948 年），商务印书馆 1957 年版，第 8—9 页。
⑤　高名凯：《汉语语法论》（1948 年），商务印书馆 1957 年版，第 20 页。

重要性,就在于能够探索语法发展的内在规律。

高名凯的《汉语语法论》构建的是"句本位"的语法学体系,他对于"句法"研究提出诸多的新见解。譬如,他提出句中动词或动词功能的词的"态"的主张,为句法研究提供了新方向。他指出:"句中主语、动词或具有动词功能的词及宾语所生之关系,可以把动词或具有动词功能的词分为几个'态'(voice)。平常所习见的是施动态(active)与受动态(passive)的对立,及物态(transitive)与不及物态(intransitive)的对立。另外,如使动态(causative)等亦是动词或具有动词功能的词的一种'态'。所谓施动就是表示动作或历程是主语所指明的主体之所施者;所谓受动,就是表示主体受了其他物体的动作或历程的影响。由主体所施的动作或历程是否能直接影响到其他的客物方面来看,动词或具有动词功能的词又可以分为及物的与不及物的二者。能直接影响其他客物的,谓之及物动词或具有及物动词功能的词,不能直接影响其他客物的,谓之不及物动词或具有不及物动词功能的词。使动态则表示主体能使其他的客物发生动作或历程。这是一般语法的情形,但不是每一语言都是如此。"①又譬如,他对于古代的句法,依据其历史变迁中存在"言"与"文"不一致的情形,提出了"用古文来研究古代的语言"并不能完全窥见"古代说的语言的全貌"的看法。他指出:"我们看古代的经典每一时期都有每一时期的一些特殊的句法,都有每一时期的一些特殊的词汇,很可以证明古代的记载确是代表当时的写的语言,不过因为是写的语言,同时又因为书写的物质上的困难,更因为原始文字还脱不了象形的规模,例如卜辞,大部分抽象的概念无从表现,这写的语言总不能和说的语言完全一致,只能相当的代表它而已。我们可以说,凡是古文中所写的大体可以相当的代表当时的说话情形,不过还有的说的语言成分却不存在于古文,因此用古文来研究古代的语言也并不是不可靠的,不过不能以此而窥古代说的语言的全貌而已。……大约汉代的文献还能相当代表当时的说话情形。司马迁的《史记》就有许多和先秦的文献不相同的地方。可是后来因为经典文学的势力,大家都来仿效,这传统的所谓文言文就离开说话的语言太远了。因此民间的俗文学家又创出了白话文。这白话文是根据唐宋以后的说话而写的,然而也并不完全和当时的说话一致,就是现今的白话文也并不见得和说的话完全一样。这不一致的原因一方面是受了传统的影响,一方面则因为书面语和说的语言总有一些不一致的地

---

① 高名凯:《汉语语法论》(1948 年),商务印书馆 1957 年版,第 200 页。

方。"①这里,高名凯关于古代语言变迁情况的说明,实际上提示出研究古代汉语语法要依据时代变迁的具体情形而作具体的分析。

高名凯在《汉语语法论》中积极地倡导在语法研究中使用比较研究与历史研究的方法,并在阐发"历史的研究"方法中提出了方言研究的极端重要性。高名凯认为,比较研究在语法研究中有着极为重要的地位,而这种比较研究不仅要看出两者的不同,而且还要看出"不同之中的相同",从而有助于"普通语言学"来探求人类语言的一般原则及其规律。他指出:"在各个语言的比较研究中,语言学家被两种事实所惊动,一是各语言的不同的成分,一是不同之中的相同。因为有不同,有相同,于是便想推求一个语言学的普通原则,是一切语言所共有的。这便是普通语言学的对象。普通语言学是一个特别的名词,它是一种特殊的科学,并不是一般人所谓的'普通',以为只是浅明的或通俗的语言学。然而普通语言学的目的既在于研究人类语言的一般原则,人类语言发展的一般规律。"②高名凯还认为,比较法可以运用到中西语言的研究中,汉语语法研究中使用比较法也有助于认识西洋语法。他指出:"汉语的研究对于普通语言学有极大的贡献。比方说,从前西洋学者都以为语法的特征是词尾的屈折。可以等到细究汉语时,发现汉语有许多虚词(汉语不常用屈折而用虚词来表示某种语法作用),再回来细究西洋语法,就认为西洋传统的语法学未免太乌烟瘴气,实则西洋语中也有很多虚词用以表示语法的,不见得语法的成分必得是词尾的屈折。近年来西洋语法学的更进一步的发展未始没有受到汉语研究的影响。"③这里,高名凯不仅主张将比较原则运用到中西语言的对比之中,而且还将比较研究上升到探索语言规律的高度。高名凯还特别重视语法的历史研究及其所具有的历史演变的视域,并由此提示出方言研究的重要性。他指出:"汉民族语其实是一个单位,我们的共同语其实就是以唐宋以后因政治、文化的关系而养成优越势力的北方方言为基础而发展起来的各地汉人之间的共同语。虽然也有别的方言成分参杂在内,然而却是一般人所都了解的。所以所谓汉语实在有广狭二义,前者包括一切汉语的方言,后者则专指汉民族所用的以北方方言为基础而发展出来的民族共同语而言。可是后者的研究却有赖于前者。因为本来都是出自一源,比较的研究可以增进对这民族共同语的认识。"④高名凯倡导语言的"历史研究",但

① 高名凯:《汉语语法论》(1948年),商务印书馆1957年版,第11页。
② 高名凯:《汉语语法论》(1948年),商务印书馆1957年版,第14页。
③ 高名凯:《汉语语法论》(1948年),商务印书馆1957年版,第14页。
④ 高名凯:《汉语语法论》(1948年),商务印书馆1957年版,第9—10页。

不反对其他的研究方法,只是他认为其他研究方法如"描写的研究"等,仍然"必须在历史主义观点的指导之下",故而,他所倡导的历史研究方法乃是广义的,既包括狭义上的"历史的研究",也包括在历史主义指导下的其他方法。他指出:"研究语法可以采取两条道路:一是描写的研究(descriptive study),一是历史的研究。不过描述的研究必须在历史主义观点的指导之下才能有科学的结论,而描写的研究也只是历史研究的出发点。历史的研究使我们了解语法发展的内部规律,因此可以给我们指出一个合于发展规律的趋向,使我们知道在现有的语法现象之中,那些是合于规律的,那些是不合规律的,于是,语法的规范化问题也就有了凭藉和根据。"①高名凯申明了"历史主义"指导的重要性及历史研究的优势所在,并提出了这样的具体要求:"应当注意语法形式发展的内部规律,不应当割断历史。当然拿词源的意义来说明现在或某一时代的语法的现实功能是不恰当的。但这不等于说可以割断历史,不顾语法的历史发展。……注意语法的系统,不要孤立的看问题。在历史主义观点的指导之下,语法系统的分析是研究语法的必要工作。语法是一个系统,要研究一个语法的系统,就应当看这语法结构的现实价值,不要以它的历史上的意义来解释它的现实功能,虽然我们必须了解它这功能是历史发展的结果。"②高名凯倡导比较法和历史研究法在语法学研究中的运用,并将研究方法的使用上升到探求语法规律的高度,这使他的语法学理论有着方法论的特色。

高名凯创建语法学理论有着学术史的眼光,善于在对中国语法学史的分析中开启研究方向。他认为中国语法学尽管落后,但也有一定的基础。他指出:"中国的语法学确是不够发达。但并不等于我们没有进行过语法的研究。中国古代的学者就曾做过一些语法研究的工作。比方说,《说文》里头就有许多关于语法的解释。《说文》的目的在于解说文字,等到碰着一些没有基本语义的所谓'虚字'的时候,《说文》的著者许慎就觉得很难说明它;这些'虚字'多半都是表达语法意义的,他只好说这是那一种'词'或'语'。《说文》里头所谓的某'词'某'语'者,大体都是表达语法意义的虚字。"③高名凯评析了马建忠的语法学研究成果,说明了克服马氏语法研究缺点的必要性。关于马建忠的语法学研究的问题,高名凯有这样的评价:"马建忠的缺点就是根据拉丁语法的词类来把

---

① 高名凯:《汉语语法论》(1948年),商务印书馆1957年版,第53页。
② 高名凯:《汉语语法论》(1948年),商务印书馆1957年版,第52—53页。
③ 高名凯:《汉语语法论》(1948年),商务印书馆1957年版,第16页。

汉语的词分为若干类,而把研究的重心安放在词类的问题上。其实汉语的语法特点显然和拉丁语的语法特点不同。西洋的语法书把语法的重心安放在词类上,是有根据的,因为词类的分别是印欧语的特点。马建忠把语法学介绍到中国来,自有他的贡献,但他漠视语言的特点,受了法兰西波尔瓦耶尔的理性主义的语法的影响,从逻辑出发去研究语法,漠视汉语语法的特点,拿拉丁语的语法来解释汉语语法,拿具有丰富词类形态变化而缺乏造句法的拉丁语语法,来套在具有丰富的造句法而缺乏词类形态变化的汉语语法的头上,则是他的缺点。"①高名凯研究语法的学术史眼光,使他能够克服前人研究所存在的问题,从而在充分地承继前人学术成果的基础上创建具有汉语特点的语法体系。

高名凯的《汉语语法论》一书在继承黎锦熙"句本位"思想的基础上,建立了以"句法"为重点、以口语语法研究为出发点、破解语法结构形式内在规律的语法学体系。该著提出了诸多的学术见解,但主要的是在这样几个方面:一是主张句法是汉语语法的重点,虚词和词序是汉语结构语法形式的主要方面;二是强调语法研究应"以口语为出发点",注重语言在社会生活中的实际运用,而"不应当专靠书本上的记载","如果用书本上的材料,则应当注重文字背后的发音,不应当斤斤于文字的表面上的现象"②;三是要求具体地研究"语法形式的存在,不应当过分注视逻辑的背景"③,而要注重语法形式发展的内部规律的探讨,并在历史与联系中把握语法的体系性特征。从中国现代语法学发展历史来看,高名凯的"《汉语语法论》的贡献在于:建立了一个相对严整的语法体系,具有自己独特的研究视角和方法,注意语法范畴和语法形式之间的内在联系,提倡揭示语法内部的规律和保持语法的历史联系,尤其是对汉语的虚词和词序的作用比较重视,作出了比较详细的分析。"④高名凯的《汉语语法论》是一部开创性的语法学专著,在中国现代学术史上有着重要的地位。

需要指出的是,在 20 世纪的 30 年代和 40 年代,杨树达的《高等国文法》(1930 年)、何容的《中国文法论》(1941 年)对语法学研究也是有很大的贡献。

---

① 高名凯:《汉语语法论》(1948 年),商务印书馆 1957 年版,第 49 页。
② 高名凯:《汉语语法论》(1948 年),商务印书馆 1957 年版,第 49—50 页。
③ 高名凯:《汉语语法论》(1948 年),商务印书馆 1957 年版,第 50 页。
④ 潘悟云、邵敬敏主编:《二十世纪中国社会科学·语言学卷》,上海人民出版社 2005 年版,第 55 页。

杨树达①的《高等国文法》(1930 年)②,内分总论、名词、代名词、动词、形容词、副词、介词、连词、助词、叹词等 10 章,在当时的语言学界有重要的影响。《高等国文法》是杨树达积多年教学与研究的经验,于 20 世纪 30 年代写成的一部博采众家之长的古汉语语法著作,亦是杨树达的代表作之一。杨树达以进步的理念看待语法的变迁,认为中国语法的研究既要看到其中不变的因素,但更要看到其中变迁的方面,这就需要考察各种构成影响的具体因素。他指出:"言语有变迁,则语法亦随之而变。我国向来独立华夏,比邻民族,文化大都远居其后,故其言语文字不易受外来之影响,因而文法亦无多大之变更,然亦未尝绝不蒙影响也。由今论之,凡有四事。其一,佛教输入我国,不惟思想界大受其影响,而文字之形式亦大有变更……。其二,元人入主中国,多数之蒙古语,遂杂入我国语中。……其三,自清光绪甲午中日战役以后,我国士人多往日本游学,于是日本名词'手续''目的''不经济'等词,输入无限,而文句之组织亦蒙变迁之影响。……其四,最近我国文学界受西洋文学之影响,文句之组织多染横行文字之风。"③杨树达的《高等国文法》还特别重视语法方法论的研究,并积极地倡导运用"历史的研究法"和"比较研究法"来开展语法研究。关于"历史的研究法",杨树达指出:"历史的研究法,可分作两层说。第一步,举例时,当注意每个例发生的时代。每个时代的例排在一处,不可把《论语》的例和欧阳修的例排在一处。第二步,先求每一个时代的通则,然后把各时代的通则互相比较。甲,若各时代的通则是相同的,我们便可合为一个普遍的通则。乙,若各时代的通则彼此不同,我们便应该进一步,研究各时代变迁的历史,寻出沿革的痕迹和所以沿所以革的原因。"④关于"比较研究法",杨树达指出:"比较研究法,可分作两步讲。

① 杨树达(1885—1956),湖南长沙人。当代语言文字学家。字遇夫,号积微,晚更号耐林翁。15 岁遵父命从湘潭人叶德辉受业,攻读《说文解字》、《四库提要》。16 岁转入官办求实书院续读经史、算学、英文。1905 年赴日本留学。回国后受聘于湖南省立第一师范学校、北京高等师范学校、清华大学国学研究院。1948 年被选为院士。中华人民共和国成立后,被聘为中国科学院哲学社会科学学部委员,湖南省文史研究馆馆长。著有《古书疑义举例续补》(两卷,家刻本,1924 年)、《中国语法纲要》(商务印书馆,1928 年)、《高等国文法》(商务印书馆,1930 年)、《词诠》(商务印书馆,1928年)、《马氏文通刊误》(商务印书馆,1931 年)及《中国修辞学》(世界书局,1933 年;增订后更名为《汉文言修辞学》,科学出版社,1954 年)等。
② 杨树达的《高等国文法》,最早为上海商务印书馆 1930 年 6 月初版,其后有 1932 年国难后第 1 版。商务印书馆于 1934 年 12 月出大丛书本改订第 1 版,1935 年 5 月大丛书本改订第 2 版,1932 年 2 月国难后改订第 1 版,1940 年 10 月出国难后改订第 2 版。
③ 杨树达:《高等国文法》(1930 年),商务印书馆 1984 年版,第 6—7 页。
④ 杨树达:《高等国文法》(1930 年),商务印书馆 1984 年版,第 37 页。

第一步,积聚些比较参考的材料,越多越好。在文言文的文法学上,这种材料可分做三类:(1)中国各地口语的文法。(2)东方古今语言的文法,如满蒙文法,梵文法,日本文法等。(3)西洋古今语言的文法,俄文法,英文法,德文法、法文法,希腊拉丁文法等。第二步,遇著困难的文法问题时,我们可寻思别种语言里有没有同类或大同小异的法。若有这种类似的例,我们便可拿他们的通则来帮助解释我们不能解决的例句。"①杨树达的《高等国文法》订正了《马氏文通》的一些错误,树立了以划分词类为中心的语法体系,揭示了文言语法的一些规律。

何容②所著《中国文法论》(1941 年)分文法浅说、论中国文法的研究、论词类区分、论语句分析、论所谓词位、论复句与连词、马氏文通的句读论、助词语气与句类等 8 章,对于词法研究有独特的贡献,在语言学界有重要的影响③。何容的《中国文法论》中强调虚字研究的重要性,指出:"我们中国语言里,也有不能独立表意的依附成分,不过在文字里我们对于一个语言成分不管它能不能独立表意,也不管它是附加于独立的成分以表意,还是和独立的成分用在一起以表意,只要它是一个有表意作用的最小的声音单位,就把它写成一个独立的字;这写'在语言里不能独立表意的依附成分'的字,我们叫作虚字。"④何容强调文法学要有独立的研究对象,认为尽管有些本属于文法学的问题已经归类到训诂学之中,但也应该在文法学中予以重点研究,从而建立具有独立范围与研究对象的文法学。他指出:"应该由文法学来说明的现象,虽然有些是被文字所隐没,有些不被隐没的,也归到训诂学的领域里去了。可是在训诂学里,它们又显示出特殊的性质。第一是那些记录语言里的依附成分的字,和记录独立成分的字,在被训诂的时候,显示出差别,使人感到'实字易训,虚字难释';尤其是在经传里有些不同形的虚字,所记的只是同一个依附成分的音,望文生义的去训释,会弄出

<hr>

① 杨树达:《高等国文法》(1930 年),商务印书馆 1984 年版,第 36 页。
② 何容(1903—1990),原名何兆熊,字子祥,号谈易,笔名老谈,河北省深泽县小堡村人。中国现代语言学的早期开拓者。13 岁时读本县师范讲习所,15 岁时考入天津直隶省立甲种水产学校(专修水产制造业),20 岁时考入北京大学预科,次年考入北京大学英国文学系;1926 年北伐战争开始,休学从军,任指导员、宣传科长等职,战斗中负伤;1929 年复学,翌年北大毕业,先在河北省立九中任主任,后进教育部,1934 年任北大中文系讲师。七七事变后,在武汉参与创建文艺界抗敌协会,创办《抗战文艺》,并合作编辑《抗到底》等抗日期刊。1946 年到台湾普及推广台湾光复后国语工作,主编《台湾新生报》的"国语副刊",1948 年创刊《国语日报》。著有《何容文集》、《中国文法论》、《简明国语文法》等。
③ 何容的《中国文法论》,最早有重庆独立出版社 1944 年 4 月初版,其后有 1947 年 12 月南京再版。1949 年 6 月,上海开明书店出重新校订后的改排版。
④ 何容:《中国文法论》(1941 年),商务印书馆 1985 年版,第 8 页。

许多错误。第二是句中之字的顺序的变易,和由单词结合而成的另表一意的复合词等,在古书里常称为疑义。由于这些事实,在训诂学里便不能不把这一部分应该由文法学来说明的现象另眼相看;于是我们有了刘淇的《助字辨略》、王引之的《经传释词》、俞樾的《古书疑义举例》这些或多或少是以文法现象为其内容的著作。……可是这些学人并不曾把他们所注意到的现象当作方法来研究。……并没有把虚字的作用的普遍性找出来。……可以说他们的著作是文法学的萌芽,不过这一点萌芽始终还没有成长为中国文法学。"[1]何容的《中国文法论》构建文法学的努力及其见解是应该予以充分肯定的。

除以上介绍的学者外,傅东华[2]、方光焘[3]等也对语法学研究作出重要的贡献。

总之,20 世纪 30 年代和 40 年代是中国语法研究的发展阶段,这一阶段是"因中国文法的特殊事实渐渐的发见了,模仿体制已有难以应付裕如之苦,文法的新潮又从语言学界涌现了,模仿体制的根本已经不能不动摇,还有中国文法的成语成说如今还可采取承用的也陆续发见了,已不能再象从前那样弃为敝屣,于是报章杂志或是会谈讲演之间也就逐渐出现了根据中国文法事实,借镜外来新知,参照前人成说,以科学的方法谨严的态度缔造中国文法体系的动议。这个时期我们可以称为缔造时期。缔造固然艰难,幸而已经开始。"[4]语法学研究的历史,证实了陈望道这样的判断。

## 二、文字学学科地位的独立

文字学在现代中国学术界成为独立的学科,是中国现代学术史上的一大成

---

① 何容:《中国文法论》(1941 年),商务印书馆 1985 年版,第 19 页。

② 傅东华(1893—1971),本姓黄,改姓傅,又名则黄,笔名伍实、郭定一、黄约斋、约斋,浙江金华曹宅镇大黄村人。1912 年,上海南洋公学中学部毕业,次年进中华书局当翻译员,开始发表短篇小说。20 世纪 30 年代,任复旦大学、暨南大学教授。新中国成立后,历任中国文字改革委员会研究员、中华书局《辞海》编辑所编审、《辞海》编辑委员会委员、语辞学科主编。专著有《李白与杜甫》、《李清照》、《字源》、《汉学》、《现代汉语的演变》等。

③ 方光焘(1898—1964),字曙先,浙江省衢县人。语言学家、作家、文艺理论家、文学翻译家。早年留学日本,后又留学法国里昂大学攻读语言学。参加 20 世纪 30 年代末 40 年代初由陈望道发起的中国文法革新问题的讨论。先后在安徽大学、复旦大学、上海暨南大学、中山大学、中央大学任教授。解放后,任南京大学中文系系主任、教授,并任中国社科院学部委员。主要著作有《语法论稿》、《方光焘语言学论文集》等。

④ 陈望道:《中国文法革新论丛序言》(1943 年),陈望道等《中国文法革新论丛》,中华书局 1958 年版,第 1 页。

绩。文字学在传统学术中属于"小学"的重要内容,并没有独立的学科地位。东汉时期的许慎著有《说文解字》,提出的"六书说"主张支配了文字学理论达1800多年。近代以来,尤其是1899年殷墟甲骨的发现,甲骨文的研究开始兴盛起来,并在民国初年达到高潮。"五四"以后,随着中国现代学术体系的建立,文字学在众多学者的倡导和研究中,逐渐在学术界取得独立的学术地位。

## (一) 蔡元培、钱玄同与文字改革浪潮的兴起

文字学作为一门学科的建立,与当时不断发展着的文字改革的浪潮是紧密联系的。"五四"以后的汉字改革的呼声很高,蔡元培、钱玄同等是重要的先行者,他们积极推进世界语、大众语、白话文运动。其后,王力承其方向,著有《汉字改革》文章,将文字改革推向高潮。而唐兰的《中国文字学》不仅在学术上努力建构文字学研究理论,而且在思想上也有着强烈的文字改革的理念。

蔡元培早在民国初年就倡导世界语,其后又积极地倡导白话文,成为文字改革的领导者。在他看来,要使我国的语言与世界各国交通,以"求知识于世界","不可不有一辅助语,而以世界语为最善",其原因就在于,"第一世界语之易习","第二先学世界语而后学其他外国语之便利","第三足以增世界语推行之势力",故而他设想"我国专门教育,将不妨以世界语为主语,而以英、法、德各国语,供参考之用"①。新文化运动兴起后,蔡元培积极倡导白话文,认为白话文乃是一种必然的趋势,是无法抗拒的。他指出:"国文的问题,最重要的就是白话与文言的竞争。我想将来白话派一定占优胜的。白话是用今人的话来传达今人的意思,是直接的。文言是用古人的话来传达今人的意思,是间接的。间接的传达,写的人与读的人都要费一番翻译的工夫,这是何苦来? 我们偶然看见几个留学外国的人,写给本国人的信都用外国文,觉得很好笑。要是写给今人看的,偏用古人的话,不觉得好笑么? ……现在应学的科学很多了,要不是把学国文的时间腾出来,怎么来得及呢? 而且从前学国文的人是少数的,他的境遇,就多费一点时间,还不要紧。现在要全国的人都能写能读,那能叫人人都费这许多时间呢? 欧洲十六世纪以前,写的读的都是拉丁文。后来学问的内容复杂了,文化的范围扩张了,没有许多时间来摹仿古人的话,渐渐儿都用本国文了。他们的中学校,本来用希腊文、拉丁文作主要科目的。后来创设了一种中学,不用希腊文。

---

① 《在世界语学会欢迎会上演说词》(1912年8月),《蔡元培全集》第2卷,浙江教育出版社1997年版,第195—196页。

后来又创设了一种中学,不用拉丁文了。日本维新的初年,出版的书多用汉文。到近来,几乎没有不是言文一致的。可见由间接的,趋向直接的,是无可抵抗的。我们怎么能抵抗他呢?"①蔡元培十分关注文字改革问题,他说:"汉字的不能不改革,我也早有这种感想;曾于九年六月十三日在国语讲习所,把我在注音字母未规定以前的意见发表过。我今先抄在下面:'在我个人意见,国音标记,最好是两种方法:一是完全革新的,就是用拉丁字母……;一是为接近古音起见,简直用形声字上声的偏旁(就是用声母)来替代一切合体的字'。我至今还是抱这种见解,而且以为是并行不悖的。"②由于蔡元培本人的学术领袖地位,他对于世界语和白话文的积极倡导,以及他提出的文字改革的主张,在学术界、思想界产生了重要的影响。

钱玄同③是文字学大家,曾与鲁迅、黄侃等人师从章太炎学国学,研究音韵、训诂学及《说文解字》,在五四时期即以文字学研究蜚声学术界。其所著《文字学音篇》是1917年在北京大学预科讲授文字学音韵部分的讲义,成为中国第一部音韵学通论性的著作。该著不仅首次把古今字音的演变划分为周秦、两汉、魏晋南北朝、隋唐宋、元明清、现代六个时期,形成了完整的汉语语音史分期方案,而且首次把近代音列入研究内容,指出《中原音韵》是近代北音的上源,拓宽了音韵学的研究范围。20世纪20年代初,钱玄同又发表了《汉字革命》、《减省现行汉字的笔画案》等文章,在当时的汉字改革浪潮中尤为引人注目。在钱氏看来,汉字的"罪恶"表现为"难识、难写、妨碍教育的普及、知识的传播",因而汉字就有着改革的必要。他指出:"汉字的变迁,由象形而变为表意,由表意而变为表音。表音的假借字,和拼音文字只差了一间:就是(1)还没有把许多同音的注音字母并用一个;(2)还没有把这种注音字母改到极简;(3)还没有把同声的字归纳为一个声母,同韵的字归纳为一个韵母。所以假借字还只是一种未曾统一而且不甚简便的注音字母。只要百尺竿头再进一步,则拼音文字就可以出世了。"④钱玄同虽然主张文字拼音化,并认为"改用拼音是治本的办法"、"减省现

---

① 蔡元培:《国文之将来》,《北京大学日刊》第490号,1919年11月19日。

② 蔡元培:《汉字改革说》,《国语月刊》第1卷第7期,1922年8月。

③ 钱玄同(1887—1939),原名钱夏,字德潜,又号疑古、逸谷,五四运动前夕改名玄同,浙江吴兴(今浙江湖州)人。早年留学日本。中国现代思想家、文字学家、新文化运动的倡导者。著有《文字学音篇》、《重论经今古文学问题》、《古韵二十八部音读之假定》、《古音无邪纽证》等论文,有《钱玄同五四时期言论集》、《钱玄同日记》传世。

④ 钱玄同:《汉字革命》,《国语月刊》第1卷第7期,1923年1月。

行汉字笔画是治标的办法",但他又认为"治标的办法是目前最切要的办法"。他据汉字的历史来说明自己的观点:"从龟甲、钟鼎、说文以来,时时发现笔画多的字,时时有人将它的笔画减省。殷周至古篆减为秦篆,秦篆减为汉隶,汉隶减为汉草,汉草减为晋唐之草;汉隶的体势变为楷书,楷书减为行书;宋元以来,又减省楷书,参取行草,变成一种简体(即所谓破体、俗体、小写)。这都是最显著的减省笔画。……总而言之,数千年来,汉字的字体是时时刻刻在那儿被减省的。"由此,钱氏提出使用已有的简体字和"添造简体字"的办法:"现在减省汉字笔画,应该根据现在通行于民众社会的简体字。这种简体字,十有七八都是从宋元时代流传下来的。……我们对于通行的简体字,固然应该尽量采用;如其尚可再减,便将它再减。但已通行的简体字,字数不多。我们应……大大的添造简体字,……务使常用的数千字,除那笔画本来很少的以外,个个字都把它减省一下子。"①钱玄同是现代中国著名的文字学大家,学有渊源,功力深厚,成就斐然,为学界所仰望。他在学术界倡导文字改革,并预示中国文字的拼音化方向,这在中国的学术界确实产生巨大的反响。

### (二) 陈望道、王力等的接续性努力

20世纪30年代陈望道等一批学者积极倡导"大众语",对于文字改革亦有着积极的推进作用。陈望道看到了"大众语"的潜力与优势,主张"建立大众语文学",并认为"大众语"乃是五四时期文学革命的趋向所在。他指出:"五四前后'文学革命'时代关于笔头语的论战,便是白话和文言的论战。当时对文言争市民的白话,是包含着语录体和大众语两种语。而且往往把两种语平等的看待,留下一个退入语录体的可能。这是当时的短处。但当时所以把语录体和大众语同等看待,不过是当时急于和文言对立的情势逼它显出了那样看相,骨子里到底并不是把语录体做范本的。"②陈望道所说的"大众语是大众说得出,听得懂,写得来,看得下的语言",而所谓"大众文学"已经由"大众"两字标示其基本内容,并且"语"字业已标示其基本形式,当然,这里的"形式又是要受内容的规定"。关于"大众语文学"前景,陈望道有着热切的期待:"将来大众语文学的基本形式一定就是用语作文,而语又就是大众的语。用语作文便是文和语不相分离,便是

① 钱玄同:《减省现行汉字的笔画案》,《国语月刊》第1卷第7期,1923年1月。
② 陈望道:《关于大众语文学的建设》,《申报·自由谈》,1934年6月19日。

'语文统一'。"①"大众语"运动不仅将"大众语"与大众的"生活"联系起来,而且以发展的眼光看待"大众语"的变革。当时,有文章指出:"我们既认定大众语不是什么人创造出来的,而是随着大众生活的进展而进展的东西,在建设大众语的现阶段,我们便不容忽视:不仅是要接近大众,要从大众中学得习用的语言,我们更要体验大众的生活,了解大众生活的实际情形,懂得大众生活是在怎样的发展。……大众语是有普遍性的,是时时发展着的,它与各地土语不同。以前有人主张用土语写文学作品,这是错误的,虽然我们不妨采用土语。"②又指出:"大众语是建筑在大众的生活上,我们不是去提倡大众语,而是要从大众去体验与学习。以前便有一些人,主张要创造一种现代语来纠正那一些缙绅先生的白话文。他们知道现在非驴非马的白话文不能接近大众,想创造一种广大民众能接近的白话。但可惜,他们是忘记了劳苦大众已经有着他们的新的语言在生长,不是提出要学习的问题,而是提出'怎样去创造'的问题,结果,便有'建立土语文字'的主张,这是错误的。"③也有文章将"大众语"视为"现代中国普通话",指出:"只有'现代中国普通话',才是大众语,才是大众中间的普通的语言。'现代中国普通话'是有普遍性的,它是主要的流行在轮船、火车、码头、车站、客栈、饭铺、游艺场等处。工厂不过也受到影响,这是客籍的工人带进去的,但是因为他们的生活是不流动的,久之就与当地的语言同化。所谓普通话是因为交通发达,各地人们往来日渐密切,要求交涉上的便利而产生的。所以它的目的只在要人懂。它不容纳各种土话,它是竭力避免土话。它在企图每句话都能够说得出,写得出,每个字都找得出意义来。用普通话写文章,将来,也许要变成最明朗简洁的文章。"④尽管当时对于"大众语"的理解还有不少的差异,但大多数论者将"大众语"与大众生活实际直接地联系起来。

　　王力在 1940 年发表《汉字改革》的文章,一方面承认汉字有缺点,但另一方面也不主张汉字的拼音化。关于汉字的缺点及改革的必要,王力说:"由于时代的变迁,字义发生变化,以致意符不象意符;字音发生变化,以致音符不象音符。这类的事实越来越多,所以一般人学习文字的困难也跟着时代而进展。固然,我们在这里要说句公道话。意符,西洋文字里没有,姑且不谈;若说音符不象音符,这是历史所造成的事实,西洋各国的文字也难免这个缺点。……但是,缺点终归

---

① 陈望道:《大众语论》,《文学》第 3 卷第 2 号,1934 年 8 月 1 日。
② 佛朗:《怎样建设大众语文学》,《申报》1934 年 6 月 22 日。
③ 佛朗:《大众语文问题》,《中华》副刊《动向》,1934 年 6 月 26 日。
④ 魏猛克:《普通话与大众语》,《申报·自由谈》,1934 年 6 月 26 日。

是缺点,我们不能因为西洋文字也有这种情形而说汉字没有缺点。"①在王力看来,不能以"难认难写"否定汉字,这是以功利主义的态度对待汉字。他说:"难认难写,这是花费时间多少的问题,假使我们喜欢汉字的任一特色(如带意符以表示概念的范畴,或书法的艺术化),甘心费一些时间去学习它,未尝不可以推崇它,认为世上最优美的文字。譬如最难爬的一棵树,它的果子并不一定是最不好吃的。只因难写难认就怪汉字不好,这完全的一种功利主义。"②又说:"自全面抗战以后,文字为宣传的主要工具,更令人感觉汉字的难学或易学,关系及于抗战的前途。如果汉字是难学的,哪怕有一百个优点,也为功利派所排斥;如果有另一种文字比汉字更容易学习,哪怕有一百个缺点,也该为功利派所欢迎。"③王力的看法是,推进汉字的改革"须先知道它的优点与缺点",这就需要对汉字"尚音"的特点有一个正确的认识。他说:"依一般的见解,也说因为汉字是尚形的。我们阅书看报,都是由文字直接引起我们的概念,用不着语音做媒介。方言的隔阂也只能使同国的人言语不通;汉字是超语音的,所以不受方言隔阂的影响。然而这也是似是而非的论调。先说,我们阅书看报都离不了语音。有些人看小说,看布告,都是连看带念的;不念,就看不下去。我们普通阅书看报,虽然不必念出声音来,但我们心里在默念着。换句话说,文字必须先经过语音(显明的或潜在的)的媒介,然后能引起我们的概念,与图画之直接引起我们的美感者绝不相同。由此看来,汉字的作用仍是尚音,只不过它与西洋文字的拼音作用不能相提并论罢了。"④王力主张在研究汉字特点的基础上推进汉字的改革,这是很有学术见地的。

以上,通过对现代中国"文字改革"线索的初步梳理,不难看到从汉字改革到建立中国文字学的大致轨迹。

在文字考释方面,罗振玉、王国维、郭沫若、于省吾、唐兰等人最为有成绩。由于甲骨文字的大量出现,学者们参以彝器上的文字,以金文、铭文及文献资料,来比对和验证甲骨文,从而在甲骨文的释读方面取得了重要的突破。甲骨文研究的代表性成果,如罗振玉的《殷墟书契考释》(1927年增订本),郭沫若的《甲

① 王力:《汉字改革》(1940年),《龙虫并雕斋文集》(第二册),中华书局1980年版,第580—581页。
② 王力:《汉字改革》(1940年),《龙虫并雕斋文集》(第二册),中华书局1980年版,第581—582页。
③ 王力:《汉字改革》(1940年),《龙虫并雕斋文集》(第二册),中华书局1980年版,第582页。
④ 王力:《汉字改革》(1940年),《龙虫并雕斋文集》(第二册),中华书局1980年版,第579页。

骨文字研究》(1931 年)、《卜辞通纂》(1933 年)、《殷契粹编》(1937 年),唐兰的《殷墟文字记》(1934 年)等,代表了 1949 年前甲骨文研究的最高水平①。学者们正是通过对甲骨文的释读,一方面是在地下发现了一个新世界,开始摆脱了文字学研究历来所依照《说文解字》所设置的框框,使文字学的研究进入一个新的天地;另一方面则是对音韵学、训诂学、历史学、文化学等学科的发展起到了有力的推动作用,促进了这些学科的现代转型和现代学科体系的建设。故而,至 20世纪 30 年代,学者们普遍对"六书说"予以怀疑,并开始了使文字学从小学中独立出来的种种努力。此时,建立独立的文字学学科的时机,可以说已经基本成熟。

## (三)唐兰的文字学理论

唐兰②是现代中国文字学理论的重要创建者,其所著《古文字学导论》、《中国文字学》等著作,在中国现代学术史上有着重要的地位,对构建文字学的理论体系有突出的贡献。

唐兰的《古文字学导论》是在语言与文字关系的分析中,开启其研究思路的。语言是如何发生的呢?唐兰在《古文字学导论》中认为,语言源于人类对自然界中声音的模仿。指出:"当人类听见自然界的各种声音,象:水声的潺湲,雷声的霹雳,玉声的丁东,……羊鸣的芈,鹿鸣的呦,鸟鸣的即足,虫鸣的蟋蟀之类,就象鹦鹉一般地摹仿,这种有摹仿得来的声音,和原始的简单声音相结合,就变成完整的语言。"③唐兰将人类语言发展与人类生存的自然环境联系起来,凸显了语言产生过程中的人类主体性及其与外在环境的关系。那么,文字又是如何形成的呢?唐兰认为语言是基础,但有着一个用肢体描写"物形"的阶段,并且

---

① 潘悟云、邵敬敏主编:《二十世纪中国社会科学·语言学卷》,上海人民出版社 2005 年版,第 13 页。

② 唐兰(1901—1979 年),号立厂,又作立庵,曾用名唐佩兰、唐景兰,曾用笔名曾鸣,浙江嘉兴人。文学家、金石学家。主要著作除了《古文字学导论》、《中国文字学》等有重大影响的专著外,尚有《敦煌所出汉人书太史公记残简跋》、《切韵中所见隋唐以前韵母考》、《白石道人歌曲旁谱考》、《古乐器小记》、《理想中之商周器物著录表》、《陈常陶釜考》、《论古无复辅音凡来母字古读如泥母》、《智君子鉴考》、《天壤阁甲骨文存》、《韵英》、《虢季子白盘的制作时代和历史价值》、《郏县出土的铜器群》、《在甲骨文中所见的一种已经遗失的中国古代文字》、《中国古代社会使用青铜农器问题的初步研究》、《西周铜器断代中的"康宫"的问题》、《春秋战国是封建割据时代》、《初探》、《从大汶口文化的陶器文字看我国最早文化的时代》等 180 篇论文。

③ 唐兰:《古文字学导论》(1935 年),齐鲁书社 1981 年版,第 68—69 页。

要有一个长期的"训练",故而只有语言与图形的结合,才会有文字的产生。他指出:"有些泥古的学人,很相信文字是仓颉造的,和普通人以为孔子造的一样。其实最初的文字,决不是一手一足之烈,而纯粹是由自然发生的。当我们的祖先,才会用肢体来描写一种物形的时候,他们对于物的观察,还不很正确,描写的技术也很笨拙。经过长时期的训练后,才能把各个物体画得逼真,……一见图就能叫出它们的名字,于是语言和图形就结合起来而成为文字了。"①唐兰将原始文字到近代文字的演变历程,划分为三个时期:第一个时期是"由绘画到象形文字的完成,是原始期";第二个时期是"由象意文字的兴起到完成,是上古期";第三个时期是"由形声文字的兴起到完成,是近古期"②。在唐兰看来,原始文字乃是初级的文字,象形是基本的特征,但亦有"象意"字的出现。他指出:"原始文字,只有图形,是无可疑的。由各实物的图形里,用种种技巧来表现出更繁复的意义,于是有'象意'字的出现,文字的数目,因而有大量的增加。这种演进,当然又要需要很长的时间。"③但上古文字有了重大的发展,唐兰指出:"上古文字是用绘画来表现的象形和象意字,近古文字里虽还有象形和象意的留存,但重要的部分却是新兴的形声文字;由上古到近古的重大转变,是由绘画转到注音。"④又指出:"殷商文字是已发见的古文字里最古的一系,和原始文字较近,但形声字已很多,一部分的文字已有讹变,……两周系文字,形声字大增,而象形象意字日渐减少,几等于消灭,文字的讹变则日渐加多。六国系文字,讹变最甚,同时又发现一种新的字体,即后世所谓'鸟虫书'。秦系文字,大体是承两周,但因日趋整齐的缘故,错误也就不少。"⑤唐兰高度评价了殷商系文字在文字发展史上的地位,指出:"殷商系的文字,图形已极简单。四足省作两足,肥笔概用双钩,或省为瘦笔;正画的物像,改为侧写,以适应整篇文辞的书写;此类征象,已可证明这是很发达的文字。而尤其重要的,则是象形象意的文字日就衰歇,而形声文字兴起。这种变动,至迟起于殷初,或许更可推上几百年。在这种变动以前,是象形象意文字时期,更前则是象形发展到象意文字的时期。所以,我们在文字学的立场上,假定中国的象形文字,至少已有一万年以上的历史,象形象意文字的完备,至迟也在五—六千年以前(孔子诞前三千五百—二千五百年);而形声文字

①　唐兰:《古文字学导论》(1935年),齐鲁书社1981年版,第72—73页。
②　唐兰:《古文字学导论》(1935年),齐鲁书社1981年版,第83页。
③　唐兰:《古文字学导论》(1935年),齐鲁书社1981年版,第75页。
④　唐兰:《古文字学导论》(1935年),齐鲁书社1981年版,第110页。
⑤　唐兰:《古文字学导论》(1935年),齐鲁书社1981年版,第33—34页。

的发轫,至迟在三千五百年前(孔子诞前一千年)。这种假定,决不是夸饰。"①
这里,唐兰依据文字变动的轨迹,排出文字的"象形——象形象意——形声"的
历史演进的历程。唐兰在考察文字演进轨迹的同时,还探讨了文字演进的途径,
认为文字演进有着形的"分化"、义的"引申"、声的"假借"这三条路向。他指
出:"'分化'的方法,是把物形更换位置,改易形态,或采用两个以上的单形,组
成较复杂的新文字。……由这种方法,常把一个象形文字,化成很多的象意文
字。'物象杂谓之文',这种文字是很复杂的,我们不妨叫它做'文'。除了在形
体上分化外,还有两种重要的方法。'引申'是文字的意义的延展,例如'日'字
是象形,在语言里,却可用作今'日'的意义。'假借'是文字的声音的借用,例如
'羽'字象形,借来代表语言里的翌日的'翌'声。……形的'分化',义的'引
申',声的'假借',是文字演变的三条大路。"②唐兰关于文字演进历程及演进途
径的探讨,不仅体现了进化的文字发展观,而且也阐明了文字演进的内在联系及
其机制,从而深化了文字发展史的研究。

唐兰在《古文字学导论》中,强调文字学是以文字为研究对象学问,并对这
一学问的演进历程进行学理的分析,提出了文字学研究所应有的历史主义态度。
在他看来,文字学的演进与文字的演进虽然有关系,但两者并不是一回事。关于
文字学的起源,他指出:"文字学的萌芽,大概在春秋时。《尔雅》据说是周初所
作,《史籀篇》据说是宣王时作,但解说文字的风气,实起于《左传》。宣公十二年
《传》,楚庄王说:'夫文,止戈为武'。又十五年《传》,伯宗说:'故文,反正为
乏。'昭元年《传》,医和说:'于文,皿虫为蛊。'这都是后来所谓'会意'字。而经
传里常见的声训,象:'乾,健也'、'坤,顺也'、'仁,人也'、'谊,宜也'之类,也都
起在春秋以后。"③需要强调的是,唐兰极力主张以科学的方法来研究文字学,将
规律的探索作为研究的追求,尤其强调历史主义的研究态度。他指出:"假使我
们为文字学的目的去研究古文字,那末,我们必须详考每一个字的历史,每一族
文字中的关系,每一种变异或错误的规律;总之,我们要由很多的材料里,归纳出
些规则来,做研究时的标准。有了这种标准,就可以做有系统的研究,既不必作
无谓的谨慎,也不致于象没笼头的野马一样。"④在文字学的研究对象方面,唐兰
认为文字学要重点研究"文字的形体",亦即以"文字的形体"作为文字学的研究

---

① 唐兰:《古文字学导论》(1935年),齐鲁书社1981年版,第79—80页。
② 唐兰:《古文字学导论》(1935年),齐鲁书社1981年版,第88—89页。
③ 唐兰:《古文字学导论》(1935年),齐鲁书社1981年版,第55—56页。
④ 唐兰:《古文字学导论》(1935年),齐鲁书社1981年版,第140—141页。

对象,并主张文字学与语言学应该分开,从而使文字学这门学问成为独立的科学。他指出:"文字虽用以代表语言,但它有它自己的形体。因为文字的形体,跟着时代而变迁,又因为语言的变迁,常是影响到文字,使它们的意义和形体隔离,因为每个文字的本意和历史,很难清楚,所以我们需要文字学。"①又指出:"文字的形体的研究,是应该成为独立的科学的。语言的主体是声音,文字的主体是形体,我们可以把文字的声音归到语言学里去,但形体却是独立的;我们对于音符字可以认为语言,但形符字、意符字和半音符字的非音部分,却不是语言学所能解释的。文字固然是语言的符号,但语言只构成了文字的声音部分。我们要研究每一个符号的起原和演变,我们要研究出一种适当的符号,那就是文字学的范围。"②唐兰研考中国文字学的历史,揭示文字学的研究对象,厘定文字学的研究范围,以及所主张的科学精神和历史主义态度,在现代中国学术界开启了文字学的科学化、独立化的道路。

唐兰的《古文字学导论》对于文字学的方法论亦详加研究,奠定了文字学成为科学的方法论。在方法论方面,唐兰的贡献有这样几个方面:一是强调新材料对于文字学研究的极端重要性,主张在研究方法上更多地重视新材料,特别是古器物材料的运用,从而推倒既有的仅仅基于古书材料所形成的研究理论。关于材料的使用,他指出:"古文字材料的来源,有两类:一是古书,一是古器物。古书材料虽多,但除了《说文》外,大都无从知道文字的时代。所以古文字的研究,应拿古器物做主要的对象。殷商系文字,以殷墟的龟甲兽骨刻辞为主,有铭词的铜器次之。……两周系文字的材料,以铜器铭词为主。……六国系文字,材料最繁杂。竹简早已亡佚,现所存在的,以铜器(兵器居多)、匋器、古鈢(封泥当附此)、货布为主。……秦系文字,除铜器外,以刻石为重要材料。……汉以后的铜器、碑刻、印章,凡作小篆或缪篆者,应附入秦系。"③唐兰重视新材料的使用,认为每一个时代皆应有其主要的材料,而新文字学的建设则更要注重器物上的材料,尤其是考古发现的新材料。他指出:"由甲骨、彝器、匋、印等文字的巨量的发见,我们可以把小篆以前的文字史,延展了一千多年;我们从较古的材料里,推测文字的起原;我们对于文字的构成,可以建立新的、完善的理论,用以代替陈旧的六书说,这都是新文字学里主要的部分。"④二是主张采用基于时代演变而

① 唐兰:《古文字学导论》(1935 年),齐鲁书社 1981 年版,第 55 页。
② 唐兰:《古文字学导论》(1935 年),齐鲁书社 1981 年版,第 135—136 页。
③ 唐兰:《古文字学导论》(1935 年),齐鲁书社 1981 年版,第 34—36 页。
④ 唐兰:《古文字学导论》(1935 年),齐鲁书社 1981 年版,第 136—137 页。

建立的新的分类法。在唐兰看来,文字学的研究必须按照时代的变迁来确立新的分类法,这对于凸显文字与时代演变的关系尤为重要,故而他把新的分类法作为文字学研究的关键之点。他指出:"新的分类法,应着眼于时代的区分,和地域的别画。在现代已发见的古文字里,我以为应分为四系:一、殷商系文字,二、两周系文字(止于春秋末),三、六国系文字,四、秦系文字。这四系中相互的关系虽很密切,但每一种文字自具它的特殊性。"①三是倡导文字学研究的"对照法"和"推勘法"。关于"对照法"的应用,唐兰说:"因为周代的铜器文字,和小篆相近,所以宋人所释的文字,普通一些的,大致不差,这种最简易的对照法,就是古文字学的起点。……对照的范围逐步扩大,就不限于小篆。吴大澂、孙诒让都曾用各种古文字互相比较。罗振玉常用隶书和古文字比较,不失为新颖的见解。"②关于"推勘法"的应用,唐兰说:"除了对照法以外,往时学者所常用的方法就是'推勘法'。有许多文字是不认识的,但由寻绎文义的结果,就可以认识了。虽然,由这种方法认得的文字,不一定可信,但至少这种方法可以帮助我们去找出认识的途径。"③四是高度赞赏孙诒让使用的"偏旁分析法"。在唐兰看来,文字学的研究有着新的趋势,而孙诒让的"偏旁分析法"正是这个趋势中的重要表征。他指出:"孙诒让是最能用偏旁分析法的。我们去翻开他的书来看,每一个所释的字,都是精密地分析过的。他的方法,是把已认识的古文字,分析做若干单体——就是偏旁,再把每一个单体的各种不同的形式集合起来,看它们的变化;等到遇见大众所不认识的字,也只要把来分析做若干单体,假使各个单体都认识了,再合起来认识那一个字。这种方法。虽未必便能认识难字,但由此认识的字,大概总是颠扑不破的。"④五是倡导历史考证法。唐兰研究文字学有着历史主义的研究理念,主张历史地、整体地研究文字。由此,他不认同哪些"只在讲小篆,——隶书以下,是不关紧要的"做法,认为研究文字学如果单单是"拿小篆去探讨文字发生和演变,错误是不能免的"⑤,其原因就是因为没有对文字做一番历史的、整体的研究。唐兰还将历史考证法与偏旁分析法进行比较,说明文字有着历史的演变,因而文字学的研究也就需要运用历史考证法。他指出:"偏旁分析法研究横的部分,历史考证法研究纵的部分,这两种方法是古文字研

① 唐兰:《古文字学导论》(1935年),齐鲁书社1981年版,第33页。
② 唐兰:《古文字学导论》(1935年),齐鲁书社1981年版,第165—166页。
③ 唐兰:《古文字学导论》(1935年),齐鲁书社1981年版,第170页。
④ 唐兰:《古文字学导论》(1935年),齐鲁书社1981年版,第178—179页。
⑤ 唐兰:《古文字学导论》(1935年),齐鲁书社1981年版,第27页。

究里的最重要部分,而历史考证法尤其重要。……文字的型式有时是长时期固定的,有一时是不断地在流动的。偏旁分析利于研究固定的型式,而流动型式,非考证历史不可。我们要把古文字学建设为一种科学,这两种方法是不能缺一的。以为古文字不拘型式,而忽略分析方法,固然要完全失败,拘定了某一固定型式而不去考证它的历史,也一定不会有所建树。"①不难看出,唐兰所主张的文字学研究的方法论,既有对传统文字学方法的继承与创新,又有着接受的社会科学的方法,同时也有对当时文字学研究方法的总结,深刻地表现了历史研究与理论研究相结合的研究思路,其目的就在于将文字学建设成为一种"科学"。

　　唐兰的《古文字学导论》是在对既有文字学研究成果继承的基础上的开创之作,并深刻地影响着后来的研究者。该著中提出了"新的分类法应着眼于时代的区分和地域的别画"主张,就承继了王国维关于秦文字与六国文字分开的学术见解,同时又根据历史演进的逻辑与文字变迁的逻辑,把古文字按照历史阶段具体地分为"殷商系、两周系(止于春秋末)、六国系、秦系"这四系,不仅揭示了文字衍化中"六国系讹变最甚"的特点,而且指出"秦系问题大体是继承两周"的历史传承关系。这可以说是在继承中的大胆创新。唐兰的《古文字学导论》一书也开启了后来文字学研究的道路,其所倡导的"注重时代区分的模式,还有助于纠正笼统地认为今文迟于甲骨文的习惯看法",这对于后来的文字学发展有着积极的影响。"后来的文字学著作,例如杨五铭《文字学》、裘锡圭《文字学概要》、詹鄞鑫《汉字说略》等,就采用了唐氏奠定的这种兼顾时地的立体模式来阐释汉字的演变"②。唐兰对于古文字学的研究是开创性的、奠基性的,诚如当今有的专著对唐兰的《古文字学导论》所评价的那样:"唐兰《古文字学导论》(1935年)为北京大学授课讲义,是第一部全面阐述古文字学的理论著作,古文字学从此成为一门科学。该书界定了古文字学的范围,总结了古文字的研究方法,尤其是考释古文字的方法,对古文字学的理论建设具有划时代的意义。"③至此,真正而有科学的文字学终于建立起来。唐兰的《古文字学导论》在中国现代学术史上有着重要的学术地位。

　　唐兰还著有《中国文字学》(上海开明书店1949年3月初版)。该著共分5

---

　　①　唐兰:《古文字学导论》(1935年),齐鲁书社1981年版,第198—201页。
　　②　潘悟云、邵敬敏主编:《二十世纪中国社会科学·语言学卷》,上海人民出版社2005年版,第215页。
　　③　潘悟云、邵敬敏主编:《二十世纪中国社会科学·语言学卷》,上海人民出版社2005年版,第227页。

部分,论述中国文字学的定义、特点、范围及文字的构成、演化、变革等内容,并就若干有争议的问题(如汉字改革等)明确提出自己的见解。在研究理念上,该著提出了"为文字学而研究古文字"的观点,力图使文字学摆脱其依附性地位。唐兰在该著中提出一系列的创新性的学术主张,最突出的有这样几个方面:

(1)关于中国文字的起源,唐兰认为传说中所谓仓颉作书及文字源于八卦或结绳是不可信的,最初的文字绝非出于一人之手,而是千万人的创造。在《古文字学导论》中,唐兰就对仓颉造字的说法提出质疑,认为"最初的文字,决不是一手一足之烈"①。在《中国文字学》中,在对仓颉造字提出否定意见的同时,对于结绳的说法又提出质疑。在他看来,尽管《易·系辞》说"上古结绳而治,后世圣人易之一书契",并且"结绳是有些民族在没有发明文字时,用以辅助记忆的",但是"《系辞》所说,本只是推想,并非历史,中国古代究竟有没有这种事情,是很难说的"。关于结绳的记载,"战国时人也许只根据一些古代传说,也许听见过某一种未开化的民族用这方法,就以为我们的祖先也一定如此"②。唐兰谨慎地对待仓颉造字、结绳记事这些传说,反映了他在文字学研究中所持有的历史主义态度。

(2)在汉字的构成问题上,唐兰认为许慎的"六书说"界说不明,难以对文字进行明确的分类,遂提出"三书说"(即象形、象意、象声)的主张。"六书说"是指象形、指事、会意、形声、转注、假借的六种造字法条例,它是许慎在《说文解字》中概括出的汉字结构主张,这成为两千年来学者们分析汉字结构的基本法则。唐兰在《中国文字学》中系统地说明了"六书说"所存在的问题,并再次陈述了他在《古文字学导论》中提出的"三书说"的主张。他指出:"如果研究文字学的目的,只在佞古,我们当然不可以轻易去议论'六书',江艮庭辈所谓始于造字之初的'六书'。但是六书说能给我们什么? 第一,它从来就没有过明确的界说,各人可有各人的说法。其次,每个文字如用六书来分类,常常不能断定它应属那一类。单以这两点说,我们就不能只信仰六书而不去找别的解释。据我们所知,六书只是秦汉间人对于文字构造的一种看法,那时所看见的古文字材料,最早只是春秋以后,现在所看见的殷周文字,却要早上一千年,而且古器物文字材料的丰富,是过去任何时期所没有的,为什么我们不去自己寻找更合适更精密的理论,而一定要沿袭秦汉时人留下来的旧工具呢? 我在《古文字学导论》里建

---

① 唐兰:《古文字学导论》(1935 年),齐鲁书社 1981 年版,第 72 页。
② 唐兰:《中国文字学》(1949 年),上海古籍出版社 1979 年版,第 50 页。

立了一个新的系统,三书说:一、象形文字,二、象意文字,三、形声文字。象形象意是上古期的图画文字,形声文字是近期的声符文字,这三类可以包括尽一切中国文字。……象形文字画出一个物体,或一些惯用的记号,叫人一见就能认识是什么。……象意文字的图画文字的主要部分……象意文字有时是单体的,有时是复体的。单体象意文字有些近似象形文字,不过象意字注重的是一个图形里的特点。……复体象意文字有些近似形声文字,不过象意字的特点是图画,只要认得它原是图画文字,从字面就可以想出意义来,就是象意文字。……形声字的特点是有了声符,比较容易区别。"①唐兰对于"六书说"的批判及对"三书说"的阐发,虽还只是粗糙的形态,但开启了现代中国的汉字结构理论的新探索。

(3)提出了关于汉字的源流和特点的新主张,并就此提出创制新文字的设想。唐兰对创制新文字充满热切的期待,并且一直在积极探索之中。他说:"我在写《古文字学导论》时,曾经提出过一个新形声字的草案,主张保留汉字的形式,改革汉字的声符,用拼音方式替代旧声符,这十几年来,曾经见过很多的类似的计划。但我的计划,后来修正了一部分,主要的是保留一部分意符字,作为基本字,都是最通用最容易认识的字,不必加上声符。这样,我们可以只改动形声文字,把旧声符改为新的拼音的声符。中国文字本来已都是形声字,可作基本字的意符不过几百个,所以依旧是容易学习的。但是基本字的用途最广,在普通书籍里要占到百分之六七十,所以应用新字的地方不太多,即使不明白这一个新字,也可以从上下文推测而得。这样,我们可以尽量地保存旧的,但是已经改革了我们所要改革的,不容易认识的文字。我现在把这种文字称为新汉字。"②唐兰在原则上是赞同文字改革的,但他认为中国文字的革新方向应该是"变为注音文字,而不变为拼音文字",这是因为"一个字既然是一个音节,有一千多个声音符号(其中大部分就是意义符号),就可以把这个民族的语言通统写出来,又何须另外一套拼音的方式呢?"③唐兰对于文字的简化而推出简体字的方案也是赞同的,但他认为文字的简化必须坚守一定的原则,而不是另外"加上一大套新的记号"。他指出:"至于简体字,跟简俗字不同,因为这往往有经过改造的,它们的目的是在减省笔画。这种字,如其数目不多,倒是可以推行的,虽然不见得能画一。但如果要字字要而减之,一个一个地减省,改造,在原有的一大堆记号

①　唐兰:《中国文字学》(1949 年),上海古籍出版社 1979 年版,第 75—78 页。
②　唐兰:《中国文字学》(1949 年),上海古籍出版社 1979 年版,第 191—192 页。
③　唐兰:《中国文字学》(1949 年),上海古籍出版社 1979 年版,第 10 页。

外,加上一大套新的记号,往往连创造者自己也会忘记了怎么写的,而要人家去记忆这些额外的记号,终究是行不通的。"①当时,有人认为汉字的毛病不在笔画多而在字数多,所以有一种"基本汉字的运动"。对此,唐兰认为可以确定"若干基本文字",但应该根据汉字的实际需要和汉字本身的规律。他说:"中国文字很难制定它需用多少的范围。虽则我们通用的字,不过五六千,但如我们省之又省,只剩一两千,是无法应付的。如其不用媳字而说儿子的太太,确是不能适应这一个语言。我们认为在汉字里可以找出若干基本文字,也可以尽量地简化它们的写法,但总还需要音符文字来作帮助。"②在唐兰看来,中国的文字是与语言相互配合着的,故而改进中国文字就必须与中国的语言联系起来,这就需要着力研究中国语言的特质。他指出:"有些学者抱怨中国文字不进化,不能达到拼音文字,不能达到发明字母的阶段,以为是字形的阻碍,其实没有了解中国语言的特质。中国文字是配合她的语言的。这种语言,音节简单,元音显得特别重要,辅音容易流动。韵类最复杂,而没有复辅音。有声调变化,没有形式变化。现代中国语也没有改变了多少。虽则也有人在抱怨中国语言的不够进化,但是我总觉得除了自然的力量,我们对于改进语言的本质是徒劳的。所以,要改进中国文字的时候,还必须顾虑到它和语言的关系。"③唐兰关于文字改革的设想及其所提出的原则,应该说是符合中国文字应用的实际的。

唐兰在《中国文字学》中的努力是具有开创性的探索工作,继续了《古文字学导论》的研究方向,其所提出的学术主张在学术界可谓独树一帜,为文字学学科的独立作出了重要贡献。唐兰的《中国文字学》在中国现代学术史上有着重要的地位。

### (四) 胡朴安的《中国文字学史》著作

在文字学史方面,胡朴安的《中国文字学史》(上、下册,上海商务印书馆1937年2月初版、1937年4月再版)是一部极为重要的著作。该著除绪言外,分文字书时代(自秦至隋)、文字学前期时代(唐宋元明)、文字学后期时代(清)、古文字学时期(清末至20世纪30年代)等4编,一方面是阐述文字学的定义及其范围,另一方面则是叙述文字学史的性质及历代文字学的发展变化。

---

① 唐兰:《中国文字学》(1949年),上海古籍出版社1979年版,第187页。
② 唐兰:《中国文字学》(1949年),上海古籍出版社1979年版,第187页。
③ 唐兰:《中国文字学》(1949年),上海古籍出版社1979年版,第48页。

　　胡朴安①在《中国文字学史》中，将文字学定义为以"六书说"（即象形、指事、会意、形声、转注、假借）的条理来研究文字的制造和运用的学问，他对于"文字学"给予这样的分析："何谓文？独体之谓。何谓字？合体之谓。何谓文字学？研究文字之制造，与文字运用之谓。何谓独体？象形、指事之文，分析不开者。……何谓合体？合象形或指事之文、或二文、或多文，用会意或形声之法，合之以为字。……何谓制造文字？即以象形之法画其形，以指事之法识其事，以会意之结合其谊，以形声之法标其音。象形、指事、会意、形声，为制造文字之法也。何谓运用文字？文字既已制造，或各不相通，则转注以汇文字之通，或则文字之用；有时而穷，则假借以济文字之穷。有转注之法，以运用文字，此文字所以数字一义也；有假借之法，以运用文字，此文字所以一字数义也。转注假借，为运用文字之法。象形、指事、会意、形声、转注、假借谓六书，六书为后人整理文字所定之名称，将旧有之文字，整理之归于六书之条例，更本六书条例，制造文字而运用之，故研究六书之条例者，谓之文字学。"②该著共分四编，主要叙述文字学各派著作及作者，阐明文字学学说的源流及系统。

　　胡朴安以进步观念看待文字学的演进，主张以文字学的演进历程作为文字学史分期的依据，遂将文字学史分为四期：即秦汉至隋的"文字书时期"，唐至明的"文字学前期"，清代的"文字学后期"，清末至20世纪30年代的"古文字学时期"。对于这样的分期，该著有这样的说明："凡历史必区分时期，普通史分为上古中古近古现代。文字学史，亦有四个时期之区分，但不能用上古中古近古现代之成例。盖普通史以历史之时期为时期，学术史以学术之时期为时期，而文字史与文字学史时期之区分又不同。文字史以文字之起源，以篆隶草真之变迁为时期之区分。文字学史，以文字学之演进，为时期之区分。中国文字发生甚早，即现代出土之甲骨文字，亦在三千余年前之殷代。而文字学，则原始于秦汉之时，虽《礼记·中庸》有'书同文'之语，《周礼·保氏》有'六书'之名，据此周代已有整理文字之工作，而文字学之发生，但是虽曾整理文字，而可决言整理之工作殊

　　①　胡朴安（1878—1947），安徽泾县溪头村人，本名有忭，学名韫玉，字仲明、仲民、颂明，号朴安、半边翁，以号行世。近现代著名文字训诂学家、南社诗人。曾先后任教于上海大学、国民大学、群治大学等。编有《国学汇编》、《朴学斋丛书》、《周易古观》、《周易人生观》、《周易学》、《尚书新义》、《墨子学说》、《中国习惯法论》、《宣纸说》等，凡数十种，数百万言。作为南社的老前辈，留下大量诗作，计有《歙浦集》、《志学集》、《闽海集》、《北游草》、《无闻集》、《强仕集》、《归田集》、《枕戈集》、《养疴集》、《悦禅集》等，另编有《和陶集》、《和阮嗣宗咏怀诗》、《和范石湖田园诗》、《和寒山子诗》、《和拾得子诗》等。
　　②　胡朴安：《中国文字学史》，商务印书馆1937年版，第1页。

未告成。现在所存之西土文字（金文），与东土文字（书六艺文字），未能尽合六书之例条。文字尽合六书之条例者，为秦代小篆，整理文字工作，至秦代始告成。至汉代有文字书之编辑，故文字学当以自秦汉始。于是区分文字学史为四时期：第一时期为文字书时期，自秦汉至于隋止；第二时期为文字学前期，自唐至于明止；第三时期为文字学后期，有清一代；第四时期为古文字学时期，自清末至现在。"①

　　为了使"文字学史"能够成为一门专门的学问，胡朴安通过对"文字学史"与"文字学"的比较，分析两者在研究对象、研究任务、著述体例等方面的不同，从而对于"文字学史"这个概念进行学术上的厘定，并着重阐明文字学史的内涵、范围、意义及其特点。他指出："文字学史与文字学不同。文字学者，研究文字之条例，所以指示人研究文字之方法。文字学史者，则叙述研究文字之条例之著作与其人，所以指示人知文字学说之源流，编辑文字学史，则搜集各家之学说，而以客观叙述之，以得文字学之变迁。文字学之任务，在于明文字之条例，则凡过去之学说，在今无甚价值者，可置之不论，求精求是，为学术的。文字学史之任务，在于求文字学之演进，则凡过去学说，虽在今日无甚价值，在某时代确成为一种学说者，则不能一笔抹杀，求真求实，为历史的。所以文字学史之编辑有四要：搜集欲其丰富，辨别欲其真确，选择欲其要约，叙述欲其简明。……文字学只求学说之精深，文字学史则求学说由粗而精，由浅而深之进程，故搜集不丰富不能也；文字学只须明著述者本身之学说，文字学史则必须明著述者、当时各派之学说，故辨别不真确不能也；文字学阐明一家之学说，可曲折详细以达之，文字学史则记载各家之学说，并须详其前因后果之关系，则选择不要约，叙述不简明不能也。"②胡朴安在该著中，注意对重要书籍的辨析，分析其性质，评价其价值，如他对《说文解字》就有这样的评论："《说文解字》一书，的确为文字学最重之书。自唐宋以来，迄于今日，研究文字学者，皆以《说文解字》为中心，而后人研究之范围，每多扩充及于《说文解字》之外。《说文解字》本书，虽则是明字例之条，分部别居，不相杂厕，但是仅于《叙》中关于'六书'，各有八字之界说，其他无多学说开示后人，只以供研究文字学者之探讨，而不能为研究文字学者之指导。所以《说文解字》一书，其本身仍为文字书，而非文字学。"③

---

①　胡朴安：《中国文字学史》，商务印书馆 1937 年版，第 13—14 页。

②　胡朴安：《中国文字学史》，商务印书馆 1937 年版，第 9—10 页。

③　胡朴安：《中国文字学史》，商务印书馆 1937 年版，第 15 页。

胡朴安的《中国文字学史》比较系统地梳理中国文字学的历史,并在"文字学"与"文字学史"的区分中开启其研究道路。该著观点新颖,材料翔实,条分缕析,学术底蕴深厚,是现代中国学术界研究文字学史的开山之作,在中国现代学术史上有着重要的学术地位。

## 三、语言学体系的构建

中国现代语言学体系的构建,除了表现为创建了较为系统的语言学理论外,还表现为自 20 世纪 20 年代起,出现了语言学的各门分支学科,形成了语言学作为一门独立学科的框架体系。

### (一) 语言学分支学科的出现

在现代中国学术界,语言学所出现的分支学科,主要是:

(1)普通语言学。普通语言学又称"一般语言学"、"语言哲学"或"理论语言学",是研究语言的本质、发展和起源以及语言的类型和分类的语言学分支学科。20 世纪 20 年代,中国学术界虽还未有专门的普通语言学的专著,但在学者们(如胡以鲁、杨树达、陈望道、王力、高名凯等)的其他语言学著作里,已初步地介绍了普通语言学的相关的理论、观点、方法。

(2)历史语言学。历史语言学(Historical Linguistics)是以历史研究的见地研究语言变化的学科,是语言学的一个重要分支学科。最初的历史语言学就是比较语言学,习惯上称为历史比较语言学(Historical Comparative Linguistics),它以历史比较法为基础,专门研究语言的亲属关系。20 世纪 20 年代起,中国学者开始提出了语言研究的历史主义观点,并初步地对汉语作宏观的历史的研究。历史语言学在王力等人的倡导和努力下,取得了理论上和实践上的成果。

(3)描写语言学。20 世纪 20 年代,学者们致力于方言的调查,力图描写出某一具体方言的全貌。1924 年北大国学研究所成立了"方言调查会",沈兼士指出,今天的方言研究不同于旧日,今天的研究应注重方言的历史的、比较的研究,应注重利用与之有关系的其他学科来研究方言。赵元任、罗常培等实地调查了一些方言,而加以描写,取得了不小的成绩,影响至大。对此,《二十世纪中国社会科学·语言学卷》有这样的记述:

　　1928 年国立中央研究院历史语言研究所成立,赵元任被聘为语言组组长。历史语言研究所的成立和赵元任的学术活动在现代方言学史上有重要意义。从 1928 年到 1938 年,在赵元任的主持下,历史语言研究所共进行了六次大规模的方言调查,如 1928 年到 1929 年的两广方言调查、1933 年的陕南方言调查、1934 年的徽州方言调查、1935 年春天的江西方言调查、1935 年秋天的湖南方言调查、1936 年春天的湖北方言调查。稍后,在罗常培的主持下,历史语言研究所和北京大学文科研究所于 1940 年又对云南全省进行了方言调查,1941 年到 1946 年还对四川方言进行了调查。赵元任不仅主持了多次方言调查,而且还设计了两种标调方法:五度标记法和半圆形标调法,编制了《方言调查表格》,并写出了现代方言学史上具有划时代意义的著作《现代吴语研究》(1928)。据统计,1928 年到 1949 年间,全国有一百七十多个方言点被调查,出版了多种方言调查报告,如赵元任的《现代吴语研究》和《钟祥方言记》(1939)、《中山方言》(1939),陶燠民的《闽音研究》(1930),罗常培的《厦门音系》(1931)和《临川音系》(1941),白涤州的《关中方音调查报告》(1933 年,1954 年正式出版),黄锡凌的《粤音韵汇》(1941),赵元任等人的《湖北方言调查报告》(1948),董同龢的《华阳凉水井客家记音》(1948)等。这些方言调查报告的完成不仅表明现代方言学已经形成,而且表明当时方言调查和研究已经取得了突出的成就;这些大规模的方言调查不仅为以后的方言普查打下了基础,而且为现代方言学的发展培养了大量人才。①

(4)实验语言学。实验语言学是引用国外的理论和方法建立起来的。刘复(半农)以近代实验语音学的仪器和方法研究汉语的四声,写出《四声实验录》著作,指出:"声音的要素在于强弱、音质、长短、高低,但汉语的四声与强弱绝不相干,与音质、长短有些关系,决定四声的主要因素是高低。"

## (二)语言学进步的主要表现

总体来看,现代中国的语言学研究的进步,主要体现在以下四个方面:

第一,关于语言的起源问题。学者们对于语言的起源问题进行了多方面的探讨,形成了诸多的看法。刘师培认为,语言不仅具有物质性的条件,而且存在着由"意"到"音"再到"言语"的演变过程,而在"言语"发展到文字之后,所谓

---

① 潘悟云、邵敬敏主编:《二十世纪中国社会科学·语言学卷》,上海人民出版社 2005 年版,第 10 页。

"文字之音"也是"本于言语所发之音"。他指出:"盖意由物起,既有此物,即有此意;既有此意,即有此音。及声音演为言语,而言语之音,即象唇舌口气所出之音。迨言语易为文字,而文字之音,复本于言语所发之音。"①杨树达认为,语言产生于人类对于自然环境的适应及其活动,人类因为要应付险恶的自然环境,于是不得不有"共同之经营","此共同之经营,人与猿所以同祖而歧系也。人类之进化也由是,言语之发生也亦由是。此共同之经营为何? 则彼此互相团结以抵御外患是也。故恐惧警告叹息之声,于初民为最多。即今非洲南美诸土蛮言语之中,感叹之声独夥者,职此故也。不惟土蛮为然,即开明社会中,当事变陡至,出其不意,感情难制之时,亦仍但用感叹词以鸣其不平之感焉。"②基于语言乃是应付环境的"自然发生"的看法,杨树达将语言演变分为"发声时期"和"摹声时期",指出:"发于自然,不假思索,此为言语最初之一时期,名曰发声时期。……继是而进,则为摹声时期。发声期,全属于主观者也;摹声期则由主观的进而为客观的矣。摹声者,假物体自发之声,或反射之声为物体之表象也。"③杨树达在探讨语言起源历程的基础上,还依据进化论及相互联系的观点,就语言与思想之间的变动关系作出说明:"言语为发表人类思想之具,思想苟有迁化,则言语之内涵亦随之而变。其外部之声音亦时有更易。意思为言语之内范(interform),声音为言语之外范(outerform)。而其变迁之原因约有三:摹仿,邻国言语相闻,常有互错。……二、比照,数语相较,因比较而生变化。……三、惰性,好逸恶劳,避繁趋简,人类之惰性影响于语言者至巨。"④陈望道在《修辞学发凡》中,依据马克思主义关于语言产生于劳动过程的理论,对语言起源问题作出社会实践的解释。他指出:"语言是从劳动过程中产生的。劳动使人脱离了其余的动物界,劳动创造了人,使人成为社会的生物,劳动也使人有了语言和思想。语言和思想都早就产生的。语言的产生和发展,都同人们的劳动过程有不可分离的联系,因为人们在劳动过程中,需要交流思想,协同共同劳动(参看马克思恩格斯《德意志意识形态》和恩格斯《劳动在从猿到人转变过程中的作用》)。产生之初,也是异常简陋,语汇是很贫乏的,文法组织也是很原始的,但因语言的声音和意义两个因素的结合全然随应社会的习惯约束,只要约定俗成,即便可以声入心通,富有因应社会而变迁改动的可能,可以因应社会的发展而发展。语言是社会的产

---

① 刘师培:《正名偶论》,《左盦外集》第6卷,北京修绠堂1928年版。
② 杨树达:《高等国文法》(1930年),商务印书馆1984年版,第2页。
③ 杨树达:《高等国文法》(1930年),商务印书馆1984年版,第2页。
④ 杨树达:《高等国文法》(1930年),商务印书馆1984年版,第5页。

物,同时也是社会组织的工具。"①以上学者关于语言起源问题的探讨,尽管提出的观点有着很大的差异,但对于语言学的发展皆是重要的贡献。到了 20 世纪 40 年代,学者们虽然不再着力于探讨语言的起源问题,但对于语言发展的多样性、发展的方向性也进行了有价值的探讨。譬如,汪馥泉认为语言有着"摹声"的特点,但因为"摹声"方法的不同,因而也就导致了语言的差异性。他指出:"我们由摹声法摹拟的,只是到某种程度为止,并不能与原音一致。因此,虽则发出声音的主体相同,但摹拟它的方法却很多。由于各国语言的不同,各自选择不同的音连结。不但因各国语言的不同而不同,而且,由于时代的不同而歧异。"②又譬如,许杰认为语言的发展中有着不断"创造"的特点,而语言的"创造"又体现着不同时代的社会关系,故而语言发展又是社会关系的要求,并且产生的"新语言"也就有着"一种不成文的文法"。他指出:"固然,新的语言,在社会发展的各阶段中,原是时刻在创造着的。但这种语言的创造,第一,不能是社会集团中某一个人的力量;第二,即是某一个人一时创造了一些新的语言,但也必须取得这一集团的人们的公认,而后方可在这一集团中使用,发生效力;第三,新的语言的创造,大都是跟着社会关系的复杂化的要求而又经过了社会的人们而成为一种契约,一种不成文的文法。"③由探讨语言起源问题而进于探讨语言发展问题,这是当时语言学研究的一个显著的趋势。

第二,关于语言的性质及作用问题。语言学界对于语言性质和作用的探讨,大致形成"思想工具论"的共识,即认为语言乃是思想表达的工具。但是,不同的学者对于语言的"思想工具论"的内涵,在解读上亦有相当大的不同。早在民国初年,蔡元培就以钱币的媒介作用来比喻语言的媒介功能,指出:"语言者,思想之媒介,犹之钱币为货物之媒介。钱币之历史,始于以实物相交易,如余粟、余布等。其后用一定之矿物,如金、银等。其后始为一定之形式,如今日之金、银币。其进化之迹,为由自然品而嬗为制造品。语言亦然。鸟兽之语言,纯任自然,故不能应变无穷。人类语言,则始于写象自然,如鸟兽之名,多象其鸣声是也。其后渐偏于人为,则有抽象之名词,及画一之文法,与金钱之历史相类。又钱币之流行,常趋于大同,如其质不外乎金银,而其轻重及形式,虽未能一致,然亦大略相近。语言之将来,亦必如是,盖媒介物愈近于大同,则其媒介之价值愈

---

① 陈望道:《修辞学发凡》(1932 年),上海教育出版社 1979 年版,第 25 页。
② 汪馥泉:《语汇试论》,《学术杂志》第 2 辑,1940 年 3 月。
③ 许杰:《中国文法革新泛论》,《文理月刊》第 4、5 期合刊,1940 年 10 月。

大故也。"①金兆梓尽管总体上承继了蔡氏关于语言是"思想之媒介"的主张,但提出"发展思想的工具"具有不同性的观点,从而为语言的多样性提出依据,指出:"语言文字,不过是表达思想的工具,所以他的根据是还在思想。不识字的人尽可有思想,但不能用文字去发展他;哑子也尽可有思想,但不能用语言去发表他;不同语言文字的民族,思想尽管可以一样,而发展思想的工具却就不能一样了。"②杨树达在语言如何成为思想工具的问题上作出分析,认为空间与时间对于语言的"工具"作用有着重要的影响,并进而关涉到文字问题。他指出:"人为万物之灵,有敏锐之感觉,有致密之思想。言语者,所以表现其感觉与思想者也。然距离稍远,则言者之声不达,此言语之功用被制于空间者也;声出即消,不留余响,此言语之功用被制于时间者也。民知既进,则所以表示其思想与感觉者,又有行远与传后之要求,于是文字生焉。文字既是语言之代用,其始起也,固与语言密合而无差也。然而人类有经济思想,则力求文字之简焉;又有美术思想,则又力求文字之工焉。坐此二因,文字之发生,本所以代语言者,竟与语言歧异而不相合。旷观大地文明民族,盖未有绝对文言一致者。盖其智力之弘,决不自甘于粗代语言之初级文字而不求精进也。语言文字之初起,其组织盖亦错互而不醇。迨积年既久,随时改善,至于约定俗成,则形成共遵之规律而不可畔越。"③20世纪30年代及以后,语言的"思想工具论"进而发展为"标记"说、"记号"说,陈望道、许杰等是重要的代表。陈望道提出"标记"说,指出:"语言是达意传情的标记,也就是表达思想,交流思想的工具。传情达意可以用各种的标记,可以通过各种的感觉。如用兰臭表示意气相投,兰臭便是一种嗅觉的标记,用握手表示情意相亲,握手便是一种触觉的标记。而最常用又最有用的,却是一种听觉的标记,就是口头的语言。普通所谓语言,便是指这一种口头语言而言。其次,为了留久传远起见,又须用文字做中介,把口头语言写录做文字。文字是诉诸视觉的标记,性质自然同听觉的语言不很同,但同语言很有密切关系。语言学书上往往并这文字也称做语言。而把口头语言叫做声音语或口头语,文字叫做文字语或书面语。较广义的语言,又是指语言和文字这两种而言。再看聋哑和婴儿,又颇有用摇头、摆手、顿脚等装态作势的动作来传情达意的事实。我们谈话、演说,也还时时利用它来做补助的标记。故有时更加扩大范围,又往往连

---

① 蔡元培:《在世界语学会欢迎会上演说词》,《东方杂志》第9卷第5号,1912年11月。
② 金兆梓:《国文法之研究》(1922年),商务印书馆1983年版,第29页。
③ 杨树达:《高等国文法》(1930年),商务印书馆1984年版,第1页。

这种态势也算做语言,把它叫作'态势语'。语言的更广义,又是含有声音语、文字语和'态势语'这三种。"①又指出:"语言的确是标记的体系。一个语也的确就是一个标记。正如嵇康所谓'夫言非自然一定之物,五方殊俗,同事异号,趣举一名以为标识耳'(见《声无哀乐篇》)。因为语言是标记的体系,我们研究语言照例不能不考究标记的界说,成分,功能等等。我们知道,凡是标记都由两个部分组成,一个部分是感觉映像,一个部分是事物概念。我们学习一个标记,必须学到,除出感觉所接触的感觉映像之外,还能知道感觉映像所标指的事物概念才算达到完成境界;倘只知道感觉映像一个部分,还不能说是已经知道了标记。……在语言上,所谓感觉映像就是声音,所谓概念就是意义。对于语言,也要不止知道甲一语音,还能知道甲一语音所标指的意义,方才算得完全知道甲一语言记号。"②许杰不仅承继陈望道关于劳动创造语言的思想,而且承继陈望道的"标记"说,并进一步引申为"记号"说,指出:"语文表现只是一种形式、一种记号。有人说'思想是无声的语言';反过来说,也可以说'语言是有声的思想',而用文字符号记录下来的文章,自然也就是有行迹的思想,或思想的记录。所以要研究语文的表现方法,就不得不注意到思维或意识现象。"又指出:"语言是共同劳动的产物。人类的交际工具的语言,便在共同劳动共同生活中,无形的造成一种'契约'的关系。同时,语言文字原来就是一种记号,这种记号的确立,而且要使这一种记号能够在这一个生活集团里的人都能共同的了解,也就非在无形中有一种相互了解的共同契约不可。"③许杰正是在语言"记号"论视域之中,不仅一般地考察语言现象,而且特别地对"中国的语文"的性质作出社会关系的新解释:"中国的语文虽然在语音、语汇、语法上完全不和外国的语文一样,但在利用语音、语汇及语法的组织来表现某一个思维或意识现象而且要使这一集团的人都能共同了解,都是一样的。中国的语文虽然也有时间与地域的限制(如古文与语体、北方语于南方语的不同),但在同一时间同一地域以内,他用语文所表现的思维或意识现象,却可以相互了解的(现代人做的古文,现代人不一定全都懂得,那是因为他所用的表现方式是古人的表现方式之故)。所以,语文现象特别是文法关系,是完全建筑在社会契约上面的,是一种社会契约的关系。"④不难

---

① 陈望道:《修辞学发凡》(1932 年),上海教育出版社 1979 年版,第 20 页。
② 陈望道:《漫谈文法学的对象以及标记能记所记意义之类》,《语文周刊》第 36 期,1939 年 3 月。
③ 许杰:《中国文法革新泛论》,《文理月刊》第 4、5 期合刊,1940 年 10 月。
④ 许杰:《中国文法革新泛论》,《文理月刊》第 4、5 期合刊,1940 年 10 月。

看出,现代中国的语言学界关于语言性质与功能的认识,不仅在承继语言的思想"工具"论中而有所开拓,并进而提出"标记"说、"记号"说,而且日益地与社会实践及社会生活的状况紧密联系起来。

第三,关于语言的诸要素问题。陈望道在语言的"标记"论视域中看待语言的要素,认为"声音、形体、意义"这三者是语言的要素,源于"社会的约束习惯"。他指出:"用某声音或某形体代表某意义,也是一种社会的约束习惯。……不过声音和形体原不过是一种标记。标记的作用只要能够引起所意谓的事物的联想便算有效。有效的程度相等,标记本身便愈简便愈容易愈好。……又因为声音形体只是一种标记,并非事物本体的摹本,只要标记和事物的联想能够成立,就可完成任务;声音、形体、意义三者,实际也有变更的可能。"①又指出:"文字的形体也是社会约束的习惯的东西,同信笔涂抹不同。那约束最重要的,便是前头说过的'为意与声之迹',做书面语言的标记,代表语言的两个因素:声音和意义。故同单表意义的图影,单表意义的数学记号等类标记不同,也同单表声音的音标不同。古今中外的文字所以千差万殊,也便是因为文字形体同约束习惯关系复杂各别的缘故。"②何容承认"声音"和"意义"是语言的基本要素,但认为如果要具体到"有表意作用的最小的声音单位",则还要将"字"作为语言的一个要素。他指出:"造成语言的材料是声音,但声音却并不就是语言;声音有了表意的作用,才能成为语言。声音是可以听见的,意义是由声音表示出来,才可以知道的;用个比喻来说,声音是语言的形体,意义是语言的灵魂。没有声音,便没有语言,声音而没有意义,也不能成为语言。那么,要说语言的成分,应该是指有表意作用的最小的声音单位而言。这种最小单位,在中国语言里,根据我们记录语言所用的特殊方法,可以勉强称之为'字';因为在我们的文字里,总是把这种最小单位写成一个字。"③正是因为何容注意到在语言要素之中"有表意作用的最小的声音单位",所以他认为才有语法研究的必要:"假如有一种语言,简单到只用少数单纯的声音来表少数单纯的意思,要研究这种语言,也许只要一张音义对照表就够了(义可以用图画或别种语言的词来表明)。可是实际上并没有这样简单的语言。无论哪一种语言,其不同的音,分析起来倒不一定很多;这些不同的音配合变化而成为最小的表意单位,这些性质不同或相同的最小表意单位,又配合

---

① 陈望道:《修辞学发凡》(1932 年),上海教育出版社 1979 年版,第 32 页。
② 陈望道:《修辞学发凡》(1932 年),上海教育出版社 1979 年版,第 31 页。
③ 何容:《中国文法论》(1941 年),商务印书馆 1985 年版,第 1 页。

变化而表示出很繁复的意思,却都各有其一定的方法。这方法就是这种语言的文法。"①王力在构建中国现代语法体系时,提出将"语音"、"词汇"和"语法"这三者作为语言的要素②,这是从构建具有中国语言特点的语法学体系来考虑的。总体来看,现代中国的语言学界在语言要素问题上的分歧,源于各位研究者语言学研究视角与语法学研究视角的不同。

第四,关于语言的分类问题。在语言的分类问题上,杨树达介绍了西方的分类法。在他看来,语言学的分类法有三种,一是"就语范上观察,是为形态分类法";二是"于语范之外更察其实质,是为统系分类法";三是"观察言语思想之关系,是为心理分类法"③。杨树达介绍了形态分类法的演变历程,并针对其对于中国语言的看法提出了严肃的批评,认为形态分类法在立论上"基于偏见",因而在主张上"不免独断"。他指出:"形态分类法学者之言曰:屈折语,最进化者也,关节语次之,单节语则最幼稚。盖彼等最重视文法上之变化,以为文法上之变化愈复杂,则其文字为愈完备;愈简单,则其文字为愈幼稚。以此彼等对于变化繁复之古语如梵语、希腊语、腊丁语等备极推崇,而于吾国语,以其无文法上之变化,视为最幼稚,甚或谓吾国语全无文法,盖彼等几视变化为文法之全体矣。形态分类之说,在一千八百五六十年间最为盛行。然其立说之根据,乃基于偏见,故不免于独断。千八百八十年以后,欧洲言语学者,渐持反对之论,现在殆已不能成立矣。"④杨树达还介绍了形态分类法之后的"进化说",指出:"形态分类之说,在语言学上为前期进化说,反对此说者为后期进化说。后期进化说以'适应环境'与'经济'两条件为标准,此则为科学的而非如前期进化说之为武断的矣。前期进化说以英语之变化愈趋于简,视为最退化的,而后期则谓英语为最进化的。两说之相差,亦可以见矣。后期进化说学者对于我国语之批评,分为两派:甲派之言曰:观于英语进化之情形,可以断定,将来最进步的语言当与中国相似。盖在现在语言中,中国语为最进步的,盖其变化期在有史以前早已经过故也。乙派之言曰:英语进化之途虽极分明,然其最后之进步达于何象,无从预料。至中国语则尚为最幼稚之语言,盖彼尚未入变化期。彼之进化,必须先经过变化繁复之一期,然后渐入于英语所经进化之境耳。"⑤陈望道在《修辞学发凡》中,

① 何容:《中国文法论》(1941年),商务印书馆1985年版,第2页。
② 王力:《中国现代语法》(1943年),商务印书馆1985年版,第1页。
③ 杨树达:《高等国文法》(1930年),商务印书馆1984年版,第8页。
④ 杨树达:《高等国文法》(1930年),商务印书馆1984年版,第8—9页。
⑤ 杨树达:《高等国文法》(1930年),商务印书馆1984年版,第9页。

在语言的分类上既重视"声音语"的地位,同时也重视"态势语"的地位,并分析了两者的不同。关于"声音语",他指出:"声音语是由声音和意义两个因素的结合构成的,自然离了声音便不能存在,缺了意义也不能成立。但声音和意义的关系,却不象'态势语'那样的直接。……而声音语,却不用行动本身做思想交流的工具,而用行动所生的结果——声音——做思想交流的工具,是间接的。这种间接的声音,在约定俗成之后,自然也会觉得声音和意义之间仿佛有着一种自然的必然的关系。"①关于"态势语",他指出:"'态势语',是用装态作势的动作,就是态势,来做交流思想的工具。苏轼所谓'海外有形语之国,口不能言,而相喻以形,其以形语也捷于口'(见《怪石供》),便是指着它说的。它同所要表示的意思极直接,一般不过用它来补助口头语言的不足,在不能用普通语言交流思想,或没有共同语言交换意思的时候,也还可以用它来做交流思想的工具。如聋哑和婴儿以及其他一切人的指手画脚之类便是。态势共有三种:就是表情的、指点的和描画的。……但它总是直观的,不能表示抽象的意思。如'凡人皆有死'这句话,用'态势语'来翻译便不容易翻译出来。遇有接连的时候,又只能用印象的接连法,不能有普通的文法组织。"②关于语言的分类问题,学术界虽没有能形成共识,但语言学家各自的分类对语言研究的深入还是有启发意义的。

现代中国在语言学研究方面的成就,应该说是比较显著的,尽管在很多方面还有不足之处,还有很大的提升空间。王力在《中国语言学史》中有这样的评价:"总的来看,这一个时期的中国语言学是向前发展了,语言学者受过现代科学的训练,有了比较清醒的科学头脑,懂得科学地分析问题,不至犯逻辑上的错误,这些都是远胜前人的地方。"当今中国学术界亦有研究者对现代中国的语言学所取得的成绩,进行这样的梳理:"(1)研究对象和研究目的的变革。这一时期研究者明确把语言作为独立的研究对象,以探讨语言的性质、结构、演变为研究目的,语言文字研究不再是经学的附庸,语言学或分支学科也正式成为高校的课程。(2)研究领域的扩展。现代汉语语法学、现代汉语修辞学、现代汉语方言学、现代汉语语音学、少数民族语言学、近代汉语研究、汉语言文字的规划等基本上都是在这一时期建立起来的,现代语言学的研究领域基本确定。(3)理论和方法的更新。历史比较语言学、早期结构主义语言学等西方语言学理论和方法被运用到不同的分支学科中,理论和方法的更新,不仅表现在新的创立上,而且

① 陈望道:《修辞学发凡》(1932年),上海教育出版社1979年版,第24页。
② 陈望道:《修辞学发凡》(1932年),上海教育出版社1979年版,第21—22页。

表现在传统学科的现代化上。(4)语言观念的变化。重视白话文,重视口语,重视方言和民族语言,关注语言的历史变化等等都是语言观念变化的集中体现。(5)研究成果的系统化。研究者重视概念术语的明确表达,重视研究成果的系统表述,重视对体系的建构,理论兴趣增强。(6)语言研究的社会化。语言研究重视社会调查,为国家制定语言文字政策、进行语言规划服务。"①现代中国的语言学研究所取得的成绩,奠定了此后语言学研究的基础,并在相当的程度上规定了中国语言学研究的方向。

## 四、修辞学新派的崛起

修辞学新派的崛起是中国现代语言学史上的突出现象。研究中国现代语言学的发展历程,总结现代中国语言学发展的成就,需要高度重视修辞新派崛起这一现象。

### (一)修辞学新派

在修辞学史上,修辞学分为新派与旧派,其研究路线有很大的不同。新旧两派的区分,其关键之处就在于,是在狭义上还是在广义上理解修辞。按照陈望道的看法,自从《易经》上有了"修辞立其诚"一句话以后,"修"与"辞"就连着使用,但由于各人对"修辞"的理解和解释不同,故而就有"修辞"的广义和狭义。在狭义上,"修当作修饰解,辞当作作文辞解,修辞就是修饰文辞";在广义上,"修当作调整或适用解,辞当作语辞解,修辞就是调整或适用语辞"②。

大致而言,新派是在广义上研究修辞,而旧派只是在狭义上研究修辞。在中国现代学术史上,修辞学的旧派也做了一些事,如关于古修辞学说相关例证的集录、整理工作。这些工作,虽对于现代修辞学体系的建设影响不大,但对于保存传统修辞学的资料还是有贡献的。

修辞学新派讲究修辞的新方法,其源流是先由西方传到日本,"五四"以后再由日本传到中国。

---

① 潘悟云、邵敬敏主编:《二十世纪中国社会科学·语言学卷》,上海人民出版社 2005 年版,第 15 页。

② 陈望道:《修辞学发凡》(1932 年),上海教育出版社 1979 年版,第 1 页。

### (二) 唐钺的《修辞格》(1923 年)

1923 年,唐钺①在商务印书馆出版的《修辞格》一书,在中国开修辞新派的先声,在语言学界影响很大②。该著所说的"修辞格"即积极修辞的各种格式,并以 5 章的篇幅论述根于比较的修辞格、根于联想的修辞格、根于想象的修辞格、根于曲折的修辞格、根于重复的修辞格等 5 种修辞格式。

唐钺在《修辞格》中就所列的 27 格,进行了比较详细的分析。如第一章第一节"显比",不仅陈述了"显比"的原理,而且又分析了"显比"的多种用法,认为"显比"可以用"如"、"若"、"似"、"像"等词加以表达,但有时也可以加以省略。唐钺在《修辞格》的"结论"部分提出了运用辞格的八条原则,如第三条说:"修辞格与本题不甚帖切的不要用他。切不可因要加雕饰,勉强插入文中,使读者觉得牵强。"第二条及第五条指出:"用修辞格要'一以贯之',不可于一格之中又插入与原格格格不相人的别一格,以致读者心目紊乱","修辞格不可过于怪僻"。应该说,唐钺提出的运用辞格的八条原则,为建立辞格理论(包括常用和不常用的)奠定了基础。

唐钺的《修辞格》参考了英国学者 J.C.讷斯菲尔德《高级英语作文》(1910年),把汉语修辞格分为五大类二十七格。需要指出的是,唐钺的《修辞格》是以现代科学研究方法来梳理修辞格的,这与古代对辞格研究的路线是完全不同的。在中国古代,对辞格亦是非常重视的,但大多从文学表现手法的角度来给予分析和说明,而不注重从语言本身来加以考察。唐钺的《修辞格》对于辞格的研究,则注重从修辞学的角度,并进而从语言的结构、表达、功能等方面给予概括;在概括的过程中,基于实证研究的理念而给出定义或说明,同时亦附以相关的例证,因而有着理论阐发与例证结合的特色。概而言之,唐著的突出贡献是,在中国建立了第一个全面而又比较科学的汉语修辞格系统,在中国开修辞新派的先声。

---

① 唐钺(1891—1987),字擘黄,原名柏丸,出生于福建闽侯。著名心理学家。早年就读于英华书院和福州中等商业学校。1911 年入北京清华学校,1914 年毕业后赴美国康乃尔大学修习心理学和哲学。1917 年入哈佛大学研究院哲学部心理学系深造,并从事心理研究工作,1920 年获博士学位。1921 年回国后历任北京大学哲学系、清华大学心理系心理学教授,上海商务印书馆编辑部哲学教育组组长,中央研究院心理研究所第一任所长、研究员。新中国成立后,历任清华大学、北京大学心理系教授,中国心理学会北京分会第一届理事长,第二至第六届全国政协委员。主要著作有《教育大辞典》(与高觉敷合编,1930 年)、《国故新探》(1933 年)、《西方心理学史大纲》(1982 年)等。

② 上海商务印书馆 1923 年 1 月初版,1925 年 10 月出第 4 版。其后,又有上海商务印书馆 1929 年 10 月的初版,1933 年 1 月的国难后第 1 版及 1935 年 2 月的国难后第 2 版。

### （三）　陈望道的《修辞学发凡》（1932 年）

陈望道是现代修辞学的集大成者,其在 1932 年所著的《修辞学发凡》是我国第一部系统的修辞学著作。该书共 12 篇,系统地讲述修辞的两大分野、消极修辞和积极修辞及其他问题。该著体系宏大,征引丰富,文言白话兼收并蓄,是一部构建全新学术体系的著作,在语言学界有极为重要的影响①。

其一,该著提出的"消极修辞"和"积极修辞"两大分野的学说,在学术界产生重大影响。陈望道认为,"消极修辞"是抽象的、概念的,必须处处同事理符合,而"积极修辞"却是具体的、体验的,而价值的高下全凭意境的高下而定。"积极修辞"是陈望道提出并构建其修辞学体系的重要范畴,该范畴具有"随情应境"的特点,并体现在多个层面。

对于"积极修辞"这个概念,陈望道有这样的说明:"我们知道切实的自然的积极修辞多半是对应情境的:或则对应写说者和读听者的自然环境社会环境,即双方共同的经验,因此生在山东的常见泰山,便常把泰山来喻事情的重大,生在古代的常见飞矢,便常把飞矢来喻事情的快速;或则对应写说者同听读者的心境和写说者的亲疏关系、立场关系、经验关系,以及其他种种关系,因此或相嘲谑,或相反诘,或故意夸张,或有意隐讳。或只以疑问表意,或单以感叹抒情。种种权变,无非随情应境随机措施。"②在陈望道看来,"积极修辞"与其"积极手法"有着密切的关系,而所谓"积极手法"也有其基于内容和形式的基本要素,并有着"辞格"与"辞趣"的具体表现形式。他指出:

> 所谓积极手法,约略含有两种要素:(1)内容是富有体验性,具体性的;(2)形式是在利用字义之外,还利用字音、字形的。……这种形式方面的字义、字音、字形的利用,同那内容方面的体验性具体性相结合,把语辞运用的可能性发扬张大了,往往可以造成超脱寻常文字、寻常文法以至寻常逻辑的新形式,而使语辞呈现出一种动人的魅力。在修辞上有这种魅力的有两种:一种是比较同内容贴切的,其魅力比较地深厚的,叫做辞格,也称辞藻;一种是同内容比较疏远的,其魅力也比较地淡浅的,叫做辞趣。两种之中,辞藻

---

①　陈望道的《修辞学发凡》,解放前有 3 个版本:一是上海大江书铺 1932 年 4—8 月初版(上下册),1933 年 1 月出至第 3 版;二是上海开明书店的版本,1935 年 11 月出至第 7 版,1940 年 10 月 9 版;三是重庆中国文化服务社 1945 年 4 月修订初版,1946 年 5 月又出沪 1 版。参见《民国时期总书目(语言文字分册)》,书目文献出版社 1986 年版,第 89 页。

②　陈望道:《修辞学发凡》(1932 年),上海教育出版社 1979 年版,第 10 页。

尤为讲究修辞手法的所注重。在小说诗歌等类叙事抒情的语言文字上用得也最多。所谓华巧，也便是指这种形式的表面特色说的。①

陈望道认为"积极修辞"具有"随情应境"的特点，但同时又认为"积极的修辞，却是具体的，体验的。价值的高下全凭意境的高下而定。只要能够体现生活的真理，反映生活的趋向，便是现实界所不曾经见的现象也可以出现，逻辑律所未能推定的意境也可以存在。其轨道是意趣的连贯。它同事实虽然不无关系，却不一定有直接的关系。"②陈望道在认为"积极修辞"的高下决定于"意境"的前提下，继而对于"积极修辞"所崇重的对象给予分析："但积极修辞却经常崇重所谓音乐的、绘画的要素，对于语辞的声音、形体本身，也有强烈的爱好。走到极端，甚至为了声音的统一或变化，形体的整齐或调匀，破坏了文法的完整，同时带累了意义的明晰。……但在不改动主意的范围内，为了声音或形体的妥适而有种种的经营，却是一种常见的现象，也是一种不必讳言的事实。……可见一切的积极修辞都是对于形式本身也有强烈的爱好：对于语辞的形、音、义，都随时加以注意或利用。"③陈望道这里的看法是，积极修辞不仅在其"意境"，因而其"价值的高下全凭意境的高下而定"，而且对于形式本身亦有强烈的追求。

陈望道研究视域中的"消极修辞"也是一个特别的范畴，认为所谓"消极修辞"源于修辞的"消极手法"，而"消极手法是以明白精确为主的，对于语辞常以意义为主，力求所表现的意义不另含有其他意义，又不为其他意义所混淆。但求适用，不计华质和巧拙。当'宁质毋华'的时候便'宁质毋华'；当'宁拙毋巧'的时候便'宁拙毋巧'。"④也正是"消极手法"的影响，使得"消极修辞"有着特别的意义和内涵，其情形是："消极手法是抽象的，概念的，对于语辞常以意义为主。惟恐意义的理解上有隔阂，对于因时代、因地域、因团体而生的差异，常常设法使它减除。又惟恐意义的理解上有困难，对于古怪新奇，及其他一切不寻常的说法，也常常设法求它减少。有时还怕各人的理解不能一致，预先加以界说，临时加以说明。总之力求意义明白，而且容易明白。"⑤

陈望道将"消极修辞"与"积极修辞"进行比较，以显示两者的不同，他指出："但是消极修辞积极修辞虽然同是依据题旨情境调整语辞的手法，却也不是毫

①　陈望道：《修辞学发凡》（1932 年），上海教育出版社 1979 年版，第 4 页。
②　陈望道：《修辞学发凡》（1932 年），上海教育出版社 1979 年版，第 48—49 页。
③　陈望道：《修辞学发凡》（1932 年），上海教育出版社 1979 年版，第 50—51 页。
④　陈望道：《修辞学发凡》（1932 年），上海教育出版社 1979 年版，第 5 页。
⑤　陈望道：《修辞学发凡》（1932 年），上海教育出版社 1979 年版，第 50 页。

无什么侧重：（1）消极手法侧重在应合题旨，积极手法侧重在应合情境；（2）消极手法侧重在理解，积极手法侧重在情感。而（3）积极手法和辞面子和辞里子之间，又常常有相当的离异，不象消极手法那样的密合。我们遇到积极修辞现象的时候，往往只能从情境上去领略它。用感情去感受它，又须从本意或上下文的连贯关系上去推究它，不能单看辞头，照辞直解。"①陈望道对于"消极修辞"研究的结论是："大概消极修辞是抽象的，概念的。必须处处同事理符合。说事实必须合乎事情的实际，说理论又须合乎理论的联系。其活动都有一定的常轨：说事实常以自然的、社会的关系为常轨；说理论常以因明、逻辑的关系为常轨。我们从事消极方面的修辞，都是循这常轨来做伸缩的工夫。"②

　　基于"积极修辞"与"消极修辞"的研究，陈望道有这样的总结："总之，消极修辞是抽象的概念的；积极修辞是具体的体验的。对于语言一则利用语言的概念因素，一则利用语言的体验因素。对于情境也一常利用概念的关系，一常利用经验所及的体验关系。一只怕对方不明白，一还想对方会感动，会感染自己所怀抱的感念。"③陈望道关于"积极修辞"与"消极修辞"的主张，奠定了其修辞学理论的基础。

　　其二，该著把"辞格"归为三十八格，每格又有若干式，既有全面概括，又有详细阐述。关于"辞格"的用处，陈望道早在1924年就曾概括为四项："（一）让我们明白每格全体的条理，读书或讲书时容易通晓或解释作者的真意；（二）让我们明白每格全体的条理，作文时尽可在通则里回旋，不致拘拘去摹仿别人的一点一滴；（三）让我们统观已有的一切格，修辞不致偏于自己偶然留心到的一面；（四）让我们周览现在已有的一切格，进而创造现在未有的多少格。"④在《修辞学发凡》一书中，陈望道提出了要研究"各个辞格的组织和功能"。他指出："我们应当注意一些更重要的现象，就是各个辞格的组织和功能。这等于文法以前单讲所谓反正虚实。而今要说各个词类的组织和功能一样。当然，修辞的现象比文法的现象更繁复，更飘忽不定，我们往往会有无从说起之感。但决不应避难就易，专去留心那些末梢现象。至于分类，更不过是为说明的方便，除非真有必要，是不必条分缕析乱人耳目的。"⑤

----

　　① 陈望道：《修辞学发凡》（1932年），上海教育出版社1979年版，第9页。
　　② 陈望道：《修辞学发凡》（1932年），上海教育出版社1979年版，第47页。
　　③ 陈望道：《修辞学发凡》（1932年），上海教育出版社1979年版，第51页。
　　④ 陈望道：《论辞格论底效用兼答江淹》，《民国日报·觉悟》1924年8月18日。
　　⑤ 陈望道：《修辞学发凡》（1932年），上海教育出版社1979年版，第250页。

其三,该著对于"修辞"作出新的解说,提出修辞是达意传情的手段。在陈望道看来,修辞的主要功用就在于为着意和情。他指出:"修辞原是达意传情的手段。主要为着意和情,修辞不过是调整语辞使达意传情能够适切的一种努力。既不一定是修饰,更一定不是离了意和情的修饰。以修饰为修辞,原因是在(1)专着眼在文辞,因为文辞有修饰的余裕;(2)又专着眼在华巧的文辞,因为华巧的文辞较有修饰的必要。而实际,无论作文或说话,又无论华巧或质拙,总以'意与情会,言随意遣'为极致。在'意随意遣'的时候,有的就是运用语辞,使同所欲传达的情意充分切当一件事,与其说是语辞的修饰,毋宁说是语辞的调整或适用。即使偶有斟酌修改,如往昔所常称道的所谓推敲,实际也还是针对情意调整适用语辞的事,而不是仅仅文字的修饰。"①这里,陈望道认为修辞只不过是调整语辞,使达意传情能够适切的一种努力。这就将"修辞"解读为"达意传情的手段",突出了"意和情"在修辞中的地位,从而使"修辞"的含义与普通所说的"修饰"分别开来。

其四,该著将"语辞"作为一个研究的关键问题,提出"语辞"形成的"三阶段"说和"语辞"的"三境界"说,使修辞学中的语辞研究在理论上得以深入。陈望道对于"辞"有着特别的理解,他基于"语言文字"的历史视角和内在逻辑的视角来看待"辞"的意义,认为"辞的意味,大概由两个方面构成:一是由于语言文字的历史或背景的衬托;二是由于语言文字的上下或左右的包晕。"②基于历史的视角,陈望道探索语辞的形成过程,遂而提出"三个阶段"的主张。他指出:

> 语辞的形成,凡是略成片段的,无论笔墨或唇舌,大约都须经过三个阶段:一、收集材料;二、剪裁配置;三、写说发表。这三个阶段的工作都依赖于社会实践,并受一定政治立场和世界观的影响。但某些条件并不完全一样:如收集材料最与生活经验及自然社会的知识有关系;剪裁配置最与见解、识力、逻辑、因明等等有关系;写说发表最与语言文字的习惯及体裁形式的遗产有关系。三个阶段的条件顺次递积,到了写说发表的时候,便已成为与政治立场、世界观,与社会实践的经验、自然社会的知识,与见解、识力、逻辑、因明,与语言文字的习惯及体裁形式的遗产等等无不有关的条件复杂的景象。③

---

① 陈望道:《修辞学发凡》(1932年),上海教育出版社1979年版,第3页。
② 陈望道:《修辞学发凡》(1932年),上海教育出版社1979年版,第229页。
③ 陈望道:《修辞学发凡》(1932年),上海教育出版社1979年版,第5—6页。

这里,陈望道将语辞的三个阶段作了具体的说明,一方面强调三个阶段的条件有所不同,而又具有"三个阶段的条件顺次递积"的特点;另一方面又强调语辞的三个阶段"都依赖于社会实践"的共同性,从而凸显了语辞的社会实践的基础。

同时,陈望道又基于逻辑的视角,提出语辞所内含着的"三境界说"。他指出:"我们从修辞的观点来观察使用语辞的实际情形,觉得无论口头或书面,尽可分作下列的三个境界:(甲)记述的境界——以记述事物的条理为目的,在书面如一切法令的文字,科学的记载,在口头如一切实务的说明谈商,便是这一境界的典型。(乙)表现的境界——以表现生活的体验为目的,在书面如诗歌,在口头如歌谣,便是这一境界的典型。(丙)糅合的境界——这是以上两界糅合所成的一种语辞,在书面如一切的杂文,在口头如一切的闲谈,便是这一境界的常例。"①这里所说的语辞的"三个境界",实际上是指明语辞的由简单到复杂、从低级状态到高级状态的三个层次,切合了语辞变动的实际情形。语辞的三阶段说与三境界说,不仅使语辞成为修辞学研究的一个重要问题,而且有助于推进修辞学理论的形成。

其五,该著在研究修辞内在的复杂关系的基础上,提出了"修辞技巧"问题。研究修辞就在于能够通晓修辞的内在机理及其规律,并进而使人们能够提升修辞的技巧。在陈望道看来,修辞有着内在的复杂关系,"不妨综合作两句话:(1)修辞所可利用的是语言文字的习惯及体裁形式的遗产,就是语言文字的一切可能性;(2)修辞所须适合的是题旨和情境。语言文字的可能性可说是修辞的资料、凭藉;题旨和情境可说是修辞的标准、依据。"②这里,将修辞的内在复杂关系,具体地指向"语言文字"及"题旨和情境"这两个方面。也正是源于这个认识,陈望道从两个方面来分析修辞技巧的来源:"这种修辞技巧的来源有两个:第一是题旨和情境的洞达,这要靠生活的充实和丰富;第二是语言文字可能性的通晓,这要靠平时对于现下已有的修辞方式有充分的了解。技巧是临时的、贵在随机应变,应用什么方式应付当前的题旨和情境,大抵没有定规可以遵守,也不应受什么条规的约束。"③陈望道将"题旨和情境的洞达"和"语言文字可能性的通晓"这两者作为修辞技巧的来源,蕴含着修辞内在的机理,为提升修辞技巧指

① 陈望道:《修辞学发凡》(1932年),上海教育出版社1979年版,第3页。
② 陈望道:《修辞学发凡》(1932年),上海教育出版社1979年版,第8页。
③ 陈望道:《修辞学发凡》(1932年),上海教育出版社1979年版,第11页。

明了方向。

其六,阐明了修辞学的功用和研究任务。陈望道力图将修辞学建设成为科学,故而他注重修辞学功用的研究,认为修辞学的功用就在"确定意义"、"解决疑难"与"消灭歧视"这三个方面。他说:

> 象这样的修辞学,我们可以说是一种语言文字的可能性的过去试验成绩的一个总报告。最大的功用是在使人对于语言文字有灵活正确的了解。这同读和听的关系最大。大概可以分做三层来说:(一)确定意义。以前往往把修辞现象当作'可以意会,不可以言传'的境域,其实修辞现象大半是可以言传的。我们既知道它的构成,又知道它的功能,大半就可确定它的意义所在,扩大了所谓言传的境域。……(二)解决疑难。偶然有修辞上的疑难,也比较容易解决。……(三)消灭歧视。人又往往以为文言可以做美文,口语只能做应用文。而所谓美文者,又大抵是指辞采美富而说。其实文言的辞采,口语大抵都是可以做到的。①

关于修辞学的任务,陈望道强调了两个方面:

一是修辞学研究需要"搜集事实材料"。他说:"我以为修辞学的主要任务,是搜集事实材料,和研究别的科学一样地,尽力观察,分析、综合、类别、说明、记述。材料应当搜集的固然有两类:(一)修辞的诸现象,(二)关涉修辞的诸论著。但实际是(一)类更加重要,可以说是原料,(二)类稍为不重要,只可说是副料。我们应当尽量搜集实际的材料,根据实际的材料来找寻修辞的条理,不当影印陈说,来作新书的内容。故于修辞的诸论著,无论是中的外的古的今的,都只能备作我们的参考,备作我们要解说某一现象而不能即得确当的解说时的提示,或作我们解决方式的佐证。而自己却应当切实负责地寻求各种眼见耳闻的修辞事实,来逐一加以观察分析。"②

二是修辞学研究需要阐发"修辞现象的条理"。他说:"修辞学的任务是告诉我们修辞现象的条理,修辞观念的系统。它担负实地观察、分析、综合、类别、记述,说明(一)各种语言文字中修辞的诸现象,(二)关涉修辞的诸论著的责任,从(一)的原料和(二)的副料中归纳出一些条理一个系统来,做我们练习观察的基础,或直接做我们自由运用的资助。它不是立法者。就是出现某一实例的语言文字也不是立法者。没有什么权力可以约束我们遵从它。故所归纳出的,决

---

① 陈望道:《修辞学发凡》(1932 年),上海教育出版社 1979 年版,第 17—18 页。
② 陈望道:《修辞学发凡》(1932 年),上海教育出版社 1979 年版,第 282—283 页。

不能误解为条规。但实例是很重要的。它是归纳的依据,它有证实或驳倒成说的实力。有人常说'拿出证据来',它便是证据。"①

陈望道提出的修辞学研究在"搜集事实材料",就在于使修辞学研究能揭示"修辞"这一事实的本身,而提出的修辞学研究能够阐发"修辞现象的条件",就在于使修辞学研究能够发现规律而具有科学的品格,这是从一门学问如何能够成为科学的要求来说的。因此,陈望道关于修辞学功能和任务的说明,就在于将修辞学建设成为一门科学。

陈望道的《修辞学发凡》一书有着显著的特色。该著是在社会生活的视域中研究修辞问题,并强调修辞与"题旨"的内在关联。陈望道指出:"凡是切实的自然的修辞,必定是直接或间接的社会生活的表现,为达成生活需要所必要的手段。凡是成功的修辞,必定能够适合内容复杂的题旨,内容复杂的情境,极尽语言文字的可能性,使人觉得无可移易,至少写说者自己以为无可移易。"②同时,陈望道对于修辞的内容与形式的关系,也给予了辩证的分析:"修辞上所说的内容,就是文章和说话的内容。修辞上所说的形式,就是文章和说话的形式。内容和形式是一对矛盾的两个侧面,它们是不能截然分开的。没有无形式的内容,也没有无内容的形式。修辞不能离开内容来讲形式,也不能离开形式来讲内容。离开了内容片面地讲如何运用语言文字,那是形式主义;忽视了形式片面地讲文章和说话的内容,那也是不恰当的。修辞要讲究内容和形式的统一,要求形式适应内容,但若并不忘记它们的关联作用,却又未尝不可以把它们分开来说。"③陈望道在修辞学上的开拓,源于他长期对修辞学的艰苦探索。他早在1924年就提出了中国要建设一个"真象样的修辞学",需要担负着四大使命:"第一,可以绝灭关于修辞学本身上的谬想。……第二,可以矫正利用修辞学材料排击文法学的妄想。……还有第三种使命就是要矫正拉杂把修辞学混充文法学的弊病。此类的人并不象第二类,要排击文法,却把文法看得很重,但实际是把修辞材料来混充文法。……至于第四使命,就在使一般糊涂不解的,此后也解。"④正是有这样的抱负,陈望道完成了《修辞学发凡》这一开拓性的著作,而成为修辞学新派的代表。陈望道的《修辞学发凡》建立了全新的修辞学体系,深刻地体现了修辞学研究的历史主义观点,在现代中国的语言学史上有着重要的学术地位。

---

① 陈望道:《修辞学发凡》(1932年),上海教育出版社1979年版,第15—16页。
② 陈望道:《修辞学发凡》(1932年),上海教育出版社1979年版,第11页。
③ 陈望道:《修辞学发凡》(1932年),上海教育出版社1979年版,第39—40页。
④ 陈望道:《修辞学在中国之使命》,《文学》第132期,1924年7月。

　　同一时期,杨树达著有《中国修辞学》(上海世界书局 1933 年 3 月初版、1933 年 10 月再版),他本人亦为修辞学新派阵营中的重要人物。杨著以 18 章的篇幅研究文言文修辞学,强调修辞与文法不同,研治之途自异,中国创建修辞学也应有自己的特色,不能沿袭外国语言学的理论。杨树达指出:"语言之构造,无中外大都一致,故其词品不能尽与他族殊异,治文法者乃不能不因。若夫修辞之事,乃欲冀文辞之美,与治文法惟求达者殊科。族姓不同,则其所以求美之术自异。况在华夏,历古以尚文为治,而谓其修辞之术与欧洲为一源,不亦诬乎? 昧者顾取彼族之所为一一袭之,彼之所有,则我必具,彼之所缺,则我不能独有,其贬己媚人,不已甚乎?"①杨树达的《中国修辞学》自成一家之言,该著尽管未有陈望道的《修辞学发凡》著名,但在中国修辞学理论创建上亦有值得重视的学术地位。

## 五、音韵学、训诂学的现代转型

　　音韵学、训诂学本属于传统的小学,但在现代中国的学术界,却出现了一个可喜的现象。这主要是,一些学者开始运用语言学的理论和方法来研究音韵学、训诂学,逐步地摆脱传统的"小学"的研究路数。在现代语言学的视域之中,音韵学是语言学的一个分支学科,是历史语言学的重要组成部分,不仅在研究方法上得到创新,如"历史比较法、对音法(译音对勘法)、内部拟测法被广泛采纳,传统的文献考据法得到改进",而且研究对象得以扩大,"除了传统的文献以外,诗词歌赋、字书、音义书、古文字汉外对音材料、亲属语言等都成了音韵学的研究对象"②,同时,音韵学研究的目标在于探索汉语语音的历史演变规律。由于有了新的研究理论和研究方法,这使得音韵学向科学道路进发。此种情形,诚如罗常培所说:"从前的人因为缺乏工具,或者蔽于成见,或者囿于方音,往往有'考古功多,审音功浅'的毛病,就是有几个心知其意的人,也很难把他自己所了解的清清楚楚的写出来使人看了就能懂得。现在既然有了语音学的帮助,对于从前讲得玄妙不可测的东西,都可以把它'质言',于是音韵学才能从玄学走向科学

---

① 　杨树达:《中国修辞学·序》(1933 年),上海古籍出版社 1983 年版,第 1 页。
② 　潘悟云、邵敬敏主编:《二十世纪中国社会科学·语言学卷》,上海人民出版社 2005 年版,第 13 页。

的路了。"①可以说,现代语言学的理论和方法为训诂学、音韵学这一古老的学科获得了新生。

## (一) 现代音韵学的新生

音韵学在 20 世纪的 20 年代初,即开启学术转型的道路。胡适在 1923 年翻译俄籍学者钢和泰的《音释梵书和中国古音》(北京大学 1923 年版出版,后有北大《国学季刊》第 1 卷第 1 期的印本),由汉文音译的梵文书(佛经)推断中国文字的古音,介绍了不同时期利用汉外对译读音研究古音的对音法(音译对勘法),对中国音韵学研究者有较大影响。汪荣宝受此音译对勘法的影响,发表《歌戈鱼虞模古读考》文章(1923 年),以佛经的音译词和日译吴音、汉音为证,推测《广韵》的歌、戈、鱼、虞、模各韵在古代的读音,并注以音标,从而使对音法成为现代音韵学的一个重要方法②。罗常培对音韵学的研究有着重要的贡献,他撰写的《知彻澄娘音值考》(1931 年)、《唐五代西北方音》(1933 年)等,皆是音韵学研究的重要著作。

这里要说的是,高本汉③所著《中国音韵学研究》成稿于 1916 年,后由赵元任、罗常培、李方桂翻译,上海商务印书馆 1940 年 9 月初版(1948 年 4 月再版),对中国音韵学的发展有着极为重要的影响。《中国音韵学研究》一书除"原序"、"绪论"和附说"所调查方言地图"外,共分四卷:第一卷是"古代汉语";第二卷是"现代方言的描写语音学";第三卷是"历史上的研究";第四卷是"方言字汇"。就内容而言,该著利用现代方言资料证实中古语音系统,进而又由中古音系再推证上古音系,并分别完成中古音和上古音的语音构拟,因而是以中古音构拟为基点的汉语历史语音学;在方法上,该著的突出之处是采用了现代方言研究中的描写方法和历史语言学研究中的共时描写、历史语言学中的历史解释方法、方言字典编纂学和编纂方法,体现了依据现代方言研究汉语古代音韵的治学路径。可以说,高著在运用历史比较法和内部拟测法的基础上,提出的古音构拟法

---

① 罗常培:《汉语音韵学序》(1935 年),王力:《汉语音韵学》,中华书局 1981 年版,第 2 页。

② 潘悟云、邵敬敏主编:《二十世纪中国社会科学·语言学卷》,上海人民出版社 2005 年版,第 12 页。

③ 高本汉(Klas Bernhard Johannes Karlgren,1889—1978),瑞典最有影响的汉学家,歌德堡大学教授、校长,远东考古博物馆馆长。他在中国历代学者研究成果的基础上,运用欧洲比较语言学的方法,探讨古今汉语语音和汉字的演变,创见颇多。1916 年获哲学博士学位,《中国音韵学研究》为其博士学位论文中的一部分。

乃是历史比较语言学构拟古音的基本方法,有助于推进中国音韵学研究的现代转型。20世纪的40年代,赵元任、罗常培、李方桂合作将高本汉的《中国音韵学研究》译成中文。该译本对原作者引书的失误加以订正和补充,使原书增色不少,并为音韵学研究者所重视。"高本汉的研究深深影响了中国音韵学,许多学者就他的方法和结论展开讨论,许多学者参加到古音构拟工作中去,改进和补充高本汉的结论,如林语堂、李方桂、钱玄同、董同龢、陆志韦等人的研究。古音音值的构拟是现代音韵学形成的重要标志。"①正是在赵元任、罗常培、李方桂、王力等人的共同推动下,音韵学的研究在20世纪30年代进入一个新的阶段。

王力在20世纪30年代所著的《汉语音韵学》(1936年),是音韵学方面代表性的著作,有必要加以重点介绍。王力的《汉语音韵学》这部著作,可谓音韵学研究的集大成著作。同时,该著又是在继承中国古代音韵学成果基础上的开拓之作,既有着现代科学的理论指导,又有着中国传统学术的深厚底蕴。譬如,该著运用现代科学的分类法,对于古代音韵学的种类有这样的看法:"从前的人把汉语音韵学分为三门:(一)古韵学,以《诗经》、《楚辞》等书为史料,以周秦古音为研究的对象;(二)今韵学,以《广韵》、《集韵》等书为史料,隋唐以来诗家承用的韵的系统为对象;(三)等韵学。等韵学有狭义,有广义。狭义的等韵学,是指开口呼与合口呼各分四等而言;广义的等韵学,是包括等呼,反切,以及其他语音的分析而言。"②总体来看,该著有以下几个突出的方面:

一是该著比较系统地分析了音韵的旧法所存在的问题,梳理了近代中国音韵学中反切新法的轨迹,积极地倡导和推行音韵新法。王力指出:"反切旧法到了《音韵阐微》里,可谓登峰造极;但是,依着这法子做,终有两个不可避免的缺点:第一,反切上字须择其收声于元音者,下字须择其发声于元音者,这是《音韵阐微》的原则;然而往往无适当的字可用,以致'今用''协用'多于'合声'。第二,反切既以注音,笔画越简单越好;笔画简单则可以注于字旁,儿童学起来也更容易。而这也是反切旧法所做不到的。为了补救这两个缺点,只有另造一种字母,专为反切之用。在清末,就有许多人做一种'切音运动';直到王照(1859—1933年)作《官话合声字母》(1900年),劳乃宣(1843—1921年)作《简字全谱》(1907年),反切新法更渐渐流行。虽王、劳的简字是预备离开汉字而独立的;然

---

① 潘悟云、邵敬敏主编:《二十世纪中国社会科学·语言学卷》,上海人民出版社2005年版,第13页。

② 王力:《汉语音韵学》(1936年),中华书局1981年版,第121页。

其便于切音,与笔画简单,都足以改良反切旧法。章炳麟反对简字离汉字独立;然而也主张一种反切新法,'取古文篆籀迳省之形,以代旧谱'。一则可免与楷书相混,一见而知其为注音之用;二则可以'有典则,异于乡壁虚造者所为'。这就是注音字母的前身。"①正是反切新法的流行,1912 年教育部设立"读音统一会",其职能为三:一是"审定一切字音为法定国音";二是"将所有国音均析为至单至纯之音素,核定所有音素总数";三是"采用字母,每一音素均以一字表之"。王力在充分肯定注音字母的同时,又高度赞赏了国音的统一工作。他指出:"注音字母初制定时,虽大部分依照北京音,但还有些地方是采用南音的,例如保存入声,保存见系齐撮口与精系齐撮口的分别,等等。后来大家觉得这种近于人造的语言,不如一个地方的活语言易于推行,于是一九三二年又公布《国音常用字汇》,指定北京音为标准。"②王力也肯定了"国语罗马字"的意义,指出:"中国还有些学者不大满意于注音字母,进一步更欲采国际化的拼音文字,于是有国语罗马字的产生。一九二五年,刘复(刘半农)、赵元任、钱玄同、黎锦熙、汪怡等人组织数人会,从事于国语罗马字之议定。议定后,提出于国语统一筹备会,转请政府公布。转请未有结果,统一会乃自行公布。一九二八年九月大学院才正式公布。"③又指出:"大学院公布国语罗马字时,仅认为'国音字母第二式',以便一切注音之用;而数人会的原意是以此为改革汉字的准备,所以还有'词类连书'的办法。将来进展到什么情形,不是现在所能逆料的了。"④王力在《汉语音韵学》中对于中国文字的拼音化进程采取了肯定的态度,这也使得他的《汉语音韵学》成为一个开放的学术体系。

二是该著在方言研究方面提出诸多的学术见解。王力在《汉语音韵学》中强调方言研究对于音韵学研究的极端重要性,希望学术界对于方言研究予以高度重视,为音韵学的研究打开新的道路。在他看来,方言的研究可以沿着两个方向进行,一个是现实的进路,另一个是历史的进路。他指出:"方音的研究,可以专研究一个时代的语音(例如现代),不必顾及历史上的演变,这是所谓'描写的语音学'(descriptive phonetics);又可以着重历史上的演变,这是所谓'历史的语音学'(historical phonetics)。"⑤该著将方音研究视为音韵学家的重要使命,认为

① 王力:《汉语音韵学》(1936 年),中华书局 1981 年版,第 533—534 页。
② 王力:《汉语音韵学》(1936 年),中华书局 1981 年版,第 538—539 页。
③ 王力:《汉语音韵学》(1936 年),中华书局 1981 年版,第 539—540 页。
④ 王力:《汉语音韵学》(1936 年),中华书局 1981 年版,第 542 页。
⑤ 王力:《汉语音韵学》(1936 年),中华书局 1981 年版,第 608 页。

只有通过方音的研究并对方言区域的掌握,才能建立音韵学的研究体系。该著指出:"汉语音韵学家向来不大注意方音。钱大昕对于古音,举例多至数百条;而对于今音则仅寥寥数语。直到章炳麟,始将汉语方音略分九种。在全国方音未经科学的调查以前,我们不能断说汉语方音共有几种;然而大致看来,可以分为五大系:(一)官话音系:包括河北、山西、陕西、甘肃、山东、河南、湖北、湖南、四川、云南、贵州、安徽;又江苏北部,江西北部,广西北部。(二)吴音系:包括江苏之苏州、常州、无锡、常熟、昆山、上海、松江、宜兴、溧阳、金坛、丹阳、江阴等处,及浙江宁波、嘉兴、湖州、杭州、诸暨、金华、衢州、温州等处。(三)闽音系:包括福建之大部分,及潮州、汕头、海南等处。其在国外最占势力的地方是马来半岛,新嘉坡,苏门答腊,暹罗,菲力滨等处。(四)粤音系:包括广东之大部分,及广西之南部。其在国外最占势力的地方是美洲(尤其是旧金山)。(五)客家话:包括广东之梅县、大埔、惠阳、兴宁等处,福建之汀州,江西之南部;又渗入广东高、钦、廉一带及广西南部。其在国外最占势力的地方是南洋印度尼西亚(尤其是邦加)。"①王力就方音研究方法及研究中所应注意的问题发表了自己的看法,认为语音与心理、生理及物理皆有相当的关系,故而也就需要研究音发出后所表现出的各种现象。他说:"研究方音,大致说起来有两种方法:第一,是只凭耳朵去辨别;第二,是用机器把它实验。第一种方法的好处是省时间;但是,如果不是耳朵特别灵敏而语音学又很精明的人,耳朵辨别的结果就很不可靠。第二种办法是最科学的方法,无论是谁,经过相当的训练之后,都能研究得准确。语音与心理、生理、物理三方面都有关系。一音之发出,可以有五种现象:(一)未说话以前,说话者的意识里先有一种主动'语像',这是心理的现象;(二)各发音器官施行一套互相关连的动作,这是生理的现象;(三)一种颤动作用到了空气里,这是物理的现象;(四)这种颤动作用使听话者的司听器官里发生一种声音的感觉,这又是生理的现象;(五)这声音在听话者的意识里唤起一种受动的'语像',这又是心理的现象。由此看来,研究方音的人应该具备心理学、生理学、物理学三方面的常识(当然以与语言有关者为限),至少须知发音器官的机构,与'音色'、'音高'、'音强'、'音长'构成的原理。"②王力在语音与心理、生理、物理关系的分析中,强调研究声音发出后的五种现象的重要性,指明了方音研究的方向,这是对音韵学的重要贡献。需要说明的是,王力在《汉语音韵学》中还提出"四声"

---

① 王力:《汉语音韵学》(1936年),中华书局1981年版,第563—564页。
② 王力:《汉语音韵学》(1936年),中华书局1981年版,第567—568页。

研究对于汉语语调研究的重要意义,认为清浊的系统对于音韵学研究有重要的影响。他指出:"四声以受清浊的影响,大约曾有一度变为八声,后来浊音消失,但尚保存其系统。在北方音系里,入声已归入别的声调,上去已无清浊之分,只有平声还存着清浊的系统,命之为阴平阳平。吴语系中尚有完全保存八声者,有些方言则已失去阳上,别的地方又有增至九声或十声者。在广州语里我们知道有九声,因入声有三个;在广西甚至多到十一声:就是二平二上,二去,四入,再加上一个语助的音调。四川湖南虽属官话系统,而声调也各有不同。关于汉语的声调,有两种最普通的误会是应该避免的。第一,我们不可说某处的人把某字错读为某声,因为某处的方言里的调值自成系统,而与别处不必相同的。第二,我们不可因某处的方言里有阳调类的字音就断定它有浊音;因为依汉语现代语看来,有浊音的方言里有阳调类,而有阳调类的方言里不一定有浊音。"[1]这里,王力关于语音的清浊系统的研究,提示出语调在整个音韵学研究的位置,这是很有学术见地的。王力关于方言研究与音韵学关系的梳理,强调方言在音韵学中的基础性地位,这有助于建立独具特色的音韵学体系。

三是该著就古音学的历史进行梳理,提出了"音值"为古音学研究的"最高理想"。鉴于古音学是音韵学的基础内容,王力对于古音学的历史进行研究,阐明了中国古音学的演进历程。王力认为,中国音韵学中对于古音的研究,以汉代为开端,而清代则是"古音学最昌明的时代"。他指出,古音学在汉朝已经有人谈到古音。例如刘熙《释名》里说:"古者曰'车',声如'居',所以居人也;今曰'车'声近'舍'。"这说明,汉代人业已"注意到古今音的异同",故而"我们可以说古音之学在汉朝已有根源,只不曾作有系统的研究罢了"。汉朝以后,古音的研究引起重视,于是"南北朝以后,研究《诗经》的人有'叶韵'的说法。因为当时的人读起《诗经》来,觉得许多地方的韵不谐和,于是他们以为某字该改为某音,以求谐和,这就是所谓'叶韵',或称'协句'。……到了唐朝,变本加厉,以致有改经的事。"但是,"唐朝只有一个陆德明颇能保存古音。陆德明《经典释文》于《邶风》'南'字下虽录沈重之说,但他自己又加注云:'今谓古人韵缓,不烦改字。'又于《召南》'华'字下注云:'古读华为敷。'"[2]通过对古音学历史的梳理,王力的结论是:"古音之学在汉朝已有根源",而"古音学最昌明的时代要算清

---

① 王力:《汉语音韵学》(1936年),中华书局1981年版,第93—94页。
② 王力:《汉语音韵学》(1936年),中华书局1981年版,第269—270页。

朝"①。王力不仅梳理古音学的历史,而且更进一步,提出了古音学的"最高理想"问题。他指出:"古音学的最高理想,在乎考定古代每一时期的音值,而不仅在乎考定当时的语音系统。但是,中国的文字既不是纯然标音的,研究中国古代音值自然要比西洋的更难。上古音值的研究,比中古的又更难。清儒对于先秦的语音系统,有了惊人的成绩,但他们对于音值方面,大多数是置而不论,或论而不精。……上古音值之所以难研究,是因为不象中古时代有韵书、韵图,及外国译音的资料;又因中古离现代较近,单靠现代的方音也可以对于中古的音值推测得一个大概。我们研究上古音,大约只能有两种根据:第一是'谐声';第二是先秦的韵文。但是,从两种材料里也只能得到一个语音系统;至于实际音值,不能不依靠我们所估定的中古音值再往上古推测;如果中古音值考得不精确,上古音值跟着也发生动摇。由此看来,上古音系容易得到定论,而其音值的定论却很难得到。"②王力将古音学视为音韵学的基础,并强调以"音值"研究为古音学的"最高理想",其目的就在于汲取古音学的传统,从而为音韵学的研究开辟道路。

四是该著承继戴震、章炳麟、钱玄同等人关于音韵学的研究成果,并且在声母、韵母的研究上推陈出新。王力介绍了音韵学的历史,比较赞同钱玄同等人的研究成果。他指出:"汉语音韵学家有主张把韵分为阴阳两类的,如孔广森,严可均,章太炎;有主张把韵分为阴阳入三类,如戴震,黄侃。古人为什么把有鼻音的韵叫做阳声,没有鼻音的韵叫做阴声呢? 大概总是因为古人好用玄虚的字眼,如戴震所谓:'有入者,如气之阳,如物之雄,如衣之表;无入者,如气之阴,如物之雌,如衣之里。'钱玄同在《文字学音篇》里说:'所谓阴声者,其音皆下收于喉而不上扬;阳声则不下收而入于鼻。'这话虽不能使人容易了解,但已比戴震说得具体些了。说到这里,我们要注意:这里所谓阴阳,是与声调里的阴阳毫无关系的。"③王力还根据钱玄同的音韵学研究成果,对音韵学中的"阴阳对转"及"旁转"现象进行新的诠释:"古音中常有阴声字变成阳声字,或是阳声字变成阴声字的例子,这是语音变化中常有的现象,汉语音韵学家叫做'阴阳对转'。所谓阴阳对转,并不是说一个阴声字可以随便变成一个阳声字,或是一个阳声字可以随便变成一个阴声字;对转之间是有一定的原则和条理的。阳声变为阴声,它所变成的,必是与它相当的阴声;而阳声变为阳声时,它所变成的,必是与它相当

---

① 王力:《汉语音韵学》(1936 年),中华书局 1981 年版,第 269 页。
② 王力:《汉语音韵学》(1936 年),中华书局 1981 年版,第 428—429 页。
③ 王力:《汉语音韵学》(1936 年),中华书局 1981 年版,第 77—78 页。

的阳声。……此外还有所谓'旁转',是从某一阴声韵转到另一阴声韵,或从某一阳声韵转到另一阳声韵。……这在语音上是常见的事实。但是,如果我们在古韵里论'旁转',就该先对于古韵的音值有了切实的证明,否则既不确知某韵与某韵相邻近,也就无从断定其为旁转了。"①王力对"韵头的元音"进行研究,发现"纽"的特点。他指出:"韵头的元音与纽最接近,在语音变化的历程中,它们常能影响到纽而使之变化,这种现象在现在的北方语系中最为明显。古音中有几个纽的音,传至现在的北京话里,开口呼与合口呼的音作一系统而保存原来的纽;齐齿乎与撮口呼的音则另作一系统,其声纽已发生变化。"②问题是,"齐齿呼"与"撮口呼"在现在已作为一个系统,但在传统的音韵学中渊源何在? 王力的解释是:"汉语音韵学家又依照韵头元音的不同,把声音分为'开口呼'与'合口呼'两类,每类之中,又有'洪音'与'细音'之别。开口呼的洪音仍叫开口呼,它的细音则称为'齐齿呼';合口呼的洪音仍叫合口呼,它的细音则名为'撮口呼'。所谓'等呼',就是这种分别的名称。等呼之学在音韵学的历史上是比较后起的。明清两代学者讨论到这问题的很多,其中亦潘耒的解释比较清楚。他在《类音》里说:'初出于喉,平舌舒唇,谓之开口;举舌对齿,声在舌腭之间,谓之齐齿;敛唇而呼之,声满颐辅之间,谓之合口;蹙唇而声,谓之撮口。'在那时能把发音的原理解释得这样妥当,算是难能而可贵的了。"③不难看出,王力是以"纽"(声纽)是否变化而分出"开口呼与合口呼的音"及"齐齿乎与撮口呼的音"这两个系统,是在继承中国传统音韵学成就基础上的重要创新。

五是该著对于现代语音学的建设提出诸多的研究意见。譬如,关于元音,王力一方面主张要从生理学和物理学角度来分析,另一方面提出要分清是主要元音还是半元音、附属元音的问题。他指出:"从生理学上看来,元音发生时,发音机关有相当的开展度,不致口腔里有任何杂音给我们听见。从物理学上看来,元音发生时,发音机关形成了一个共鸣器(有时形成两个),使一个乐音性的'陪音'强烈化,而这'陪音'的音高是有定的,能形成一个元因的特征。"④又指出:"有一点应该特别注意:在一个汉字里,如果似乎有两个以上的元音,则其中必有该认为半元音或附属元音的。半元音与附属元音都是很短很弱,不能自成一

———————

① 王力:《汉语音韵学》(1936年),中华书局1981年版,第79—80页。
② 王力:《汉语音韵学》(1936年),中华书局1981年版,第86页。
③ 王力:《汉语音韵学》(1936年),中华书局1981年版,第84—85页。
④ 王力:《汉语音韵学》(1936年),中华书局1981年版,第1页。

个音缀,必须附加于主要元音之上才成音缀。"①又譬如,关于现代语中的清浊音,王力主张依据现代方法予以分析,从而说明"响音"(即"浊音")失去的原因,但亦可参考古人的分类法展开研究,使今音研究与古音研究对接起来。他指出:"汉语音韵学中本来有清浊音的分别;清音就是现在所谓幽音,而浊音就是所谓响音。……所谓幽音,是当发音时气流自口腔出,声门大开而声带并不颤动的那种音。至于响音,是声门闭而声带颤动的音。我们试验幽响音,有两个方法:第一是把手指按着耳孔,如发音时有嗡嗡声的,就是响音。第二是把指头放在喉间,发音时如果觉得有震动,就是响音。……根据语言学家的研究,中国古代是有响音的。响音之所以失去,是由于渐渐的变成幽音。其变迁的道理,也可以把吴语的响音来作例。现在吴语的响音声母里,声带的颤动已只有全音的一半,假使慢慢的减少,必致完全变成幽音。各地语言之所以没有响音,也许是这个理由。响音变幽音时,中间还要经过媒介音。……各地语言中的响音虽已失去,但是在声调里还能够找出他的痕迹。例如北京有阴平阳平,阴平的字在古代就是幽音,阳平就是响音。还有广州四声都有阴阳,凡是阴的四声的字在古代都属幽音,而阳的四声的字在古代都属响音。"②而在古人,"古人分清浊做全清次清与全浊次浊四类。全清就是我们现在所谓不吐气不带音的破裂声,不带音的摩擦音,与不吐气不带音的塞擦三种。次清就是现在所谓吐气而不带音的破裂,不带音的摩擦,与吐气而不带音的塞擦三种。全浊是现在所谓带音吐气的破裂,带音的摩擦,和带音吐气的塞擦三种。而次浊就是现在所谓鼻音,边音,元音,和鼻音加摩擦四种。"③依照王力的看法,《广韵》在音韵学研究中有着独特的地位,而"依戴震、章炳麟诸人的研究,《广韵》分韵繁多,可以有两个原因。第一,是兼顾古音;第二,是兼顾各地方音。"④由此,王力认为研究音韵学,"中国现存的韵书,以《广韵》为最古。所以我们研究古音,该从《广韵》向上推求;研究今音,该从《广韵》向下推求。"⑤王力之所以主张今音研究与古音研究的对接,之所以重视《广韵》在音韵学上的重要地位,就在于他认为:"在汉语音韵学里,今音与古音有同样的价值。研究今音若不知古音,则不能得今音的系统;研究古音

① 王力:《汉语音韵学》(1936年),中华书局1981年版,第41—42页。
② 王力:《汉语音韵学》(1936年),中华书局1981年版,第58—59页。
③ 王力:《汉语音韵学》(1936年),中华书局1981年版,第60页。
④ 王力:《汉语音韵学》(1936年),中华书局1981年版,第245页。
⑤ 王力:《汉语音韵学》(1936年),中华书局1981年版,第175页。

若不知现代方音,则不能推求古代的音值。故二者有密切关系,不可偏废。"①王力在音韵学上高度重视贯通研究的重要意义,将古音研究以及方言研究视为建设现代音韵学的重要门径。

王力的《汉语音韵学》是一部开创性的音韵学研究专著,在中国现代语言学史上具有划时代的学术地位。王力在完成《汉语音韵学》著作之后,发表了《南北朝诗人用韵考》(1936年)、《上古韵母系统研究》(1937年)、《古韵分部异同考》(1937年)、《汉越语研究》(1948年)等代表性的音韵学论文,继续了《汉语音韵学》的研究方向,并有重要的发展。

譬如,王力在《古韵分部异同考》一文中,认为古韵研究各家尽管有所不同,但应"以王念孙为宗"。他指出:"诸家古韵分部,各不相同;大抵愈分愈密。鄙意当以王念孙为宗;然顾炎武、江永、戴震、段玉裁、孔广森、严可均、江有诰、朱骏声、章炳麟、黄侃亦皆有独到处。顾、段、孔、王、严、朱、章为一派,纯以先秦古籍为依归;江永、戴、黄为一派,皆以等韵条理助成其说;江有诰则折中于二派者也。"②

又譬如,王力在《上古韵母系统研究》一文中,提出了古韵学家中有"考古"与"审音"两派的分类,并认为两派只是研究的侧重点的不同,而不是研究理念上的绝对对立。该文指出:"近代古韵学家,大致可分为考古、审音两派。考古派有顾炎武、段玉裁、孔广森、王念孙、严可均、江有诰、章炳麟等,审音派有江永、戴震、刘逢禄、黄侃等。所谓考古派,并非完全不知道审音;尤其是江有诰与章炳麟,他们的审音能力并不弱。不过,他们着重在对上古史料作客观的归纳,音理仅仅是帮助他们作解释的。所谓审音派,也并非不知道考古;不过,他们以等韵为出发点,往往靠等韵的理论来证明古音。戴氏说:'仆谓审音本一类,而古人之文偶有相涉,有不相涉者,不得舍其相涉者,而以不相涉者为断。审音非一类,而古人之文偶有相涉,始可以五方之音不同,断为合韵。'这可算是审音派的宣言。"③该文不同意古音家关于古韵部走"增"的路、古声纽与古声调走"减"的路,而提出依照《切韵》的声调系统来研究的思路。该文指出:"一般古音家,对于古韵部是走'增'的路,对于古声纽与古声调是走'减'的路。古韵部从顾氏的十部增至黄氏的廿八部,古声纽却从章氏的廿一纽减至黄氏的十九纽。至于声

---

① 王力:《汉语音韵学》(1936年),中华书局1981年版,第562—563页。
② 王力:《古韵分部异同考》,《语言与文学》第1期,1937年2月。
③ 王力:《上古韵母系统研究》,《清华学报》第12卷第3期,1937年7月。

调,顾氏虽主张四声一贯,并未否认四声的存在;后来段氏减了去声,孔氏减了入声,都只剩下三声,黄侃更进一步,以为上古只有平入两声。这显然与古韵学说是矛盾的。研究古韵的人都知道,偶然通押并不足以证明韵部相同,否则只好走苗夔七部的路。同理,研究上古声调的人也该知道,不同的声调而偶然通押,也不足以证明调类相同,否则平入通押的例子也不少,何难并四声为一声?在未研究得确切的结论以前,我们不妨略依《切韵》的声调系统,暂时假定古有四声。阴声有两个声调,即后世的平上,入声也有两个声调,即后世的去入。……阳声的声调数目较难决定,现在只好暂时依照《切韵》的平上去三声。"①该文还主张以上古的字为依据来研究上古的音,并主张在选字问题上遵循"宁缺毋滥"主义。该文指出:"研究上古的音,必须以上古的字为根据。这里所谓上古的字,并非指上古的字体而言,而是上古汉语里所有的'词'(words)。这是很容易了解的;上古口语里既然没有这字,我们还研究它的上古音值或是音系,岂非'无的放矢'?……普通古音学家的选字,往往以《说文》所有的字为标准。这自然比根据《广韵》或《集韵》好些,因为某一字既为《说文》所载,它的时代至少是在东汉以前。不过,这种办法还不能没有毛病;《说文》里也有许多字是先秦书籍所未载的,甚至有些字只见于《说文》,连汉魏以后的书籍中也不曾发现过。这些字,虽不能说先秦绝对没有,但是不该断定先秦一定有。为慎重起见,我们该取'宁缺毋滥'主义,把先秦史料所未载的字一律削去。"②

再譬如,王力发表《汉越语研究》的文章,强调"汉越语"的研究对于汉语古音探讨的重要性,指出:"汉越语在越语里虽然没有很重要的地位,但汉语对于越语的影响不能说是很小;有时候,遇到要翻译一个新名词,正象西洋人取材于希腊文一样,越南人也常常取材于汉越语。而且我们研究汉越语的主要目的,不在于明白越语的现状或前途,而在于希望研究的结果可以帮助汉语古音的探讨。这样,汉越语还是值得研究的。"③

以上引证大致可以说明,王力在《汉语音韵学》著作出版后,又继续了该著中提出了相关问题的研究,并提出了诸多的建设性的主张,为推进现代音韵学体系的完善作出了积极的探索。

在王力出版《汉语音韵学》著作之后,现代中国语言学界还有不少学者对于

---

①　王力:《上古韵母系统研究》,《清华学报》第 12 卷第 3 期,1937 年 7 月。

②　王力:《上古韵母系统研究》,《清华学报》第 12 卷第 3 期,1937 年 7 月。

③　王力:《汉越语研究》,《岭南学报》第 9 卷第 1 期,1948 年 11 月。

音韵学进行了研究,并取得了突出的研究成果。

譬如,张世禄[①]就是音韵学的一位重要的研究者,其研究成果在学术界有很大的影响。张世禄早期的研究就以中国音韵学和普通语言学为主,认为中国的语言学需受西方语言学理论的指导才能成为一门真正独立的科学。他用现代语言学理论,从文化演进的角度来表述中国音韵学的发展,著有《中国音韵学史》(上、下卷)等音韵学著作[②]。《中国音韵学史》(上、下卷,长沙商务印书馆1938年7月初版)一书,是其音韵学方面最有影响的一部著作。该书共9章,介绍古代文字上表音的方法、周汉间的训诂和注音、反切和四声的起源、魏晋隋唐间的韵书、"字母"和"等韵"的来源、宋后韵书和"等韵"的沿革、明清时代的古音学及近代中国音韵学所受西洋文化的影响。该著最为突出之处,是从整个文化发展的角度阐明了音韵学发展变化的轮廓,指出中国音韵学在发展过程中曾受到两次外来文化的影响:一是因印度文化的输入,产生了反切的注音方法、四声的名称、字母等韵的建立和排比等;二是西洋文化的输入,则促进了中国音韵学的科学化和国际化。该书是20世纪30年代继王力的《汉语音韵学》(1936年)之后,利用现代语言学理论系统地分析、研究中国音韵学的又一部力作。

又譬如,张洵如[③]对于音韵学的研究也有重要的贡献。张洵如在1947年发表的《国语轻重音之比较》文章中,提出:"卷舌韵的词类,经分析的结果,大致可分下列八类:一、表示小或少。二、词性之变化。三、重叠词尾音之变化。四、具体字抽象化。五、用于人的小名或地名。六、与名词尾音'子'之通用。七、习惯语。八、特别意义。"[④]张洵如在《国语轻重音之比较》的文章中,对于"轻声"提

---

① 张世禄(1902—1992),字福崇,浙江浦江人。现代著名语言学家。早年毕业于国立东南大学,后在暨南大学、复旦大学、光华大学、云南大学、中山大学、重庆中央大学、重庆大学、南京大学等校任教。著有《中国音韵学史》、《语言学概论》、《古代汉语》等。

② 张世禄早年治学即以音韵学为主业,除这部上、下卷的《中国音韵学史》著名外,尚有多部音韵学著作出版,并在学术界有重要影响。譬如,《中国声韵学概要》(商务印书馆1929年4月初版、1930年4月再版、1933年5月国难后第1版),分语音总论、声母与韵母、历代声韵之变迁及拼音4编。又如,《中国古音学》(商务印书馆1930年12月初版、1933年1月国难后第1版),共20章,除论述古音学溯源、叶韵说外,分别对吴棫、郑庠、顾炎武、江永、段玉裁、戴震、钱大昕、孔广森、章炳麟诸家古音学说,以及近世古读之考证作了介绍。再如,《音韵学》(商务印书馆1932年11月初版、1947年出至第4版),分音韵学总论、关于广韵的研究、古音学上的问题、等韵学的内容、国音字母和国音系统等5个部分。又再如,《中国语音的演变与音韵学的发展》(中国语文教育会主办语文展览会1939年11月初版),论述中国音韵学的发展和中国语音演变的关系。

③ 张洵如(1905—1998),本名张德泽,河北省东光县人,著名语言学家。主要著作有《北京话轻声词汇》、《北平音系小辙编》、《北平音系十三辙》等。

④ 张洵如:《国语里卷舌韵之功用》,《国文月刊》第54期,1947年4月。

出自己的看法:"国语者若要说得活泼自然,非得会用轻声不可,轻声是因词类与语调的关系而变成的声调,无论阴阳上去哪一调的字,都有轻读的可能。关于轻声的读法,赵元任先生在《新国语留声机片课本》中说:'在阴平、阳平后读中音(或略低),听起来象去声;在上声后读高,这种高轻声听起来象阴平;在去声后读低,象一种特别低的去声。如果轻声后再接一个轻声,这第二个轻声就看第一轻声字变成象哪一种声调就如上法变读。'"①张洵如是现代中国著名语言学家,对于音韵学的研究有重要的贡献。

再譬如,夏承焘②对音韵学的发展也有重要的贡献。夏承焘在 20 世纪 40 年代发表《"阳上作去""入派三声"说》文章,指出:"元曲字声,有'阳上作去'、'入派三声'之例。'阳上作去'者,谓阳上声之字读作去声,如'动'读作'洞','似'读作'寺','动''似'皆阳上也。周德清著《中原音韵》,于'动''奉''丈''像''是''市''似''渐'诸阳上声字,皆列去声部。今日黄河、长江流域于此数字,皆仍读去声,钱塘江以南乃能了了读为上声耳。'入派三声'者,谓北方无入声,入声之字皆派入平上去三部内也。如'匹''十''匿'皆入声字,而'匹'读上声,'十'读平声,'匿'读去声。盖依其字声清浊分派,凡清声之入皆读作上,见、溪、端、透、知、彻、帮、滂、非、敷、精、清、心、照、穿、审、影、晓十八纽所属之字是。次浊(即不清不浊)之入皆读作去,疑、泥、娘、明、微、喻、来、日八纽所属之字是。正浊之入皆读作平,群、定、澄、并、奉、从、邪、状、禅、匣十纽所属之字是。证之元人曲文及今日北土方音,大抵如此。"③夏承焘在发表的《词韵约例》文章中,对于词韵演变作出解说:"词之初起,取叶方音。南宋以前,实无一部人人共守之词韵。《四库全书总目提要》谓宋词有用古韵之例,此不可信。五代、北宋词大都应歌之作,为妓女以娱狎客,何取乎古韵。词中虽有'奏'与'表'叶,'酒'与'晓'叶,合于古韵'筱''有'通用之例,盖方音偶合于古韵,必非有意用古韵也。"④夏承焘是著名的词学家,对于音韵学的发展作出了重要努力。

---

① 张洵如:《国语轻重音之比较》,《国文月刊》第 57 期,1947 年 7 月。
② 夏承焘(1900—1986),字瞿禅,晚年改字瞿髯,别号谢邻、梦栩生,室名月轮楼、天风阁、玉邻堂、朝阳楼,浙江温州人。著名词学家。解放前任浙江大学教授,解放后兼任中国科学院文学研究所研究员、中国科学院浙江分院语言文学研究室主任、研究员,担任《文学研究》杂志编委、《词学》杂志主编及中国唐代文学学会顾问。著有《瞿髯论词绝句》、《月轮山词论集》、《天风阁学词日记》、《唐宋词欣赏》、《域外词选》、《金之明清词选》、《韦庄词校注》、《放翁词编年笺注》、《姜白石词校注》、《夏承焘词集》、《天风阁词集》等。
③ 夏承焘:《"阳上作去""入派三声"说》,《国文月刊》第 68 期,1948 年 6 月。
④ 夏承焘:《词韵约例》,《国文月刊》第 55 期,1947 年 5 月。

又再譬如,魏建功在音韵学研究方面亦取得重要的成就。其所著《中国古音研究上些个先决问题》(北京大学 1932 年版)一书,有引论、分论、结论 3 部分,引论包括解释题中"古"字之范围、古音之难点、古音研究之将来等 3 节,分论包括声变重于韵变、主要元音重于等呼等 14 节。所著《古音系研究》(北京大学出版组 1935 年 5 月初版),论述古音系的分期、内容、材料、方法、条件及实际问题等①。

以上这些学者的著作或文章,在当时虽没有王力著作的影响大,但对于音韵学的发展也作出了重要贡献,因而在中国现代学术史上也是应该重点提及的。

## (二) 训诂学的现代转型

训诂学是以解释词义为主要任务的学问,亦即"一种用易懂的、已知的语言事实来解释难懂的、未知的语言事实进而传播语言信息的学问"②。中国的现代训诂学在 20 世纪 20 年代初处于创建阶段,章太炎、刘师培、黄侃等学者在当时颇有影响。章太炎承继乾嘉学派的治学方法,成为集清代三百年小学之大成的学者,其"少受学于俞樾,治小学极谨严",同时"受全祖望、章学诚影响颇深","早岁所作政谈,专提倡单调的'种族革命论'";"中年以后,究心佛典",而亡命日本后又"涉猎西籍,以新知附益旧学,日益闳肆","其治小学,以音韵为骨干,谓文字先有声然后有形,字之创造及其孳乳,皆以音衍";著有《国故论衡》、《小学答问》、《新方言》等,著作中"论文字音韵诸篇,其精义多乾、嘉诸老所未发明",其影响于五四学术界"亦至巨"③。章太炎强调"学问之道"不仅要研究文字,而且要研究语言,可以说是开文字研究转向语言研究之先声。黄侃④是章太炎的弟子,20 世纪 20 年代即在高校开设训诂学课程,又潜心校读古代训诂学著作,故而其训诂学的成就主要是体现在"教学实践和对古代训诂专著的研读"方

① 参见北京图书馆编:《民国时期总书目(语言文字分册)》,书名文献出版社 1986 年版,第 34 页。

② 潘悟云、邵敬敏主编:《二十世纪中国社会科学·语言学卷》,上海人民出版社 2005 年版,第 207 页。

③ 梁启超:《清代学术概论》,《梁启超史学论著四种》,岳麓书社 1998 年版,第 90—91 页。

④ 黄侃(1886—1935),湖北蕲春人。初名乔馨,后更名乔馨,最后改为侃,字季刚,又字季子,晚年自号量守居士。中国近代著名语言文字学家、音韵训诂学家、国学大师。1905 年留学日本,在东京师事章太炎,受小学、经学,为章氏门下大弟子。曾在北京大学、中央大学、金陵大学、山西大学等任教授。主要著述有《音略》、《声韵通例》、《说文略说》、《尔雅略说》、《声韵略说》、《集韵声类表》、《文心雕龙札记》、《汉唐玄学论》等。

面,其所批校的训诂专著后由侄子黄焯整理出版,有《尔雅音训》、《文字声韵训诂笔记》、《说文笺识四种》、《广韵校录》、《文心雕龙札记》等①。

训诂学的研究在 20 世纪 30 年代进入一个新的阶段,其重要的标志是王力提出的"新训诂学"思想及胡朴安所著的《中国训诂学史》一书。

王力在训诂学方面的重要贡献,是提出了"新训诂学"思想,对旧训诂学进行总清算。王力强调语义研究要有历史的观念,因而就要研究语源,并研究词的发展。在王力看来,"新训诂学"在研究理念上特别强调历史的观念,认为这是"新训诂学"成立的首要条件。他指出,只有"从历史上去观察语义的变迁,然后训诂学才有新的价值";即使"只作某一时代的语义的描写(例如周代的语义或现代的语义),……仍旧应该运用历史的眼光"。因而,只有"等到训诂脱离了经学而归入了史的领域之后,新的训诂学才算成立。"②王力的依据是,"一切的语言史都可认为文化史的一部分,而语义的历史又是语言史的一部分",故而有关语义的研究应在史学的范式之中,因而训诂学的研究也就必须要有"历史的观念"。

正是基于上述的"文化史"的见解,王力在《新训诂学》中,以历史语言学的见地、历史变迁的理念来看待"新训诂学"的建设,鲜明地指出:"我们研究语义,首先要有历史的观念。前人所讲字的本义和引伸假借(朱骏声所谓转注假借),固然也是追究字义的来源及其演变,可惜的是,他们只着重在汉代以前,汉代以后就很少道及。新训诂学首先应该矫正这个毛病,把语言的历史的每一个时代看作有同等的价值。汉以前的古义固然值得研究,千百年后的新起的意义也同样地值得研究。无论怎样'俗'的一个字,只要它在社会上占了势力,也值得我们追求它的历史。……总之,我们对于每一个语义,都应该研究它在何时产生,何时死亡。虽然古今书籍有限,不能十分确定某一个语义必系产生在它首次出现的书的著作时代,但至少我们可以断定它的出世不晚于某个时期;关于它的死亡,亦同此理。前辈对于语义的生死,固然也颇为注意,可惜只注意到汉以前的一个时期。我们必须打破小学为经学附庸的旧观念,然后新训诂学才真正成为语史学的一个部门。"③王力将训诂学置于史学门类之中,就在于使训诂学研究运用历史学的科学方法,从而梳理出语义演进的历史轨迹。

---

① 潘悟云、邵敬敏主编:《二十世纪中国社会科学·语言学卷》,上海人民出版社 2005 年版,第 185 页。
② 王力:《新训诂学》,《开明书店二十周年纪念文集》,开明书店 1947 年版,第 188 页。
③ 王力:《新训诂学》,《开明书店二十周年纪念文集》,开明书店 1947 年版,第 183—184 页。

王力以现代语言学的观点看待训诂学这门学科,认为过去的训诂学相当于现在的语言学中的"语义学"范围。他指出:"训诂学,依照旧说,乃是文字学的一个部门。文字学古称'小学',《四库全书提要》把小学分为三个部门:第一是字书之属;第二是训诂之属;第三是韵书之属。依照旧说,字书之属是讲字形的,训诂之属是将字义的,韵书之属是讲字音的。从古代文字学的著作体裁看来,这种三分法是很合适的。不过,字书对于字形的解释,大部分只是对于训诂或声音有所证明,而所谓韵书,除注明音切之外还兼及训诂,所以三者的界限很不清楚的。若依语言学的眼光看来,语言学也可以分为三个部门:第一是语音之学;第二是语法之学;第三是语义之学。这样,我们所谓语义学(semantics)的范围,大致也和旧说的训诂学相当。但是,在治学方法上,二者之间有很大的差异,所以我们向来不大喜欢沿用训诂学的旧名称。"①在王力看来,历史上关于训诂学的研究,大致分为三派,即纂集派、注释派和发明派。对于这三派的治学路径,王力作了如下的介绍:

（甲）纂集派。这一派是述而不作的。他们只把古代经籍的训诂纂集在一起。阮元的《经籍纂诂》,以及近人的《韵史》《辞通》等等,都属于这一类。而且述而不作的精神也可算是一种科学精神,只要勤于收集,慎于选择,也就不失为一种好书。不过从学问方面看来,这还不能算为一种学问,只是把前人的学问不管是非或矛盾,都纂集在一起而已。这种训诂学,如果以字典的形式出现,就显得芜杂不堪。因为字典对于每字,应该先确定它有几种意义,不能东抄西袭,使意义的种类不分,或虽分而没有明确的界限。②

（乙）注释派。这一派是阐发或纠正前人的训诂,要想做古代文字家的功臣或诤臣的。《说文解字》的注家多半属于这一派,因为《说文》虽是字书之属,却是字形字义并重,注家就原注加以阐发,可以使字义更加显明而确定。……这一类的书,做得好的时候,的确很有用处,因为前人的话太简单了,非多加补充引证不足以使读者彻底了解。……但是,有时候太拘泥了,也会弄出毛病来。……注释家对于《说文》,阐发者多,纠正者少,这固然因为崇拜古人的心理,造成"不轻疑古"的信条,但是新的证据不多,不足以推翻古说,也是一个大原因。近代古文字逐渐出土,正是好做许氏诤臣的时

---

① 王力:《新训诂学》,《开明书店二十周年纪念文集》,开明书店1947年版,第173页。
② 王力:《新训诂学》,《开明书店二十周年纪念文集》,开明书店1947年版,第174页。

代,将来从这方面用力的人必多。①

（丙）发明派。这可说是比较新兴的学派。古人解释字义,往往只根据字形。直到章炳麟,才摆脱了字形的束缚,从声韵的通转去考证字义的通转。……章氏从声韵的通转着眼,开辟了两条新路。其一是以古证古,这可以他所著的《文始》为代表;另一是以古证今,这可以他所著的《新方言》为代表。《文始》里的字族的研究很有意思,例如"贯""关""环"等字,在字形上毫无相关的痕迹,而在字义上应该认为同一来源。但这是颇为危险的一条路,因为声音尽管相近甚至于相同,也不一定是同源。这一方法可以引导后人作种种狂妄的研究。……因此,"新声训"的方法必须以极审慎的态度出之;《文始》已经不能无疵,效颦者更易流于荒谬。②

王力对于训诂学派的梳理,一方面在于说明古代学者治训诂学的基本途径,另一方面也在于倡导研究观念的创新,破除研究中"远绍"的范式和"假设"的观念,从而使语源的研究以及整个的训诂学研究,能够走上科学的轨道。王力注意到这样的一个事实,即传统的训诂学有着"崇古"的最大弊端,研究者带着复古的理念进行研究。他指出:"旧训诂学的弊病,最大的一点乃是崇古。小学本是经学的附庸,最初的目的在乎明经,后来范围较大,也不过限于'明古'。先秦的字义,差不多成为小学家唯一的对象。甚至现代方言的研究,也不过是为上古字义找一些证明而已。这可说是封建思想的表现,因为尊经与崇古,就是要维持封建制度和否认社会的进化。"③也正是旧训诂学有着"崇古"的弊端,因而当时的训诂学家也就有着"远绍"的研究范式,实现其为封建制度服务的"明经"理想。王力说:"从前的文字学家也喜欢研究语源,但是他们有一种很大的毛病是我们所应该极力避免的,就是'远绍'的猜测。所谓'远绍',是假定某一种语义曾于一二千年前出现过一次,以后的史料毫无所见,直至最近代的书籍或现代方言里才再出现。这种神出鬼没的怪现象,语言史上是不会有的。……此外另有一种情形和这种情形相近似的,就是假定某一种意义在一二千年前已成死义,隔了一二千年后,还生了一个儿子。"④王力关于"新训诂学"的基本主张,就在于运用历史的观念来研究训诂,使训诂学从经学的束缚中独立出来,成为史学之下的重要学科。这给训诂学这一陈旧的研究领域注入了崭新的观念,实现了训诂学的

---

① 王力:《新训诂学》,《开明书店二十周年纪念文集》,开明书店 1947 年版,第 175—176 页。
② 王力:《新训诂学》,《开明书店二十周年纪念文集》,开明书店 1947 年版,第 176—178 页。
③ 王力:《新训诂学》,《开明书店二十周年纪念文集》,开明书店 1947 年版,第 182 页。
④ 王力:《新训诂学》,《开明书店二十周年纪念文集》,开明书店 1947 年版,第 185—186 页。

新生。

　　胡朴安的《中国训诂学史》是一部梳理中国训诂学历程的学术专著,在中国学术界也有重要的地位。胡朴安治学有着显著特色,年轻时常以顾亭林、黄梨洲、王船山、颜习斋四人学说作为读书做人的标准,后又受戴东原、段玉裁、王念孙父子等清代朴学大师学术思想的影响,逐步走上东汉朴学一路;中年之后接触到达尔文、赫胥黎、康德、黑格尔、叔本华、柏格森、罗素等许多近代西方哲人思想后,立志在经史研究方面另辟蹊径,独树一帜。故而,晚年在整理自己的学术著作时,则从戴东原、段玉裁、王氏父子治学方法入手,以文字、训诂、音韵为考据的工具,在治经治史方面作出许多的贡献。胡朴安所著《中国训诂学史》是训诂学史开创之作,该著除了序言外,共分6章,即"尔雅派训诂"、"传注派训诂"、"释名派训诂"、"方言派训诂"、"清代训诂学之方法"及"今后训诂学之趋势",建立了训诂学史的研究体系。

　　胡朴安在《中国训诂学史》中,将训诂学定位为研究古书的工具之学,认为训诂学是研读和理解古书、认识古文字义的重要工具。他在该著的"自叙"中指出:"训诂学,是书本子上的考古学。因为古今文字之含义不同,后人读古人之书,假使无有训诂学的工具,在古人原为浅显之语,后人遂成为不能了解之词。就是能了解,亦是望文生义,甚至牵强附会,以后人之心理,揣度古人。所以不通训诂学,决不能读古书也。"①在胡朴安看来,古代文字皆含有"形声义"三者,而尤以音韵为理解的门径。他指出:"上古典籍,载之文字。文字者,合形声义三者而成者也。三者之中,声韵尤为重要。不明声韵之原,即无以通训诂之旨。盖古书训诂,全寄于声韵。考此原因,由于假借。古时假借之例有二:一则古时字少,不足于用,音同即假,彼此互通,假义既行,本义遂晦;二则简册繁重,得书困难,师以口授,弟以笔记,仓卒无字,假音而书,假借既久,习为常例,士子载笔,鲜用本文。二种假借,皆以声韵为枢纽,年代久远,声韵之流变日多。使以今日声韵,以读古书文字,则假借不明,而训诂莫达。汉人作注,有音读之法。音读者,由声韵以通训诂者也。"②正是在这种意义上,胡朴安的《中国训诂学史》将古音研究视为训诂学研究的重要内容,指出:"学者不明古音,即无由知古义;不知古义,即不能读古书。故声音流变之道,学者所当研究者也。"③胡朴安将训诂学的

①　胡朴安:《中国训诂学史》,商务印书馆1937年版,第1页。
②　胡朴安:《中国训诂学史》,商务印书馆1937年版,第294—295页。
③　胡朴安:《中国训诂学史》,商务印书馆1937年版,第303页。

作用归结为工具之学,并强调声韵之学在训诂学中的独特地位。

　　胡朴安对于训诂的意义进行学术上的阐发,认为训诂意义就在于能够"读古书",而关键就在于能通晓文字的假借,不仅知道文字之本义,而且尤为要知道古书中的义理。所谓能"读古书",首先在于能够知道古字的本义与借义。对此,胡朴安说:"读书必先识字,读古书必先识古字。所谓识古字者,不仅识字之形,当识字之义也。古人造字,一字一义;后人用字,展转假借。不知本义而读古书,每有笼统不分之弊;不知借义而读古书,每有望文生义之弊。此二不除,无以明古书之真;不知本义与借义,无以除此二弊;不通训诂之学,无以知本义借义之分。"①读古书是这样,研究古书也是这样,否则就会有"望文主义"之弊。这就是说,"惟研究古书者,不明本字借字之分,未始不可以曲解。然望文主义,必不能得古书之真。据此可见传注之解释古书,而不能怡然理顺者,皆不免有望文主义之弊。"②

　　在胡朴安看来,对于本义已经消失的文字,只是在假借的意义上使用,固然对于古书的阅读不会有大的影响;然而,对于本字未废的,则需要知道其"本字为何"及"经文假借之例",否则就会望文生义。他指出:"其本义已废之字,吾人虽不识本义,于应用尚无窒碍;即经典之中,用此种已废之本义者,亦不多见,于读书亦无大窒碍也。惟本有其字之假借,经典中往往而有,不明此种之假借,读古书时,常发生困难;然其普通使用者,本字虽废,借字通行,学者虽不知文字之原,尚不至误会书中之义。"③又指出:"学者不明经文假借之例,所借之字,不知其本字为何,姑以借字之本义当之,则未有不生谬解者也。不明假借,不能读古书,当是指此种之假借而言。而此种假借字,辨之颇不容易,必由声韵以通训诂,然后假字本字始能辨之无误。中国古籍,大都文字通假,能明文字通假之例而读古书,则迎刃而解矣。"④由此,胡朴安强调"广求古义"的极端重要性,并提出了"取本经之训诂与传注之训诂"相结合的释读方法:"读书者当广求古义,取本经之训诂与传注之训诂,而知其所以然。凡传注之未精者,又博考以正之,始无凿空妄谈之病。钱大昕云:'有文字而后有训诂,有训诂而后有义理。训诂者,义理之所由出,非别有义理出乎训诂之外者也。'钱氏此言,极能表训诂之重要。

---

① 胡朴安:《中国训诂学史》,商务印书馆 1937 年版,第 284—285 页。
② 胡朴安:《中国训诂学史》,商务印书馆 1937 年版,第 288 页。
③ 胡朴安:《中国训诂学史》,商务印书馆 1937 年版,第 270 页。
④ 胡朴安:《中国训诂学史》,商务印书馆 1937 年版,第 276 页。

自晋代尚空虚,宋人喜顿悟,训诂不明,古籍日晦矣。"①正是基于钱大昕的看法,胡朴安将追求"义理"作为训诂的最高境界。他说:

> 吾人读古书之目的,不仅明声音训诂名物之变迁而已,其最要在于得古书中之义理。盖一书有一书之义理。吾人读书,而不能得义理之所在,则所研究者,非敷浅即庞杂;或谓宋人治学,极有心得,其推求之义理,远迈于汉唐之儒,不知推求义理,当用归纳法,使古书中之义理,由文字声音训诂名物而发见。宋人冥然孤往,信心不信书,推求虽精,未必当于古书中之义理。盖古书中之义理,晦盲已久,加之缣褚递变,传写日伪,镂板即兴,文字各别。据伪本以推求古书中之义,不仅有误今人,抑且重误古人,所以不知校书之方法者,不能推求义理也;又时代递演,文字之形与声流变日多,不仅名物训诂不同,亦且离章析句或异,据今形今音以推求古书中之义理,只是今人之新说,而非古人之真诠,所以不知读书之方法者,不能推求义理也。宋人不知校书读书方法,不本确然共见之书,惟据冥然孤往之意。……所以推求义理,当先以文字声音训诂名物求古书之真,然后据一种古书,分析而综合之,比较而贯穿之,以得义理之所在,始无模糊影响之说,亦无牵强附会之说也。②

胡朴安在《中国训诂学史》中梳理了训诂源流,不仅对于《尔雅》、《释名》、《方言》、《说文解字》等著作予以高度重视,而且就训诂学史的一些重要问题阐明自己的看法。胡朴安认为训诂起始于汉代,故而,汉代为训诂之开端。他指出:"《汉书·儒林传》云:'孔子有古文《尚书》,孔安国以今文字读之,因以起其家。''以今文字读之者',即以汉代通行之文字,以考证六国时代之文字。或且以汉代通行之语,以考证六国时代之语(文字当包括形声义三项)。此即训诂之初起者。"③又指出:"而训诂之发展,是在东汉古文家勃兴时代。……贾逵、马融、许慎,皆是训诂学大家,而郑玄尤能集周秦两汉训诂之大成。唐之陆德明、孔颖达、贾公彦,亦能集魏晋南北朝训诂之大成。就是宋朝道学家偏于义理之解释,虽不是正统之训诂,而亦是属于训诂之范围。至于清朝汉学家之著作,如正、续《清经解》内所收,大半皆是训诂学。"④

值得注意的是,胡朴安在梳理训诂源流的过程中,高度重视《尔雅》一书在

---

① 胡朴安:《中国训诂学史》,商务印书馆 1937 年版,第 294 页。
② 胡朴安:《中国训诂学史》,商务印书馆 1937 年版,第 341—342 页。
③ 胡朴安:《中国训诂学史》,商务印书馆 1937 年版,第 3 页。
④ 胡朴安:《中国训诂学史》,商务印书馆 1937 年版,第 1 页。

训诂史中的独特地位。《尔雅》是我国第一部全面研究、系统整理并解释古代经典词语的著作,该著成书于西汉初期,由战国以来多家训诂材料汇编而成。现存《尔雅》共十九篇,起首《释诂》、《释言》、《释训》是古代文献词语训释的汇编,以下各篇则按物分类。如《释亲》解释亲属关系,《释宫》、《释器》、《释乐》则是解释建筑器物,《释天》、《释地》、《释丘》、《释山》、《释水》则是解释天文地理,而《释草》以下则是解释植物动物。《尔雅》受到历代训诂学者的重视,唐宋时入十三经。对于《尔雅》这部训诂学上的开创性著作,胡朴安将其与《释名》、《方言》、《说文解字》等著作进行比较,一方面高度评价其是"训诂最早之书",但另一方面也认为训诂学作为一门学问则不能以"《尔雅》为训诂之中心"。他指出:"《尔雅》一书,是训诂最早之书,类于《尔雅》之著作,其书颇多,然断不能以《尔雅》为训诂之中心。《尔雅》之训诂,论其范围,亦不过经传注疏之附庸,但是自来言训诂者,皆集中于《尔雅》,不知《尔雅》之训诂,是集经传之成,而为疏注之所依据。《尔雅》只可谓之训诂书,而不可谓之训诂学。《释名》一书,含有训诂学之意义,其性质与《尔雅》不同。《尔雅》仅为训诂之记载,《释名》则必求训诂发生之所以然。……《方言》虽非训诂,但以时间之久常,而在训诂上已有相当之价值。凡此种种,皆是训诂之材料。《尔雅》本身,固不能为训诂学史之中心,而况又有《释名》、《方言》等之训诂材料乎?"[1]又指出:"训诂之书,莫先于《尔雅》。《尔雅》者,所以通古今之异言,释方俗之殊语。《汉书·艺文志》论《尚书》古文曰:'古文读应《尔雅》。'故解古今语而可知也。盖文字之义,展转递变,古今之通义,至今日异其解说者,不知凡几。"[2]正是基于这样的认识,胡朴安认为《尔雅》有着"训诂学之祖"的地位,属于"释古今之异言,通方俗之殊语"性质的著作。他说:"训诂二字,出于《尔雅》:'训者,道也,道物之貌以告人也';'诂者,古今之异语也。'此二字,亦合见于《说文》。《说文》云:'诂,训故言也。'据此,《尔雅》《说文》两书,为训诂学之所自出。《说文》兼文字之形声义言之,《尔雅》则专言文字之义。《尔雅》一书,先于《说文》,所收之字,亦多于《说文》,故《尔雅》尤为训诂学之祖。《尔雅》者,释古今之异言,通方俗之殊语,可以知各字之通义,亦可以明一字之专义。"[3]

需要指出的是,胡朴安对于《方言》在训诂学的地位也有重要的评价。《方

①　胡朴安:《中国训诂学史》,商务印书馆 1937 年版,第 2—3 页。
②　胡朴安:《中国训诂学史》,商务印书馆 1937 年版,第 53 页。
③　胡朴安:《中国训诂学史》,商务印书馆 1937 年版,第 288 页。

言》(全称为《輶轩使者绝代语释别国方言》),为西汉学者杨雄通过直接调查及搜寻古代典籍所著,共 13 卷。该著搜集方言词语 12900 多个,一方面是在分析比较中指明其通行范围,另一方面是辨释方言与共同语、方言与方言、古方言与今方言之异同,因而成为中国方言对比研究中最早的著作。胡朴安对于《方言》给予了重要评价,指出:"言语时时流变,中国素少言语之记载,仅《方言》一书,而所辑又不多,且自周至汉,在时间上处无明确之分析,无法寻其流变。郭璞作注,以晋时言语为根据,于此可稍求得汉晋言语之流变焉。"①又指出:"是《方言》一书,在当日为别国之语,在今日遂成为古今之言。寻《方言》中之文字,有在《方言》以前,已为经传中所用者;亦有在《方言》以后,而为载籍上所用者;亦有注疏家引为古义之解释,或为通假之考证者。"②应该说,胡朴安对于《方言》一书的评价是比较客观了,凸显了《方言》在训诂学史上的应有位置。

胡朴安在训诂源流的考察中,对于训诂学史上的重要问题展开分析,并提出自己的独到看法。譬如,他对于宋代理学家"义理"一路的治学方法,一方面说明其属于"望文主义之类",但另一方面也提出要重视其在训诂学上的地位。他指出:"宋理学家言义理,不言训诂,然理学家亦自有理学家之训诂。如朱熹《论语集注》:'尽己之谓忠'、'推己之谓恕',又云'中心为忠'、'如心为恕'。虽不是训诂正轨,而亦颇有意义。陈淳《北溪字义》一书,则为集理学家训诂之大成。……此等训诂,上不承于汉儒,而亦有与汉儒合者,如'道,路也'、'德,得也'之类。惟其主观太过,似乎训诂必就其原文,实则有望文生义之弊。自宋至于清初,用此等训诂,解释经传,颇有相当的历史,在训诂学史上不能一概抹杀之。如王昭禹《周礼详解》,极多此等训诂,或谓承王安石《字说》之遗。要之,皆望文生义之类。"③又譬如,他对于乾隆以后学者的所谓的"汉学",亦提出自己的意见:"清乾隆以后,研究《诗经》学者,多标汉学之名。所谓'汉学'者,毛传郑笺也。开其先者,为陈启源之《毛诗稽古篇》,实为汉学家之先导。"④再譬如,他认为假借在训诂学上有着重要位置,假借不仅与音韵有直接的关系,而且假借也使得训诂有"古今方国之异"。他指出:"训诂由于假借,假借与声韵有甚切之关系。《释名》一书,皆以双声叠韵释义,而双声尤多。……其不见于经典、《说文》

---

① 胡朴安:《中国训诂学史》,商务印书馆 1937 年版,第 245 页。
② 胡朴安:《中国训诂学史》,商务印书馆 1937 年版,第 249 页。
③ 胡朴安:《中国训诂学史》,商务印书馆 1937 年版,第 174—175 页。
④ 胡朴安:《中国训诂学史》,商务印书馆 1937 年版,第 165 页。

者甚多,或为古时训诂之流传,或为当时训诂之特征,要皆在训诂学上有重要之价值。"①又指出:"文字有古今方国之殊,训诂亦有古今方国之异。古人文字义书,存于今者,首推《尔雅》。《诗经》传笺之训诂,求之《尔雅》,同者固多,然亦有相违者。《说文》一书,虽为文字之汇归,而不能极假借之变化,而《诗经》用字,假借为多。"②胡朴安关于训诂源流的考察,有着文化史、学术史的显著特色。

　　胡朴安在《中国训诂学史》中对于训诂方法论多有探讨,不仅对于训诂学史上诸多大家作出评价,而且也就训诂的具体方法提出自己的看法。在胡朴安看来,训诂方法得益于训诂学大家的学术研究,并有其个人的治学特点。譬如,胡朴安认为戴震对于训诂方法为"始能有条理有统系之发见",而戴震的弟子段玉裁则发扬光大,并且其在训诂方法上"更精"。他指出:"训诂之方法,至清朝汉学家,始能有条理有统系之发见。戴氏震开其始。戴氏之言曰:'经之至者道也,所以明道者词也,所以成词者字也。由字以通其词,由词以通其道。'又曰:'搜考异文,以为订经之助,广览汉儒笺经之存者,以为综核故训之助。'戴氏真能以经传注疏为中心,而为有条理有统绪之训诂也。戴氏之弟子段氏玉裁,其训诂之方法更精,其言曰:'治经莫重乎得义,得义莫切于得音,不执于古形古音古义,则其说之存者,无由甄综;其说之亡者,无由比例推测。'又曰:'小学有形有音有义,三者相互求,举一可得其二:有古形有今形,有古音有今音,有古义有今义,六者互相求,举一可以得五。'又曰:'训诂必就其原文,而后不以字妨经;必就其字之声类,而后不以经妨字。不以字妨经,不以经妨字,而后经明;经明而后圣人之道明。点画谓之文,文滋谓之名,音读谓之名,名之分别部居,谓之声类。'则段氏之训诂方法,视戴氏更有条理更有统序矣。"③又譬如,胡朴安认为王念孙、王引之将训诂方法用于经籍上,有特别而又重要的贡献。他指出:"有训诂之方法,用之于群籍,高邮王氏父子之工作尤巨。王氏之言曰:'训诂之旨,在乎声音,字之音同声近者,经传往往假借。学者以声求义,破以假借之字,而读以本字,则焕然冰释。'……引之用此种方法,著《经义述闻》一书,辄能综合同类之证据,以归于义之所安,诚书本子上之考古杰作也。自今以后,训诂学方法之新趋势,惟有甲骨文金文之考证,与统计学之推测,二法而已。"④胡朴安在总结前人训诂方法的同时,亦提出自己的看法。他将训诂看作是"解经"的工作,并提

---

① 胡朴安:《中国训诂学史》,商务印书馆 1937 年版,第 205—206 页。
② 胡朴安:《中国训诂学史》,商务印书馆 1937 年版,第 160—161 页。
③ 胡朴安:《中国训诂学史》,商务印书馆 1937 年版,第 3—4 页。
④ 胡朴安:《中国训诂学史》,商务印书馆 1937 年版,第 4 页。

出了这样的解经原则:"盖解经之事,最善以本经解本经,次则以此经解彼经,以其同一时代之用字,训诂可以互证也。"①正是基于这样的解经原则,胡朴安在训诂方法上提出这样的几个具体主张:

一是通晓假借之例。在胡朴安看来,假借是古书中的普遍现象,故而读古书也就需要掌握"假借之例",其方法是"以双声叠韵求之",从而获得假借的"本字",这也就成为训诂中的关键。他指出:"假借之例,不外双声叠韵。吾人读古书而不能通,当以双声叠韵求之,而得其本字。本字既得,训诂易明,则书义了然矣。故曰假借者训诂最要之事也。"②为此,胡朴安提出以《尔雅》为本,参考陈玉树的《尔雅释例》,来获得"假借之例"。他指出:"《说文》虽言'转注''假借',不过略发其凡,不能如《尔雅》之充类致尽。求义例之条于《尔雅》,古今方国言语之异同,皆有条贯之可寻。所谓《说文》与《尔雅》,相为表里者此也。陈玉树有《尔雅释例》五卷,共计四十五例,极为周密。兹略本其说,为例有八:(一)文同训异;(二)文异训同;(三)训同义异;(四)训异义同;(五)相反为训;(六)同字为训;(七)同声为训;(八)展转相训。"③

二是采用声读之法。胡朴安基于文字的"声形义"形态的理解,重视音韵之学在训诂中的作用,主张通过"声读之法"进行训诂。他说:"古书中,每以声音形容事物之声音与状态。此种文字,全是声音,毫无意义,《诗经》之中,视他书尤多,而以声音形容事物之状态,类多重言,或以重言形容其声,或以重言形容其状,或以重言形容其貌。古书中遇有此种形容之词,悉以声音读之可也。"④

三是重视语词的辨析。胡朴安认为,古书不仅文字上有通假,在语词上亦与现在的不同,故而需要掌握"语词辨别之法"。他指出:"古时书籍,皆本古人之语词而纪之以文字者也。古人语词,与今不同。语词既别,训诂自异。所以读古时书籍,当以辨别古人语词为尤要也。辨别语词之要有二:一,辨别古人用字之例;二,辨别古人造句之例。……何谓用字之例? 古人用字,有实训者,有虚训者。实训之字,知本字借字之分,即可明其用字之条;虚训之字,非通其语词,则无由得其训诂。盖经典之文,字各有义;而字之为语词者,则无义之可言,设以实义解之,则文既不通,而意亦难晓。……何谓造句之例? 积字成句,积句成章。章句之组织,本由言语而来。盖古人属词记事,恒以言语以转移也。迨后文言既

---

① 胡朴安:《中国训诂学史》,商务印书馆 1937 年版,第 291 页。
② 胡朴安:《中国训诂学史》,商务印书馆 1937 年版,第 278 页。
③ 胡朴安:《中国训诂学史》,商务印书馆 1937 年版,第 47 页。
④ 胡朴安:《中国训诂学史》,商务印书馆 1937 年版,第 299 页。

分,则笔于书者多古语,出于口者尽今言。以今言读古语,不仅声韵之流变不同,即章句之组织亦异。设此事不明,在古人原为浅显之语,在今日遂成为奥隐之辞。若能辨别古人造句之例,而能得其缓急同异颠倒错综之故,则奥者浅、隐者显矣。"①

四是掌握章句辨别之法。胡朴安高度重视章句在古书中意义的辨析,认为"欲读古书,非明章句不可",故而训诂应将章句解读作为重要的工作。他对于"自汉以后,士子为学,高者侈言经术,精者喜谈性理,章句之学,视为不甚重要,甚且鄙为俗儒之学"的现象,不以为然,并提出了严肃的批评,强调"章句与名物训诂,同为读书之要事","盖章句苟误,古书之不能读者多矣"②。对于章句之学在训诂中的重要性,胡朴安从求取古书中"义理"的高度给予了说明:"积字成句,积句成章。古书之训诂,寄于文字;古书之义理,托于章句。章句不辨,义理莫明。离析章句,所以求明义理者也。章句虽亦求学之初步,实系读书之要图。《礼记·学记》云:'一年视离经辨志',孔氏颖达云:'离经,谓离析经理,使章句断绝也。'断绝章句,即章离句析,使古书之义理,不烦详说而自明。故不知断绝章句,即不知古书之旨趣与归束,并且穿凿误会而入歧途矣。所以读古书者,当首重章句。"③

那么,如何才能掌握章句辨别之法呢?胡朴安提出了两条办法:其一,是掌握"离章"之法。所谓"离章者,即将古书一篇分为若干段落也。古人记录事物,发表思想,其文字条例,虽未必如后人之谨严,然用意所在,亦略有疆界之可寻,一篇有一篇之总意,一章有一章之分意。能得其分章之所在,即得其意指之所归。若章分或误,则前后紊乱,即无以了解古书之意,而得其义理之真。故离章为读古书重要之事。"④其二,是掌握"析句"之法。所谓"析句者,于一篇之中画其节目,再于一节之中析其句读是也。句读不析,则可移缀上下,往往因一二字之游移,致失其本来之意。……学者使不先将句读析明,何由知其义理乎?故析句亦读古书重之事。"⑤胡朴安提出的假借之例、声读之法、语词之辨析以及章句辨别之法等训诂方法,不仅承继了前人的研究成果,而且也有自己的独特见解。

胡朴安所著《中国训诂学史》所倡导的"广证"理念,开启了训诂革新的研究

---

① 胡朴安:《中国训诂学史》,商务印书馆1937年版,第303—308页。
② 胡朴安:《中国训诂学史》,商务印书馆1937年版,第329—330页。
③ 胡朴安:《中国训诂学史》,商务印书馆1937年版,第329页。
④ 胡朴安:《中国训诂学史》,商务印书馆1937年版,第330页。
⑤ 胡朴安:《中国训诂学史》,商务印书馆1937年版,第332页。

方向。训诂学的革新方向,在 20 世纪 30 年代即已开启,胡朴安乃是先行者之一。在胡朴安看来,训诂有着"名物之考证"的作用,不仅在于明白古今名称之不同,而尤其需要知晓当时制度之变迁,这就需要"合群经而参互错综以求之",因而也就不能"据一书以为标准",这就在方法论上提示了训诂的"合群籍而观之"的革新方向。他指出:"吾人读古书,于名物之考证,小之草木鸟兽之名称,大之兵农礼乐之制度,其名称也,当知雅俗古今之不同;其制度也,当知因革变迁之时异。其考证名称也,《说文》、《尔雅》、《广韵》、《释名》、《方言》等书,足以左宜右有,而知其雅俗古今之不同;其考证制度也,当合群经而参互错综以求之,不可据一书以为标准,如《周礼》与《王制》,各不相侔,如据一书以说周朝之制度,恐未能得其真象。而因革变迁之迹,尤非据一书所能明了。且书缺有间,而古时之制度,终未能言之历历也。名物考证,名称尚不甚难,制度不易详矣。杞、宋之文献不足征,虽孔子亦无由知夏、殷之礼;诸侯而皆去其籍,虽孟子亦无由知成周之典章,而况数千年以后乎! 好学深思者,合群籍而观之,心知其意可也。"①胡朴安倡导的是"广证"的训诂方向,反对"单文孤证"的做法,并提出了将统计学应用于训诂学的研究之中。他指出:"单文孤证,为考据家之所不取,然则考据家必文多而证广也。如此必将文之同类者,搜集以为证,已略含有统计之意义。阮元有《论语论》一篇,列举《论语》论'仁'者,凡五十有八章,'仁'字之见于《论语》者百有五见,而总归纳于'仁者,人也'一释,此已实用统计之方法,惜未能明言之。惟阮氏只知在'仁'字本身上之统计,而不知用此种统计之方法为训诂上之应用,此则为时所限也。"②由此,胡朴安就统计学方法运用于训诂学之中,提出了具体的思路。他指出:"统计学是西方之学问。西方人治中国书者,往往利用统计学而为古书真伪之考辨。瑞典人珂罗倔伦著《左传真伪考》,用统计方法统计《左传》《论语》《孟子》中之助字,为考据学者辟一新门径。用统计法为训诂之推测,能得比较可靠之训诂。如统计儒家之'道'字,而知儒家之所谓'道'者,是人伦日用事物之常;统计道家之'道'字,则知道家之所谓'道'者,是宇宙之本体;又如统计助词之用法,可以认清各个时代语法之例,为辨别古书真伪之助,如《左传真伪考》是。……惟余确信统计在训诂学上极有价值之方法,惟用之者须有旧式训诂学上之根基,不可仅赖此一方法,而随便用之耳。"③这里,胡

---

① 胡朴安:《中国训诂学史》,商务印书馆 1937 年版,第 340—341 页。
② 胡朴安:《中国训诂学史》,商务印书馆 1937 年版,第 357 页。
③ 胡朴安:《中国训诂学史》,商务印书馆 1937 年版,第 359 页。

朴安一方面积极地主张将统计法运用于训诂学之中,但另一方面又提出不能仅仅依赖这一方法,并认为即使在使用统计方法时也要有"旧式训诂学上之根基",这是很有学术见地的主张。胡朴安关于训诂学革新的主张,虽然还没有形成一个系统,但对于后来的训诂学革新运动的兴起,应该说是有着先导性的意义。

胡朴安的《中国训诂学史》是一部重要的训诂学史专著,不仅呈明了训诂作为一门学问的演进历程,而且从学术史的见地评价代表性的训诂学著作,因而也是有助于总结训诂学研究的得失。该著将训诂学定位为研究古书的工具之学,阐明训诂的意义就在于读古书时能通过辨识文字而知悉其义理;该著不仅对于《尔雅》、《释名》、《方言》、《说文解字》等著作予以高度重视,而且就训诂学史的一些重要问题阐明自己的看法,同时对于训诂学方法论进行探讨,并提示出统计学方法运用的训诂学研究的革新方向。胡朴安的《中国训诂学史》在中国现代学术史上有着重要的地位,理应引起学术界的高度重视。

20 世纪 40 年代初,张世禄等一些学者也为训诂学的研究作出了重要努力。张世禄编著有《中国训诂学概要》(贵阳文通书局 1942 年 4 月初版),以 6 章的篇幅讲述训诂学的意义、训诂的方法、术语,以及字体、音读、字义、语言等的演变与训诂。值得注意的是,张世禄在 20 世纪 40 年代发表的《训诂学与文法学》的文章,是一篇很有创意的训诂学论文。该文极力主张打破训诂学的神秘性,认为训诂学是"工具之学",具有"解释学"的性质。该文指出:"训诂学,通常大都以为是属于字义方面的研究,往往拿它来作字义学的别名,以与音韵之学、形体之学对称。实在依据过去中国训诂学的性质看来,与其说它是字义学,不如说它是解释学;中国训诂学过去并非纯粹属于字义的理论的研究,而是大部分偏于实用的研究,实际上,可以认为是读书识字或辨认词语的一种工具之学。所以,它和'意义学'(semantics)的性质不同。……解释字义的方法虽有通译和定义两种的不同,而都不外用以释明实际辞句里各字各语的意义。所以训诂是一种工具之学,目的在实用,而所谓理论的部分,也只是解释字义的方法论罢了。"①正是基于"工具"论的理念,张世禄将训诂学定位为"读书识字或辨认词语的一种工具之学",认为训诂学的产生也只是适应文字释读的要求,并没有"明经"的功能。关于训诂学的产生原因,张世禄给予了这样的解释:"训诂学之所以发生,最主要的原因就是在处理中国文辞当中同字异义和同义异字的现象以及这种现

---

① 张世禄:《训诂学与文法学》,《学术杂志》第 3 辑,1940 年 4 月。

象所造成的种种困难。因为中国词语的音读形式非常单纯,因之语言中所包含的同音词语特别众多。文字又不是采取拼音的制度,而只是应用一种借字表音的方法,只要音读形式上相近似,就可以借用这个字体来代表别个语词。而各字的音读不能不有变化,此时此地所用来表音的字体,和彼时彼地所用来表音的又不相一致。……同时字义本身也可以有转移,原来表明这种观念的字体,因心理上联想的作用,可以转来表明别种相类或相通的观念;因之在意象上相类或相通的字体,常可互用:例如'初'、'哉'、'首'、'基'等,就都有'始'的意义了,这就是中国语文里'引申'和'假借'的两种方式;这两种应用得很广大,使得同字异义和同义异字的现象日益显著。……因为这种现象,我们在读书识字时就要遇着种种的困难;训诂学的所以发生,以及古书里文辞的所以需要解释,大都就是因乎此。"①张世禄在训诂学上提出了两个新的看法:一是主张将训诂学的范围不能限制在"只是校理古书"上,而是应该使其"研究的范围扩大,一方面应该注重现今方言俗语的整理,使过去训诂学和文法学两者相助长的情形,移来作为现代方言学的基础;另一方面,应该注重历代语言演变的实际情形,使训诂学的目的,不仅在读古书,而尤在发现古今语言上运用语词的异同"。二是主张训诂学应"讲求文字应用的方法",使训诂学与文法学联系起来。在张世禄看来,训诂学与文法学之间有着密切的关联,两者是互相促进而相得益彰的。他指出:"因为明白了辞句里各字的意义,自然能够确定各字的用法;确定了各字在辞句组织上的功用,也自然因此了解了各字的意义;而都要就各字彼此间的连结配置和上下文的关系上来判断。所以训诂学和文法学两者常互相为用,互相助长,具有不可分离的趋势。"故而,张世禄认为,研治训诂学"必须先有文字学、音韵学的训练",同时也需要文法学的知识,其理由就在于"文字的应用,必定是各字的互相连结以组成辞句,才能显示意义。积字而为句,积句而成篇章;各字的应用,不能离开辞句而独立的显示意义。所以对于一个有疑义的字句,必须求得一种解释,在全篇全章或全句的总意义以及上下文的关系上都通得过去的,才可称为精确妥当。否则便有望文生义和穿凿附会的弊病。"②张世禄将训诂学作为工具之学,并提出训诂学与文法学的"互相为用,互相助长"的关系,就在于认为只有基于"训诂学和文法学两者的互相助长"的关系,才能"达到建立中国语言学的目的"。

---

① 张世禄:《训诂学与文法学》,《学术杂志》第 3 辑,1940 年 4 月。
② 张世禄:《训诂学与文法学》,《学术杂志》第 3 辑,1940 年 4 月。

# 第五章　民俗学

　　民俗学是研究民间风俗、习惯等现象的一门社会科学。何为民俗？学者们虽然还有不同的见解，但大多数民俗学家基本认可这样的看法：民俗是人们在长期的共同生产、生活（包括物质资料的生产和精神资料的生产）中形成的一种文化传承现象，在内容上大致包括一定社会的风俗习惯、社会思潮、社会心理、世俗观念、人情动态等诸多方面。关于民俗学史的研究，王文宝所著《中国民俗学史》（巴蜀书社1995年版），把我国民俗学运动分为1918年至1927年的"发端与开拓时期"、1927年至1949年的"奠基与开展时期"、1949年以后的"新兴时期"（"文革"前为"准备阶段"，"文革"后为"发展阶段"）几个部分，对中国民俗学进行了比较深入的研究。就中国现代学术史研究而言，以现代中国（1919—1949年）为时段，全面地梳理民俗学的研究历程及其成就，仍然是撰写《中国现代学术史》的重要任务。

## 一、民俗学产生的学术前提

　　现代中国的民俗学的创建和发展有着诸多的前提，而学术性的前提则是其中最重要的前提之一。大致说来，现代中国民俗学建立的学术前提，有以下几个主要的方面：

　　一是文化的历史积淀。中国文化源远流长、底蕴深厚、内容丰富，包含着大量的民俗学资料。中国历代学者亦积累了不少民俗资料，提出了许多具有研究价值的学术见解，为建立现代意义上的民俗学奠定了基础。大约成书于先秦至西汉的《山海经》，记载了丰富的神话、宗教、民族、民间医药等古民俗珍贵资料。东汉时期产生了专门讨论风俗的著作，如应劭的《风俗通义》。魏晋南北朝时期产生了专门记述地方风俗的著作，如晋代周处的《风土记》，梁代宗懔的《荆楚岁时记》等。隋唐以来,全部或部分记录风俗习惯及民间文艺的书籍更多。但是,具有现代意义的民俗学著作,却产生在新文化运动之后。五四时期开创中国民俗学研究的新时代,这自然也有中国优秀传统文化的基础。

二是西方文化的影响。近代中国开启向西方学习的艰辛历程,西方文化对中国的影响是很大的,并且是多层面的。这是一个不争的事实。就民俗学而言,近代以来尤其是五四时期,西方国家诸如英国、美国、日本、德国等民俗研究的成果介绍到中国,开拓了中国学者研究民俗现象的视野。值得注意的是,中国早期的民俗学家中有不少人具有留学背景,如江绍原、胡体乾等曾留学美国,崔载阳、杨成志等留学法国,陈锡襄等留学英国,林惠祥等留学菲律宾。他们在留学中不仅了解到国外民俗学研究的状况,而且受到比较严格的民俗学的训练。在国内大学接受教育而未曾留学国外的民俗学研究者,也大多通晓外文并掌握西方学术界民俗学研究的动态。西方学者关于民俗研究的一些重要观点及新的研究方法,为中国学者所重视和运用,并在运用中出现了"本土化"的趋向。这对中国民俗学研究及建立具有中国特色的现代民俗学的科学体系产生了重要的影响。

三是相关学科的发展。学术研究是相互影响、相互制约的,一门学科的发展与其他学科处于相互联系之中,五四时期开启的民俗学研究也是这样。为了推进现代中国学术的进步,现代中国兴起了学术研究的高潮,学术研究由传统学术向现代学术转型之中。在这个转型过程中,各门相关学科的发展对民俗学的研究产生了重要的影响。尤其是哲学、历史学、社会学、人类学、文化学等学科的研究成果及研究方法,对于民俗学的产生和发展有着极为重要的影响。由于这个缘故,中国的民俗学在兴起和发展中,也就倡导运用多学科的方法来研究民俗学,希望借鉴和汲取相关学科方法上之所长。如林惠祥倡导将历史研究法、心理学研究法、语言学研究法等运用到民俗学研究之中,杨成志希望民俗学研究要借鉴人类学、民族学、心理学、社会学等学科的方法,胡体乾主张民俗学要充分运用考古学的材料与方法、语言学方法及社会学方法,张瑜认为民俗学需要借鉴字源学、人类学、神话学、传播学、民族学的研究方法,罗绳武主张民俗学要运用马克思主义的"社会史的方法"或"史的唯物论的方法"(即唯物史观方法),等等。

四是社会变革的需要。中国社会自鸦片战争以来就处于转型阶段,开展民族民主革命而争取民族解放和国家独立乃是近代中国历史的任务,社会变革乃是近代中国社会演变的最显著的表征。所谓社会变革乃是全面而又深刻的,要求在经济、政治、文化和社会生活诸方面实现巨大的变化,由传统社会向现代社会迈进,这就需要在民俗方面有彻底的变革。民国建立之初,为了建立与新的政治体制相一致的社会风尚,人们认识到习俗的力量及改变习惯的极端重要性。蔡元培在1912年的《中学修身教科书》中写道:"习惯者,第二之天性也。其感化性格之力,犹朋友之于人也。人心随时而动,应物而移,执毫而思书,操缦而欲弹,凡人皆然,而在血气未定之时为尤甚。其于平日亲炙之事物,不知不觉,浸润其精神,而与之为至密之关系,所谓习与性成者也。故习惯之不可不慎,与朋友同。"①杨昌济也特别强调民俗与社会生活的关系,认为过去的不良习俗有着专制主义的深刻影响,新建立的民国必须在祛除专制主义的同时,积极地倡导新的道德风尚。他说:"吾国社会道德之腐败,其由来甚远,盖数千年专制之结果也。中国经历多次之大革命,而政体未曾改良,明君贤相不世出,而昏庸贪暴者往往乘权柄政,故朝代相续,大乱叠生,而趋炎附势、贿赂成风,恶俗一成而不可变。夫酿成此俗,既经许多之岁月,则欲转移之,亦岂一朝一夕之能为功? 顾亭林论历代风俗,慕东汉、北宋士风之盛,谓国俗有人提倡,可以一变至道,慨然有守先待后、舍我其谁之志。力挽颓风,造端宏大。任教育者固不可无此抱负也。"②社会转型不仅为民俗学研究提供了条件,同时社会转型也需要民俗学研究有一个大的突破,以便为社会变革与进步提供学理性的支撑。

　　五是新文化运动的推动。新文化运动对于中国民俗学的起源与发展,有两方面的推动作用:其一,是新文化运动平民文学的理念,使五四时期的学人关注民间生活。陈独秀在《文学革命论》中声称文学革命的"三大主义",就是要"推倒雕琢的阿谀的贵族文学,建设平易的抒情的国民文学","推倒陈腐的铺张的古典文学,建设新鲜的立诚的写实文学","推倒迂晦的艰涩的山林文学,建设明了的通俗的社会问题"③。李大钊突出地强调文学的平民化、社会化的目标,并身体力行地关注下层民众的社会生活。李大钊指出,按照现代民主政治的精神,"在教育上、文学上也要求一个人人均等的机会,去应一般人知识的要求。现代的著作,不许拿古典的文学专门去满足那一部分人的欲望,必须用通俗的文学,使一般苦工社会也可以了解许多的道理"④。这就是说,文学不能是上层社会的专利,下层民众在接受文学上应有均等的机会;文学的服务对象是广大的"苦工社会"而不是为满足一部分人的欲望,因而必须倡导"通俗文学"的形式适应下

---

　　① 《中学修身教科书》(1912年5月),《蔡元培全集》第2卷,浙江教育出版社1997年版,第81页。
　　② 《教育与政治》(1913年),《杨昌济文集》,湖南教育出版社1983年版,第46页。
　　③ 陈独秀:《文学革命论》,《新青年》第2卷第6号,1917年2月1日。
　　④ 《劳动教育问题》,《李大钊全集》第2卷,人民出版社2006年版,第292页。

层民众接受文学的需要。在文学革命的大潮之中,平民的地位、平民的生活、平民文学得到高度重视。这就引领进步知识分子进一步关注民间,重视大众的社会生活及其风俗习惯,因而也就对于民俗学的兴起有着巨大的促进作用。其二,是新文化运动促成思想解放,引领整个社会的"移风易俗"。五四时期是中国历史上的一个思想趋新、文化多元的时代,中西文化碰撞、古今文化冲突,先进的知识分子认识到一些旧有民俗的严重问题,对于男尊女卑、包办婚姻、片面贞操、封建迷信、赌博、吸食鸦片、纳妾狎妓、奢侈浪费等封建民俗现象的危害,有着清醒的认识,并给予了猛烈的批判。譬如,陈独秀就认为中国封建时代的夫妇问题及家庭关系陷于危机之中,指出:"若夫东洋民族,夫妇问题,恒由产子问题而生。'不孝有三,无后为大'。旧律无子,得以出妻。重家族,轻个人,而家庭经济遂蹈危机矣。蓄妾养子之风,初亦缘此而起。亲之养子,子之养亲,为毕生之义务。不孝不慈,皆以为刻薄非人情也。"①又譬如,李大钊就对纳妾现象予以抨击,指出:"一夫一妻之制,衡诸天理人道,最称允当,不可逾犯。文明各国,悉本此义,制为法律,有犯之者,则为重婚,重婚者,罪律有明条。今于吾国,一方则有禁止重婚之法律,一方则欲保存蓄妾之恶风。为妾之女,于法无受其保障之权,重婚之夫,于法无施以制裁之效。"②再譬如,吴虞就对封建时代的"男子娶妻"现象给予分析,猛烈抨击封建时代的"孝"文化,指出:"男子娶妻是一方面为父母娶的,一方面为子孙娶的,自己全不能做主,那自由恋爱的婚姻,更说不上了。这种主张,便生出以下的几种大病来了:(一)以有后为孝,凡无子的人,无论他有养育子女的智识能力与否,都必不可不养子。(二)以有后为孝,凡无有养妻子的财力,早已娶妻,使数千万男女陷于贫困,辛辛苦苦,苟全性命,以度无聊的生活。(三)以有后为孝,即必行一夫多妻和蓄妾的制度。(四)因崇拜祖先而以有后为孝,遂流于保守,使四万万人作亿兆死人之奴隶,不能自拔。"③新文化运动领导人对于封建思想的批判,其本身触及封建的政治、经济、文化和社会生活,将铲除封建恶习、摈弃封建恶俗、改良民众心理、塑造国民新形象等作为重要内容,极大地推进了民俗学的研究。

需要说明的是,马克思主义在中国的传播及其与中国优秀文化的结合,对于民俗学研究有着很大的影响。李大钊作为中国最早的马克思主义者,曾运用唯

---

① 《东西民族根本思想之差异》(1915 年 12 月 15 日),《陈独秀著作选》第 1 卷,第 168 页。

② 《矛盾生活与二重负担》(1917 年 1 月),《李大钊全集》第 1 卷,人民出版社 2006 年版,第 236 页。

③ 《说孝》(1919 年 12 月),《吴虞集》,四川人民出版社 1985 年版,第 176 页。

物史观来分析风俗问题。他指出,社会上风俗习惯的演成,与那个社会那个时代的物质与经济有密切的关系;具体而言,"风俗习惯的变动,也是随着经济情形的变动为转移的"①。瞿秋白还从阶级斗争角度来认识风俗问题,指出:"每一时代治者阶级的习俗,往往凌驾其他的阶级:他的经济上、政治上的优势反映到风俗上来,使民众模仿以为荣,因而忘记自己的阶级地位;如此消灭他们的反抗团结的精神。治者阶级造作种种风俗,以为防范,一切周旋礼貌、揖让仪式,处处牵掣受治阶级的手足。受治者看着这些'捞什子',往往以为这是社会共同的风俗,并没有阶级利害关系,自然应当遵守的;不知道就此落了治者阶级的圈套。所以受治阶级如果渐成社会势力,必然破除旧习俗而另创新习俗;而且应当在日常琐屑的生活里也自觉的解放自己的行为。——这亦是阶级斗争的一方面。"②马克思主义作为社会变革的指导思想,对于现代中国民俗学的发展有着巨大的影响并发挥着引领性作用。

尽管现代中国的学术界,尚未建立起以马克思主义为指导的民俗学研究体系,但不少学者却已经自觉地或不自觉地阐明了民俗与社会生活的关系。譬如,王兴瑞③、岑家梧④指出:"人类的生活是整体的;同时人又是社会的动物,人不能离开社会而生活,个人的思想行为,也就不能离开社会环境而独特存在,是以一切民俗都有社会现实为其背景。"⑤又譬如,刘伟民指出:"风俗便是人们生活之表现,该处风俗,便是该处人们生活的表现;各处风俗不同,就是各地的人之生活迥异。如果把各处不同的风俗通通纪述出来,给大家知道各处迥异的生活,是

---

① 《物质变动与道德变动》(1919年12月),《李大钊全集》第3卷,人民出版社2006年版,第113页。
② 《社会科学概论》(1924年6月18日),《瞿秋白文集》第2卷,人民出版社1988年版,第582页。
③ 王兴瑞(1912—1977),海南省琼海市中原镇仙寨村人。民族学家、历史学家和教育家。1929年就读于国立中山大学文学院,毕业后继续攻读中山大学研究院文科人类学部研究生,1938年获硕士学位。曾任中山大学、上海大夏大学、广州珠海大学教授和广东广雅中学校长。新中国成立后,于1956年起执教于广州雷州师范学校。著有《中国农业技术发展史》、《中国现代革命史》、《海南岛黎人调查报告》、《海南岛之苗人》、《冼夫人与冯氏家族》等。
④ 岑家梧(1912—1966),广东海南澄江县(今海南省澄迈县)人。中国当代民族学者和民俗学者。1931年秋考入广州中山大学社会系,1934年夏赴日留学,先后在东京立教大学及帝国大学研究人类学和考古学。抗战期间,曾在云南昆明南开大学经济研究所从事西南民族社会的研究工作,还在贵州大学和贵阳大夏大学、四川社会教育学院等校社会系任教授,并到西南民族地区做民族调查研究工作。抗战胜利后,先后在中山大学、岭南大学、中南民族学院任职,曾担任中南民族学院教授、副院长等职。著有《岑家梧民族研究文集》、《史前艺术史》、《史前史概论》、《图腾艺术史》等。
⑤ 王兴瑞、岑家梧:《琼崖岛民俗志》,《民俗》1936年第1卷第1期,第13页。

多么有趣的一件事呢！而且我们想知道古代的'礼',必须要在现今的'俗'里才能追溯出来。民俗学就是专研究这种学问的科学。其目的,一方使人知道各地人民的生活情形;同时还想从各地的风俗人情中,去探溯初民社会生活的法则和仪式。"①再譬如,张腾发指出:"歌谣这东西,本来就是从生活上压榨出来,胚生出来的。怎样的生活,产生怎样的歌谣,什么样的人,便需要什么样的曲调。所以要研究一种歌谣,必先了解产生那种歌谣的社会背景,换言之,当时当地人的生活状况。忽视了这点,他们的研究,便变成无意义。"②可以说,从社会生活角度解读民俗,业已成为现代中国民俗学发展的一大特色,这不能不说是受到马克思主义的重要影响。

## 二、民俗学研究的相关组织

现代学术发展的一个重要的标识是研究组织的建立和发展,故而学术研究组织的情况及其运行状态,也就成为衡量现代学术发展程度的重要依据。在现代中国的学术界,民俗学的发展与民俗学的研究组织的创建及发挥作用是密切相关的。在现代中国的学术界,民俗学的研究组织以歌谣研究会、民俗学会及中国民俗学会最为有名。

### (一) 歌谣研究会

1920 年 12 月北京大学成立"歌谣研究会",这个"歌谣研究会"的前身,是 1918 年 2 月成立的歌谣征集处。歌谣征集处是"由刘复、沈尹默、周作人三位教授担任编辑,钱玄同、沈兼士二位教授担任考订方言"的,并"从五月末起,在日刊上揭载刘先生所编订的《歌谣选》,共出一百四十八则"③。"歌谣研究会"是学会性质的民间研究组织,是中国现代第一个民间文学研究团体。1922 年创办《歌谣周刊》,首次揭示研究歌谣的目的是推进文艺的与民俗学的发展。

歌谣研究会的成立是与五四新文化运动的影响和蔡元培的大力倡导分不开的。学术界对歌谣引起高度的重视,始于新文化运动中文学革命对于白话文的

---

① 刘伟民:《东莞婚俗的叙述及研究》,《民俗》1936 年第 1 卷第 1 期,第 81 页。
② 张腾发:《客家山歌的社会背景》,《民俗》1936 年第 1 卷第 1 期,第 165 页。
③ 《〈歌谣周刊〉发刊词》,王文宝编:《中国民俗学论文选》,中国民间文艺出版社 1986 年版,第 9 页。

认知和积极倡导。文学革命视古代白话之通俗文学为正宗,对民间口传文学包括歌谣、谚语、故事等也就引起高度的重视。正是新文化运动提倡平民文学、反对贵族文学,努力吸取西方进步文化,北京大学校长蔡元培发表启事,成立"歌谣征集处",向全国征集民间歌谣,主要是近世的民间歌谣。当时北大的进步教授刘半农、沈尹默、周作人任编辑,钱玄同、沈兼士考订方言。同时,发表了由刘半农拟定的"北京大学征集全国近世歌谣简章",该"简章"在《北京大学日刊》、《新青年》和北京、天津、上海、武汉、广州等地的报纸、刊物上发表,在思想学术界影响很大。从 1918 年 5 月 20 日起,在《北京大学日刊》上开辟"歌谣选"栏,每天刊登一则,由刘半农编选并作考订说明,共出 148 则。

　　1920 年 12 月 19 日北京大学歌谣研究会成立,由沈兼士、周作人任主任,继续征集中国近世歌谣。1922 年北大研究所成立国学门,歌谣研究会并入其中。因征集材料不够,歌谣研究会决定创办《歌谣周刊》,继续广泛地征集各地的歌谣,并展开对歌谣的学术研究。1922 年 12 月 17 日,《歌谣周刊》在北大 25 周年纪念日创刊,这是我国第一个民间文学刊物,开创了中国民间文学研究的新时代,这对中国民间文学、民俗学的发展有着极为重要的意义。周作人等在起草的《歌谣周刊》发刊词中,阐明了收集歌谣的两个目的,"一是学术的,一是文艺的"。在学术上,"歌谣是民俗学上的一种重要资料,我们把它辑录起来,以备专门的研究";而在文艺上,则是"为了引起当代的民族的诗的发展"①。《歌谣周刊》除登载歌谣外,还刊登其他民间文学的作品,如谚语、传说、故事等,同时还刊登民俗研究的文章。

　　1923 年 1 月 30 日歌谣研究会决定扩大收集范围,除歌谣外,还要收集并研究神话、传说、童话故事、风俗、方言等资料。1923 年 5 月 24 日成立了北京大学风俗调查会,不久又组织和发动歌谣研究会、风俗调查会的会员,进行了妙峰山、东岳庙、白云观和财神殿的民俗调查。

　　随着歌谣搜集、整理的开展和研究的不断深入,不少学者在《歌谣周刊》上对方言、方音等问题进行了讨论。这就将方言的调查与研究提上日程。1924 年1 月 26 日北京大学成立了方言调查会。5 月 17 日再次开会,通过了学会的简章,确定学会以方言的调查为主,但范围扩充到与中国语言文学研究相关的方面,故而将"方言调查会"改为"方言研究会"。参加方言研究会的有校内外 30

---

　　① 　王铁仙、王文英主编:《二十世纪中国社会科学·文学学卷》,上海人民出版社 2005 年版,第 231 页。

多人,其中有北大国文系师生沈兼士、钱玄同、周作人、马裕藻、魏建功、容庚等,学会主席为英语系林语堂教授。自 1924 年 3 月起,方言研究会举办了为期三个月的"标音原则"学习班,由林语堂讲授国际音标,参加听课的有沈兼士、沈士远、钱玄同、周作人、马裕藻、朱希祖、黎锦熙、杨树达、魏建功、容庚、罗庸等。方言研究会是中国第一个方言研究团体,在中国现代学术史上有着重要的地位。可以说,北京大学方言研究会的成立及方言调查工作的开展,对于推进歌谣的研究有着基础性意义。《歌谣周刊》到 1925 年 6 月共出了 97 期,增刊一期,发表歌谣 2226 首。1925 年 10 月,《北京大学研究所国学门周刊》创刊,继续发表歌谣故事等材料和有关理论文章。

歌谣研究会还出版了"歌谣丛书":顾颉刚的《吴歌甲集》。"歌谣小丛书"一种:董作宾①的《看见她》。"故事丛书"一种:顾颉刚的《孟姜女故事的歌曲甲集》。1927 年,歌谣研究会的主要成员顾颉刚、容肇祖、董作宾、钟敬文等人在广州中山大学成立民俗学会,北大歌谣研究会停止了活动。歌谣研究会的会员除北大师生外,还有一些外地的歌谣和民俗研究者及个别外籍通讯会员。歌谣研究会在不到十年的时间里,征集到全国 22 省的各种歌谣 13908 首。它冲破封建思想,重视人民的创作,表彰民众在歌谣发展中的地位。歌谣研究会的成果已成为重要的历史文献,为国内外学者所重视。

歌谣研究会的活动有着曲折的历程,其间亦充满着艰辛。1935 年,在停顿了近十年之后,北大文科研究所决定恢复歌谣研究会,并聘请胡适、魏建功、顾颉刚等人为歌谣研究会委员。《歌谣周刊》从 1936 年 4 月复刊,到 1937 年 6 月共出 53 期。发刊时期的《歌谣周刊》,其研究的方向主要侧重在文学方面,许多论著至今在学术上仍有一定的参考价值。

## (二) 民俗学会

1928 年初,中山大学正式成立"民俗学会",出版民俗学期刊和丛书,并举办民俗学传习班,在学术界影响颇大。这个"民俗学会"之所以能够创办起来,主要源于 1926 年至 1927 年间北大的一些教授和讲师如顾颉刚、容肇祖等转到广州中山大学任教,同时也是因为中山大学原来的一些教师如钟敬文、杨成志、何

---

① 董作宾(1895—1963),原名作仁,字彦堂,号平庐,河南南阳人。现代中国著名的甲骨学家,为"甲骨四堂"之一,在甲骨学、考古学、古文字学上多有成就,1948 年被选为"中央研究院院士"。有《殷墟文字甲编》《殷墟文字乙编》等行世。

思敬等人也一直对民俗学有着广泛的研究兴趣,故而这两派力量迅即联合起来,也就成立了"民俗学会"。

民俗学会全称为"国立中山大学语言历史学研究所民俗学会",1928年初成立于广州。主要成员有顾颉刚、容肇祖、董作宾、何思敬、钟敬文、杨成志、刘万章等人。第一批会员60余人。1930年4月至1936年9月曾两次停止和恢复活动,并随中山大学研究机构名称的变动而两易其名称,至1943年12月停止活动,前后共达16年。其间,容肇祖、杨成志曾先后任该会主席、会长。民俗学会在20世纪20年代末至30年代初,成绩比较突出,1936年至抗日战争爆发前,工作也有相当程度的开展。

民俗学会"以调查、搜集及研究本国之各地方、各种族之民俗为宗旨",这里的民俗主要包括"民间的风俗、习惯、信仰、思想行为、艺术"。以后,民俗学会曾两度修改简章,故而简章在内容上略有变化,如研究对象增加了制度、语言、文字、民俗物品等内容,同时亦将介绍各国民俗学的理论与方法作为重要任务。民俗学会所做的工作,主要有这样几个方面:

一是创办刊物。民俗学会先后编印了《民间文艺》周刊12期、《民俗》周刊123期,《民俗》季刊2卷8期。

1928年3月创刊《民俗》周刊,就在于要"放宽范围",收集"宗教风俗材料",故而将原来的《民间文艺》改名为《民俗》周刊,钟敬文、容肇祖、刘万章相继主编。《民俗》周刊创刊时所发布的"发刊辞",出自顾颉刚之手。该发辞词有着"民众本位"的鲜明特色,声称"人间社会"中除了士大夫外,"尚有一大部分是农夫、工匠、商贩、兵卒、妇女、游侠、优伶、娼妓、仆婢、小孩","他们有无穷广大的生活,他们有热烈的情感,有爽直的性子,他们的生活除了模仿士大夫之外是真诚的"。故而,从事民俗学研究,就要"秉着时代的使命","站在民众的立场上来认识民众",不仅要"探检各种民众的生活,民众的欲求,来认识整个的社会",而且要明确"自己就是民众,应该各各体验自己的生活",进而"把几千年埋没着的民众艺术,民众信仰,民众习惯,一层一层地发掘出来",其目标就是"要打破以圣贤为中心的历史,建设全民众的历史"①。《民俗》周刊是现代中国民俗学的主要刊物,发表了大量的民俗学研究成果。主要的研究成果参见下表:

---

① 《〈民俗〉发刊辞》,《民俗》第1期,1928年3月21日。

| 作者 | 文章题目 | 所载刊期 |
|------|----------|----------|
| 何思敬 | 《民俗学的问题》 | 《民俗》1928 年第 1 期 |
| 崔载阳 | 《初民风俗》 | 《民俗》1928 年第 10 期 |
| 崔载阳 | 《初民风俗》（续） | 《民俗》1928 年第 11、12 期合刊 |
| 容肇祖 | 《北大歌谣研究会及风俗调查会的经过》 | 《民俗》1928 年第 17、18 期合刊 |
| 顾均正 | 《关于民间故事的分类》 | 《民俗》1928 年第 19、20 期合刊 |
| 容肇祖 | 《中秋专号引言》 | 《民俗》1928 年第 32 期 |
| 清　水 | 《读〈苏粤婚丧〉》 | 《民俗》1928 年第 35 期 |
| 李贯英 | 《"莎士比亚的英国"中的"民俗"》 | 《民俗》1928 年第 37 期 |
| 姚逸之 | 《湖南民间文艺一瞥》 | 《民俗》1928 年第 40 期 |
| 容肇祖 | 《天后》 | 《民俗》1929 年第 41、42 期合刊 |
| 商承祚 | 《广州市人家的神》 | 《民俗》1929 年第 41、42 期合刊 |
| 邓尔雅 | 《敕封土地祠》 | 《民俗》1929 年第 41、42 期合刊 |
| 黄仲琴 | 《看了关于杭州东庙以后》 | 《民俗》1929 年第 41、42 期合刊 |
| 顾颉刚 | 《传说专号序》 | 《民俗》1929 年第 47 期 |
| 容肇祖 | 《传说的分析》 | 《民俗》1929 年第 47 期 |
| 陈元桂 | 《台山歌谣集自序》 | 《民俗》1929 年第 49、50 期合刊 |
| 容肇祖 | 《福州歌谣甲集序》 | 《民俗》1929 年第 49、50 期合刊 |
| 刘万章 | 《记述民间故事的几件事》 | 《民俗》1929 年第 51 期 |
| 容肇祖 | 《初民心理与各种社会制度之起源序》 | 《民俗》1929 年第 52 期 |
| 刘万章 | 《巴公的广州过年日记》 | 《民俗》1929 年第 53、54 期合刊 |
| 舒　怀 | 《我也谈谈旧历新年》 | 《民俗》1929 年第 53、54 期合刊 |
| 陈锡襄 | 《风俗学试探》 | 《民俗》1929 年第 57、58、59 期合刊 |
| 容肇祖 | 《广州民间故事序》 | 《民俗》1929 年第 64 期 |
| 姚逸之 | 《湖南唱本提要自序》 | 《民俗》1929 年第 64 期 |
| 顾颉刚 | 《湖南唱本提要序》 | 《民俗》1929 年第 64 期 |
| 容肇祖 | 《海龙王的女儿序》 | 《民俗》1929 年第 65 期 |
| 容肇祖 | 《湖南唱本提要序》 | 《民俗》1929 年第 66 期 |
| 张冠英 | 《传说与史实》 | 《民俗》1929 年第 66 期 |
| 魏应麒 | 《福建三神考自序》 | 《民俗》1929 年第 66 期 |
| 清　水 | 《本刊通信》 | 《民俗》1929 年第 67 期 |
| 顾颉刚 | 《泉州民间传说序》 | 《民俗》1929 年第 67 期 |

续表

| 作者 | 文章题目 | 所载刊期 |
|---|---|---|
| 清　水 | 《谈鬼》 | 《民俗》1929 年第 68 期 |
| 罗香林 | 《碧霞元君》 | 《民俗》1929 年第 69、70 期合刊 |
| 容肇祖 | 《迷信与传说自序》 | 《民俗》1929 年第 77 期 |
| 赵景深 | 《广州民间故事序》 | 《民俗》1929 年第 77 期 |
| 罗香林 | 《关于民俗的平常话》 | 《民俗》1929 年第 81 期 |
| 于　飞 | 《辑巴歌杂记》 | 《民俗》1929 年第 82 期 |
| 清　水 | 《韶郡古昔的命名观》 | 《民俗》1929 年第 83 期 |
| 徐　匀 | 《中国的淘金传说与希腊神话》 | 《民俗》1930 年第 103 期 |
| 容肇祖 | 《我最近对于〈民俗学〉要说的话》 | 《民俗》1933 年第 111 期 |
| 黄昌祚 | 《民俗学杂谈》 | 《民俗》1933 年第 114 期 |

　　《民俗》季刊上也刊载相当一部分的民俗学研究的成果,参见下表:

| 作者 | 文章题目 | 所载刊期 |
|---|---|---|
| 王兴瑞、岑家梧 | 《琼崖岛民俗志》 | 《民俗》季刊 1936 年第 1 卷第 1 期 |
| 刘伟民 | 《东莞婚俗的叙述及研究》 | 《民俗》季刊 1936 年第 1 卷第 1 期 |
| 张腾发 | 《客家山歌的社会背景》 | 《民俗》季刊 1936 年第 1 卷第 1 期 |
| 杨成志 | 《现代民俗学——历史与名词》 | 《民俗》季刊 1936 年第 1 卷第 1 期 |
| 陈家盛 | 《广西陆川歌谣中的生活素描》 | 《民俗》季刊 1936 年第 1 卷第 1 期 |
| 张腾发 | 《客家山歌的社会背景》 | 《民俗》季刊 1937 年第 1 卷第 2 期 |
| 梁鉴波 | 《从东莞歌谣中所见的妇女观》 | 《民俗》季刊 1937 年第 1 卷第 2 期 |
| 江应梁 | 《昆明民俗志导论》 | 《民俗》季刊 1937 年第 1 卷第 2 期 |
| 吴宗慈 | 《处置死尸的方法》 | 《民俗》季刊 1937 年第 1 卷第 2 期 |
| 杨成志 | 《民俗学之内容与分类》 | 《民俗》季刊 1942 年第 1 卷第 4 期 |
| 胡体乾 | 《社会学与说明的民俗学》 | 《民俗》季刊 1942 年第 1 卷第 4 期 |
| 钟敬文 | 《中国民谣机能试论》 | 《民俗》季刊 1942 年第 1 卷第 4 期 |
| 钟敬文 | 《关于农谚》 | 《民俗》季刊 1942 年第 1 卷第 4 期 |
| 梁剑韬 | 《粤北乳源瑶民的宗教信仰》 | 《民俗》季刊 1943 年第 2 卷第 1—2 期合刊 |
| 董家遵 | 《我国"收继婚"风俗调查表》 | 《民俗》季刊 1943 年第 2 卷第 1—2 期合刊 |

二是出版相关著作。出版民俗学会丛书37种,大部分出版于1928年至1929年间。研究性专著约占三分之一,有顾颉刚的《孟姜女故事研究集》(1、2、3集)、容肇祖的《迷信与传说》、钟敬文的《楚辞中的神话与传说》、钱南扬的《谜史》等。风俗调查和民间文学作品集,有顾颉刚的《妙峰山》,顾颉刚、刘万章的《苏粤的婚丧》,刘万章的《广州民间故事》,张清水的《海龙王的女儿》,谢云声的《台湾情歌》,白寿彝的《开封歌谣集》等。这是中国较早出版民俗学和民间文学理论及作品的学术活动。

三是于1928年举办民俗学传习班。它是中国最早举办的传授民俗学知识和培训这方面工作者的一个训练班。1928年4月6日,中山大学语言历史学研究所与教育学研究所联合向外发布《民俗学传习班招生章程》。据该章程,传习班"暂定正式生二十名,旁听生数目不限定,看将来讲室坐位有无多余为夺";"凡本校本科二年级以上学生,或校外有研究本学科之兴趣及能力者,均可报名入学";"修业期间三个月,届期凡已报告成绩,经教授评阅及格者,准予发给修业证书"。传习班于1928年4月23日正式开始上课,钟敬文、何思敬、杨成志、崔载阳、顾颉刚等讲课。据学员韦承祖记述说:"开学那天,戴校长(戴季陶)因事赴港没有来,由钟先生敬文演讲'本组织的经过',并于民俗学诸大纲,也有详尽的演述。再由何思敬先生讲授'民俗学概论',至九点钟始行下课。"[1]何思敬在当时属于民俗学研究的"综合派",其所界定的"民俗学"研究范围非常广泛,如他在《民俗学的问题》中认为:"民俗学的研究,包括未开民族及所谓文化民族所保存着的一切传统的信仰、风俗、习惯、故事、传说、歌谣、谚、诀、谜等,更琐述之,包含未开、文化民族所保存的,关于有生界、无生界、人类世界、人性及人工事物、灵界、人界和灵间的关系,祭祀、法术、妖术、语咒、祈祷、护符、缘起、吉瑞、预兆、生死、疾病、结婚、继承、财产、生产、牧畜、农耕、战争、幼年、成年等事事物物的,传统的信仰、行为、传说、故事、歌诀、谜语及其外儿歌、童谣、摇篮歌等等。"[2]顾颉刚在传习班上讲授《整理传说的方法》,"第一次讲:'孟姜女故事研究集',是说故事传说的演变和应如何整理的方法;第二次讲:'古代民族宗教',是说关于商,周,秦,楚,燕,汉诸代所崇奉的神祇,为古代宗教之传统源流。复次讲授:'山海经',其要点是山海经是战国人对于世界,万物,神怪,异族,故事的想像之一种记载;所以我们不以事实的眼光看它,而以战国人想像所萃荟之眼光看它,

① 韦承祖:《民俗学传习班第一期经过略记》,《民俗》周刊第23、24期合刊,第67页。
② 何思敬:《民俗学的问题》,《民俗》1928年第1期,第5—6页。

则此书为古代极有价值之书,而并可为研究古代传说之资料。"①民俗学传习班教师的阵容强大,但实际上只支撑了一个半月,6月上旬就结束了。"尽管第一期传习班未能尽如人意,但它总归是中国民俗学史上的第一次专门培训"②。

四是建立民俗物品陈列室。民俗学会陆续购藏和展出各种民俗用品、民间文艺作品以及西南各民族的文化用品共14类10000多件,在当时产生了重要的影响。

五是进行民族调查和研究。民俗学会曾组织会员和中山大学其他师生进行少数民族调查,调查所得成果刊登于《中山大学语言历史学研究所周刊》、《民俗》周刊及季刊上。

六是开展学术交流。民俗学会曾与意、美、德、英等国学者有学术上的来往。在学会活动期间,浙江、福建、广东等省也出现了民俗学会分会,如鄞县的民间文艺研究会、厦门的民俗学社、揭阳的民间文艺会等。

中山大学所创建的民俗学会是继北京大学歌谣研究会之后,研究民间文学、民俗学的学术团体。它不仅在多个层面上开展了民俗学的研究,扩大了民俗学在中国现代学术界的影响,而且也团结、培育了一批民间文学、民俗学的爱好者和研究者。民俗学会所做的工作在当时是具有开创性的,对于研究中国民族文化、建设具有中国特色的民间文艺学和民俗学都有重要的意义。

## (三) 中国民俗学会

20世纪30年代初,杭州又成立了"中国民俗学会",继承并发展了北京大学和中山大学在民俗学方面的学术工作。

中国民俗学会于1930年夏秋间,由江绍原、钟敬文、娄子匡、钱南扬等在杭州发起成立。学会除在杭州设有总会外,在浙江绍兴、宁波、吴兴、永嘉等县,及广东、福建、安徽、四川等地,也先后建立了分会。在中国民俗学会创建和发展中,钟敬文发挥了重要作用,诚如有研究者所说的那样:"一九二九年后,由于钟敬文转至浙江大学任教,杭州也成为民俗活动的重要基地。钟先生和当地一些民俗爱好者,在《东南日报》上出版过《民俗周刊》六十期,后改为《民间》周刊。最后又在《艺风》月刊编'民俗园地'及专号,共三十九期。"③

---

① 韦承祖:《民俗学传习班第一期经过略记》,《民俗》周刊第23、24期合刊,第67页。

② 施爱东:《学术队伍无法速成:1928年的中山大学民俗学传习班》,《文化遗产》2009年第4期。

③ 汪玢玲:《民俗学运动的性质和它的历史作用》,王文宝编:《中国民俗学论文选》,中国民间文艺出版社1986年版,第107页。

中国民俗学会以搜集并研究各地及各民族的风俗、习惯、信仰、传说、故事、歌谣、谚语等为宗旨。先后出版了《民俗》周刊(100多期),《民间月刊》(12期)等。这些刊物主要发表关于各地风俗、信仰、民间娱乐活动等材料和各类民间文学作品。学会还出版过"月光光歌谣专辑"、"老虎外婆故事专辑"(《民间月刊》)、"歌谣专号"、"巧女故事专号"、"女俗专辑"、"紫姑神专辑"(《民俗周刊》)以及《新年风俗志》、《巧女和呆娘的故事》、《李调元故事》、《民俗旧闻集》、《中国民谭型式表》等书。

中国民俗学会在各地的分会也都有自己的刊物,如《民俗》周刊(浙大)、《民俗旬刊》(宁波、福州)、《民俗周镌》(湖州)、《民俗半月刊》(湖州)、《民俗周刊》(绍兴、潮州、厦门、徽州、重庆)、《民俗》(漳州)。在总会和各地分会刊物上经常发表论文和作品记录的人员,有江绍原、娄子匡、钟敬文、钱南扬、朱自清、赵景深、叶德钧、叶镜铭、曹松叶、翁国梁、孙佳讯、钱小柏、钱巽盦、林培庐、谢云声、张长弓、张清水、袁洪铭等。

杭州中国民俗学会在全国抗战后中断。在学会存续期间,学会各种刊物继承了"五四"新文化运动注重社会下层民众及其民俗的优良传统,重视人民群众的文化创造及其成果。它继20世纪20年代末期广州中山大学成立的民俗学会之后,开展了中国民俗学和民间文学的学术活动,增进了民俗学研究在学术界的影响,成为20世纪30年代民俗、民间文学的重要研究基地。

## 三、民俗学研究的刊物及派别

现代中国的学术研究是与专业性学术刊物的创办分不开的。现代中国的民俗学向着组织化方向发展,创办的相关刊物为民俗学研究成果的推出发挥了很大的作用,并有力地促进了民俗学的研究;正是在民俗学的研究中,基于学术研究理念及研究路径的不同,又形成了不同的民俗学派别。

### (一) 主要刊物

民俗学在五四时期及以后相当长的阶段中,引起了不少学者的重视和研究。在这个阶段,有关民俗研究刊物的创办,是比较突出的现象。

五四时期,北京大学相继出版《北京大学日刊》、《歌谣》、《北京大学研究所国学门周刊》、《北京大学研究所国学门月刊》等报刊。《晨报副刊》自1920年

10 月起开辟"歌谣"专栏,是歌谣运动的重要园地。1920 年 11 月创办的《小说月报》是文学研究会机关刊物,编有一些民俗学专号并发表了不少有深度和影响力的民俗学论文。《文学周报》原名《文学旬刊》,初为上海《时事新报》副刊,自第 81 期改名为《文学》,从第 172 期起又改名为《文学周报》并独立刊行,共出版 380 期,主要发表了诸多民俗学研究论文,同时亦讨论神话、故事,其特点是以英国人类学派的理论和方法为本。《妇女杂志》于 1921 年 1 月由商务印书馆出版,该刊从第 7 卷第 1 号起开辟"民间文学"和"风俗调查"两个专栏,提倡用英国人类学派所提出的神话学的观点搜集与研究故事、歌谣。

20 世纪 20 年代后期,民俗学研究的刊物的影响力不断提升。1926 年 12 月 13 日厦门大学成立风俗调查会,其出版物有《厦门大学国学研究院周刊》《通俗报》等,主要刊载民间文学和民俗学的文章。傅斯年筹办中山大学语言历史学研究所及其所属的民俗学会,创办了《国立中山大学语言历史学研究所周刊》、《民间文艺》、《民俗》等刊物。其后,杭州、宁波、厦门、福州、漳州、汕头等地的民俗学会,都是中山大学民俗学会的地方分会,它们亦各自编辑出版了自己的民俗刊物。最有名的如 1935 年 1 月 1 日娄子匡接办的《妇女旬刊》(1917 年 6 月 6 日创办),该刊至第 19 卷第 8 号改名为《妇女与儿童》,出版了民俗学专号,共 8 期;1937 年 1 月 1 日起又改名为《孟姜女》月刊,出了 5 期。

抗战时期,大后方的西南地区办有一批发表民族学、民俗学、民间文学调查与研究的报刊,如《风土什志》、《人类学集刊》、《民族学研究集刊》、《说文月刊》、《责善》、《中国文化研究汇刊》、《文史杂志》、《康导月刊》等。值得注意的是,抗战期间的辅仁大学人类学博物馆出版的《民俗学志》,登载民俗学研究相关论文;《史学集刊》第 5 期(1947 年 12 月)重启歌谣和神话研究。

以上,皆是民俗学研究的有组织的行为。民俗学刊物的创办,不仅有力地团结了从事民俗学研究的学者,形成了民俗学研究的学术共同体,而且极大地推进了民俗学研究向纵深的方向发展。

### (二) 四大派别

民俗学在现代中国作为一门学科建立起来,根源于现代中国社会变革的需要,同时又从近现代中国社会的变迁汲取了相关因素,因而与近代以来中国社会的思想、文化、学术变迁有着密切的关联。在研究民俗内涵及相关问题的过程中,出现了几个重要的派别:

一是以陈锡襄为代表的风俗派,认为风俗在历史演进中具有极为丰富的思想内涵,足以代表民俗研究的对象及范围,其理由是风俗不仅突出地体现中国文化的特质,而且也是文化进步的动力,因而主张民俗学必须以风俗研究为主,但同时也认为有关风俗的研究也不必成为"学",它只是为社会学、伦理学、民俗学等学科提供材料。

二是以江绍原为代表的谣俗派,认为平民文化研究的主要对象是民间歌谣等。江绍原翻译过英国学者瑞爱德等著的《现代英吉利谣俗及谣俗学》著作,认同民俗主要是"谣俗",亦即主要是民间的歌谣,它是"平民"文化的突出表征,因而研究民俗学就要立足于平民文化而主要地研究"谣俗",故而所谓民俗学就是"谣俗学",或可称之为"民学"。江绍原关于"谣俗学"、"民学"等主张,遭到了容肇祖、杨成志、林惠祥等学者的一致反对,认为不仅"谣俗学"的名称是"失之太狭且字面亦嫌生疏"①,而且"民学"之"民"字在语义上又"所指太广泛了"②。

三是以罗绳武等人为代表的民情派,认为平民文化与社会的关系极为密切,而所谓平民文化也就是"民情",表现为风俗、习俗、礼仪、生活的样式等及与之相关联的政制等,故而主张应以"民情"一词来概括民俗的内涵,研究民俗学也就是研究"民情"。愈之在其所撰《论民间文学》著作中,尽管认为将英文Folklore翻译为"民情学"是"很牵强的",但也认可将民俗学称之为"民情学"的主张。在愈之看来,"民情学"所研究的事项,大致可以分为三类,"第一是民间的信仰和风俗(象婚丧俗例和一切的迷信禁忌等);第二是民间文学;第三是民间艺术",而且就西方来看,"民情学的研究资料"也是分为三类,即"第一是信仰和礼制,其中又分二种:(1)迷信的信仰和迷信的习惯;(2)因袭的礼制。各种的迷信禁忌属于前者,婚丧俗礼、迎神赛会等制属于后者。第二是讲谭和歌谣。第三是艺术,其中又分音乐和戏剧二种"③。

四是以杨成志、林惠祥、容肇祖、张清水、张瑜、傅振伦、胡体乾等为代表的民俗派,认为民俗学应该以中国的民俗为研究对象,并且主张用新的民俗学理论来界定中国的民俗内涵,因而此派可以称之为民俗派,或民俗学研究的"综合派"。这派阵营较大,人数最多,力量最强,学术研究成果的影响也很大。在这派中,林惠祥的《民俗学》一书试图建立具有特色的民俗学研究体系,在民俗学界影

① 林惠祥:《怎样研究民俗学》(1936年6月22日),王文宝编:《中国民俗学论文选》,中国民间文艺出版社1986年版,第74页。

② 容肇祖:《我最近对于〈民俗学〉要说的话》,《民俗》1933年第111期。

③ 愈之:《论民间文学》(1921年1月),王文宝编:《中国民俗学论文选》,中国民间文艺出版社1986年版,第4、7页。

响较大。

上面四派的重大分歧，主要是关于民俗学研究中，"民俗"中的"民"如何理解及"俗"又是如何认识的问题。这实际上是对"民俗"如何进行定义的问题。大致说来，以上各派皆是以中国的"民俗"（尽管各派对"民俗"有不同的解释）为研究对象，所不同的是关于研究的范围及侧重点的差异。相比较而言，第四派（即"综合派"）在学术界影响较大，研究者也较多。

学术上标新立异，多派并存，竞争互动，乃是学术发展的重要表征。就民俗学研究而言，多派形成于特定的学术背景之中，并且也与研究者各自的学术诉求、知识结构相关。一方面，是中国具有极其丰富的民俗研究材料，而且中国的民俗也是底蕴厚重、丰富多彩、富有特色，研究中自然会有所侧重并形成各具特色的学派；另一方面，是现代中国的民俗研究者深受五四时期思想启蒙的影响，重视社会下层民众在文化创造中的作用，而从不同的视角来研究和阐发历史上下层民众的创造成果，就会具有独特的研究风格和学术进路，形成学派也是很自然的学术现象。同时，现代中国的民俗学研究者，不少都有留学国外的经历，即使没有留学国外也是比较通晓西学的，他们大体上皆是具有会通中西、融贯古今的知识结构，总体上也是在西方民俗学理论的影响下进行的，这样，学者在对西方民俗学的理解和运用中，就会有各自的学术个性、研究理念、解读方式等，因而形成各具特色的民俗学研究范式，也就合情合理了。现代中国的民俗学研究者除了重点地开展民俗学研究外，治学上皆通晓另外的几个学科，如哲学、文学、人类学、历史学、文化学、民族学、社会学、宗教学等等，因而能够从相关学科进入民俗学研究领域之中，故而各个学者的民俗学研究也就异彩纷繁、变化多端，且能有所特色而自成一派。概而言之，在现代中国的民俗学研究中所形成的几个重要的派别，反映了现代中国的民俗学研究处于多派相互竞争、共同发展的局面。这有助于整体地推进民俗学研究的进步，尽管民俗学在现代中国学术界还处于创建的阶段，与哲学、史学、文学等传统人文学科还有很大的差距。

以上所说的四派，是就现代中国的学院派民俗学而言的，并不包括马克思主义者对于民俗学问题的研究，尽管研究成果中有着马克思主义的深刻影响。事实上，中国共产党人中亦有对民俗问题进行研究的，这方面以毛泽东提出的关于民俗问题的主张最为突出。

毛泽东在领导中国革命的生涯中，尤为重视中国国情的研究，突出移风易俗对于社会改造的意义，对于推进民俗研究发挥了积极作用。在《湖南农民运动考察报告》中，毛泽东对于农会移风易俗所取得的成绩高度赞赏，指出：

共产党领导农会在乡下树立了威权,农民便把他们所不喜欢的事禁止或限制起来。最禁得严的便是牌、赌、鸦片这三件。

牌:农会势盛地方,麻雀、骨牌、纸叶子,一概禁绝。

湘乡十四都地方一个区农会,曾烧了一担麻雀牌。

跑到乡间去,什么牌都没有打,犯禁的即刻处罚,一点客气也没有。

赌:从前的"赌痞",现在自己在那里禁赌了,农会势盛地方,和牌一样弊绝风清。

鸦片:禁得非常之严。农会下命令缴烟枪,不敢稍违抗不缴。醴陵一个劣绅不缴烟枪,被捉去游乡。

农民这个"缴枪运动",其声势不弱于北伐军对吴佩孚、孙传芳军队的缴枪。好些革命军军官家里的年尊老太爷,烟瘾极重,靠一杆"枪"救命的,都被"万岁"(劣绅讥诮农民之称)们缴了去。"万岁"们不仅禁种禁吃,还要禁运。由贵州经宝庆、湘乡、攸县、醴陵到江西去的鸦片,被拦截焚烧不少。这一来,和政府的财政发生了冲突。结果,还是省农会为了顾全北伐军饷,命令下级农会"暂缓禁运"。但农民在那里愤愤不乐。①

毛泽东在抗战时期对于民俗问题也予以高度重视,要求知识分子深入民间,自觉地与民众打成一片,了解和研究民俗文化,提升艺术创作的技巧。1938 年 4 月 28 日,毛泽东在鲁迅艺术学院的讲话中,说过这样一段意味深长的话:

到群众中去,不但可以丰富自己的生活经验,而且可以提高自己的艺术技巧。夏天的晚上,农夫们乘凉,坐在长凳子上,手执大芭蕉扇,讲起故事来,他们也懂得胡适之先生的八不主义,他们不用任何典故,讲的故事内容却是那么丰富,言辞又很美丽。这些农民不但是好的散文家,而且常是诗人。民歌中便有许多好诗。我们过去在学校工作的时候,曾让同学趁假期搜集各地的歌谣,其中有许多很好的东西。这里存在着一个极大的不协调,就是有丰富的生活经验与美丽言辞的人不能执笔写作,反之,许多能写作的人却只坐在都市的亭子间,缺乏丰富的生活经验,也不熟悉群众生动的语言。我们都知道高尔基,他的生活经验丰富极了,他熟悉俄国下层群众的生活和语言,也熟悉俄国其他阶层的实际情形,所以才能写出那样多的伟大作品。②

---

① 《毛泽东选集》第一卷,人民出版社 1991 年版,第 35—36 页。
② 《毛泽东文集》第二卷,人民出版社 1993 年版,第 124—125 页。

毛泽东在 1944 年 3 月的一篇讲话中,以自己亲身经历说明"父慈子孝"的重要性。他指出:"我们还要提倡父慈子孝。过去为了这件事,我还和我的父亲吵了一架,他说我不孝,我说他不慈,我说应该父慈第一,子孝第二,这是双方面的。如果父亲把儿子打得一塌糊涂,儿子怎么样能够孝呢?这是孔夫子的辩证法。今年庆祝三八妇女节,提出建立模范家庭,这是共产党的一大进步。我们主张家庭和睦,父慈子孝,兄爱弟敬,双方互相靠拢,和和气气过光景。"①毛泽东强调对民俗中优秀传统继承的极端重要性,代表着中国共产党人在民俗问题上的态度。

毛泽东在延安时期提出"大众化"的著名主张,强调共产党员学习大众语言的极端重要性,并将学习大众语言视为继承优秀传统、发展民俗文化的重要一环,号召共产党员坚持人民本位,重视大众的社会生活的实际,在推进"大众化的文化"中发挥模范作用。毛泽东在《新民主主义论》中提出了建设"民族的科学的大众的文化"主张,这里的"大众的文化"即是指"大众化的文化"。毛泽东认为,这种文化的建设方向与服务对象非常明确,"它应为全民族中百分之九十以上的工农劳苦民众服务,并逐渐成为他们的文化"。因此,一切进步的文化工作者"应有自己的文化军队,这个军队就是人民大众";"革命的文化人而不接近民众,就是'无兵司令',他的火力就打不倒敌人","须知民众就是革命文化的无限丰富的源泉"②。就毛泽东这里所论述的"大众的文化"(亦即"大众化的文化")来看,其"大众化"的本义是指要符合、体现和代表大众利益、为大众服务,以大众为一切(包括大众的文化与民俗等)为出发点的过程。毛泽东在《反对党八股》文章中,在批判教条主义时讲过"大众化"问题。毛泽东指出:"现在许多人在提倡民族化、科学化、大众化了,这很好。但是'化'者,彻头彻尾彻里彻外之谓也;有些人则连'少许'还没有实行,却在那里提倡'化'呢!所以我劝这些同志先办'少许',再去办'化',不然,仍旧脱离不了教条主义和党八股,这叫做眼高手低,志大才疏,没有结果的。例如那些口讲大众化而实是小众化的人,就很要当心,如果有一天大众中间有一个什么人在路上碰到他,对他说:'先生,请你化一下给我看。'就会将起军的。如果是不但口头上提倡提倡而且自己真想实行大众化的人,那就要实地跟老百姓去学,否则仍然'化'不了的。有些天天喊大众化的人,连三句老百姓的话都讲不来,可见他就没有下过决心跟老百姓学,

---

① 《毛泽东文集》第三卷,人民出版社 1996 年版,第 115—116 页。
② 《毛泽东选集》第二卷,人民出版社 1991 年版,第 708 页。

实在他的意思仍是小众化。"①这里，毛泽东倡导"大众化"而反对"小众化"，是要求革命工作者特别是党的领导干部要"实地跟老百姓去学"，就是要接触人民大众的生活与实践，而不能"连三句老百姓的话都讲不来"，"否则仍然'化'不了的"。依据毛泽东这里关于"大众化"的理解，"大众化"首先的不是要求大众应该怎样怎样，而是要求革命者特别是党的领导干部将自己融入到人民大众的社会生活之中，在社会的大众生活中来运用马克思主义。毛泽东在论述文艺大众化问题时，也说过"大众化"问题。毛泽东指出："许多同志爱说'大众化'，但是什么叫做大众化呢？就是我们的文艺工作者的思想感情和工农兵大众的思想感情打成一片。而要打成一片，就应当认真学习群众的语言。如果连群众的语言都有许多不懂，还讲什么文艺创造呢？英雄无用武之地，就是说，你的一套大道理，群众不赏识。……你要群众了解你，你要和群众打成一片，就得下决心，经过长期的甚至是痛苦的磨练。"②这里，毛泽东讲的文艺大众化，不是说大众如何来懂得和接受文艺问题，而是说我们的文艺如何贴近大众的现实生活、反映大众的根本需求，成为大众文艺的问题。毛泽东的论述说明，民俗乃是与语言紧密联系在一起的，并且又是与大众的社会生活密切相关的，故而发扬民俗中的优秀传统也就需要学习大众的语言、体验大众的社会生活。

需要说明的是，毛泽东的民俗学思想服务于中国共产党领导的社会变革事业，反映了新民主主义革命的需要。他主张，传统民俗的继承和发展要根据具体的历史条件和社会的需要，尤其是在少数民族的区域，不能违背中国共产党的民族政策。如他在《论联合政府》中指出，中国共产党是积极帮助少数民族的，争取他们在政治上、经济上、文化上的解放和发展，故而"他们的言语、文字、风俗、习惯和宗教信仰，应被尊重"。这对于执行正确的民族政策及发扬民俗文化指明了方向。

毛泽东的民俗学思想坚持马克思主义文化观，主张批评地承继传统文化，体现了马克思主义改造社会的思想与科学地继承优秀传统相结合的理念，不仅对于马克思主义者正确地对待民俗文化有着理论上的指导意义，而且有力地推进了根据地的民俗文化事业的发展。在抗日战争期间，由于毛泽东提倡文艺创作的大众化，并指出民间固有文化的优点和对它学习的重要，因而在西北并扩及到各抗日根据地，形成了搜集和运用民间文学艺术的热潮，给"五四"以来这方面

---

① 《毛泽东选集》第三卷，人民出版社1991年版，第841页。
② 《毛泽东选集》第三卷，人民出版社1991年版，第851页。

的活动注入了新的活力,形成了新的研究起点。

## 四、民俗学研究的主要成就

从 20 世纪 20 年代到 40 年代末,中国产生了一批优秀的民俗学研究者和一些代表性的民俗学著作。全面抗战前,上海出版了不少民俗学、神话学的名作,如茅盾汲取人类学派理论进行神话研究,于 1925 年 1 月在《小说月报》上刊登《中国神话研究》论文;黄石 1927 年出版《神话研究》(开明书店)著作;黄芝冈 1934 年出版《中国的水神》(生活书店 1934 年版)著作等。20 世纪三四十年代产生了神话研究的代表性成果,如常任侠的《重庆沙坪坝出土之石棺画像研究》文章,徐旭生的《中国古史的传说时代》专著,闻一多的《伏羲考》专著,程憬的《中国古代神话研究》专著。20 世纪二三十年代出版了一批民俗学理论、民间文学的名作,如陈子展的《最近三十年中国文学史》,周作人的《儿童文学小论》,王显恩的《中国民间文艺》,方纪生的《民俗学概论》,瞿兑之的《汉代风俗制度史》,李家瑞的《北平风俗类征》,杨树达的《汉代婚丧礼俗考》,瞿兑之的《中国社会史料丛钞》(甲集)。在中国现代民俗学史上,顾颉刚的《孟姜女故事研究》,江绍原的《发须爪》,黄现璠的《吸烟风俗传播考》及《我国坐俗古今之变》,以及闻一多等关于神话、传说的研究论文,也有极其重要的学术地位。以下,择主要学者及其著作,作一简要的介绍:

### (一)20 世纪 20 年代的民俗学成就

20 世纪 20 年代,民俗学研究所取得的成就,以顾颉刚、崔载阳、罗香林、容肇祖、陈锡襄、黄石等最具有代表性。

#### 1. 顾颉刚的民俗学研究

顾颉刚是中国现代著名历史学家、民俗学家,古史辨学派创始人,现代历史地理学和民俗学的开拓者、奠基人。

顾颉刚早年在民俗方面作过很多的研究,提出了诸多的学术主张。他对妙峰山的考察,对土地神的探究以及对苏州婚丧礼节的论述,都不断有文章发表。其中,《妙峰山的香会》对群众朝拜碧霞元君女神的盛况作了考察,不仅分析各种人朝拜、祈福的迷信心理,而且揭示了庙主假神祇敛财的实质,并发现了人民物质生活水平和祈福心理的关系。这体现了顾颉刚不是"为调查而调查,为研究而研究"的学术观点。顾颉刚对于神道进行学术上的分类,他在《东岳庙游记》中指出:"我们且把这些神道分作几部分,第一部分,是中国古代原有的神,如玉皇(即上帝)、日神、月神,以至最末了的土地和灶君。第二部分,是真的人,他们有赫赫的功业和德行,只因为民众的崇拜过度,遂把他们神话化了,如姜太公、孔圣人、关老爷、诸葛亮。第三部分,是本国中边远的民族传进来的,如盘古(这一部分想来还多,只是我们不知道)。第四部分,是随了佛教而传进来的,如观音菩萨、哪吒太子、四金刚。第五部分,是本国后起的神,如赵玄坛、和合、申公豹、八仙。"①顾颉刚对于神道的划分,阐明了神道的不同类别,有助于学术界系统地开展神道的学术研究。

顾颉刚在吴歌研究方面亦有突出的贡献,为歌谣学提供了独特性的个案。1918年,顾颉刚因病休学在家,开始搜集"怡情适性"的歌谣。经过八个月的努力,搜集了谚语、方言、方音,后来发表于《晨报》,得到"研究歌谣专家"称号。1924年,顾颉刚又在《歌谣》周刊上连载《吴歌甲集》,历时三月,获得学术界好评。胡适称《吴歌甲集》"是独立的吴语文学的第一部"、"道地的方言文学",并认为"这部书的出世真可说是给中国文学又开一新纪元了"。《吴歌甲集》于1926年由北大歌谣研究会出版单行本,这是一部学术价值很高的歌谣集子,不但出版的时间较早,而且有比较详尽的注释,同时还附有研究文章《写歌杂记》等多篇。顾颉刚此书突出的成绩,在于将歌谣结合吴地的地域文化(特别是民俗)进行阐释,不仅标明歌谣适合的场所、参与者、具体的动作,而且注重不同地域歌谣的变化,同时还有内容翔实的附录,阐述了歌谣从题目的类型到《诗经》以来的争论。在这种意义上来说,《吴歌甲集》不只是一般性的歌谣资料集,而是具有较高的科学价值的歌谣学著述。这样比较完善的民间文学整理本,在解放后也是不多见的。

顾颉刚对于故事的研究亦付出很大的辛劳,在民俗学界有着重要的影响。一般学者虽然皆看不上传说的价值,甚至提出这样的看法:"我们要晓得的是真实的事情;这种信口开河的说话,有什么时间精神去管它呢!"但在顾颉刚看来,传说本身有着极大的学术价值,故而研究者尤其要改变对传说的态度。他指出:"我们现在要改变态度了。第一,我们如果要知道实事的,就不能不去知道传说,因为有许多实事的记载里夹杂着传说,而许多传说里也夹杂着实事。我们要确实知道一方面,就不得不兼顾两方面。第二,就是靠不住的传说也是一宗研究

① 《东岳庙游记》(1924年6月25日),《顾颉刚选集》,天津人民出版社1988年版,第383页。

的材料呵。何以这件事实会成为一种传说？从这个人到那个人，从这个时代到那个时代，从这个地方到那个地方，这件传说是怎样变的？为什么要这般那般的变？这都是可以研究的。研究的结果，归纳出各种传说变化的方式，列举出各种传说变迁的程序，这便是一件历史学和民俗学上的大贡献。"①由此，顾颉刚提醒人们要充分认识到传说材料的丰富性内容，高度重视对传说材料的搜集工作，从而为进一步了解我们这个民族作出应有的努力。他说："以中国立国之久，地方之大，传说不知有几千万件，有的早已发展而今衰落，有的还日在发展之中，旧的和新的，大的和小的，普遍的和地方的，民族的和国家的，家庭的和恋爱的，材料的丰富决不是随便可以估计。"②顾颉刚以民众史观来看待传说的价值，他说过这样一段极为深刻的话：

> 民间传说，是民众们的历史。他们所要知道的历史只是这一点，并不是像士人们要求四五千年来有系统，有证据的历史。这些传说，向来因为得不到士人们的同情，所以没有写上书本的权利；可是他们势力真大，它们能够使得一般民众把它们习熟于口耳之间，一代一代地传衍下去，经过了数千百年而不失坠，它们并不靠着书本的保障。

> 现在我们的眼光和以前的士人们不同了，我们要知道民众的心声，于是从他们的生活上反映出来的各种传说具有搜集的必要。我们在这些传说上，可以知道他们烦闷的现实和希望中的快乐，可以知道他们的单调的起居和想象中的神秘，可以知道他们的浅陋的智识和崇拜的天才。总而言之，我们若要接近民众，为他们谋福利，或要研究民众，解释他们一切事实，那么他们的传说都是极贵重的材料。③

值得注意的是，顾颉刚不仅在理论上阐明传说在思想文化上的价值，而且身体力行地对传说进行搜集、整理和研究。他对于孟姜女故事研究，是首次对传说故事进行精细的梳理和系统的考证。他对记载于各种古籍和流传于当时口头的有关材料进行分析，对这个故事的产生、传播及变异状况进行系统的考证，意在对孟姜女故事起源的时间、地点和情节变化以及与历史衍化的关系，作出科学的阐释。顾颉刚所著《孟姜女的故事转变》和《孟姜女故事研究》是这方面的代表作，从纵横两方面提出了故事的历史系统和地理系统，特别是《孟姜女故事研

---

① 顾颉刚：《传说专号序》，《民俗》1929 年第 47 期，第 1 页。
② 顾颉刚：《传说专号序》，《民俗》1929 年第 47 期，第 1 页。
③ 顾颉刚：《泉州民间传说序》，《民俗》1929 年第 57 期，第 1 页。

究》更加全面而系统地体现了顾颉刚的见解。顾颉刚最重视"演变法则"在故事研究中的运用,试图由此来认识故事的源头、发展及变形。显然,他是将其古史学说"层累地造成的中国古史"的观点,运用到故事的研究中来的。

顾颉刚是现代中国的民俗学大家,同时也是著名的历史学家。他的民俗学研究与史学研究是相互联系、相得益彰的。他从 1919 年就开始加入搜集和整理民间歌谣的运动,尤其是发表的关于孟姜女故事的转变文章,引起学术界的极大关注,从而为他在史学界提出的"层累地造成的中国古史"的观点提供有力的学术论证。由此,顾颉刚此后在学术上游走于史学与民俗学之间,既从戏剧和歌谣中得到研究古史的方法,并用了民俗学的材料去印证古史,同时又从史学研究的见地具体地研究民间文化中的神道和社会,努力"把各地方的社会的仪式和目的弄明白了,把春秋以来的社祀的历史也弄清楚了,使得二者可以衔接起来"①,因而能够将史学研究与民俗学研究较好地结合起来。就民俗学研究来说,顾颉刚不仅在民俗学的歌谣、传说等方面有创造性的研究,而且能够以求真的理念、考证的方法来打通民俗学与史学的界限,并以民众史观来看待民俗学的材料,从而为建立具有中国文化特色的民俗学体系作出了重大的贡献。而顾颉刚所倡导的疑古精神和考证风格,不仅在史学研究上有重要的学术价值,而且对于民俗学这门学科走上科学的道路,也有着重要的学术意义。顾颉刚在中国现代民俗学史上有着奠基人的地位。

2. 崔载阳的《初民风俗》(1928 年)

崔载阳②是著名的民俗学家,他于 1928 年在《民俗》杂志上发表的《初民风俗》文章,主张风俗的研究要将"初民风俗"作为重点,并对于初民风俗的形成及其特性作出自己的分析,这在民俗学研究史上有较为重要的价值。

崔载阳认为,"风俗"二字在不同民族的语言中虽有着不同的含义,但亦有共同之点。他说,风俗即拉丁文之 Mos 字,即"祖先的成例"之意;风俗在德文中作 Sitte 字,即"群众的习惯"之意。尽管拉丁民族和条顿民族的"风俗"意义在

---

① 《〈古史辨〉第一册自序》,《顾颉刚古史论文集》第 1 册,中华书局 1988 年版,第 64、71—72 页。

② 崔载阳(1902—1991),广东增城人。1918 年入广东高等师范。1921 年留学法国,入里昂大学,于 1927 年获文学博士学位。回国后历任国立中山大学教授兼师范学院院长、教育研究所主任、大学研究院院长。1949 年去台湾。主要著作有:《初民心理学与各种社会制度之起源》,中山大学 1929 年印行;《近世六大家社会学》,民智书局 1930 年版;《苏俄小学教程(小学用)》,民智书局 1929 年版。

表面上虽然不同,但实际上也是一样的。这是"因为祖先的成例因教育或模仿的缘故,就会变成群众的习惯,所以群众的习惯与从祖先的成例实同物"①。这里,崔载阳将"祖先的成例"与"群众的习惯"联系起来,并以此作为民俗的内涵,揭示了民俗所具有的文化传承的性质。崔载阳从社会演变的视角对于初民风俗的特性进行研究,指出:"初民风俗有一种特性,就是他之存在是利于前代而不利于后代,利于男性而不利于女性,利于成人而不利于小孩,利于主人而不利于奴隶。"②对于初民风俗之所以有这样的特性,崔载阳从当时的社会生存条件,有如下的分析:

> 初民风俗为什么有这样特性……这个问题似亦容易说明。初民社会内的祖先、男人、成人、主人,是什么呢? 他们原只是一人,原只是一个家长,或酋长。刚才所谓有利于祖先、男人、成人、主人的风俗,原不过是有利于家长一人的风俗。要问初民一切风俗所以要利于家长一人,我们又只要一观察初民所处的环境与所有的生活情形。初民所处的环境原是极恶的,生活又是极艰难的,一个人在这里无论如何都不能独立求生,必需社会全体为之助,故那时候可谓有团体则生,无团体则死。……初民酋长……是必充分具备着能为酋长的实力,团体的各个人都甘心服从酋长,是因十分确信服从酋长不单于团体有利,而且于自身也有大利。各个份子的这种服从,和酋长的这种有利,是协力共同工作的时候始终不可缺的事。时间久了,便成风俗。然则现在的初民风俗,只见有利于酋长、族长与家长,而不见有利于孩子、妇人、奴隶,亦属进化途中应有之事。③

在上述引文中,崔载阳强调"初民所处的环境与所有的生活情形"乃是初民风俗得以形成的根本性原因,认为正是因为特定的环境及"生活情形",使得初民为了满足"求生"的需要,而不得不依据"团体"的力量而生存,亦即此时只有依据团体的力量才能应付残酷的环境和艰难的生活状况,故而也就出现了"团体则生,无团体则死"的情形。这样,也就出现了具有实力而又能代表团体利益的"酋长",从而在酋长的领导下为应对环境及生活而进行"协力共同工作",于是"时间久了,便成风俗"。崔载阳关于风俗的起源及其所具有特色的解释,突出"初民所处的环境与所有的生活情形"这个因素,尽管没有突出生产力低下这

---

① 崔载阳:《初民风俗》,《民俗》1928 年第 10 期,第 3—4 页。
② 崔载阳:《初民风俗》,《民俗》1928 年第 10 期,第 3—4 页。
③ 崔载阳:《初民风俗》(续),《民俗》1928 年第 11、12 期合刊,第 34—35 页。

一根本性原因,但也可以说是自成一家之言。

崔载阳关于初民风俗的研究,是与学术界此时的研究状况相联系的。在当时,学术界的研究表明,风俗是随着人类社会的前进而不断演进的,初民是由那种无自由、无个性的风俗,最后进于有自由、有个性的风俗,并且这是一个总趋势。应该说,在当时的中国学术界,关于风俗是处于演变之中的这一看法,这业已成为学术界的共识。然而,对于到底是怎样的原因导致风俗的演变,不同的学者有着不同的解释。总体上来说,大致有这样的两种解释:一种解释归因于人类内部精神之发达,欲望之扩大;另一种解释归结于人类经济生活之变换,生产工具之改进。值得注意的是,关于初民风俗是如何演变的问题,崔载阳的解释有着特别之处,他虽然不反对经济的、精神的解释,但认为应该将人口增加视为初民风俗变化的重要原因。他说:

> 社会人口密度加增,也是促进社会的一元素。……初民社会三五成群,人口简单,因此团体之内,没社会分工,耕田织布做屋都是人人应要做的。故此时的社会全是一种靠血统而结合的叠积的社会,而不是一种在工作上互相需求的有机的社会,因此在这社会里的分子彼此事业相同,伎俩相同,团体多了一个不为多,少了一个亦无足轻重,反之,他离了团体即不能活,故各分子此时是难有自由,个性难以发达了。到后来,人口渐多了,社会工作渐分开负担了,那时候,农不能少了工,工不能少了商,大家相需日切,大家的地位于是亦日形重要,同时,社会既分工,个人的精神才力彼此便大不相同,个性因而有机会去发达,你可以不同我,我可以不同你。风俗由此大变。从前以团体为生活单位,现在以个人为生活单位了。从前团体之内,只有代表团体的人的位置,现在则其他一切人都有位置了。从前团体因生存关系,可以随时生死个人的,现在个人均占有不可少的地位,再不致受团体压迫了。又从前个人只要依着团体的习惯而行便可,现在则个人要自己担负责任了。故从前的风俗是一种只知团体利益的风俗,现在则同时顾及个人权利义务的风俗,从前是阶级的、压迫的风俗,现在则是平等的、自由的风俗。其原因则由于现代社会是人口繁多,各个分工的社会。①

关于风俗问题,崔载阳还研究了初民风俗与社会制度演进的关系,确认社会制度的形成皆有初民风俗在其中所起的作用。他在《初民风俗》中,认为人类之所以为人类,受着法律、道德、时尚、风俗这四种力量的影响,但影响的层面及其

---

① 崔载阳:《初民风俗》(续),《民俗》1928 年第 11、12 期合刊,第 35—37 页。

结果并不一样:"社会有了这四种力量便可以强迫人类为他,然而风俗之所以异于时尚道德法律三者何在呢?大约风俗是固定的,时尚是不定的;风俗是地方的,道德是普遍的;风俗是无组织的制裁,法制是有组织的制裁。"①基于这样的看法,崔载阳在《初民心理与各种社会制度之起源》中,对于风俗的特性有了新的解说,其看法是:"大约风俗是固定的,……风俗是地方的,……风俗是无组织的制裁"②。这里,将"地方性"、"固定性"及"强制性"作为风俗的重要表征。也许是因为这样的认识,他对风俗给出了一个比较新的定义:"风俗究竟是什么呢?那就是一种地方的,颇固定的,无组织而要强迫个人为他的祖先的成例和群众的习惯。"③

崔载阳对于风俗的历史作用作出肯定的回答,认为即使是现代人也都生存在既有的社会风俗之中,而不断接受其影响。在他看来,每个人都生活在既定的风俗之中,自觉不自觉地承继着风俗的影响,其结果是"风俗能使人跟着社会走","风俗怎样,人们便要怎样,丝毫不易变更"④。"风俗能使人跟着社会走"是崔载阳的一个重要主张,源于他对风俗与社会生活关系的看法,这一看法在《初民风俗》中即有明确的说明:"法律可以令人类为他,……道德也可令人类为他,……时尚是要大家有同一的趋向,也可令人类牺牲自己的成见跟着社会走,至于风俗能使人跟着社会走更加明显。风俗怎样,人们便要怎样,丝毫不易变更。"⑤崔载阳看到了风俗对现代人生活的巨大影响,这应该说是正确的,但他的看法又有绝对化的倾向。

崔载阳在 20 世纪 20 年代后期所进行的风俗学研究是有开创性的。他撰写的《初民风俗》等文章,侧重于"初民风俗"研究而揭示风俗的形成原因,突出特定的环境及"生活情形"在其中所起的作用,同时又将"社会人口密度加增"视为风俗演进的重要因素。尽管崔载阳关于风俗的研究也存在着显著的问题,但这不影响其在中国民俗学学科中的开创者地位。

---

① 崔载阳:《初民风俗》,《民俗》1928 年第 10 期,第 3 页。
② 崔载阳:《初民心理与各种社会制度之起源》,国立中山大学语言历史学研究所 1929 年版,第 124 页。
③ 崔载阳:《初民心理与各种社会制度之起源》,国立中山大学语言历史学研究所 1929 年版,第 125 页。
④ 崔载阳:《初民心理与各种社会制度之起源》,国立中山大学语言历史学研究所 1929 年版,第 124 页。
⑤ 崔载阳:《初民风俗》,《民俗》1928 年第 10 期,第 3 页。

### 3. 罗香林的民俗学研究

罗香林①是现代中国著名的历史学家、华侨史专家,民族学家及客家学的奠基人。罗香林强调民俗学研究的极端重要性,认为中国有进行民俗学研究的丰富材料,但有组织的民俗学研究尚未开展起来,因而必须将民俗学作为一门学问来研究。他指出:"中国这块地方,诚然是供给关于民俗学的各种材料的绝好的场所。社会的复杂,习俗的繁殖,不论那一方面,只要你肯多集材料,原始要终的研究下去,都可以得到一种可以自慰的结果。……中国古时也曾有过采风问俗的制度,然而也不过是采采问问罢了,至于说到排比校考,归纳勾玄的问题,那于他们究竟是未之用心的,而且这种制度,行了不久,也就自然的崩坏了。所以中国关于民俗学的各种材料,直到了现在,也不过是这成其为材料罢了,至于有组织有系统有理解的中国民俗学,那是距成功的时期尚是遥远,而且正有待于后人去寻路去努力的。"②罗香林认为"民俗是水一般流的,尤其是现代中国的风俗,真的变动得快",故而需要尽快地搜集民俗方面的材料,并有意识地加强对民俗的研究,将民俗学建设成为一门学科。

罗香林关于神话的认知和解读,有着极为重要的影响,在学术界可谓独树一帜。他认为,神话传说的研究有助于认识"人类整个的生活与际遇",而就学科意义来说,不仅对于民俗学、而且对于科学起源的研究,都有极为重要的意义。他指出:"神话传说与科学学说,本有其递演上的关系。科学学说的前头,十九是有神话传说做它先道的,所以要彻底研究科学学说的源流,也不能不追讨神话和传说的内容与背景。神话和传说是人类文化的一种表现,在某种属于人类进化必经的情形之下,它是可以左右人们的生活与行为的,所以要研究人类整个的生活与际遇,除掉研究科学学说或历史以外,还得兼及神话与传说。"③罗香林提

---

① 罗香林(1906—1978),字元一,号乙堂,广东省兴宁人。1926 年夏从上海政治大学考入北京国立清华大学史学系,兼修社会人类学。1930 年夏,清华大学毕业后入研究院,专治唐史与百越源流问题。1936 年任广州市立中山图书馆馆长兼任中山大学副教授,讲授史学。1945 年 11 月至 1946 年 7 月任广东省立文理学院院长。1949 年举家移居香港,先后在新亚书院、香港大学等校任教。著作有《客家研究导论》、《客家源流考》、《客家史料汇篇》、《中国民族史》、《中国通史》、《乙堂文存》、《唐代文化史》、《唐代桂林之摩崖佛像》、《明清实录中之西藏史料》《历史之认识》、《唐元二代之景教》、《中国族谱研究》、《幼山府君年谱》、《梁诚的出使美国》、《傅秉常与近代中国》、《流行于赣闽粤及马来亚之真空教》、《百越源流与文化》、《罗芳伯所建婆罗洲坤甸兰芳大总制考》、《西婆罗洲罗芳伯等所建共和国考》、《蒲寿庚研究》、《陈兰甫与广东学风》、《颜师古年谱》等。

② 罗香林:《关于民俗学的平常话》,《民俗》1929 年第 81 期,第 1—2 页。

③ 罗香林:《关于民俗学的平常话(续)》,《民俗》1933 年第 112 期,第 3 页。

出了研究神话与传说的原则,主张在历史变动的视野中进行考察,并需要以"民族底意识"作为解读神话与传说的锁钥。他指出:"传说和神话,都是动体,一方面在那里传播,一方面在那里变化,而且每经一次的传播,则失去原来的面目的一部分。吾人研究神话或传说,第一,当注意产生这种神话或传说的民族底意识,至于神话或传说本身的是非得失,则可置之不问。"①在罗香林看来,神话尽管是建立在传说的基础上,但神话又与神的信仰有关,因而神话与传说并不处于同一的位置。他指出:

> 神的略历是建筑在民众的传说上的。它的性质,不比人的历史,一方面有真的事实,做它的对象,一方面有不少的文人,替它排比。神的略历,乃是民众意识姑认为是的东西,虽其表现的方式,不能脱离社会的背景,然其成形的情况,则决不能像人类历史的简单。历史的职务,在于将人类的生活分段记载,目的在于求事实的暴露,事实以外的问题,可以不去打理。神的略历,则不能如是的干脆,一方面因为神灵本无活动,未尝有确实的事迹,一方面又因为民众的意识一定要替它造出种种事迹来,拟作它实在的活动。研究历史的人,只要就事实的真伪,为之校考表白,便算完事。研究神的略历的人,却不能把观点凝聚于事实的真伪,而贵能注意所以构成各种神的略历的民众意识的变迁。同是一种史迹,虽其各代的解释尽有不同,然其事实附丽的则不能差异。神的略历,便与此异。虽其所取的对象未尝变迁,而其所述的神灵的经过,则可因时因地而大改其形。所以单用研究历史的方法去研究神的略历,无论如何是不能尽得神的神秘的。②

罗香林在上述这段文字中,除了表达神话与传说的不同外,主要阐发了"神话"之中的"神"何以形成亦即"神的略历"问题,以及所谓"神"在衍化中具有怎样的特征。其基本的看法是,所谓"神"乃是"建筑在民众的传说上",这是"因为神灵本无活动,未尝有确实的事迹",所以"民众的意识一定要替它造出种种事迹来,拟作它实在的活动",亦即所谓"神"乃是通过民众在思想上的加工而使得"神"得以"实在"化,故而其衍生出来的"神的略历",也就与真实的历史有着很大的不同:只有"民众意识姑认为是的东西"才能成为"神",至于这里的"神"到底是否真实,这在民众的思想上是不加追问的,故而所关注的乃是社会生活中"事实以外的问题";而历史乃是真实的,是以社会中"真的事实"为研究对象的,

① 罗香林:《碧霞元君》,《民俗》1930年第69、70期合刊,第12—13页。
② 罗香林:《碧霞元君》,《民俗》1930年第69、70期合刊,第4—5页。

并且这个研究过程中还有不少的文人"替它排比",故而"历史的职务,在于将人类的生活分段记载,目的在于求事实的暴露"。正是因为"神的略历"与社会生活的历史的不同,所以从研究的角度来看,就应该重点解读"民众意识"并进而研究"所以构成各种神的略历的民众意识的变迁",而不能用通常的历史研究的方法去研究"神的略历"。

　　那么,到底何为神呢? 对此,罗香林有这样的回答:"神者何? 人们心里想象出来的一种超然的人格,而且信为具有一种特殊的能力,能够操纵人间的祸福,左右人类的行为的一种抽象的势能(Potential energy)也。因为他的人格是由人们的想象构成的,所以它的行动也就一如人们的想象以为是和人类的不差多少了。人类中,有男性,有女性,有夫有妻,有儿有女,所以神界里也就少不了男女夫妻一样的配合。已然有了男神,当然也就不能没有女神了。这是古代所以有女神的一种解释。"①值得注意的是,罗香林不是一般地探讨神的观念起源,而是以中国古代丰富的材料加以具体地分析和说明。他指出:

　　　　中国人崇拜的神,大抵可分六类:第一为属于自然崇拜的神,一切原始时代遗传下来的崇拜自然势力的神,均属于此类,如五岳山神,天神,地神,河伯,风伯,雷公,电母,虎神,龙神,火神,马神,八蜡之神,均是;第二为属于原始君王或好人的神,凡一切神话中的君主,或好人均属此类,如盘古,女娲,湘妃,启母,天皇,地皇,人皇,伏羲,神农,皇帝,文昌,均是;第三为属于英雄圣哲的神,一切大仁大智,英雄豪杰,功业赫显,德行昭著,受人崇拜过度而变成的神,皆属此类,如孔圣,关圣,姜太公,诸葛亮,岳飞,吕祖,……均是;第四类为属于鬼灵妖怪的神,凡一切善鬼恶鬼,鬼王鬼卒之被人崇奉者均属此类,如阎王,五道,……均是;第五类属于市井巫道的神,凡一切道士巫士或与巫道类似的人,死后受人崇拜者,均属此类,如花公花母,五路财神,天后圣母,禾花姊妹,婆婆神,王三奶奶……均是;第六类为属于外国输入的神,凡一切外来的神均属此类,如上帝,观音,哪吒太子……皆是。六类之中,第一第二两类,所属传统的神,专制时代,最为人主所重视。第三类则多为士大夫所崇敬的神,声势的显赫和第一二类不相上下。第四第六类多为劝人为善的神。内地各省,极为普遍。第五类的神,大概多为三姑六婆或其他巫士术士的化身,虽其声名没有上述各类的显赫,但其潜伏在民众意识中的势力,则特别伟大,尤其是旧式的妇女,受她们或他们的麻醉者,可以说

---

①　罗香林:《碧霞元君》,《民俗》1930 年第 69、70 期合刊,第 55—56 页。

是遍地皆是。①

罗香林认为民俗在民间社会中有着特别的力量,尤其是关于神的观念对社会生活有着极为重要的影响,如中国古代的"人君对于天神的关系"就深刻地影响整个社会生活,以至于"小民不察,迷之信之,以是而一切活动,均已听天敬神为原则"②。他以"女神"为例说明民间信仰的影响所在,指出:"中国的女神,在文人的书本上,是看不出她们的势力的,不过求之于民间的神庙,其中香火最盛的,还算是女性的神,就是不是女性,也是认作女性来奉祀的(如观音娘娘)。北方的天仙圣母,差不多每县都有她的庙,南方的天后圣母,沿海各地,也是最得势的。她们的声名,虽然没有像孔圣关圣的显赫,然而她们笼络一般平民的实力,却是有过之而无不及,所以要研究中国的社会史,这些女神是不能不注意的。"③那么,有关鬼神的观念是如何起源的呢? 在罗香林看来,鬼神的观念与人们的冥想有着密切的关系,或可以说就是冥想的产物。他指出:"文化较低的民族,因为不知分析事物的本体,所以冥想和思虑的对象,也只能就直接使他们恐怖惊怪的事物的片面而止;不过无论如何,当他们思了想了以后,对于所怖所惊的事物,多少总会拿出点理论来解释,而且一定会以为这些理论是能指导他们应该怎样去对付恶势力的。神鬼的崇拜,就是他们冥想了后的结果,也就是他们所以对付一切的恶势力的办法。"④又指出:"因为人类有了冥想其所惧的事物的本能,有了接受神灵思想的机会,有了辨别因果而要操纵环境势力的生性,所以迷信神道的风俗,也就能够发生了。"⑤罗香林以"冥想"来解读民俗中鬼神观念的形成,将人类对于自然和社会的认知作为民俗形成的源头,认为从鬼神的观念到迷信神道的风俗,皆与人们的冥想是分不开的。罗香林的这一观点,在当时的民俗学界有着较大的影响。

罗香林是现代中国一位开拓型的民俗学家,同时也是一位积极搜集并解读民间文化史料的史学家,力图在民族学、民族史、宗教史、文化史视域中研究民俗学。他不仅强调民俗对于社会生活、文化衍化的重要影响及建立民俗学的极端重要性,而且立足于中国社会历史并就中国传统社会中的民俗材料、民族史材料进行创造性解读,并善于在研究理论与具体事实的结合上下功夫,努力建构具有

---

① 罗香林:《碧霞元君》,《民俗》1930 年第 69、70 期合刊,第 13—14 页。
② 罗香林:《关于民俗学的平常话》,《民俗》1929 年第 81 期,第 7 页。
③ 罗香林:《碧霞元君》,《民俗》1930 年第 69、70 期合刊,第 3 页。
④ 罗香林:《碧霞元君》,《民俗》1930 年第 69、70 期合刊,第 20 页。
⑤ 罗香林:《碧霞元君》,《民俗》1930 年第 69、70 期合刊,第 21 页。

中国特色的民俗学研究体系。罗香林在 20 世纪 20 年代末和 30 年代初关于民俗中神话与传说的研究极富有特色,尤其是对于中国人所崇拜的神进行分类与整理以及对女神、鬼神等在下层社会生活中的具体影响给予切实的分析,为民俗学研究的深化及中国社会的研究作出了重要的贡献。罗香林在中国现代学术史上有着重要的地位。

### 4. 容肇祖的民俗学研究

容肇祖①是现代中国著名的民俗学家,他为民俗学成为一门较为成熟的学科作出了积极的贡献,在中国现代学术史上有着重要的地位。

容肇祖在民族文化视域中看待民俗问题,对于风俗在民族文化中的地位给予了重要的说明。他指出:"风俗为人类遗传性与习惯性之表现,可以觇民族文化程度之高下,间接即为研究文学、史学、社会学、心理学之良好材料。"②在容肇祖看来,个人固然对于风俗的形成有着极为重要的影响,但从根本上说,风俗并不完全是个人的问题,而是社会演进的产物,亦即风俗的形成有着社会变迁的内在动因。他指出:"风俗的改变何以较思想为迟缓,这不是个人的问题,而是家族、团体或社会的问题。如信仰的问题,个人尽可以不信石头或偶像,但是不能打破家族、团体或社会的石头或偶像的迷信。家族团体社会的石头或偶像真的毁掉,而他们心理中的石头或偶像没有毁掉,仍是不彻底,石头或偶像仍有随时

---

① 容肇祖(1897—1994),字元胎,广东东莞人。著名中国哲学史研究专家、民俗学家和民间文艺学家。1922 年秋考入北京大学哲学系,1923 年 5 月从张竞生教授等为北大研究所国学门组织了风俗调查会,并在顾颉刚等先生的带领下对风俗调查表进行整理和研究。1925 年秋,从刘半农学习语言学。1926 年秋从北大毕业后,担任厦大国文系讲师、研究院编辑,这期间,兴办风俗调查会,曾到福州采集风俗文艺和作品。1927 年春,到中山大学担任中国哲学史讲师,参与发起中山大学民俗学会,同时创办了《民间文艺》(后改为《民俗》周刊)等刊物。1928 年后与杨成志等人赴滇作西南民族的调查,撰写和发表了《敦煌本明妃传残卷跋》、《占卜的源流》、《德庆龙母传说的演变》等论文。同年 10 月,继钟敬文之后担任了《民俗》周刊的主编。1929 年担任中山大学民俗学会的主席。1930 年秋离开中山大学,受聘到岭南大学做副教授。1932 年秋重回中山大学任教,并于 1933 年 1 月再次担任中山大学民俗学会主席。1934 年受聘到北京辅仁大学任教。抗战后,入西南联合大学任教。1940 年秋入岭南大学国文系任教,1942 年 1 月入中山大学执教。抗战胜利后,随中山大学迁回广州。1946 年秋受聘担任北京大学哲学系教授。解放后继续在北京大学任教,1956 年 7 月后一直在中国科学院哲学研究所工作,曾先后担任中国社会科学院哲学研究所学术委员会委员、中国民俗学会副理事长,中国民间文艺研究会顾问,国务院古籍整理出版规划小组顾问等职。主要著作有《李贽年谱》(生活·读书·新知三联书店 1957 年版)、《何心隐集整理本》(中华书局 1960 年版)、《王安石老子注辑本》(中华书局 1979 年版)、《吴延翰标点本》等。

② 容肇祖:《北大歌谣研究会及风俗调查会的经过》(续),《民俗》1928 年第 17、18 期合刊。

建立的可能！现在唯一的改变办法,只有普及教育,使一切男女都有受教育的希望。"①容肇祖确认风俗与社会制度的密切关系,把风俗看作社会制度演进的产物,阐明了风俗演变所具有滞后性的特征,并提出通过教育手段推进风俗演进的主张,这在当时的学术界确实是独树一帜的。

容肇祖认为民俗学的研究可以为社会改良作出应有的贡献。在他看来,社会改良需要做多方面的工作,民俗学的研究乃是其中的一项重要工作,其作用就在于改变旧有的习俗中的"陋习"。他指出:

> 旧风俗习惯的破除,是改良社会者的事业。民俗的记录,是民俗学者所有事。二者观点不同,而实可相助为用。改良社会者打破一种陋习时,民俗学者可以为这种习惯最后的记录。民俗学者的记录,亦可为改良社会者的利用。②

容肇祖非常重视民俗学理论的研究,要求在研究中重点地"描写民众生活的真面目",借以表达"民众生活的真面目"。他对于民俗学的研究,提出了这样的要求:

> 一种学问的进步,她的确实的进步,还在理论的进步后若干的时期。然而理论的修正,必得在这种学问被人实际的经验与严密的试探之后,才进步的。我们有这样的感觉,尤其是民俗的遗留与民俗学的进展,使我们觉为不错的。民俗学的研究,由研究的进步,我们由"旧传的风俗,旧传的信念,旧传的故事,等",而进至于现在的,不管文明或野蛮的、民族间的信念、行事、习惯、风俗、谣谚、艺术等等。我们注意去描写民众生活的真面目,及其内心态度的真相,也描绘出来。民俗学的写真,在文化程度较高的民族中,也要发现他们所表现的较原始的观念和举动之遗留物,或者不是遗留物,而是他们对于相当环境的简单的心理的反应。③

容肇祖十分重视研究资料对于民俗学研究的意义,认为既然民俗与人心有着密切的关系,故而民俗学的研究就要重点地揭示这样的关系,这就需要就相关的材料加以搜集和整理。他指出:

> 人类的进化,每每是思想的进化较为急遽,而风俗习惯的进化则较为迟缓。初民的心理,不特在蒙昧的小孩子中时或表现,而在智识较低的人民中

---

① 容肇祖:《初民心理与各种社会制度之起源序》,《民俗》1929 年第 52 期,第 2 页。
② 容肇祖:《我最近于〈民俗学〉要说的话》,《民俗》1933 年第 111 期,第 18 页。
③ 容肇祖:《我最近于〈民俗学〉要说的话》,《民俗》1933 年第 111 期,第 6 页。

也时有近似之点。至于迷信的心理，如灵魂的迷信、石头、木偶，都看作有神灵的存在；或遇疾病谵语，以为有灵鬼的缠绕；人死后过若干日为回煞期，以为死人的灵魂真的回家；于泼水或在荒地小便时，要先高声说明，使鬼神避开，以为不致触犯诸神鬼；某人穿着过的衣服，以为可用"喊惊"的方法招回某人的魂（东莞有这样的风俗）；婚嫁上轿时，用巫念咒解秽，以为可使邪鬼不敢依附（石龙有这风俗）；人的生辰八字，在施过某种法术的东西上，向锅里炒，以为这人必发热病，或成癫狂（见何定生先生《潮州民俗谈》，《民俗周刊》三十五期）；生肖属木的人会多生木虱；有蜈蚣托生的小孩子不要杀蜈蚣；某人是黑虎托世，未成年不能过海；某人打仗前出现原形为百足虫，下人杀大百足，故某人打仗打死了（这是东莞翟某的传说）。凡此种种，俱与研究初民的心理有关，而这种种的材料，在畸形发展的文明的国家也是不能免的。这种活现的、真实的迷信的心理的材料，很有尽力搜集的必要。①

容肇祖强调民俗学要"描写民众生活的真面目"，但他认为这种研究"不光是向野蛮的种族或文明种族中文化程度低的人民来研究"，而应该努力体现民俗学所应有的基本特色，故而民俗学应该有独立的研究范围，不能与其他学科的研究相混淆。正是在这种意义上，容肇祖不同意江绍原的"民学"论断。容肇祖指出："江（绍原）先生的希望是要把'庶民或民众的全般生活和心灵之研究划入民学范围'。然而研究民众全般生活中群的生活，则归入社会学的范围；种族的来源及其特征，则归入人类学的范围。宗教的意识或信仰，或仪节，则归入宗教学；心理的作用，无论是常态的或变态的，或儿童的，或群众的，则有种种的心理学。至于进化的文明的人们中合理的思想的表现，或思想的规律，则有哲学、逻辑学等。所谓'民学'一名，民字所指太广泛了。"②因此，容肇祖不同意江绍原将民俗学改称"谣俗学"或"人学"，认为"民俗学"的涵义不必与 Folklore 的意义相等，尽管将来也可以用"谣俗学"去翻译英国的 Folklore，但"民俗学"作为一个专有名词则应该专指"我们用新界说解释之民俗学"。

容肇祖强调民俗学研究中要充分认识移风易俗的重要性，认为要打破迷信就要认识迷信，然后才能找到打破迷信的办法。在他看来，在认识到迷信不应该存在的时候，便要高呼着打倒它，但也要研究迷信何以成迷信的诸多原因，探寻迷信的缘由及真相。他指出："要打破迷信，只好是追求迷信的来原（源）及其真

① 容肇祖：《初民心理与各种社会制度之起源序》，《民俗》1929 年第 52 期，第 1—2 页。
② 容肇祖：《我最近于〈民俗学〉要说的话》，《民俗》1933 年第 111 期，第 7—8 页。

相。来原(源)及真相明白了,所迷信的神秘,自然是没有了。迷信的成立,有时是出于人们的欺骗的谎言,以及盲从的附和。然而有时也为着迷信使人有满意、安慰、忍耐种种的效果,而人们是自己需要着一些迷信的。迷信的积聚、传播,自然是也有为着人们的急于实效而懒于考寻事理。老大的国家,个人过求着个人的满意,人民或男女未得全受普通的教育,迷信的风俗又有共同过信的圣人,共同尊敬的宗亲,共同崇奉的君官,共同遵守的制度,又复有书为证,保障重重,此仆彼起,故此我们中国的迷信至多,而亦至不易打破。要打破迷信,自然和迷信有关系的圣人、礼教、风俗、宗亲、制度、古书等,一切都可以推翻。"①容肇祖提请人们注意,移风易俗,破除迷信,自然可以随着政治革命而高呼"思想革命",但应该谨防在"拼命高呼打倒某种迷信的时候,往往自己却背上了一种其他的迷信"。

容肇祖对于民俗中相关现象的评析亦很有特色,不仅有着学术的内涵和深刻的学理性,而且凸显了民俗的文化意义和社会生活的本色,对于学术研究、文化传承及推进现实社会的变革也有重要的意义。譬如,他对于中秋节这一习俗有这样的分析:"中秋节是从神的迷信而逐渐进化,以成人的娱乐。然而流传的祀神,便是从前迷信神权踪迹的遗留。其次竖灯杆及放烟花的玩耍,这是可以鼓励,成为大规模的公众的娱乐。……赏月的习俗,可以从教育的普及,使神的及迷信的意想消除。然而没有替代的娱乐是不行的。……总之,民众的娱乐,可以增加民众的生活力,应得是从迷信而入非迷信的,无意义的而到有意义的,少数人而到大多数人的。"②这里是说,中秋节的形成,既有神的迷信的本源,也有娱乐因素在其中发挥了作用。需要说明的是,容肇祖研究民俗的一个重要特点,是将娱乐作为解读民俗的重要视点,认为娱乐符合人们生活的需要,因而在民俗的形成中起着重要的作用。譬如,关于传说的问题,他有一个形象的比喻:"传说像是一种寄生虫,寄生在某种的事物或名称之下,可以使这事物或名称的真确性降低或成为病态的东西。"③但尽管如此,传说之中仍然具有娱乐的因素。"历史上的故事,每每是平平无奇,而人们的娱乐是需要奇异的事迹。崇拜与惊异,梦想与胡猜,自然会把一切的旧事或古迹成了莫大的神奇,而撒谎和笑话,也是柴积日黄的绝好的消遣品,时间的逐渐过去,故事逐渐增多,平庸的历史一天剥落

---

① 容肇祖:《迷信与传说自序》,《民俗》1929 年第 77 期,第 1—2 页。
② 容肇祖:《中秋专号引言》,《民俗》1928 年第 32 期,第 1 页。
③ 容肇祖:《传说的分析》,《民俗》第 47 期,第 3 页。

似一天,而柴积日黄的余谈,便要占据人们的脑海了。"①自然,容肇祖也认识到,传说之所以形成并在社会中发生影响,不仅有人们的娱乐需要,也有人类的认知需要,故而传说也就反映了人们对于事物本源的探索。对此,他指出:"人们研究事物,每每要追问事物的来原,在小孩时期更是显然的。然而事物的来原,每每是不易追求,懒惰的心理,为满足追求的欲望,而传会的说明遂由此而产生。而神奇的起原(源)的说明,使人动听是易于传播的,由此而传说的影响更多。"②容肇祖不仅对于民间节日、民间传说的评析很有特色,而且对于民间故事的研究也是富有见地。在他看来,过去的风俗在历史的演变中自然留下痕迹,因而民间故事成为研究民间社会的风俗、习惯、思想、迷信的"绝好的材料"③。不仅如此,民间故事在民俗学家看来,还有着"文艺性的高超"及"历史性的真实"。就此而言,"说民间的故事,于文艺及历史上绝无可采,却又不行。质朴自然的结构,在文艺上自有他的特殊的风味;社会风俗的思想,在历史上自有他的潜藏的内容。如果用分析的眼光,实行用心作微细的分剖,可以由此得到某民族、某社会的质素及其特性。"④对于民间故事的历史研究价值,容肇祖有这样的说明:

> 聪明、幸运的英雄,政治舞台上的角色,与及其他有特长的人物,在历史家的眼光里,褒扬与贬抑,纪实与传疑,在社会下层人物的心理中,何尝不是赞叹与崇拜。然而在他们赞叹与崇拜中,不能缺的就是主观的、迷信的,自然渲染的适合于他们理想中的神奇。故此孟姜女的哭夫,变化莫测;狸猫换太子,层出不穷。而这些下层社会的心理中的英雄、人物和他们的理想、迷信,适合的混集一炉。在事实上虽不可承认为真,而在内容中就是他们的知识与迷信,风俗与习惯等种种的实际的表现。由这些表现的风俗习惯与心理状况的认识,我们可以说民间故事,就是民间的历史的断片。⑤

容肇祖在现代中国民俗学研究中乃是民俗派(综合派)的重要代表。他注重在民族文化的视域中阐发民俗问题,强调民俗与社会生活的紧密关系,对于民俗的评析也很有特色,为推动民俗学的发展作出了重要的努力。他重视人心与民俗关系的研究,阐发了民俗学在社会改良事业中的作用,主张民俗学研究要重视移风易俗、打破迷信的工作,发挥民俗学在推进社会生活进步中的功能,这在

---

① 容肇祖:《传说的分析》,《民俗》第 47 期,第 1 页。
② 容肇祖:《传说的分析》,《民俗》第 47 期,第 2 页。
③ 容肇祖:《广州民间故事序》,《民俗》1929 年第 64 期,第 10 页。
④ 容肇祖:《海龙王的女儿序》,《民俗》1929 年第 65 期,第 10 页。
⑤ 容肇祖:《广州民间故事序》,《民俗》1929 年第 64 期,第 11 页。

当时有着显著的影响。容肇祖是现代中国民俗学的重要代表,对于民俗学学术地位的奠定有着突出的贡献,在中国现代学术史上有着重要的地位。

**5. 陈锡襄的民俗学研究**

陈锡襄①在学术上可谓特立独行,是现代中国民俗学界倡导创建风俗学的最有力者,并且在民俗学研究中也是自成一派的民俗学家。

陈锡襄在《风俗学试探》中认为,风俗之所以被学术界所注意,乃是因为有社会学研究的功劳,然而只有在出现了民俗学或民俗学运动时,才使风俗更加为人们所重视,并使学术界对于风俗的认识"渐成为普遍化与系统化的"。可是,由此也对风俗问题产生了一些新的看法:一是认为"风俗为民俗学的一部分,不必分立,风俗的研究可附入民俗学中,更不必自成一种科学";二是认为"风俗学即民俗学,以译英语 Foektore 均无不可";三是认为"民俗学依学术范围及性质的进展的法式来说,至少可使变为可以包括风俗学的涵义,假如风俗学确有另外的涵义";四是认为"风俗的重要乃在其与社会学、伦理学、民俗学等发生关系,它自己只是提供材料,而不能成为一种'学'"②。陈锡襄在民俗学研究中是主张风俗学的代表者,认为风俗学的研究足以表现民俗学研究的目的,他的理由如下:

第一,"风"与"俗"在含义上尽管有差异,但亦有极其相近的方面,因而也是能够表征"民俗学"中"民俗"的内涵。据陈锡襄来看,"风俗"在汉语中的一般意义是"上之所化为风,下之所化为俗",故而,他的看法是:"风俗分为二字则意殊,合为一词则义一;就它的作用是'殊途而同归',就它的本质是'一致而百虑',是一物的两面,是两面的一物。……就风俗的同义字、类似字、关系字来说,风化、风教、风纪、风声等是接近风的;风土、土风、民俗、土俗、流俗、世俗等是接近俗的。风是意识的改良,其价值偏于善的;俗是自然的模仿,其价值偏于恶

① 陈锡襄(1898—1975),福建省福州市南门外浦下村(今盖山乡浦下村)人。民俗学家。早年就读于北京大学,后留学英国。五四运动爆发时,在福州领导学生声援北京的五四运动,被捕入狱。1924 年从北京大学回到家乡,就任福建协和大学(即现在的福建农林大学和福建师范大学的前身之一)教授,筹划福州的闽学会。1927 年离开福建协和大学,来到广州中山大学任教,同时从事民俗研究。同时,参与了创立广东中山大学民俗学会。1932 年到英国留学,回国后曾在上海工作,后于 1937 年就任国民福建银行总经理,编纂《福建金融概论》。抗战爆发后,于 1938 年到重庆国民政府任职,担任过国民中央政府的粮食部分配司长。1948 年下半年辞职,回到家乡福建。新中国成立后,曾任福州华南商业储蓄银行的董事长,后离开福州前往上海,任上海社会科学院研究员。著有《风俗学试探》等著作。
② 陈锡襄:《风俗学试探》,《风俗》第 57、58、59 期合刊(1929 年),第 5 页。

的。然而就'移风易俗'、'而外淫于世俗之风'、'余思俗之流风兮'这一类话来说,风之意义亦颇近于俗。"①这里,陈锡襄通过引用《礼记》、《淮南子》、《楚辞》等文献,对"风"与"俗"的含义进行历史的梳理和学术上的辨析,以此说明"风俗"在中国文化体系中的基本内涵。陈锡襄在中国文化的视域中还辨析了风俗与风尚的不同,指出:"风俗与风尚所以不同,因为风尚是流行的东西,风俗是被时间凝固了的。假如我承认历史是全人类的表现的结晶,风俗便是与历史分离不开的重要的质素。然而你却不能把它认为与历史同样的东西,给加入这一门类中去。它实在是出入于心理、社会、历史三者之中,而有其独立的范围的。"②陈锡襄的上述论述说明,风俗在中国文化中有着特定的内涵的,以风俗为研究对象足以构成一门"风俗学"的学问,并且风俗也应是民俗学研究的主要内容。

第二,"风俗"一词的意义通于英语中的 Custom,风俗是文化进步的重要动力。在陈锡襄看来,民俗学作为一门学科是西来的,有着西方文化的渊源,但进入中国后就需要有中国文化的根基。基于这个看法,陈锡襄对中文中的"风俗"与英语中的 Custom 进行比对和分析。他说:"汉语'风俗'二字实与英语 Custom 相通。俗字通于惯习,风字通于法律,风俗二字通于 Custom,以此相译,义实吻然;所不同者,一重教,一重法,但这或许是中西文化不同的地方,论其法式初无二致。因为法者根据惯习以图意识的制裁,固不宜违反人民的情意,而教者参照习俗以图意识的致善,亦不得垂诸空言。……然'新陈代谢',教与德固非一成不变之物,其变也必因当时风俗不良,故为之改弦更张,前此之法与教其已渗入风俗的表现的,亦成为流风陋俗并付革除。这就是俗与风的变义。盖据惯习以成法教,此俗近于风;革惯习而株连法教,此风近于俗。风俗循环,互为因果,既不超出于事实的可能,又不被制限于事实的惰性,风俗以能成为文化进步一重要动力亦即在此。"③陈锡襄通过分析,认为中文中的"风俗"业已具备英文 Custom 的意义,并且风俗亦成为文化发展的动力,因而可以风俗为研究对象而成为中国的"民俗学"这门学问。

第三,风俗作为本能,只有在经过"复杂化"这个程序之后才能成为习惯,而教育和法律在其中发挥着不同的作用。学术界一般皆肯定风俗是一种"本能",于是有人借此将风俗排除出民俗学中的主流位置。陈锡襄对于"本能"进行辨

① 陈锡襄:《风俗学试探》,《风俗》第 57、58、59 期合刊(1929 年),第 5—6 页。
② 陈锡襄:《风俗学试探》,《风俗》第 57、58、59 期合刊(1929 年),第 12—13 页。
③ 陈锡襄:《风俗学试探》,《风俗》第 57、58、59 期合刊(1929 年),第 8—9 页。

析,认为"本能"并不自然地能成为风俗,而要由"本能"转化为"风俗",就必须有着"复杂化"的步骤。他指出:"本能只是可能,而不是所能,所能只是环境刺激的结果,是后天的产儿。不过人类因长时期演化的结果,其生理及神经的构造,往往有其特征,那么对于环境的刺激,亦常常有迎拒的不同,这内在的迎拒能力——只是极简单的——便可谓之本能。本能成为复杂化,或因环境的刺激而变其迎拒的方向时,方才谓之习惯。"①问题是,为什么本能转变为"所能"并进而成习惯之后,就可以作为学问的研究对象呢? 陈锡襄的看法是,习惯不同于本能,在于习惯是具有因果律的,故而可以成为学问的研究的对象,并使这门学问成为一门科学。他指出:"习惯是有因果律的,它是生理或心理上不断的刺激与反应的结果,它是可以用客观的方法解释或试验的,制约的反射法便是最初步的一种试验。"②那么,使"本能"能够"复杂化"进而转化为"风俗"的,具体来说是什么因素呢? 陈锡襄认为是教育和法律,但又认为这两者起着不同的作用。他说:"教育是造成复杂化的或变态的本能——即习惯——的原因,法律与教育同其作用,不过其意义是稍偏于消极的——纠正。他(它)们并不是没有戕贼或抑制本能的能力,使之成为极端的变态化,但其成功的速率决不能与造成或纠正者相比,而且教育或法律的积极作用是造成个人的或社会的生活的和谐,极端消极的压抑的结果却只有窒碍和纷乱。这是反人性或反社会性的。教育和法律的理论者是要缜密地考察人性或社会性的趋向,和环境的条件所宜,加以人工的陶冶,提出富于可能性的新的标准。他(它)们的目的只应是复杂化本能,而不是使本能变态。此地亟须补行申述的,便是风俗的意义和权力,除了上述的保守或抵抗的作用之外,便是供给教育和法律的理论者以客观事实的参考,和因种种风俗的演化或互相组织的结果所形成之复杂化的本能,来适应新的刺激或标准。风俗在后者的意义,是更其不可忽视的。"③陈锡襄通过对"本能"的辨析,说明了"风俗"在根本上不同于一般的本能,最突出的乃是风俗有着历史的演变历程及教育与法律在其中所发挥的作用,有着特定的思想文化意蕴,因而风俗可以作为民俗学的研究对象。

值得注意的是,陈锡襄强调风俗在民俗学研究中的主体地位,并不是仅仅在风俗的含义上予以疏证,而是将风俗置于社会生活的大背景中进行考察,确认风

---

① 陈锡襄:《风俗学试探》,《风俗》第 57、58、59 期合刊(1929 年),第 10 页。
② 陈锡襄:《风俗学试探》,《风俗》第 57、58、59 期合刊(1929 年),第 17 页。
③ 陈锡襄:《风俗学试探》,《风俗》第 57、58、59 期合刊(1929 年),第 10 页。

俗的形成与发展在于社会生活的演变,亦即风俗有着社会生活的本源。在风俗与社会生活的关系问题上,陈锡襄指出:

> 风俗的意义同于习惯 habit,习惯是利用连续的刺激去减少生理上和心理上的抵抗,使某种动作愈近于自然,其自然程度的增高与刺激的回数常成为正比例。故习惯有第二本能之称。一种动作愈近于本能的,则愈可以省下人的精力去从事其他的动作,故习惯亦即人的生活的经验。然习惯既成,如果它是不适于生活的环境时,要打破它,其困难亦正与打破本能相等,于是习惯便成为旧的生活的保障,新的生活的阻碍,其保障性越大,阻碍力亦越强。风俗是社会的习惯,习惯的对象是个人的生活,风俗便是社会的生活。社会的生活中某种动作成为风俗时,亦必经过相当时期的刺激和习练,这种刺激因为靠着社会生活的有机体的质素和作用,亦常常会使所形成的社会的习惯有机体化。那么要改变或打破这已成的社会的习惯,即风俗,便须应用同样的手续和经过相当的麻烦。所以假如某种风俗的造成是借重的于群众心理,要打破它而采用别的方法时,便成为不可通的迂路。在时间上也是这样。故风俗常为过去的社会生活的主因,未来的障碍。它常常是种社会力的经验,同样,用得不适合,或空间和时间的条件变更时,便亦成为不可追回的浪费。①

上述这段引文,可见陈锡襄是力图将"风俗"与"习惯"加以区别,说明习惯属于"个人的生活",而风俗则是"社会的生活",并进而分析由个人的"习惯"进至社会的"风俗"的逻辑进路,这就是需要"相当时期的刺激和习练"的过程,而"这种刺激因为靠着社会生活的有机体的质素和作用,亦常常会使所形成的社会的习惯有机体化"。这就是说,风俗形成的过程乃是个人的社会化的过程,亦即使个人由原来的"个人的生活"进至"社会的生活",这主要是"靠着社会生活的有机体的质素和作用",其结果也是使所形成的社会的习惯出现"有机体化"的趋势,亦即社会习惯具有体系性的特征。陈锡襄这里的分析有三个重要的特色:一是注重"生活"在习惯和风俗中的地位,确认习惯是"个人的生活"、风俗是"社会的生活";二是强调不管是个人的习惯抑或是社会的风俗皆是发展变化的,不仅有着从"习惯"到"风俗"的变化,而且风俗本身也是处于不断的变化和进步之中;三是认为习惯和风俗皆具有相对稳定性和保守性的特征,其表现是,个人的习惯往往是"旧的生活的保障,新的生活的阻碍",而所形成的社会风俗

---

① 陈锡襄:《风俗学试探》,《风俗》第57、58、59期合刊(1929年),第9页。

又具有"有机体"的性质,要改变或打破这风俗亦将遇到"相当的麻烦"。

陈锡襄对于风俗的阐述就在于建立风俗学这门学科,因而他规定了风俗学的研究目的和研究的标准。他指出:"风俗学的目的……不在于行为的全部,而在那与风俗发生关系的行为的。它的标准或原则只是风俗学的而非伦理学的。……在它的眼中无所谓古今,或进化与退化的歧视,并且心理也不是它的唯一标准。"①这里,陈锡襄将风俗的"行为"作为风俗学的研究对象,认为风俗的研究不以其古今为限,并揭示了风俗学与伦理学的界限。值得注意的是,陈锡襄对民俗学研究提出自己的看法,认为"民俗学第一义是在于探讨古人在各种场合礼节中所有的心理的表现,第二义是考察遗留在文明社会中的种种同样的心理"②。不难看出,陈锡襄所主张的风俗学研究,主要侧重于风俗中的"心理的表现",这主要是"古人在各种场合礼节中所有的心理的表现",但同时亦研究文明社会中尚遗存着的古人的"心理"。

陈锡襄研究风俗学有着创建学科体系的追求,并有着中外文化对比的研究视域。他不仅重视在文献学上对于风俗的梳理与疏证,而且力主在社会生活的背景下阐发风俗与社会生活的内在联系,并确认社会生活对于风俗所具有的根本性意义,这在治学路径上是很有特色的。陈锡襄是中国现代学术史上主张风俗学的代表,尽管他的主张在当时曲高和寡,但对于推进民俗学的中国化还是有积极贡献的。陈锡襄在中国现代学术史上有着重要的地位。

6. 黄石的《神话研究》

黄石③在1927年出版的《神话研究》(1927年开明书店初版),是一部有重要学术影响的民俗学研究专著,以后又多次再版④。在黄石所著《神话研究》一书之前,就一批学者就专注于神话研究,如蒋智由(观云)、刘师培、夏曾佑、王国

---

① 陈锡襄:《风俗学试探》,《风俗》第57、58、59期合刊(1929年),第13—14页。

② 陈锡襄:《风俗学试探》,《风俗》第57、58、59期合刊(1929年),第14页。

③ 黄石(1901—?),原名黄华节,广东人,1923年左右曾到暹罗。不久,回国进入广州白鹤洞协和神科大学读书。其后,跟随该校校长龚约翰博士(Dr.John S.Kunkle)研究宗教史,并且也曾跟随许地山研究神话学和礼俗史。1927年在开明书店出版《神话研究》后,黄石自1928年至抗战前这一时期,发表了大量关于礼俗、民间传说、民间语言、特别是妇女习俗的学术论文。他的《婚姻礼节的法术背景》、《桃花女的故事与民间的婚俗》、《烂柯山的传说和转变》、《娼妓制度的初形》、《初夜权的起源》、《贞操的起源》、《撒帐》、《苗人的跳月》、《迎紫姑之史的考察》等论文,从水平来看"代表了当时中国民俗学研究的一流成果"。黄石在1949年以后,一直定居香港。著有《神话研究》、《十日谈》、《宗教制度史》、《妇女风俗史话》、《端午礼俗史》、《新约神学简介》等。

④ 1988年上海文艺出版社再版黄石的《神话研究》,这是新中国成立后最早的版本。

维、梁启超、胡适、周作人、鲁迅、郭沫若、顾颉刚、屠孝实、钱穆、茅盾等,在黄石同时或之后的也有苏雪林、陆佩如等人对神话进行研究。黄石的这部《神话研究》专著对于神话的性质、价值及研究的基本思路,比较系统地提出自己的看法,为神话的科学研究及使神话研究成为科学的学问奠定了比较好的学术基础。

关于神话的性质,黄石在《神话研究》中认为,可以将神话一般地称为"解释的神话",用以说明原人关于科学与哲学的探索及其成就。他指出:"神话是想象的产物,是智力尚未发达的原人,对于宇宙的森罗万象,如日月的进行,星辰的出没,山川河海,风云雷雨,以及生活的技术,人群的礼制,乃至于日常生活中看似神奇事物的解释;这一类的神话,可统称之为'解释的神话'(Exptatory myths),也可以说是原人的科学和哲学。原人的智力比起现代的文明人虽然有天渊之别,但其好奇心与求知欲是一般无异,他们看见自然与人生的种种事物,惊奇不已,必欲求出一个答案而后快,于是便运用其想象的心力去猜想,结果便造出许多美丽或朴素的神话来。"①这里,黄石认为神话是原人认识活动的产物,并且是原人对于自然和人生探索而形成的"科学与哲学",表现了原人的认识活动及其成就,因而也就肯定了神话研究对于进一步探索人类认识活动的重要意义。

黄石在《神话研究》中,提出了"审美的神话"这个范畴,为神话研究指明了"审美"的研究方向。黄石注重学术研究上相关观点的继承,承认既有学术观点在一定条件下的合理性,故而只是一般地赞成将神话称为"解释的神话",并不认为"解释的神话"说法是不可置疑的。他认为,所谓"解释的神话"说法,在事实上并不能概全神话的内容,于是他提出了"审美的神话"这一概念。他指出:"解释的神话,还不能包括神话的全部,除此之外还有一种神话并不是解释什么事物,其讲述的目的,也不在乎道德的教训,在讲者和听者,都发于求快乐的动机就是了。这种神话很像我们的童话或神仙的故事;它们也一样的能够感发人们的情绪,诱起人们的同情,使人欢笑,使人下泪,引人超脱平淡无味的现实生活,而进入神奇别致的想象世界。这种神话,有人给它们一个概括的名称,叫做'审美的神话'(Aesthetic Myths),以别于解释的神话。"②"审美的神话"概念的提出,使神话在内容上不再局限于"解释的神话"这个部分,不仅拓宽了神话的研究范围,而且也提出了重点地探讨神话审美意义的研究路线,这对于神话的研究由"解释的神话"研究转向"审美的神话"研究有着重要的学术意义。

---

① 黄石:《神话研究》,开明书局1931年版,第2页。
② 黄石:《神话研究》,开明书局1931年版,第3页。

黄石对于学术界那种"神话便是原人的历史"的习以为常的说法提出异议，认为神话中固然表现了丰富的历史内涵，对于历史研究也确实有着重要的学术价值，但从严格的学术研究来说，神话本身并不就是历史，其所载内容与历史记载的客观性要求有着很大的差距，因而有必要将神话与历史分开，然而这并不否认神话本身所具有的历史价值。他指出："有些人以为（神话）就是原人的历史，实则不然；虽然我们由此可以窥见原人的思想和生活的一斑，严格说来，历史是客观事实的记载，以人为本，其思想言行，不能越出理性的范围，与由主观的想象虚构而成的神奇荒诞的神话，迥然不同，这是很明显的。可是我们这样说法，并不是蔑视神话之历史的价值，反之，神话确能或明或晦地反映出原始时代人类的心理状态和生活情形，是很可贵的文明史的'史料'。我的意思只是说，神话不就是原人的历史就是了。"①事实上，神话本身并不就是历史，神话的记载固然有着史学上的价值，但用神话来佐证历史或进行历史的说明，是需要历史学家对材料的特殊处理。因此，从学术研究的角度来看，必须将神话与历史分开，认识两者的界限之所在，这对于神话作为一个特殊研究领域也是极为重要的。然而，神话与历史之间的关系又是极为复杂的，有些研究者对于神话的历史价值不屑一顾。黄石针对这种情况，主张要辩证地看待神话的历史价值的问题，他说："说到神话的历史价值，怀疑的人更多了。他们以为神话纯然是一些无稽之谈，毫不足据。这话固然有片面的理由，然亦未可据为定论。我们一方面固然不能赞成历史派的说法，谓'神话的人物，通通是历史的人物'，和'神话完全是史事的讹传'，但他方面却不能不承认有一部分神话，确是历史的转变，有史实做背景。我们一方面固不能把神话视为信史，但他方面却不能不承认一部分神话有历史的史实来做基础。"②黄石提出如何看待神话与历史关系的主张是正确的，说明了神话与历史之间的差别与联系，不仅对神话研究而且对史学研究都有重要的意义。

黄石对于神话的价值有着科学的评估，认为任何民族在思想上都要经历"神话时代"，故而神话反映原人时代的思想状况，亦即"神话便是原人及野蛮人对于宇宙人生的思想的结晶"，尽管神话之中并不就是真理，但其所蕴含的价值乃是不可忽视的。他指出：

> 神话便是原人及野蛮人对于宇宙人生的思想的结晶。在未有文字之时，这些传说，便不啻是他们的思想之无形的记录。这样说，神话便成了人

---

① 黄石：《神话研究》，开明书局 1931 年版，第 8 页。
② 黄石：《神话研究》，开明书局 1931 年版，第 66 页。

类思想的原料。在神话之中去寻求真理，固然是徒劳无功，但凭藉神话而推寻真理，却不见得是无益之举吧。以上说过，好奇心与求知心，是造作神话的动机，而所作的神话，便是他们——作者对于各种问题的答案，不管其答案的内容与形式如何的怪异，但就其动机与结果这一点而论，与现代人的著作，没有什么分别：两者都是真切表现自我的手段。我们绝不能说作神话的人，是存心自欺欺人，反之，他们只是诚实的表现出他们质朴幼稚的感想罢了。史前时代人类的思想，早已为时间所吞没，我们要追寻人类最古的思想，便不能不借助于神话了。从神话表现出来的原人哲学，在我们看来，固然是荒谬可笑，但是我们敢说现代的哲学思想，便是最终的真理吗？"后之视今，犹今之视昔"，谁保得定现代的哲学思想，历千万年后，不被后世视为荒谬可笑呢？……世界上不论哪一个民族，他们的思想，总必要经过"神话时代"，方能达到像我们现今一般的程度。如此说，神话便无异人类思想史的第一页，其价值是不容忽视的。①

黄石在肯定"神话便是原人及野蛮人对于宇宙人生的思想的结晶"的同时，还强调神话与社会生活的关系，认为神话的价值不能仅仅局限在"思想的结晶"这个层面，而应该扩大到社会生活的全体，也就是说要从社会生活的层面去认识神话的意义。他指出："神话不单是原人思想的结晶，亦为原人生活的反映。史前时代的文物礼制，政教风俗，藉神话的传说，遗传下来，不致于完全埋没在过去的坟墓中，这实在是一宗很可幸的事情！虽说神话出自初民的想象，然而一种想象断不能凭空虚构，多少总与当时的环境和生活的经验，有点关系。所以'神话是古代社会生活的反映'这句话，绝不是一种无根的臆说。"②黄石承认神话与社会生活的关系，强调神话与"当时的环境和生活"有着内在的关系，并确认"神话是古代社会生活的反映"所具有的真理性，这就超越了学术界当时已有的神话是"思想的结晶"的认知，突出地表现出神话研究的"社会史"的学术视域，因而也就为研究神话与原人社会的关系打开了道路。

黄石在对神话价值的考察中，不仅揭示神话的科学研究价值，而且对于神话的艺术价值也作了富有启发性的说明。在他看来，从艺术的见地来看，神话具有"很高贵的艺术价值"，故而也是现代艺术发展的"最珍贵的原料"。他指出："第一，神话不单是原人的文字，也是最有趣味的文学；其设想的奇妙，表现的美丽，

① 黄石：《神话研究》，开明书局 1931 年版，第 63—64 页。
② 黄石：《神话研究》，开明书局 1931 年版，第 65 页。

情节之离奇,恐怕后世最佳的浪漫派作品,也赶不上呢! 第二,神话不只是成年人的良好读物,因为他们能够解脱我们出于干枯烦躁的现实、世界的囚牢,而超然游心于神奇灵异、活泼有趣的想象世界,就是对于儿童,也是一种很好的恩物,可与近代人所作的童话有同等的价值。其价值之所在,并不是给他们以知识,却在于适于儿童的心理和培养儿童的想象力。第三,神话中讲述英雄的作为则轰轰烈烈,慷慨壮烈,讲述男女(神或人)的恋爱,则婉转缠绵,可歌可泣。这些故事,对于同情心的养成,也很有帮助的。……末了,我们的诗歌、小说、戏剧、绘画、雕刻以及其他的艺术作品,有很多都以神话为题材,即此可见神话是艺术界最珍贵的原料了。"①黄石不仅重视神话的科学价值,而且也十分重视神话的艺术价值,并阐明了神话对于审美教育的价值和人生艺术修养的意义,这为全面地研究神话的价值意蕴作出了贡献。

　　黄石是现代中国著名的民俗学家,赵世瑜教授有这样的评价:"其研究特点在于既注重利用文献资料做历史的考察,也注意尽量利用田野调查的材料;既注意吸收国外相关学科的理论,又专注于对中国本土的民俗事象的研究,是当时民俗学运动中比较出类拔萃的人物之一。"②但从整个的中国现代民俗学历史的研究来看,黄石在很大意义上又是一个严重的"失语者"。原因甚为复杂,赵世瑜教授曾给予这样的分析:"在以往的中国现代民俗学史研究中,黄石显然没有得到应有的积极评价。即使是在民俗学界,他的名声也显然没有周作人、顾颉刚、江绍原、钟敬文、容肇祖、郑振铎、沈雁冰等人那么大。个中原因比较复杂。一来与新文学或史学相比,民俗学或人类学没有那么大的影响,后面这些人的知名度在很大程度上也是由于他们在文学或史学上的成就。二来即使在民俗学领域,后面这些人大多参与主持或支持过一些民俗学的重要刊物以及民俗学组织,而黄石则与它们没有什么密切的联系。三来人们很难发现他在 30 年代后期以后的研究成果,而其他人在 40 年代甚至以后相当长的时期内还活跃在学术界。四来他所致力研究的女性民俗一直不为人所重视,他除了早期的《神话研究》之外,不像上述人那样出版过有影响的著作,也未尝不是原因之一。但无论如何,如果从纯粹的学术角度出发,黄石的民俗学成就应该是能与前面那些代表人物比肩的,至少也是紧踵其后的。"③黄石的民俗学研究成果,之所以不为后来学者

---

① 黄石:《神话研究》,开明书局 1931 年版,第 71—72 页。
② 赵世瑜:《黄石与中国早期民俗学》,《北京师范大学学报》1997 年第 6 期。
③ 赵世瑜:《黄石与中国早期民俗学》,《北京师范大学学报》1997 年第 6 期。

所重视,确实有如赵世瑜教授所说的以上这些原因,但似乎与黄石本人在 1949 年后旅居香港,而与内地学术界没有发生联系,也是有相当关系的。

在中国现代民俗学史上,黄石的《神话研究》在现代中国的神话研究历程中起着承上启下的作用。茅盾早在 1925 年就撰写了《中国神话的研究》文章,认为神话是一种流行于上古时代的民间故事,所叙述的是超乎人类能力以上的"神们的行事",虽然荒唐无稽,可是古代人民互相传述,却确信以为是真的。茅盾在 1928 年又撰写了《神话的意义与类别》文章,进一步申明自己对神话的看法。1928 年世界书局出版了茅盾以笔名"玄珠"撰写的《中国神话研究 ABC》,比较全面地论述了神话的特点,其结论是:"各民族的神话是各民族在上古时代(或原始时代)的生活和思想的产物。神话所述者,是'神们的行事',但是这些'神们'不是凭空跳出来的,而是原始人民的生活状况和心理状况之必然的产物。原始人们的心理,有可举的特点六:一为相信万物皆有生命(泛灵论),二为魔术的迷信(变形),三为相信人死后魂离躯壳,仍有知觉且存在于别一世界,四是相信鬼可附丽于有生或无生的物类,五为相信人类本可不死,六为好奇心非常强烈,对自然现象(风雷雨雪、生死睡梦等)渴求解答。"[1]黄石《神话研究》(1927 年开明书店初版)在时间上虽与茅盾的神话著述处于同一时段,但比较早地以专著的形式推出神话研究的标志性成果,这说明他的神话研究乃是比较系统、比较全面的,而非偶尔为之的学术研究。在黄石之后,神话研究又有一批著作出现,代表性的有谢六逸《神话学 ABC》(世界书局 1928 年初版)、林惠祥《神话论》(商务印书馆 1933 年初版)。这就是说,尽管黄石的《神话研究》在中国现代学术上虽不是研究神话的最早著作,但仍然具有开创性地位。当然,在 20 世纪20 年代后期所出现的神话研究著作,一般皆是在综述现代西方神话学研究成果基础上而撰写出来的,神话研究处在本土化的起步阶段之中,在学术界也更能引起高度的重视。这也是毋庸讳言的。概而言之,黄石的《神话研究》是 20 世纪20 年代中期一部专门以神话为研究对象的学术著作,不仅阐明了神话的性质,而且提出了由"解释的神话"研究到"审美的神话"研究进路,并且在神话与历史关系厘定中评估了神话的思想史价值和艺术价值,从而为神话研究进至为一门重要的学问奠定了学术的基础。黄石的《神话研究》是一部神话研究的开创性著作,在中国现代民俗学史上有着重要的学术地位。

---

① 转引自《茅盾评论文集》,人民文学出版社 1978 年版,第 242—243 页。

### （二）20 世纪 30 年代的民俗学成就

民俗学研究在 20 世纪 30 年代所取得的学术成就，以林惠详、江应梁、张清水、张瑜、杨成志、罗绳武、江绍原等最具有代表性。

1. 林惠祥的《民俗学》等著作

林惠祥①是现代中国著名的民俗学家，系统地阐发民俗学基本理论的主要代表，为民俗学这门学科的发展作出了突出的贡献。

林惠祥高度重视民俗学作为一门学科所应有的界定及其研究对象。他认为，不能将"民俗学"与"民族学"相混同，那种将"民俗学"视同为"民族学"的看法是不对的，因为这两者具有不同的性质，而研究的对象也不同：一是文明民族，一是野蛮民族。他指出："一提起'民俗学'，许多人都以为就是'民族学'。其实两者的性质是各不相同的。后者是专在研究野蛮民族的生活形态；而前者却是专在研究文明民族中无学问阶层传袭与行为。"②据林惠祥考察，"民俗"，英文原字为"Folklore"，意为"民众智识"（The learning of the people）。Folklore 这名词又用以兼指研究民俗的科学，所以译为"民俗学"。但在当时的中国学术界，有人主张将民俗学改为"谣俗学"，其理由是"民俗学的材料多采自歌谣，为要着重歌谣的缘故，所以主张应改为'谣俗学'"；也有人主张将民俗学直接地改为"民学"，因为这门学问的研究与"民"有关。在林惠祥看来，上述将民俗学称为"谣俗学"和"民学"的两种看法，存在着不是范围"太狭"就是范围"太泛"的问题，而以"民俗学"来命名这门学科是适当的。他指出："我们站在客观地位替上列两派分析起来：前者固然失之太狭，且字面亦嫌生疏；而后者却又失之太泛，易起误解，故我们仍是主张沿用'民俗学'为当。"③故而，林惠祥反对江绍原关于

① 林惠祥（1901—1958），又名圣麟、石仁、淡墨，福建晋江人。著名人类学家、考古学家、民俗学家、民间文艺理论家。1926 年毕业于厦门大学，1927 年秋考入了菲律宾大学研究院人类学系，并跟从美国教授拜耶（H.O.Beyer）作人类学的研究工作，1928 年毕业获人类学硕士学位。1929 年任中央研究院特约编辑员，后参加该院民族学组研究工作。1931 年任厦门大学历史社会学系主任、教授。新中国成立后，任厦门大学历史系主任、人类博物馆（我国第一个人类博物馆）馆长、南洋研究所副所长。著有《台湾番族之原始文化》、《文化人类学》、《中国民族史》、《苏门答腊民族志》、《婆罗洲民族志》、《民俗学》、《世界人种志》、《神话论》等。

② 林惠祥：《怎样研究民俗学》（1936 年 6 月 22 日），《中国民俗学论文选》，中国民间文艺出版社 1986 年版，第 73 页。

③ 林惠祥：《怎样研究民俗学》（1936 年 6 月 22 日），《中国民俗学论文选》，中国民间文艺出版社 1986 年版，第 74 页。

"民谣学"的主张。

林惠祥对于民俗学的功能进行了研究,一方面强调了民俗学的学科功能,即民俗学有助于促进相关学科的发展,具有繁荣学术文化的作用;另一方面又强调了民俗学的社会功能,即民俗学有助于社会变革的"移风易俗"作用。他指出:

> 为什么要研究民俗学,换句话说:研究民俗学究竟有什么效用呢? 我们的答复是:因为民俗学的材料是无学问阶层心灵唯一的财产。民俗学之科学的研究,便是要用现代科学的方法,将这些无学问阶层心灵的财产(传袭的事象)加以正确的观察及归纳的推论。从这种研究当中,除帮助纯粹学问上的功能如对民族学、历史学、社会学、心理学各种研究的促进外,其他如对于实际应用的功能,尤为暴力的政治强迫手段所望尘莫及,因为欲移风易俗,必对该对象能够正确的了解,这种正确的了解的方法,就是民俗学所能尽的任务所能贡献的功能了。①

林惠祥对于民俗学研究对象有着特别的限定,不同意泛化民俗学研究的对象。他指出:"民俗学的研究对象只限于古代传袭下来的风俗习惯,新发生的事象不能把它纳入研究的范围。所以在性质方面:第一个民俗学的性质是:由古代传袭下来的;其次是:整个的、社会的,具普遍性的;再其次是:心理的、精神的(例如,民俗学家所注意的不是犁的形状,而是用犁耕田的仪式;不是渔具的制造,而是渔夫捞鱼时所遵行的禁忌;不是桥梁屋宇的艺术,而是建筑时所行的祭献等事……)。"②这里,林惠祥对民俗学研究对象给予了界定,这就是民俗学以古代社会为限,侧重于研究古代社会传袭下来的具有普遍性的、能够反映社会大众心理和精神方面的文化遗产。

林惠祥基于对民俗学研究对象的限定,主张对民俗学的内容有所规定,并将民俗学的研究内容具体地分为三个方面:

> 甲、存于头脑中的信仰——非科学的信仰,即传袭的迷信。(1)对天地,植物,动物;(2)人类及人工物;(3)灵魂及冥世;(4)神及妖怪;(5)预兆及占卜;(6)魔术;(7)疾病及医药……等的迷信。

> 乙、表现于外在的行为——即风俗习惯。(1)社会的及政治的制度;(2)个人生活的仪式(诞生、满月、周岁、成丁、结婚、死亡……礼节);(3)年

---

① 林惠祥:《怎样研究民俗学》(1936 年 6 月 22 日),《中国民俗学论文选》,中国民间文艺出版社 1986 年版,第 74 页。

② 林惠祥:《怎样研究民俗学》(1936 年 6 月 22 日),《中国民俗学论文选》,中国民间文艺出版社 1986 年版,第 74—75 页。

节；(4)竞赛及游戏。

丙、口传的或文字的。(1)故事(Stories)；(2)神话(Myths)；(3)传说(Legends)；(4)歌谣(Sangs)；(5)谚语及谜语(Proverbs and riddles)。①

林惠祥从自然环境与人类关系出发来阐发人类观念的形成与演变过程,将民俗视为人类生活的产物,突出人类应对自然挑战及对于自然、社会认识的地位,从而说明民俗与当时人类的认识状况及社会演变的关系。他指出:"由于史前考古学的发现,我们知道原始人类生活的进步是很缓慢的。最初只有空拳赤手,后来方渐渐的有了粗陋的兵器和甲胄。他们时常徘徊于河边以拾取食物。他们所居四面都被山岭森林毒虫巨兽所包围,暴露于严寒酷暑之中,婉转于狂风暴雨之下。种种不可抵抗的外来势力极能影响于他们的苦乐,逼使他们不得不流徙各处以求维持其生命。以后他们自然而然的不但把活动不息的日月星辰风雨河海,以至不变不动的山岭岩石沙砾石子,都视为有神秘的生命和威力。他们以为这些东西或是赋有意志和意识的,否则也必有比较人类为强的灵物凭附或居住其内的。这种信仰的存在可以由蛮族的神话而证明,并且也可由文明民族的民俗中找出这种信仰的痕迹。"②林惠祥以人类对于植物的认识为例说明民俗的形成问题,指出:"人类自始即依赖植物以充饥、住宿、蔽体及取火。在找寻可食的植物时,渐渐认识各种有毒的,有刺激性的,及有治疗性的植物。由于需要、畏惧和神秘之感,渐生出关于植物的神话及仪式。所以在低等文化中,植物也是极重要的崇拜对象。被崇拜的植物都被认为有意识、感觉和人格,有的甚至有内在的魔力或超自然的威力。在民俗中常闻有'树神'(tree gods)、'神树'(sacred)、'树木崇拜'(tree-worship)、人化为树的故事,人出于树的神话等。"③林惠祥还指出,对植物的崇拜而形成民俗中的种种神秘观念,如"互依性"、"互变性"、"根本的统一性"等,也能在崇拜动物的民俗中见到。譬如,"低等文化的民间故事里多以动物为角色,把他们当做能够说话动作如人类,讲述时忽而把他当作人,忽而又当作兽,这可证明低等文化的民族对于动物与人的区别是不甚清楚的。"④林惠祥的看法是,由于人类最初所面对的严酷环境以及人类当时的认识能力状况,植物、动物自然而然地成为被崇拜的对象,因而植物、动物也就进入

---

① 林惠祥:《怎样研究民俗学》(1936年6月22日),《中国民俗学论文选》,中国民间文艺出版社1986年版,第75—76页。

② 林惠祥:《民俗学》,商务印书馆1934年版,第18页。

③ 林惠祥:《民俗学》,商务印书馆1934年版,第20页。

④ 林惠祥:《民俗学》,商务印书馆1934年版,第22页。

民俗之中。

林惠祥对于民俗在社会中的表现予以分析,对于结婚、死亡在民俗中的情况加以学术上的说明。对于结婚问题,林惠祥指出:"结婚——在低级文化中结婚有六种主要形式:(1)掠夺婚姻(marriage by capture),掠夺妇女在蛮族社会中和掠夺奴隶家畜都是一样自然的事情,此种结婚虽未必是绝对必经的阶段,至少也可以说是一种重要形式。(2)服务婚姻(marriage by service),男人在妻家服役,期满后可带妻同去。(3)交换婚姻(marriage by barter),例如二男人交换其姊妹为妻或二父亲交换其女儿为媳。(4)买卖婚姻(marriage by purchase),男人送代价与女家以买卖。(5)此一种可以说是'前定结婚',或由诞生即定,如所谓'中表结婚'(cross-cousin marriage),即兄弟与姊妹的子女互相为婚;或于发生变故后即须照例结婚,如'兄弟妇婚'(levirate),兄弟死后必须娶其寡妻。(6)私奔(elopement),在蛮族社会中也不是少见的,如男女间有爱情而不能正式结婚便常出于这一途。"①对于死亡问题,林惠祥指出:"死亡——死亡是被当做灵魂与肉体相离的,所以其仪式便是处置这二者。死亡的仪式在各民族依其习惯与环境而不同,并且依其灵魂观念与死后世界的信仰而有异。处置肉体的方法最常见者有二种,即火葬(cremation)及土葬(interment),有时二种合并,埋葬后再挖出来烧化。有行水葬(burial by water)的,……有行露天葬(exposure)的……"②林惠祥通过对婚姻、死亡等民俗的说明,突出民俗在表现社会关系方面所具有的历史性、文化性的特色。

林惠祥在《民俗学》一书中,对于民俗学上的相关概念如神话、传说、民谈等给予界定,认为传袭的故事可以分为神话、传说与民谈这几类,而传说包含英雄谈与古事记;民谈与传说是有很大差异的,而民谈之中又包含各种零碎的东西,如动物故事、愚人故事、层积的故事及寓言等。具体而言:

> 神话是说明的故事,是要说明宇宙、生死、人类、动物、种族、男女、宗教仪式、古旧风俗以及其他有神秘性的事物的原因的,内容虽很奇异,常出于事理之外,但却为民众所确信。③

> 传说不是要说明甚么,而只是要叙述大家共信为确会发生的某种事件,例如某一回的大水、移民、战争、建筑等事。传说所述事迹虽有时不很正确,

---

① 林惠祥:《民俗学》,商务印书馆1934年版,第55—56页。
② 林惠祥:《民俗学》,商务印书馆1934年版,第57页。
③ 林惠祥:《民俗学》,商务印书馆1934年版,第69—70页。

甚或全无根据,然其中的人物却常是真的。传说中凡叙述一个英雄的事迹,只假定他个人的存在,而不涉及其他事项的,称为"英雄谈"(hero tales);至于详述历史人物的冒险与生活的一长串连续的传说,则称为"古事记"(sagas)。凡战争、迁徙、"文化的英雄"等故事,不可一闻,即断其为无稽。故事中虽常有不可能的事,然有时也含有真确的史迹。蛮族中常有一部分人专司保存及传述一族中的故事,可见此种故事很为重要。①

民谈(folk tales of marchen)是专供娱乐的故事,也有历史的价值,因为其中的背景可以表示他成立时的实际社会状况。民谈与传说的差异,不但在其性质不像传说的严重,其形式也有不同,即(1)人物无姓名,(2)无一定的时间与地方,(3)有一定的构造及结局。②

林惠祥的《民俗学》等著作在学术界很有影响。他的民俗学著作对于民俗学研究对象、民俗学的功能、民俗学研究内容等作了比较全面的阐发,在人与自然及社会的关系中分析了民俗产生和发展的进程,并在此基础建构民俗学的学科体系,这对于民俗学成为一门独立的学科有奠基性的作用,因而在当时的中国学术界有很高的声誉。林惠祥研究民俗学不仅善于提出自己的独到看法,而且也善于汲取学术界最新的研究成果,具有开放的学术眼界;他治学涉猎面很广,不仅对西方的民俗学研究状况有很好的掌握,而且对于人类学、考古学、民间文艺等相关学科也有广泛的涉猎,这就使得他的著作具有丰富的学术内涵和深厚的文化底蕴。林惠祥在国内民俗学研究方面自成一派,是现代中国著名的民俗学家、人类学家、考古学家、民间文艺理论家,为民俗学这门学科的建立和发展作出了重大贡献,在中国现代学术史上有着广泛的影响。

2. 江应梁对于民俗问题的研究

江应梁③在20世纪30年代从事民俗学研究,在发表的《昆明民俗志导论》等文章中,对于民俗所包含的内容及民俗学研究的功能,有着特别的见解。关于

① 林惠祥:《民俗学》,商务印书馆1934年版,第72—73页。
② 林惠祥:《民俗学》,商务印书馆1934年版,第73页。
③ 江应梁(1909—1988),祖籍广西贺县,出生于云南省昆明市。1925年考入上海暨南大学预科,次年升入本科。1932年大学毕业后留暨南大学附中教书,兼任暨大南洋文化事业编辑部干事。1936年,考入中山大学研究院人类学组,师承朱谦之和杨成志。1938年中山大学研究院研究生毕业。历任南洋文化事业编辑部干事、珠海大学文史系主任、云南大学西南边疆民族历史研究所所长、云南省政协委员、民盟云南省委员、中国民族研究学会理事、中国百越研究学会名誉理事、中国民族学研究会顾问、中国人类学会理事主席团成员、少数民族五种丛书编辑委员、云南省史学会理事等职。著有《西南边疆民族论丛》、《摆夷的文化生活》、《傣族史》等。

民俗的概念内涵,江应梁指出:"民俗(Folklore)是指一个民族的生活、习惯、信仰、风气等各方面而言。每一个民族集团里的民俗,不是突如其来也不是毫无所由的形成,而是经过长时期间历史的积累,再加以自然的人为的促进,始成为一个民族生活里特有的习俗。"①这里,江应梁一方面强调了民俗的历史性积累这一特征,另一方面又强调人为的努力对于民俗形成所起到的决定性作用,将民俗置于"民族生活"的范畴之中,这实际上也就说明了民俗与民族发展的内在一致性。正是在这种意义上,江应梁说:"民俗的形成,一部分是原始野蛮的生活文化之遗留,一部分便是此一民族间历史文化累积的结晶。"②又说:"民俗的含义固不仅止是一个民族的风尚信仰,实包含一个民族生活之各方面的动态。"③不难看出,江应梁所理解的民俗,乃是民族文化视域中的民俗,与民族的具体生活是紧密联系在一起的,因而民俗不仅具有历史性的特性,而且也就具有深刻的民族文化的内涵。换言之,民俗实际上乃是民族文化的重要表征,并且民俗也就是民族的社会生活的集中反映。

江应梁对于民俗反映和表征文化的观点,有这样的说明:"神鬼信仰是初民哲学思想的代表,从此中,最容易看出一个民族原始的文化,原始的生活,及由原始文化生活过渡到现时的痕迹。"④这就是说,民俗虽然有着不同的表现形式,但民俗本身蕴藏着文化的因素并表现初民的生活状态,因而也就反映着原始文化发展的轨迹及其基本面貌。由此,在江应梁的研究视域中,民俗与文化、民族是不可分离的,研究民俗实际上也就是在研究民族的文化。

江应梁在分析民俗中,特别强调了经济基础对于民俗的决定性作用,将生活方式作为理解民俗的关键环节。关于民俗与社会生活的关系,江应梁明确指出:"不同的风俗习惯发生是随着不同的生活方式而来的,不同的方式的产生则由于不同的社会组织,而经济原则是决定社会组织的基本条件。"⑤这里的"社会组织"是生产关系,亦即社会的经济基础,是决定民俗的根本要素。江应梁还以昆明的奢侈风气说明这个观点:"奢侈的风气是随着都市发达的程度而进展的。昆明的市民,一方面传统地顽固地保有其狭隘的见解,另一方面,生活上却也能随时适应着都市社会的发达,习染奢侈的风尚,一意接受外来的新花样,这两种

---

① 江应梁:《昆明民俗志导论》,《民俗》1937年第1卷第2期,第27页。
② 江应梁:《昆明民俗志导论》,《民俗》1937年第1卷第2期,第27页。
③ 江应梁:《昆明民俗志导论》,《民俗》1937年第1卷第2期,第55页。
④ 江应梁:《昆明民俗志导论》,《民俗》1937年第1卷第2期,第55页。
⑤ 江应梁:《昆明民俗志导论》,《民俗》1937年第1卷第2期,第55页。

习性似乎有些儿矛盾。"①可以说,江应梁这里的分析,有着马克思主义唯物史观的分析色彩,充分肯定经济基础对于民俗形成的决定性作用,这大致也可以说马克思主义的唯物史观对于中国民俗学形成的重要影响。

江应梁从学术的高度阐明了民俗学研究的功能,认为习俗作为民俗的基本表征,研究习俗实际上也就是在于揭示民俗的特征。因此,以习俗为重点的民俗研究,将有助于理解民族的类别、迁徙、自然环境、外部因素、文化演进、社会生活。对此,江应梁指出:

我们敢于相信,研究一个民族集团的习俗,至少可以得到下面几个效果:

1. 对此一民族原始的、种族的、部落的类别,可藉以寻得端倪。

2. 对此一民族历史上的迁徙变动,可以得到分晓。

3. 对此一民族历史上所受自然环境及外力侵迫情形,可以察知大概。

4. 对此一民族文化上的一贯演进,可以寻出线索。

5. 对此一民族现状生活,可以得到详细的充分的了解。②

江应梁的这篇《昆明民俗志导论》是他在中山大学攻读研究生时写成的,在学术思想上承继其导师朱谦之、杨成志的治学理念,将民俗置于文化系统之中,表征了民俗的文化性质及其所具有的社会生活的本质,并凸显民俗所具有的文化的属性与文化的功能。更为突出的是,江应梁在马克思主义唯物史观的影响下,能够以社会生活来解读民俗的形成与发展,在将民俗与民族文化联系的同时,又将民俗与民族的发展历程紧密联系起来,从而使民俗置于社会的经济基础之上,这对于科学地研究民俗学有着重要的意义。江应梁在 20 世纪 30 年代关于民俗学的学术研究,为民俗学这门学科的发展作出了贡献,是现代中国民俗学的著名学者,在中国现代学术史上有着重要的地位。

3. 张清水的民俗学研究

张清水③是中国 20 世纪三四十年代著名的民俗学家,在 20 世纪 20 年代后

---

① 江应梁:《昆明民俗志导论》,《民俗》1937 年第 1 卷第 2 期,第 53 页。

② 江应梁:《昆明民俗志导论》,《民俗》1937 年第 1 卷第 2 期,第 28 页。

③ 张清水(1902—1944),字钦佩,号愚民,笔名铁帆、油椎、鱼迅、清水、C·F·P,广东翁源人。出版有《海龙王的女儿》(由顾颉刚先生题署,容肇祖、赵景深作序)、《太阳和月亮》(由赵景深、钟敬文、罗香林、官世科作序)及《魔术师》和《狗耕田的故事》;编选有《翁源歌谣甲集》、《雄城情歌三百首》、《翁源歌谣》、《翁源儿歌》、《翁源民歌》、《宝盒》、《伯公衣》、《翁源故事集》、《呆女婿故事集》、《名人的故事》、《民间趣事》、《蛇郎》、《十兄弟》、《陈龙岩故事》等歌谣与故事集。

期进入民俗学的研究领域,其所记录整理的有关粤北瑶族的民俗资料,是粤北瑶族研究先声的标志;而他所研究的有关民间文学、民间风俗的成果,丰富了我国的民间文学、民俗学理论。钟敬文曾在《中国神话之文化史的价值》中,称张清水的《太阳和月亮》"提供文化史和文化科学的资料"。

张清水在民俗学研究中既强调民俗与社会生活的联系,又强调民俗与民众的内在关联,为民俗学的理论架构提出了建设性的主张。在张清水看来,一方面,民俗是民众的创造物,有着民众生活的内涵之所在,因而也就没有离开民众生活的所谓民俗;另一方面,民俗又是整个社会生活的结晶,根源于社会生活的实际,受社会的生产方式所制约,故而也就需要在社会生活中来考察民俗的内容。他指出:"风俗,是人们生活的表现,各地风俗的不同,就是各地人们生活的迥异,其中有无限宝贵的材料,给我们欣赏研究之用。"①又指出:"民俗学的重要成分,是'民众的'。空想或神怪的传说,不是著名文学家教育家的作品,而是些不知名的老百姓所作的。歌谣、服饰、器具、剧曲……均与民众的习惯信仰有关,并不是哪个皇帝或文人所作的。"②为了进一步揭示民俗的社会生活本源,张清水以"宗法封建习俗"为例,有这样的具体说明:"我们要知一切宗法封建习俗,都从古以来的落后生产方法的结果。因袭数千年来的老调子以自活的老百姓所得的常识,和近代文明世界生活下的人们所得的科学常识来比较,简直浅薄到一点都没有。他们的智识经验,决不能解释其周围耳闻目击的自然状况于万一。他们将一切自然现象变化的支配权如雷、电、风、云、日、月、山、川、水、星辰、潮汐、丰年、歉收、畜牧发瘟、疾疫大作、小儿夭折、老人死亡,……都委之于神、鬼,做出一套神奇的传说或故事来解答。这些荒谬的解答,在半开化的民族或社会中,是特别丰富的。那些民族也很相信而且引以为满足的。"③张清水在民俗学上高度重视社会生活的意义,凸显了社会生活对于民俗形成和发展的基础性作用,并且将民俗看作民众社会活动的产物,这就肯定了民俗的社会历史性特征和民众在民俗创造中的主体性地位。

张清水所界定的民俗学范围极为宽广,古代社会生活中的一切文化成果皆涵括其中。如他说:"民俗学(Folklore)的范围,着实很大,不单包含神话(Myth)、传说(Legend or Sagas)、童话(Marchen)、趣事(Droll),就是其他的各种

---

① 清水:《读〈苏粤婚丧〉》,《民俗》1928年第35期。
② 清水:《本刊通讯》,《民俗》1929年第67期。
③ 清水:《本刊通讯》,《民俗》1929年第67期。

礼仪式,婚礼,丧礼,葬礼,以及乡村民众日常生活的表现,日用器具与各种装饰品,音乐、游戏、美术等,都是各有特色,须一起研究起来。"①又说:"是以民俗学的范围,不仅为古昔相传而来的歌谣、俗曲、故事、传说、神话、童话、趣事、剧曲、法律、信仰、魔术,还要加上一切的礼仪、游戏、跳舞、房舍、村舍、器用、家具、技艺、美术,以及韵语、隐语、土语、方言、谜语、特殊语言、江湖口号、会社……等项。"②值得强调的是,张清水所认定的民俗学研究的内容,不仅范围极为广泛,涉及社会生活的全部,而且皆以民众生活及其创造为本位,主张民俗学要重点研究民众的民俗及与民众相关联的民俗。他指出:"民俗学所包涵的,是为一切群众而作的群众作品。这是独特之处,谁也不要忽略的啊。虽然,近来交通便利,工业发达,文明进化,各地独特之处,有时要互相混合和杂合的逐渐普遍于世界,但山僻的地方,地方色彩仍是异常浓厚,在近的将来仍没法使之泯灭。民俗学虽在研究活着与直接可见的事实,但过去的死的部分,如种种习俗,苟可以研究的,都应研究。所论者为民众生活;与之最关切的,则为民众心理。"③不难看出,张清水所坚持的社会生活的观点和民俗学研究的民众本位立场,是彻底地贯彻到民俗学体系的建构之中的。

张清水对于民俗学中的称谓问题进行了具体研究,认为民俗中的"命名"表达出民俗文化中的思想意蕴和民众的心理诉求,因而是值得深入研究的一个重要课题。他注意到这样一个事实,即乡俗中有将"男孩女名"的问题,如将男孩命名为"有妹"、"水妹"、"绍妹"、"观妹"、"佛妹"、"洪妹"、"新妹"、"永妹"、"三妹"的。"窥其用意,大抵为把男孩当作女孩养育,呼喊时,较易于成长。若不把他贱视若女子,则每疾病丛成,很难长大。这是乡俗的迷信,很难打破的。"④由此,张清水多次强调研究民俗现象中的命名问题。譬如,他在《本刊通信》中说:

先人的名,多是叫做什么"郎"的,据说是因为从前大屠杀后,地广人稀,政府从闽南人口以实之。那是魔鬼横行,四处作祟,害人无算。因师爷能驱鬼神,而其名为什么"郎",故人们也命名为什么"郎",欲借瞒过鬼的眼目以求居住的安宁。有的说,"郎"与"狼"同音,狼为野兽,不惧鬼神,人们命名为什么"郎",亦不过是欲借此以瞒骗魔,使之不敢作祟耳。二样都有人道,不知孰是。这些关于命名的话,都是民俗学上的一部分,我们应该知

① 清水:《本刊通讯》,《民俗》1929年第67期。
② 清水:《本刊通讯》,《民俗》1929年第67期。
③ 清水:《本刊通讯》,《民俗》1929年第67期。
④ 清水:《韶郡古昔的命名观》,《民俗》1929年第83期。

道些。……以前曾调查各姓户祖的名字,三代以上,类皆命名为什么"郎"的;四世以下,可就改为如现在般的单名或双名了。①

又譬如,他在《韶郡古昔的命名观》中也指出:

"命名"这个问题,在人间是再重要也没有的。"人"不能无"名",夫人而知之,"人"而须"名",则对于"命名",当然要郑重其事了。因之,便发生许多问题,而有不少迷信的色彩在,倒是研究民俗学的人们所不可忽视的。……人名,有乳名,子名,字名,别号,绰号,……之分。而文士与村夫牧子的命名,亦微有不同。文士、缙绅、武人的命名,多取其意义的很好,字眼的圆成,字间的响亮,而迷信的成分,则很少很少。村夫的命名,则多半以命主的缺乏金、木、水、火、土而命的,以为非如此,命主将受疾病死亡的灾害。命名之权,也多操之术士、巫觋、龟卜的人们,说怎样便怎样,很少敢反对的。契树、石、水、桥、月、路……的来由,强半为此。绰号,是人们凭着智慧以对方的言语、行动、身体、强弱……而命名的。在乡村中,普通的人必有一绰号,肖妙非常,至人们舍其乳名、正名、字名、别号,而呼其绰号。文士、缙绅、商人、财主、大富贾、学生、教员,亦有一绰号,当面虽没人敢直呼,但背地里,却是说他的绰号的多。绰号,俗调"花名",又谓之"野名",就是《广州日报》的社会趣闻中或叙述到强盗时,亦每有直书绰号的。②

张清水对于民俗中的信仰问题也给予了极为重要的探索,认为民间的信仰与社会生活中的重要问题,是紧密联系在一起的。譬如,张清水认为"鬼"的信仰在民俗中居于重要的位置,甚至把人的疾病与"鬼"联系起来。他说:"俗话说,'无鬼不死人',因之把人们的患病,也归到'鬼'的身上去了。世俗信'鬼',已达到了极点,总是贿赂的多,禳驱逐捉的,很是少数。有之,也不过兼用而已。纯粹的,单独的敢严厉捕捉,实是不多见。"③又譬如,张清水认为中国人对于"天"的信仰有着普遍性,渗透在社会生活之中,并成为人们社会生活中所必须遵循的对象。他指出:"冥冥的苍天,更是神奇渺茫的能监察人,祸福人。讲到发财富贵,说是'富贵在天'。讲到恶人的死亡,说是'天诛'。讲到凭白得金钱,说是'天财'。与人争执时,对'天'发誓。失物诅咒盗者时,说'有天'、'天有眼……'。生了儿子时,说是'靠天'。对人问双亲康健时,说'托天佑赖,……'。

---

① 清水:《本刊通讯》,《民俗》1929 年第 67 期。
② 清水:《韶郡古昔的命名观》,《民俗》1929 年第 83 期。
③ 清水:《谈鬼》,《民俗》1929 年第 68 期。

以至一切事情,都归之于'天','谋事在人,成事在天'的谚语,所以普遍到了极点,便即为此。是以'天'无人不畏,无人不敬。"①再譬如,张清水认为菩萨在中国民间社会中有着重要的影响,尤其是在民间妇女中得到很大的崇拜,指出:"观音菩萨在民间的势力极大,崇奉者极多,妇女们尤其是绝对的崇拜,妇人吃'观音斋'与在观音诞举行集会纪念,是个佐证。"②张清水注意到外来文化对于中国民俗的影响,他对于佛教在中国民俗中的具体表现,有这样的论述:

> 佛在中国的势力更大,无地无佛寺,人们不到之处,佛寺每每在焉,天下名胜寺居多,今昔的人,每有同样的感想。求福、求晴雨、压灾、打醮、赛会,……率皆用和尚的多。死人叫和尚念经超度,更是人尽皆同。就是闲时,也多到佛寺去进香的。妇女无子时,更多到佛寺去叩求的,虽至冷清清的睡佛堂,受淫僧的术弄污身,还不知到觉悟。悻幸求举子,则满月的命乳名,多有叫做"佛求"、"佛保"、"佛养",以示谢意而资纪念。孩儿有疾病,日久不愈时,亦每多去求佛爷保佑,并更改其名为佛什么的。③

张清水在民俗学研究上不仅以其民众本位、社会生活的主张闻名于学术界,为构建中国的民俗学研究体系作出了重要贡献,而且因为他对于民俗学具体问题的研究,特别是对于民俗中的信仰、称谓等问题的细致研究以及对于少数民族民俗资料的搜集与整理,从而使民俗学研究进一步深入民众生活之中,并与中国文化的具体状况及其民族性特点相联系,这就大大开拓了民俗学的研究范围。张清水是现代中国民俗学的辛勤开拓者,为构建具有中国特色的民俗学体系作出了贡献,在中国现代学术史上有着重要的地位。

4. 张瑜的民俗学研究

张瑜是现代中国的民俗学家,著有《民俗学的性质、范围和方法》等著作,对于民俗学进行理论上的研究和学理的探讨,为现代中国的民俗学发展作出了重要贡献。

张瑜十分强调民俗学研究的价值,从社会变迁和时代需要来解析民俗学形成的原因,认为民俗学这门学科的兴起从根本上说乃是"时代的产物"。他指出:

> 民俗学之所以发见,其原因不外乎时代的产物。因为当时英国产业革

---

① 清水:《韶郡古昔的命名观》,《民俗》1929 年第 83 期。
② 清水:《韶郡古昔的命名观》,《民俗》1929 年第 83 期。
③ 清水:《韶郡古昔的命名观》,《民俗》1929 年第 83 期。

命,传布欧陆,工商业的发达和大都市的膨胀,就引起都市生活和乡村生活的冲突;殖民地的开拓和版图的扩充,也引起统治者与开拓者间的龃龉。人民因为感情上、道德上、信仰上、习俗上的不同,而冲突龃龉、竞争、抗斗就变为当然的结果。一般人,尤其是手握政权者就感觉到:如要融解都市和乡村间的矛盾,与同化殖民地上人的信仰习俗,就不得不先事理解所谓乡人、土人、蛮人的思想;从他们的风俗传说中,去发见他们的心理作用,然后利用或统御他们这种的心理作用,去求政治上的和平和社会上的安宁。因是之故,研究民俗学却是一门极其需要的学问了。①

张瑜对于民俗学的学科性质和研究方法给予说明,认为民俗学在学科性质上乃是"历史的科学"。他指出:"民俗学却是一门历史的科学,我们谓其为历史,因为它考究和贡献人类已往的事迹;我们谓其为学科,因为它不是一种凭空想出的学问,却是根据事实,搜集实际材料,然后才分析比较和归纳,成一系统的学问。"②这里,张瑜一方面强调民俗学的科学性,是运用"分析比较和归纳"的方法而成为"系统的学问",故而也就有科学的品格;另一方面,则是强调民俗学又是历史学科,因为它是"考究和贡献人类已往的事迹",并且又是通过"搜集实际材料"而确定"事实",因而也就具有历史研究的性质。应该说,这在民俗学的学科性质上,是创新性的学术主张。值得注意的是,张瑜对于民俗学的研究方法也提出自己的意见,认为应该汲取西方学术界关于民俗学的研究方法,这主要是字源学、人类学、神话学、传播学、文化学等方法。如他说,"字源学"尽管在研究传说时有着"不能根据事实的毛病",但在研究中"用比较方法和语言为追踪历史上接触的标准",这在"方法上"也是有"贡献"的。又说人类学的研究方法提出"相似心理所以产生类似文化的假设",尽管有着"轻视文化在历史上的接触与传播"的缺点,但"这派在研究民俗的方法上的贡献却是不可磨灭"的。置于传播学的方法,因为放弃了"心理的解释"方法而确认"相似文化完全根据于历史上的接触,文化必先源于一二中心点,然后渐渐传播演布的",故而"这派在民俗学的方法上的贡献尤其新奇特色"③。从张瑜关于民俗学研究方法的论述中,

---

① 张瑜:《民俗学的性质、范围和方法》(1934 年 6 月 6 日),王文宝编:《中国民俗学论文选》,中国民间文艺出版社 1986 年版,第 54 页。

② 张瑜:《民俗学的性质、范围和方法》(1934 年 6 月 6 日),王文宝编:《中国民俗学论文选》,中国民间文艺出版社 1986 年版,第 55 页。

③ 张瑜:《民俗学的性质、范围和方法》(1934 年 6 月 6 日),王文宝编:《中国民俗学论文选》,中国民间文艺出版社 1986 年版,第 57—59 页。

可见其注意到各种方法的缺点所在,故而他提出民俗学方法的多元化主张,乃是强调民俗学要汲取各种学科方法之所长,通过方法的优势集成进而发挥各种方法的优势。这应该说为民俗学研究方法的变革指明了方向。

张瑜立足于社会来考察民俗学的形成与发展的轨迹,他在提出"民俗团体"这个范畴的同时,强调民俗的独特性以及民俗所具有的思想与感情的内涵,突出"人民"在民俗的形成和发展中的主体性地位,认为"每一个民俗团体,都有它的特殊的民俗,这民俗就是人民的幻想(Fantastic),也是人民的感情表现"①。在他看来,一个民俗团体所以能够表现一个整体的民俗,有三种不同的条件:

第一,民俗是一个民俗团体的感情的表现,因为有了这感情功用的维持,所以民俗才能久存不失。

第二,民俗是一个民俗团体的幻想,有了这种幻想,所以每一团体才有它的特殊传说的历史和文物。

第三,民俗是人人口授、代代相传的东西,是团体集合的行为,是任何个人不能够杜撰造作的。②

张瑜解读民俗除了将"人民"作为民俗的创造者外,还将民俗置于民族文化的范围之中,凸显民俗的民族性、文化性及其所具有的自我维护、自我传承的功能,这就使得"人民"与"文化"形成内在的统一关系。他指出:"每一个民俗团体,都有它一个共同的特有的文化。这种文化和别的文化隔离,自成一个文化的系统。在这个民俗团体里面的人员,一切感情、思想、动作,没有不受这种文化的染色、熏陶和支配。他们常常自满他们所特有的制度,又常常自夸他们所特有的文物。他们的文化,假如受着外人的压迫或是讥笑的时候,他们莫不彼此同心合力,团结起来去抵御或抗衡他们共同的敌人。这种文化团体构成的条件,大概不外乎地理环境、职业、国性、语言、阶级等的不同。好比我们中国的农村,常常因为地理上的孤立,和外间隔离,自成一个自足自给的生活系统,近来因为交通上稍稍发达,所以农村孤立现象将渐渐变化了。"③张瑜的这段论述不仅阐明了民

① 张瑜:《民俗学的性质、范围和方法》(1934年6月6日),王文宝编:《中国民俗学论文选》,中国民间文艺出版社1986年版,第55页。
② 张瑜:《民俗学的性质、范围和方法》(1934年6月6日),王文宝编:《中国民俗学论文选》,中国民间文艺出版社1986年版,第55页。
③ 张瑜:《民俗学的性质、范围和方法》(1934年6月6日),王文宝编:《中国民俗学论文选》,中国民间文艺出版社1986年版,第54—55页。

俗的文化性、民族性的特征,而且在对民俗形成条件的分析中,既注意到地理、国性、语言等因素的影响,同时还特别提到阶级地位、职业等方面在民俗形成和发展中的作用,这在很大程度上体现了阶级分析的特点,是与当时一般民俗家的分析不同的。

张瑜视野中的民俗学研究范围是极为广泛的,不仅包括初民社会的一切,而且也包括文明社会中的一切传统,因而是一种广义的民俗学的主张。在 20世纪 20 年代后期及 30 年代早期,中国民俗学界在民俗学问题上形成风俗派、谣俗派、民情派、民俗派等,张瑜则属于杨成志、林惠祥、容肇祖、胡体乾等这一派(民俗派),主张民俗应该立足于中国,并且属于中国的民俗文化的大范围。关于民俗学的范围,张瑜指出:"总而言之,民俗学的题材,包括初民社会和所谓文化社会所保存的一切传统的信仰、风俗、习惯、故事、传说、歌谣、谚语、谜语等,更琐细述之,包括初民社会和文化社会所保存的有生界、无生界、人类世界、人性及人工事物、灵界、人间和灵界的关系、祭祀、法术、财产、生产、牧畜、农耕、战争、和平、幼年、成年等事事物物的传统的信仰、行为、传说、故事、神话、歌谣、谜语及儿歌、童谣等等皆是。"①值得注意的是,张瑜不仅注重在宽广的视域中研究民俗学,而且强调民俗学与其他学科发展的关系,如他就认为民俗学与文学有着相互促进的作用。他说:"民俗学自身就可称为一种粗浅的文学,不过不是任何个人造作的……。文学常能反映时代的精神,因此帮助民俗学不少;然而民俗学考究出来的题材也可帮助文学,使其易于了解各代文学家的作品。"②

张瑜是 20 世纪 30 年代中国民俗学研究中民俗派的重要代表,他注重民俗学的性质、研究方法、研究范围的学理探讨,不仅将民俗置于民族文化发展的历史进程之中,而且高度重视"人民"在民俗形成和发展中的地位,强调民俗乃是人民对于"感情"、"幻想"的表达及对于人类"团体集体的行为"的反映,为民俗学学科的理论建设作出了重要的努力。张瑜对于民俗学所进行的理论研究和学理探索,为民俗学在现代中国学科体系中具有人民本位的特色并获得独立地位作出了贡献,在中国现代学术史上有着重要的地位。

---

① 张瑜:《民俗学的性质、范围和方法》(1934 年 6 月 6 日),王文宝编:《中国民俗学论文选》,中国民间文艺出版社 1986 年版,第 56—57 页。

② 张瑜:《民俗学的性质、范围和方法》(1934 年 6 月 6 日),王文宝编:《中国民俗学论文选》,中国民间文艺出版社 1986 年版,第 56 页。

5. 杨成志的民俗学研究

杨成志①在 20 世纪 30 年代发表了《现代民俗学——历史与名词》、《民俗学之内容与分类》等文章,对于民俗学的历史演变、研究对象等问题作出说明,为民俗学成为科学的学问作出了贡献。

杨成志不同意江绍原关于民俗学改为"谣俗学"、"民学"的主张。在杨成志看来,"俗"字在中国文献上或成语上含义最广,不仅可作形容词与名词通用,而且与英文的 Foik-lore(人民的见识或学问)的字意适合,"这样说来,我们认为最妥当而直译兼意译的'民俗'一词,比诸'谣俗'自然义广词正",因而也就不必"再来一个标奇立异的名词"②。杨成志认为以"民学"来代替民俗学也不妥,他指出:"在中文上,所谓'民学',适恰处于介在民俗学与民族学中间,不特容易引起误会或混淆,就我们研究人类科学的学人,恐怕谁也难看出其严格的区别。况且就'民'字广义言之,无疑地是指'全民',然就其定义……看起来,恰巧又是一种狭义上的。"③由此,杨成志认为江绍原关于"民学"的主张,是"终难领教"的。

杨成志留学法国时曾系统研习人类学、民族学等学科,通晓国际学术界的民俗学研究状况,积极地将西方民俗学的观点介绍到国内,并主张对西方的学术观点有所借鉴。他认为,西方学者关于民俗学研究对象问题,主要在以下的四个方面:

(1)口传文学——如法之哥结、英之布兰特、德之格林,彼等均视民间之传说、故事、神话、谐谈、谚语、谜语、儿歌、恋歌、挽歌、占卜、符咒等,为民俗学亟应收罗而且最宝贵之资料。

(2)大众文艺——如法之山狄夫曾言,民俗不应局限于口传文学及民间习俗与仪式内,更宜伸展至一切民间思想与技能,如实用与美术活动之事实,即一切民间艺术与技术,举凡泥工、木器、竹器、金属器、纸、皮、各种工匠

①　杨成志(1902—1991),广东海丰人。著名的民族学家、人类学家。早年就读于岭南大学,1927 年任中山大学助教。1928 年赴滇、川交界的彝族地区进行田野调查,是为中国较早的民族学田野考察。同年,由中山大学派往法国留学,获人类学院高等文凭和巴黎大学民族学博士学位。历任中山大学教授及其研究院秘书长、文科研究所所长、人类学部主任、人类学系主任和中央民族学院研究部教授兼文物室主任等职。主要著作有《云南民族调查报告》、《罗罗族巫师及其经典》、《罗罗太上消灾经对译》、《广东人民与文化》、《人类科学论集》、《广东北江瑶人调查报告》、《人类学与现代生活》、《海南岛苗黎调查》等。
②　杨成志:《现代民俗学——历史与名词》,《民俗》1936 年第 1 卷第 1 期。
③　杨成志:《现代民俗学——历史与名词》,《民俗》1936 年第 1 卷第 1 期。

与裁缝、雕刻、雕像、染织等专业者,所应用之一切材料及其传习之活动,均应在研究之列。

（3）文明社会中之大众或民间生活——如意之科棱,彼在《民俗学》一书中,主张民俗学乃研究文明人中之民间知识生活之学问。……换言之,民俗学之对象乃注重研究文明国家内普通人民之一切学识与技能为职志。与民族学注重无文字、无书籍之原始或半开化民族之研究不同。

（4）城市生活——法之汪继乃甫,认民俗学之重心固在无教育大众之农民生活,然对于工人与城市亦须加以适宜之注意。如一切为谋衣食之各种手工匠、下级店员、雇工、庸役,甚至手工作者或小资产阶级之长工,均失教育机会与农民无异,至享受资产生活而无实产之音乐家、画家、优伶、公务员、管理员等,亦各具有其集团之民俗表现,实足使吾人注目。①

杨成志研究了西方民俗学界各种关于民俗学的定义,并在梳理中说明自己关于民俗学的看法。在杨成志看来,民俗学兴起于西方,中国的民俗学自然是"受了西洋的影响",遂有风俗学、歌谣学、谣俗学、民学等不同的称谓。中国学者关于民俗学的研究,主要还是要从西方民俗学的发展历程中来研究,汲取西方学术界的既有成果。杨成志就西方学术界的民俗学定义及自己对民俗学学科性质的看法,作了如下的说明:

民俗学（Folklore）一词,自一八四六年汤士②创始后,至今将届百年。各国对此新兴科学,相继兴起,从事调查研究,编述专书,搜集民俗物,蔚成风气。盖斯学不特为各国人士对其自己传统与生活之一种认识,亦为历史、社会各人文科学之一种补助学问也。其定义纷纭,莫衷一是。例如英之汤士称民俗学为"人民之科学";兰克谓为"残存物之研究";佛莱则认为"人们传袭信仰及习俗之整体"。法之塞碧约定为"民间传袭或为口传文学或为传统民族志之研究"。列满与平挪均云系"民间之一切传袭或一种人民过去传袭之研究"。介佐言及"传袭、礼俗、迷信、口传文学外,特别注重口头

① 杨成志:《民俗学之内容与分类》,《民俗》1942年第1卷第4期。
② 此"汤士",即威廉·汤姆斯。英国考古学家、民俗学家。威廉·汤姆斯第一次使用了"Folklore"这个术语。1846年8月22日,威廉·汤姆斯用阿姆勃罗斯·墨尔通（Amb-rose Merton）的笔名,向《雅典娜神庙》写了一封信,信中建议用一个撒克逊语的合成词"Folklore"（"民俗学"）来代替"通行旧习"、"通俗文学"等概念。他还指出,应该把古代的礼貌、风俗、习惯、典礼、仪式、迷信、歌谣、寓言等,作为"民俗学"研究的对象。此后,"Folklore"遂成为国际上通用的"民俗学"的专门术语。

传袭之研究"。山狄夫在其《民俗学概论》一书则提出"民俗学系文明国家内民间传袭文化之科学",又可称为"文明人民中之民间传袭科学"。美之桑末则以民俗学为"积习、礼仪、习惯、风尚、道德之一种具社会学价值之研究"。至德国之纳粹民俗学则以"民族共同态生活本质之现实学问"为民俗学之定义。吾人可知民俗学涵义,有如是之广泛。欲问民俗学为何种科学?吾可以答之曰:民俗学者乃人民传袭上一切信仰、制度、惯俗、风尚、艺术及口传文学的民间文化共同态研究之科学也。①

　　从上述杨成志对民俗学下的定义来看,他确认民俗学首先是一门科学,具有科学的品格,并成为"历史、社会各人文科学之一种补助学问"。具体而言,民俗学是一门研究"人民传袭上一切信仰、制度、惯俗、风尚、艺术及口传文学的民间文化共同态"的科学。正是在这个前提下,杨成志对民俗学的研究对象有这样的规定:"民俗学之研究对象,不仅限于一切口传文学、民间各种生活方式。即举凡关于文明社会中之民间智识、艺术与技能,农民大众固亟当注意,即城市中之一切工人阶级与自由职业者之一切集体表现亦宜顾及也。"②可以看出,杨成志这里所界定的民俗学研究对象,主要是研究"文明社会"中的民俗,其内容是关于"民间智识,艺术与技能"等方面,而原始初民的民俗则不在民俗学研究的范围之内。这与同时代的有些学者注重于"原始初民"习俗的研究,在时间段的上限上是不同的。但杨成志又不同意将民俗学研究限定在古代社会,而主张民俗学研究的下限要延伸到现当代社会中,不仅要在现当代社会视域下研究乡村中的"农民大众",同时也要顾及"城市中之一切工人阶级与自由职业者之一切集体表现"。值得注意的是,杨成志所理解"民俗"中的"民"在其具体的含义上,是指"民间"意义上的"民",亦即社会中具有广大数量与规模的下层劳动者,而在现代社会中,就是乡村中的那些"农民大众"及城市中的"工人阶级与自由职业者"。这也说明,杨成志在民俗学研究中不仅有着强烈的"现实社会"的研究理念,而且有着较强的民众本位思想。

　　杨成志对于民俗学的研究,明显承继美国学者的观点,但亦有较大程度的发挥。他指出:"民俗学之起源——据美人桑末《民俗》一书中所提供之意见,认定人类之原始表现始于行为,非起于思想,藉以求其满足。其晰别压迫与痛苦乃完

①　杨成志:《民俗学之内容与分类》,《民俗》1942年第1卷第4期。
②　杨成志:《民俗学之内容与分类》,《民俗》1942年第1卷第4期。

全为心理之作用,久而始变成选择之力量。此种力量,乃属于团体而非个人,因而大众均能利用他人之经验,成为一种共同之目的。由此共同之目的,始渐变成风俗与群众之现象。吾人据此,可知民俗之由来矣。盖原始人类之每个人均为生存而奋斗。在无意识中发生合作,建立各种组合、组织、习惯与制度。积年累月而逐渐形成,逐渐活动,无一人加以注意或计划,因而自然进行变成为'祖先'之产物。此种关系无论在战争之行为、劳动、宗教、娱乐、家庭生活与社会制度中均可变成为各种信仰,并为各种哲学原理(如神话、民俗)所维护,为合法行为与义务(如禁忌)所箴规也。然则民俗在起初时固提供生活上之一切需要,逐渐累积传袭,因而随时随地毋不皆然。彼在团体中为齐一的、普遍的、命令的及不可改变的。日增月益,再变成为独断的、绝对的及命令之产物矣。"①从这段论述中不难看出,杨成志关于民俗的界定,认定民俗具有群体性而非个人性,是人类出于生存需要而"在无意识中发生合作",并在社会生活的各方面发生影响,这就突出了民俗的形成与人类的社会生活的内在关联,而在基本观点上则是承继了美国学者关于民俗起源的论述。

杨成志在阐发了"民俗乃无意识之产物"观点的基础上,强调民俗的传袭特性及其对于人们思想、行为等所具有的规制作用。外国学者克虏伯提出了"民俗乃无意识之产物"的主张,杨成志对此作了进一步的阐发,认为"民俗乃无意识之产物"这种观点,主要还是说民俗的渊源问题,而事实上,民俗一旦形成之后就对社会演化产生很大的作用,故而民俗乃是对于人们的生活方式构成重要影响的要素。他说:"民俗乃无意识之产物——吾人之一切生活方式,既随民俗之风尚而定其方向,但吾人对一切社会礼俗之制度,实非有意风习,却由于不知不觉中传袭而来。其情形正如吾人学步、饮食、呼吸各种自然表现,均从无意识之染习而成。当吾人发觉民俗之势力伟大时,吾人已受一切传统、风俗与习惯之熏陶矣。盖礼俗所包含之各种规训、主义、信条,已早环套吾人之思想与行为矣。因此,实际上,举凡关于吾人宜作、思作、可作或会作诸事,均视民俗学准绳而因失其自觉性。故克虏伯教授称'民俗之起原属于无意识,为社会环境之产物,人民行为之最后权威'。良有以也。"②在杨成志看来,民俗对于人们的社会生活和思想、行为皆有极大的影响,尤其是对于"吾人各种生活与制度"的影响更为显著,因而是社会之所以成为社会的一个重

① 杨成志:《民俗学之内容与分类》,《民俗》1942 年第 1 卷第 4 期。
② 杨成志:《民俗学之内容与分类》,《民俗》1942 年第 1 卷第 4 期。

要因素。故而,离开了对于民俗的研究和说明,也就难以理解社会的运行与变迁。他通过举例的方法说明了这个观点,指出:"民俗既为历史与社会之自然产物,吾人置身其间,凡一举一动,不论直接与间接俱无不受其包围与影响。其权利之大,几无一人能逃脱也。试举吾人各种生活与制度以证明之。如在现代婚姻上之自由恋爱与一夫一妻制;财产上之自由权、继承权与遗嘱权;宗教上之绝对信仰,不容怀疑;……法律上之不能批评,不能反对。虽吾侪自称为文化人,仍不能脱离具体处境之风尚。至在衣、食、住、行四种方式之某种社会惯俗内,亦铸定个人随其惯俗而适应之。偶一违背,人皆将谓其不近人情矣。"①杨成志将民俗作为人类生存的基本要素,主张民俗学应以民俗的研究作为其最主要的任务。

杨成志早年担任中山大学人类学系主任,是国内民俗学研究主流派(综合派)的重要代表,是当时中国民俗学界的领军人物。尽管在他的学术体系中,西方的观点还占有重要的比重,但仍然体现了推进西方民俗学理论中国化的学术理念。杨成志在民俗学研究中的最重要特点,是在介绍和评析西方民俗学理论的同时,力图建构具有学术渊源和中国特色的学术研究体系。杨成志在中国现代民俗学发展史上有着重要的地位,为现代中国的民俗学研究作出了开创性的贡献。

### 6. 罗绳武的民俗学研究

罗绳武②是20世纪30年代以马克思主义为指导研究民俗学的重要学者,民俗学研究中民情派的代表者。他主张对民俗学进行社会史的研究,并明确说明这种社会史的研究方法,就是唯物史观的研究方法。他指出:

> 我们相信克服民俗学未来所谓客观主义的阶级偏见的途径,要抛弃事物静的观点,采取动的观点;要抛弃"即事论事"的处置,应用历史的或发展的处置;要抛弃事物孤立的见地,实施全体性的或关联性的见地。民俗学上的现象不是奇风异俗,怪习谬见以及零碎隔绝,而且完全不可理解的或偶然

① 杨成志:《民俗学之内容与分类》,《民俗》1942年第1卷第4期。
② 罗绳武(1903—1995),河南新野县城关镇人。现代著名教育家。1923年考入北京师范大学国文系。1926年4月任北伐东路军指挥部政治部的上尉编辑,参加广东革命政府的北伐。1927年后专事教育工作,历任河南北仓女子中学的教导主任、河南大学教授、中原大学筹备委员会委员、重庆大学教授。新中国成立后,历任河南开封师范学校和郑州师专校长、郑州大学教授,担任河南省政协委员。著作有《教育心理学》、《鲁迅在北师大》、《民俗学之社会史的研究》、《社会发展史纲》等。

发生奇迹；它们是不能从它们自身所能明了的。……我们要想明了它们，只有进一步向它们的已往追溯，而且向它们已往的并存的事物以及规定它们事物理解，则它们的活的、整个的、现实中的情况可得而把握。这个方法，简言之，便是社会史的方法，或史的唯物论的方法。①

这里，罗绳武所倡导的民俗学研究的"社会史的方法"，就是指马克思主义的"史的唯物论的方法"，亦即唯物史观的方法。依据罗绳武的解说，这种方法的基本点主要是：第一，发展的观点。这就是在民俗学研究中"采取动的观点"，而不是"事物静的观点"。第二，历史的观点。这就是对民俗现象加以"历史的或发展的处置"，而不是那种"即事论事"的处置，这就要求在研究中"进一步向它们的已往追溯，而且向它们已往的并存的事物以及规定它们事物理解"，亦即在历史变迁和社会运行中加以理解和解说。第三，联系的全面的观点。这就是对民俗学的研究"要抛弃事物孤立的见地，实施全体性的或关联性的见地"。罗绳武正是强调马克思主义"社会史的方法"，故而他认为民俗学研究只有依据"史的唯物论的方法"，才能使民俗学现象得到科学的解释并探求其"通则"（规律），从而使民俗学成为科学的学问。对此，他以"习俗"的研究为例，指出："习俗之社会史的探究，使能将其奇离零碎之状态作有系统的说明，达到所谓科学最后的解释与建立通则的任务"②。

罗绳武在民俗学的研究上，不仅主张运用唯物史观的研究方法，而且认为对民俗现象本身，也应该进行唯物史观的解说。他指出："理论的看来，所有民俗学上的现象都直接的或间接的为其民族及其时代之物质生产力或经济构造，以及基于此构造之社会生活所规定。"③显然，罗绳武这里关于民俗这一社会现象是依据唯物史观而作出的科学分析，强调民俗现象是由社会经济构造的"社会生活所规定"。既然民俗是发展的，那么，民俗发展的动因是什么？罗绳武认为，所谓的"野蛮人"与"文化人"正是因为生产力水平的不同，"这种从根源上推动文化进步的，是所谓工具的制造与应用，换言之，即生产技术的进步。……然而文化人之所以为文化人者在什么地方呢？便是生产技术或生

①　罗绳武：《民俗学之社会史的研究》（1931年），王文宝编：《中国民俗学论文选》，中国民间文艺出版社1986年版，第40页。

②　罗绳武：《民俗学之社会史的研究》（1931年），王文宝编：《中国民俗学论文选》，中国民间文艺出版社1986年版，第44页。

③　罗绳武：《民俗学之社会史的研究》（1931年），王文宝编：《中国民俗学论文选》，中国民间文艺出版社1986年版，第41页。

产力之无限制的增加。这是自然与文化的分水岭。自此以后,动物便长久停滞在它所处环境的固定状态里,或因环境的变化而略有变异,而人类却随着生产力之发展,继续的征服与改变自然,而无限的高飞腾达了。而且,自此以后,人类的物质生活,社会生活,以及精神生活(观念形态)亦随生产力之改变而改变,而受其规定,人类不能超越其物质生产状况而营其社会生活,这是非常明白的事,同理,人类的观念形态亦为其社会生活状况所反映。"①这段论述,深刻地反映了罗绳武在民俗学研究中,对于唯物史观的科学理解及其运用能力。

罗绳武认为民俗学在研究的内容上,应规定为"研究未开化民族的文化及文化民族间所遗留的文化残存物",由此也就可以依照英国民俗学家贝恩(Burne)的分类法,将民俗学的研究内容具体地分为三类:第一,信仰及其行为;第二,习俗;第三,故事、歌谣与俗语。对于以上这三类,罗绳武不仅分析了三者之间的联系,而且提出了应以第二类(习俗)作为民俗学重点研究的看法:"第一类包括未开化民族及民间的自然崇拜、神道观念、祭祀、法术、祈祷等之属于宗教部分的;第二类则为风俗、习俗、礼仪、生活的样式等之关联于社会制度及政制部分的;第三类则为民间文艺而属于艺术部分的。这个划分自然是没有严格性的,如第二类原人及民间的习俗含有不少第一类宗教信仰和行为的成分,又如第三类民间文艺也多以第二类习俗为其骨干,而以第一类宗教与迷信为其血肉的。但由上边看来,已可略识民俗学内容的散漫与凌乱,在我们企图建立统一的理论与严整的体系的目标上,自然以限制我们的主题于第二类习俗之为宜。"②就是说,罗绳武主张以习俗作为民俗学研究的重点内容,这就与学术界那种以民谣为重点研究对象的主张形成了分野。

罗绳武依据马克思主义的"社会史"研究方法及立足于中国社会的研究理念,主张民俗学研究要以中国社会史研究为基础,并对中国民俗学的发展提出展望:一是研究和解说"中国不同文化程度民族本身的存在的理由以及其在人类社会史上所处的地位"。在罗绳武看来,中国民俗的研究是与中国历史的研究分不开的,故而需要确立中国在"人类社会史上所处的地位",才有可能使中国民俗研究处于科学的轨道上,并使民俗学研究取得突破。罗绳武

---

① 罗绳武:《民俗学之社会史的研究》(1931 年),王文宝编:《中国民俗学论文选》,中国民间文艺出版社 1986 年版,第 43 页。

② 罗绳武:《民俗学之社会史的研究》(1931 年),王文宝编:《中国民俗学论文选》,中国民间文艺出版社 1986 年版,第 41 页。

指出:"这个正本清源的观念确定后,则民俗学上以及其他社会与历史科学上材料的搜集与整理,都可以得到正确的与客观的记述——这才上了科学研究的道路。"①二是研究并确立中国文化"自体的与必然的根据"。罗绳武认为,研究中国的历史与文化就要揭示中国历史发展的独特性,这就需要说明中国文化发展的"自体的与必然的依据",其前提是研究清楚"不同文化阶段民族间的斗争与冲突"这个"大问题"。在这个问题的研究中,由于达尔文的"自然进化论"解说能力是很有"限度"的,故而"我们不能不接受唯物辩证论的社会发展说。中国的民俗学将必得到这个新线索,才可以把握那些各民族的形形色色的习俗与制度的动的、变化的、发展的倾向"②。三是从"中国历史以及人类的历史"研究中给出"新的启示"。罗绳武认为,中国历史的研究及民俗学的研究有着极为重要的意义,而且有深刻的现实启示。他指出:"一切科学的社会科学的研究,以及各国史、民族史等的比较研究,都有帮助。但关系密切成效最大的,莫如中国民俗学,无论高级与低级文化阶段民族间的习俗,必定保存了不少中国古代的和原始的文化形态或其遗迹,如调查与记述之后,用考古学的方法,加以校订与考证,并定立其在全部历史发展阶段的地位,预料必将有消灭障翳,一旦耳聪目明的时候。在辅助完成中国历史的新体系之外,对于人类的历史,也可以期望有新贡献。"③罗绳武对于中国民俗学研究的展望,强调了马克思主义指导的中国历史研究的极端重要性,这也使得民俗学研究置于中国历史研究之中,因而也就体现出民俗学研究的历史视域。

罗绳武是 20 世纪 30 年代有影响的马克思主义民俗学家,为民俗学这一学科的建立作出了努力。从中国现代民俗学发展史来看,罗绳武在民俗学上最为突出的贡献,有三个方面:一是鲜明地提出以唯物史观来研究民俗学的主张,力图将唯物史观确立为民俗学研究的指导思想;二是对民俗这一社会现象进行唯物史观的解读,确认民俗具有上层建筑的性质,受制于社会生产力及社会经济基础;三是将民俗学研究置于中国历史研究的视域之中,强调以马克思主义为指导

---

① 罗绳武:《民俗学之社会史的研究》(1931 年),王文宝编:《中国民俗学论文选》,中国民间文艺出版社 1986 年版,第 50 页。

② 罗绳武:《民俗学之社会史的研究》(1931 年),王文宝编:《中国民俗学论文选》,中国民间文艺出版社 1986 年版,第 50 页。

③ 罗绳武:《民俗学之社会史的研究》(1931 年),王文宝编:《中国民俗学论文选》,中国民间文艺出版社 1986 年版,第 51 页。

的中国历史研究,在民俗学研究中的基础性地位。这也反映马克思主义在中国现代学术界的重要影响。

7. 江绍原的民俗学研究

江绍原①是 20 世纪 30 年代民俗学研究中"谣俗学"主张的主要代表,著名的民俗学家,在民俗学界有着重要的学术地位。

江绍原主张"谣俗学"的名称,认为其研究内容为民谣、民间信念及民俗,故而以"谣俗学"来取代民俗学的名称更为合适,这在当时的中国民俗学界可谓独树一帜。他指出:"谣俗学要研究者无他,所余的民谣,民间信念(Volksglauben)与民俗(Volksgebrauch)而已——简言之,民间旧传(Volkstradition)或云民间识见(Volkswissen)中之某部分而已。……故谣俗学所研究者,盖为民间识见中旧传或云自古相传之部分,此其一也。"②又指出:"谣俗学者虽亦研究民俗,然其旨趣与社会学者异;虽亦研究鬼神信念,然其用力处与研究宗教学者异;虽亦研究语言及其形成的诗歌传说等,然其注意点异于治言语学或文学史者……,谣俗学所研究,为民俗民信及民间文学中与迷信幻想有关之部分,此其二也。"③这里,江绍原强调谣俗学的学科独立性,认为谣俗学在学科上不同于社会学、宗教学、语言学,其主要原因正是源于研究对象的独特性,故而也就有独立成学的必要。不难看出,江绍原提出"谣俗学"的称谓,是基于对民谣研究的高度重视。在他看来,"民俗学"就其名称而言,固然突出了"民俗"在其中的位置,但不能将"民谣"部分的内容涵括其中,此因为"民谣"有着"民型"的独特性意蕴,故而需要以"谣俗学"的称谓来突出"民谣"在其中的地位。对于民谣在谣俗学中研究的重要性及"民谣"所具有的"民型"的特征,江绍原指出:

　　谣俗学所处理的民谣等,而且须的确是"民型的"。"民型的"非与"文

①　江绍原(1898—1983),安徽旌德人。留学美国。1919 年在北京大学读书时,投身五四运动,后留学于美国芝加哥大学比较宗教学专业。1923 年回国,先后任北京大学、中山大学、西北大学教授。1924 年与鲁迅等发起创办《雨丝》杂志,是主要撰稿人之一。新中国成立后,任山西大学教授。1956 年起任科学出版社和商务印书馆编审,从事社会科学著译工作。晚年从事《易经》、文物考古研究。曾任山西省政协委员、民间文艺研究会理事、山西省人大代表。著有《实在论大旨》、《发须爪》《中国古代旅行之研究》《二十世纪之宗教研究》等。

②　江绍原:《关于 Folklore,Volkskunde 和"民学"的讨论》(1932 年 6 月),王文宝编:《中国民俗学论文选》,中国民间文艺出版社 1986 年版,第 24—25 页。

③　江绍原:《关于 Folklore,Volkskunde 和"民学"的讨论》(1932 年 6 月),王文宝编:《中国民俗学论文选》,中国民间文艺出版社 1986 年版,第 25—26 页。

学的"相对之"口头的"之谓,亦非与"上层"相对之"民间"的之谓,或与"个人创造的"相对之"共同产生的"之谓,或原著作者已不可考之谓。民谣无他,不自觉其作者为谁之作品而已。堆积式与联词(Satzbau and konjunktion)之使用为其特著之外部形式外,且有民型的布局法。此种布局法,或云命意,有时在文学的改作中尚可得而见。最后还有民型的心理,这心理把可以意想的认为即是真实的。①

江绍原上述言论中关于"民型"的解读,大体上表达出这样几层意思:其一,"民型"为民谣的显著标识,亦即非"民型"不为民谣。就是说,民谣在形成和发展的历程中,已经"不自觉其作者为谁之作品"。换言之,所谓"民型"乃是指民谣之中具有民众的意蕴,亦即民谣在表征民众的生活样式的同时,业已成为民众的风俗习惯等定型的范式,故而也就不能简单地以"口头的"、"民间的"、"共同产生的"等词汇加以表达。其二,"民型"在民谣中有着具体的"布局",而"此种布局法,或云命意,有时在文学的改作中尚可得而见"。此即是说,民谣的"布局法"有着某种内在的要则或必然性,并且在"有时在文学的改作中"还可以表现出来。可见,所谓"民型"乃是民谣本身所赋有的,是表征民谣特质的东西,而不是外在的而附加其中的。其三,"民型"作为民谣的显著标识在社会之中还表现为一种社会心理,而"这心理把可以意想的认为即是真实的"。这种"民型的心理"所表现出的"意想",其实就是指民谣所具有的"想象性",而这种"想象性"乃是民众心理的表达。这也说明,民谣既然表现出"民型的心理",则所谓民谣也就有社会心理的支撑,而成为社会中得以存在的一种现象。

对于民谣所具有的这种"民型"特征,这在江绍原的民俗学思想认知中占有很重要的位置。也许是因为对于"民型的"高度重视,江绍原在将 Folklore 译成谣俗学后,又提议将"谣俗学"改为"民学"。他指出:"在我所理想的'民学'中,则平民经济制度之为研究对象决不下于谚语、歌谣、传说、故事、迷信等等。此概念苟取得海内学人的认可,中国民学将不只是合作研究的一个辅助学科,而是足够包含此研究自身之历史方面现状方面之一部分。"②江绍原所说的"民学"有着比较广泛的范围,它不只是要"特别研究被统治阶级的精

---

① 江绍原:《关于 Folklore,Volkskunde 和"民学"的讨论》(1932 年 6 月),王文宝编:《中国民俗学论文选》,中国民间文艺出版社 1986 年版,第 26 页。

② 江绍原:《关于 Folklore,Volkskunde 和"民学"的讨论》(1932 年 6 月),王文宝编:《中国民俗学论文选》,中国民间文艺出版社 1986 年版,第 29 页。

神文化"，而且"希望能把庶民或云民众的全般生活和心灵之研究划入'民学'范围"，并且在材料的诠释上尤其需要了解材料的"社会的意义"，亦即要"了解其于自然界情实外兼为什么社会情实所唤起，和迫其既生于各个人及社会有何影响"①。江绍原在《现代英吉利谣俗及谣俗学》一书中，又进一步指出："我提议我们中国学人也只消专称我们的共和国中，文化程度较高的民族之'民'阶级的种种事物之研究为 Volkskunde：民学，而不比学英美一部分学者之将文明较低的民族和英美平民中某种事物之研究一律称为 Folklore 研究，致遭大陆学人例如范燕奈和本国人高梅的批评。"②江绍原之所以提议"民学"的名称，乃是希望在研究中能够把"庶民或民众的全般生活和心灵之研究统划入'民学'范围"，更好地突出"民"这一阶级在研究中的主体性地位，故而他说这里的"民"实际上是指"文化虽已升至较高的平民，然不是普及于一切分子之社会其中，'民'阶级"。为此，江绍原解释道："《说文》曰：'民，瞑也，盲也，盖皆愚昧无知之义'。'民学'之民，正取此义。若恐'引起误会'，读'民'为'氓'何如。"③在当时，江绍原关于"谣俗学"、"民学"等主张，遭到了容肇祖、杨成志、林惠祥等学者的反对。

江绍原提出的"谣俗学"、"民学"等不少主张，虽然不为当时民俗学界所赞同，但他强调民谣研究的独特地位，强调"民"的研究的极端重要性及对社会下层生活状态揭示的必要性，应该说也是有深刻的思想意蕴和重要的学术价值的。江绍原是现代中国民俗学中"谣俗学"派的重要代表，在当时的民俗学界可谓独树一帜，因而在中国现代民俗学史上有着重要的地位。

### （三）20 世纪 40 年代的民俗学成就

现代中国的民俗学研究在众多民俗学者的努力下取得重要的进展，其本土化趋势十分明显，日益与中国的历史、文化及现实紧密联系起来。这是最为显著的特色。20 世纪 40 年代的民俗学研究，成果最为突出的有钟敬文、胡体乾等人。

---

① 江绍原：《关于 Folklore，Volkskunde 和"民学"的讨论》（1932 年 6 月），王文宝编：《中国民俗学论文选》，中国民间文艺出版社 1986 年版，第 33 页。
② 江绍原：《现代英吉利谣俗及谣俗学》，中华书局 1933 年版，第 258 页。
③ 江绍原：《现代英吉利谣俗及谣俗学》，中华书局 1933 年版，第 324 页。

### 1. 钟敬文的民俗学研究

钟敬文[①]在 20 世纪的二三十年代即从事民间文学、民俗学的研究,是现代中国著名的民俗学家、民间文学大师、现代散文作家。钟敬文是中国提倡用人类学、民俗学、民族学观点来研究民间文学的首批学者之一,较早地把民俗学现象看成是由物质文化、社会组织和意识形态组成的整体,在中国学术界第一次提出中国文字"三大干流"的概念。

钟敬文在 20 世纪 40 年代,即在《民俗》杂志上发表了《关于农谚》、《中国民谣机能试论》等文章,在民俗学界崭露头角。在钟敬文看来,过去曾有许多美学者和文学研究者作过一种幻想,即把艺术(诗歌、民谣包括在内)看作"一种纯粹地自然产生、发展的,和人间功利的生活是没有关系的——甚至于以为是不能够有关系的东西",但这种幻想已经被 19 世纪下半期的社会学的美学者、人类学的艺术学者的实证研究所打破。事实正是,"艺术在它的产生和发展上,是深切地和人们底实际生活发生着关系的。而这在原始社会底作品中,是特别容易给予证明。"[②]钟敬文正是从社会生活来看待民俗的形成和发展,注重并阐明民俗与社会生活的内在联系。他对于中国的民谣所处的历史地位,依据中国社会发展进程给予这样的评估:"中国是开化得很早的国家,和这同样是事实,她又是一个进步得迟缓的国家,——至少,她底大部分民众是这样。在这个国度里所流行着的民谣,自然有许多是差不多已达到了'艺术'的诗歌底境界——换言之,即文明社会中的诗人作品底境界的。但是,在另一方面,却仅有着滞留在那较幼稚的文化时期底作品。她们表现着古旧的内容,具备着古旧的形态,并且,仍然

---

① 钟敬文(1903—2002),原名钟谭宗,客家人,出生于广东海丰县公平鱼街。著名的民俗学家、民间文学大师、现代散文作家。1927 年秋在中山大学任中文系助教,与顾颉刚等人组织民俗学会,编辑《民间文艺》、《民俗》及民俗学丛书。1928 年秋到杭州,先在一所高级商校教国文,后转至浙江大学文理学院任讲师。1934 年赴日本早稻田大学文科研究院学习。1936 年夏回杭州,后到迁至桂林的无锡教育学院任教。不久赴广州,到粤北战地考察。全面抗战期间,在广东四战区政治部任视察专员,与何家槐共同创立中国全国文艺抗战协会曲江分会,被选为常务理事。中山大学由云南迁粤北坪石时,被聘为副教授,后为教授。1941 年至 1947 年夏在中山大学文学院任教。旋转香港,任达德学院教授。1947 年夏在香港达德学院任文学系教授,被选为中国文学协会香港分会常务理事。1949 年到北京参加第一届文代会,当选为全国文联候补委员,文学工作者协会常务委员。后任北京师范大学文学系教授、副教务长、科研室主任,并兼任北京辅仁大学教授,同时当选为中国民间文艺研究会副会长。著作有《民俗文化学:梗概与兴起》、《钟敬文民间文学论集》(上、下册)、《近代民间文学史略》、《民俗学概论》、《民俗学通史》、《民间文学概论》、《民间文学基础理论》、《民间文艺谈薮》(论文集)、《楚辞中的神话和传说》等。

② 钟敬文:《中国民谣机能试论》,《民谣》1942 年第 1 卷第 4 期。

保持着古旧的机能。"①这就较好地说明民谣与社会生活的关系及其在文化上的形态与特点。

钟敬文认为民谣的机能不仅是多方面的,而且是极为复杂的,这在所谓"原始种族"(即狩猎种族)里就是这样的,而中国现代民谣的机能也是"颇为复杂的",但在学术研究中又常常是"更容易被忽视的"。鉴于这样的情况,钟敬文对于现代民谣与生产劳动、与传统劳动方式的关系,作出自己的解说:

> 民谣在一般原始人底劳动上尽着重要的任务,是谁也不能否认的事实。中国现在各地尚存在着种种旧日的劳动方式——渔猎、采樵、种植等等。在那里,自然要各各保存着用歌谣来协助劳作的风习。假使你是一位到中国内地去的旅行者,在那清苍的田野或碧绿的溪边,你当可以听到农夫或舟子们的各种歌唱吧。若是你有机会——这并不是怎样难得的机会,走到那些正在从事着建筑工务的工人旁边,那么,便可以听到那音律非常均齐的,和声的歌曲。在中国民谣中,占居相当地位的所谓"山歌"、"秧歌"等,她们底起源,固然大抵是为协助劳动(采樵、种田)的,就在现在,她们也大都还是和那些林间陌头的劳动者,保持着很密切的关系——即使现在这种歌谣的内容和形式,和原来的相比较,已经有着若干变化的地方。劳动的歌谣,因为各种劳动性质底不同,和其自身(歌谣)传承上的演变等,自然是很不一律的。简单地说来,中国现在境内各地,这类的歌谣,从最单纯的"邪许、邪许"的喘息声,到语句颇为整齐和内容很有意味的篇章,都同样流行着。②

钟敬文在上述关于"民谣"论述中,主要表达了这样几层意思:一、民谣就其产生的历史来看,乃是与旧有的"劳动方式"相联系的,亦即民谣是特定的劳动方式的产物。二、民谣就其功能来说,乃是具有"协助劳动"的作用,这在仍然保持旧有劳动方式的现代社会中也是能得到证明的。三、就民谣的形式来说,可以有不同的表现形式和具体的样态,既有单纯的"邪许、邪许"的喘息声,同时也有"语句颇为整齐和内容很有意味的篇章",但其中的"山歌"、"秧歌"等却是占有相当的地位。四、就民谣所依据的载体来说,固然是与劳动方式相联系的,并且也是为了"协助劳动"的,但根本上说乃是依存于劳动者本身,实际上就是"劳动"这种实践活动的结晶,因而民谣乃是"和那些林间陌头的劳动者,保持着很密切的关系",这也说明民谣是由劳动者创造出来的。五、就民谣的衍化历程来

① 钟敬文:《中国民谣机能试论》,《民谣》1942 年第 1 卷第 4 期。
② 钟敬文:《中国民谣机能试论》,《民谣》1942 年第 1 卷第 4 期。

看,民谣在形式和内容等方面乃是发展的、变化的,故而"现在这种歌谣的内容和形式,和原来的相比较,已经有着若干变化的地方"。六、民谣的衍化有着独特的规律,"各种劳动性质底不同,和其自身(歌谣)传承上的演变等,自然是很不一律的",亦即劳动性质及文化上的传承特别是歌谣本身的传承对于民谣的衍化起着总体上的规制作用。

　　钟敬文认为,由于歌谣离不开语言,因而从研究的角度说,那就要考察歌谣与语言的关系。在他看来,歌谣的语言不同于一般的语言,它是一种"特别音律的语言",而这种"特别音律的语言"在现代民谣中已经有了不同的意义,被赋予某种特别的思想意蕴。他指出:"语言——特别音律的语言,在文化幼稚的人民脑中,有着和在文明人头脑中所具有的很不同的观点。在他们,它是一种神秘的、能动的东西。换言之,它是一种有力的、法术的武器。所谓'咒语',就是这种被神秘地看待了的语言。中国现代民谣中,很富于这种东西——有音律的,被信作能抵抗、消除那实际的或想象的灾患的咒语。它们不是已经僵冷了的化石,反之,它们至某种程度,是尚有着活泼的生命的。(大抵,这种咒语在应用的时候,必伴着种种相关联的仪式。)"①钟敬文的看法是,民谣的语言在观念中已经具有特殊的含义,并赋予了特定的思想与诉求,因而民谣的语言乃是解析民谣深层意义的重要环节。

　　钟敬文对于"农谚"进行具体的研究,从民间文艺的高度揭示其性质,借以说明传统农业社会的情形。他说:"民间文艺,是民众的产物。中国最大部分的民众是农民,因此多数的民间文艺,也就是农民底产品。它们即使不是直接地关于农事的,也大抵是农民心理和农民文化底忠实的反映。农谚,不消说,是这一类产品中的一种。"②在钟敬文看来,农谚与神话、民间故事、歌谣等有其相似的地方,这就是谚语普遍存在于世界的各民族之中,因而"谚语也差不多可说是人类共通的东西",故而野蛮的部落中大多缺乏这种谚语,而文明国的民众中则存在着谚语这种简练的"语言艺术"。然而,谚语与神话、民间故事、歌谣等还是有所差别的。对此,钟敬文指出:"谚语,它和神话、民间故事等有着不同的地方,因为它很少用得着那种虚夸的幻想。它也和山歌、俚谣有差别的地方,因为它节省着较多的情绪和辞藻。谚语,它有着真实的内容,它也有那精炼的技巧。在一

---

① 钟敬文:《中国民谣机能试论》,《民谣》1942 年第 1 卷第 4 期。
② 钟敬文:《关于农谚》,《民俗》1942 年第 1 卷第 4 期。

切的民间文艺中,它是一种独特的存在物。"①此即是说,谚语乃是文明的产物和标识,因为经过了社会生活的洗礼和提炼,因而也就在承继社会文化成果中表现出其独特性。钟敬文关于谚语独特性的分析及将谚语定位在"文明社会"之中,这是很有学术见地的。

钟敬文对于谚语的作用予以探索,总体上赞同学术界业已形成的"谚语是智慧的产物"、"谚语是经验的产物"等观点。但在他看来,这些关于"智慧"、"经验"的看法,必须落实到具体的谚语之中,才能表示出不同谚语所表现出的独特性及其意义。他说:"在许多谚语中,有的确是经验的老实的记述。但是,有的却更辉煌地映射着智慧之光———一种深刻的或聪明的思考底表现。"②进而,钟敬文从社会生活的角度来说明谚语的作用,认为谚语离不开社会生活的实际,同时又对社会生活发生积极的影响,并且这种影响也是广泛的、多层面的。他指出:"一切文化,是社会生活底产物,同时也是促进或调整生活的工具。一般民间文艺——特别是文艺中的谚语,自然也是这样。它由于人们在生活上所得的经验或思考而产生了,并且流布了。结果,它必然在那社会里发生一种作用。假如它是关于行为的,它多少地要给那社会的成员以伦理的教导。假如它是关于智慧的,它是自然要在那同社会的人们中添益些有用的认识。此外,像关于技术、信仰等的也莫不一样。总之,谚语是人群底行为的和智慧的教条。"③钟敬文在社会生活中来解释谚语的特点和作用,从事物之间的相互联系而给予诠释,既体现了社会史研究的基本路数又表现出哲学分析的视野,这对于民俗学研究的深化有着示范作用。

钟敬文不仅在社会生活的视域之中研究农谚,而且将农谚具体到中国传统的农业社会之中,阐发农谚与中国传统农业社会的关系,并进而揭示农谚对于中国文化形成与发展的影响,这样的研究思路很显然地具有鲜明的中国特色。他指出:"农谚,本来只是谚语中的一种,但是,在农业的中国社会中,它却占着很大的数量和主要位置。如果从中国一般的谚语中,把农谚部分抽开去,那就不免显出贫弱可怜了。……农谚,它是数千年来中国大部分纯良的老百姓们生活经验和思考底结晶,同时又是长远地密切地教导他们生活和工作的南针。诚然那些简短的语言艺术,中间有的是传达着荒诞的智慧或伦理的,而那种语言底形

---

① 　钟敬文:《关于农谚》,《民俗》1942 年第 1 卷第 4 期。
② 　钟敬文:《关于农谚》,《民俗》1942 年第 1 卷第 4 期。
③ 　钟敬文:《关于农谚》,《民俗》1942 年第 1 卷第 4 期。

式,也多过于简朴甚至于还有拙劣的地方。但这是我们从今日文化水准所发出的批评,不能算是对于历史事物底最公允的评价。平心而论,农谚可算是中国民间文艺中乃至于一般文化中,很丰饶而且相当坚美的一种成果。"①钟敬文把握农谚与中国农业社会的关系,将民众本位的研究立场贯穿其中,并高度重视农谚对于中国文化形成和发展中的作用,从而阐明了农谚在中国民间文艺发展中的独特地位,这实际上指明了应把农谚作为中国民间文艺研究的重要方向。

钟敬文在解放前的中国学术界即已经成为著名的民俗学家,在当时民俗学界有着重要的影响。他将民谣与劳动及劳动方式联系起来考察,并从社会实践的观点分析民谣的起源与衍化历程,不仅强调语言与歌谣的内在关系及语言研究对于歌谣研究的极端重要性,而且主张基于社会生活的实践并从联系及相互作用的角度来对民谣给予社会的分析和学术的评价。他的学术研究立足于中国社会的状况,坚持从社会生活的实际出发,创造性地评析农谚在中国文化发展中的独特地位,体现了坚持中国本位、探求中国实际的良好学风,为推进具有中国特色的民俗学研究体系的建立作出了重要的贡献。钟敬文在中国现代学术史上有着重要的地位,是书写中国现代民俗学史所不可忽略的著名学者。

2. 胡体乾的民俗学研究

胡体乾②早年留学美国,通晓哲学、社会学、民族学、民俗学、统计学等学科。胡体乾在 1942 年发表的《社会学与说明的民俗学》,是力图在社会学视野中研究民俗学的重要文章。该文基于"一切科学的发达都是由叙述的进到说明的"研究理念,在考察民俗学现有研究存在着"说明的成数实在太少"问题的同时,提出民俗学"应当进入说明阶段"的主张③,这为在拓展民俗学的研究视域、创新民俗学的研究方法的基础上,进而建设科学的民俗学学科作出了重要贡献。

胡体乾阐发了运用社会学来研究民俗学的理由,认为民俗学要成为一种

① 钟敬文:《关于农谚》,《民俗》1942 年第 1 卷第 4 期。
② 胡体乾,吉林人,早年留学美国,获社会学博士。现代中国著名的社会学家、人类学家。早在 1929 年吉林大学创办时,胡体乾被聘为该校教授,并在吉大期间主持编写了在国内颇有影响的社会学丛书十二册。在 20 世纪 30 年代,胡体乾曾任广州中山大学社会学系主任,并在 1933 年 12 月发起了关于中国文化问题的演讲。1950 年厦门大学创建财经学院统计学系,校长王亚南聘请胡体乾教授担任统计学系第一任系主任。新中国成立前的文章,除了《社会学与说明的民俗学》有名外,还有不少文章如《关于"中国民族是一个"》(《新动向》1939 年第 2 卷第 10 期)、《评冯友兰〈新世训〉》(《时代中国》1942 年第 4 期)、《序岑著〈西南种族论〉》(《责善半月刊》1941 年第 13 期)等也很有影响。
③ 胡体乾:《社会学与说明的民俗学》,《民俗》1942 年第 1 卷第 4 期。

"说明的民俗学"，就要充分地说明民俗这种社会现象的本质和规律，这就离不开与社会学的携手合作。在他看来，研究民俗学就要说明"某民族在何条件下存在？以何原因而发生？其传播为何限于某方向？其修饰为何采取某形式？这是注意民俗和研究民俗学所急切要知道的事情。"胡体乾认为，对于以上这些问题的解答固然有很大的困难，但因为民俗学研究的许多问题与社会学研究的问题有着密切的关系，故而可以而且也应该在社会学视野中来研究民俗这种社会现象。他指出：

> 固然这些问题的解答是有很大的困难的。第一，一篇歌谣、一段故事的发生，犹如生物一种属的发生，其时间如此悠久，其事项如此繁赜，欲一一都寻求其原因，可说是仅次于绝对不可能的事。第二，作为民俗研究对象各事项之发生和变动都含有很多的偶然因子。即如传播现象在民俗中是非常普遍的，传播需要接触，也需要接受。不接触则无法传播。传播到了，而不接受，接触也是徒然。一民族对于他族传统风俗等的接受，诚然必须具有背景，但民族的接触则常有偶然机会存乎其间。这种偶然是无法推究的。第三，民俗学所研究各现象的说明常不在民俗现象本身，而在于社会现象。所以要从事于说明的民俗学，必须与研究范围更为广大的社会学携手合作，才会有成就。所以说明的民俗学要凭藉社会学的理论和方法，正和社会学的凭藉民俗学的材料一样。①

胡体乾认为民俗与民族本身有着极为密切的关系，而民俗的传播也与民族的文化一样有着共同性。在他看来，"各种民俗虽然性质不同，发生时情状各异，大致都是集体意识表现，所以在一民族内可以广被永传"。由于这个缘故，一种风俗之中对于其本身存立"理由"的解释，大都是属于一种"藉口"，而不是真确的事实。对此，胡体乾指出："风俗是无理的。许多赋予各种风俗的理由，却不是真理由，只是一种藉口的理由。例如非洲酋长吃人，也说出满象样的理由。这理由也许可以成立。但是他之所以吃人却绝不是为这理由，而是为的行本族相沿的风俗，这理由只能算是藉口。"②关于民俗的传播问题，胡体乾不同意学术界那种"传播中心"、"流行区域"的说法，而认为民俗与文化的传播有着相同的性质，其原因就是民俗的传播与文化的传播一样，皆与外在的环境有着密切的关系。他通过具体的例证来说明这个观点，指出："民俗的传播，正如一切文

---

化的传播,很难确定其方向和范围。例如汉族牧养牛羊总有几千年的历史了,并且久与食用乳品的民族为邻,但汉族总不肯食用牛羊乳。直到与欧西人往来以后,方才学会这件事。又例如沙曼信仰(Shamanism)在东亚北美特盛,而他地不然。此类现象不知有多少,都不能用'传播中心'、'流行区域'等说法来解释。"①胡体乾关于民俗传播问题的研究,突出地反对学术界业已盛行的"传播中心"论,认为民俗传播中存在着各民族的交往关系的作用,这应该说是很有见地的。

胡体乾从民俗现象也是一种社会现象的认知出发,强调应将民俗学放在社会中进行研究,并认为社会学方法在民俗学研究中有着应用的必要。在他看来,民俗乃是社会的现象,对于民俗要进行联系的、发展的说明,而在说明民俗产生和演变的各种原因时,尤其要梳理出各种原因的"轻重主次"的地位,不能"以唯一原因解释一切事"。他指出:"一切社会事实皆为各社会力量的有机构成。所以唯一原因解释一切事,结果必是不能解决任何事。若把各种社会原因平列起来,不分轻重主从,使皆有同等的决定力量,则成为不相联系的东西,而无法作任何说明。若摘用此种理论解释民俗现象,则可得下列三点。第一,民俗学所研究的事件,其发生、其存在、其发展,必有很多因子。第二,此很多因子必是互相影响、互相联系的。第三,此互相影响、互相联系之各因子中,仍必有主导与从属之不同,因能有机的合成一体,而产生各种现象。以此理论运用新确的材料,民俗学说明上的困难,不难解除。"②可见,在对民俗形成原因的分析中,胡体乾不仅强调"多因子"论,而且注重各因子之间的"互相联系、互相影响",以及各因子之间存在着"轻重主从"的关系,这是将社会学方法运用到民俗学中的重要努力,对于改进民俗学的研究方法有着重要的学术意义。

正是基于社会学方法应用于民俗学研究中的理念,胡体乾认为民俗学应该汲取社会学方法,而在应用具体方法时又不能机械地恪守固定的方法,而应该根据研究工作中的情形有所变通。他指出:

> 民俗应和社会组织、生产方法成为一体而受其决定。但是若机械的拘守这说法,也会遇到很大的困难。英国哈布浩士(Hobhouse)、金思伯(Jinsbarg)、辉勒(Wheeler)三人的研究,生产方法和社会组织的联系,并不像想象的那样强。单就农业而言,不但块根农业和谷类农业,浅耕农业和深耕农

---

① 胡体乾:《社会学与说明的民俗学》,《民俗》1942 年第 1 卷第 4 期。
② 胡体乾:《社会学与说明的民俗学》,《民俗》1942 年第 1 卷第 4 期。

业,家畜农业和专用人力农业等有很大的差异,即生产环境赖发展历史等区别更不可胜说。例如经过高度牧畜而进到的高级农业,多是男统,未经高度牧畜而达到高级农业,多是女统。因此不但不能简单的说某种生产状况下必有某风俗,并且不能滥用统计方法、定量观念以测定其关系程度。①

与研究方法相联系,胡体乾认为对于民俗的研究要揭示其复杂性,并根据区域的特点和文化演进的历程作出学理上的解说。在他看来,民俗是发展的、变化的,有着演进的轨迹,但这种演进有着复杂性的一面。他指出:"风俗固然是进化的。初民的魔术不复存于科学昌明以后,这是大概可以说的。然而许多风俗、故事等存于许多演进不同阶段的人类中。例如洪水传说,普遍于东半球,不论文化高下,都保存着。尤其是歌谣、故事、信仰之类,不比技术、器械等,进化的步骤清楚分明,是更难于判断的。"②不难看出,胡体乾承认风俗的演进,但他认为这种演进不同于"技术、器械等"所具有的"步骤分明"的特点,亦即民俗的演进具有复杂性的特点。换言之,风俗的研究不能沿袭既有的技术演进的研究路线,而应该将阐明风俗的复杂性作为研究的重点。

胡体乾的这篇《社会学与说明的民俗学》文章,乃是中国现代民俗学史上的经典文献。此文提出的"说明的民俗学"主张,就是要求民俗学研究由"叙述的民俗学"阶段进至"说明的民俗学"阶段,这就需要主要地研究"某民族在何种条件下存在"、"以何原因而发生"、"其传播为何限于某方向"、"其修饰为何采取某形式"等一系列重要理论问题③,亦即重点地探索民俗演进与发展的规律,从而使民俗学这门学科置于科学序列之中而成为科学的学问。胡体乾是现代中国民俗学界倡导以社会学的理论和方法研究民俗学的主要代表,主张从社会学来研究民俗学是其显著特色。胡体乾不仅阐发了社会学视域在民俗学研究中的必要性,而且就社会学方法在民俗学研究中具体应用问题提出了自己的看法,为民俗学这门学科的发展作出了积极的探索。胡体乾主张研究民俗学要汲取社会学的路径,使其成为民俗学研究综合派中的重要代表,并在中国现代学术史上有着重要的地位。

---

① 胡体乾:《社会学与说明的民俗学》,《民俗》1942 年第 1 卷第 4 期。
② 胡体乾:《社会学与说明的民俗学》,《民俗》1942 年第 1 卷第 4 期。
③ 胡体乾:《社会学与说明的民俗学》,《民俗》1942 年第 1 卷第 4 期。